SHANG PIN XUE GAI LUN (DI SI BAN)

商品学概论

（第四版）

万融　主编

首都经济贸易大学出版社
Capital University of Economics and Business Press
·北京·

图书在版编目(CIP)数据

商品学概论/万融主编. --4 版. --北京:首都经济贸易大学出版社,2017.2
ISBN 978 - 7 - 5638 - 1375 - 9

Ⅰ.①商…　Ⅱ.①万…　Ⅲ.①商品学—高等学校—教材　Ⅳ.①F76

中国版本图书馆 CIP 数据核字(2006)第 094256 号

商品学概论(第四版)
万融　主编

责任编辑	赵　杰	
封面设计	风得信·阿东 FondesyDesign	
出版发行	首都经济贸易大学出版社	
地　　址	北京市朝阳区红庙(邮编100026)	
电　　话	(010)65976483　65065761　65071505(传真)	
网　　址	http://www.sjmcb.com	
E - mail	publish@ cueb. edu. cn	
经　　销	全国新华书店	
照　　排	北京砚祥志远激光照排技术有限公司	
印　　刷	北京市泰锐印刷有限责任公司	
开　　本	710 毫米 × 1000 毫米　1/16	
字　　数	470 千字	
印　　张	25.25	
版　　次	2006 年 9 月第 1 版　2009 年 8 月第 2 版 2012 年 8 月第 3 版　**2017 年 2 月第 4 版** 2019 年 1 月总第 10 次印刷	
印　　数	43 001 ~ 46 000	
书　　号	ISBN 978 - 7 - 5638 - 1375 - 9/F · 800	
定　　价	42.00 元	

第四版前言

实践已经证明,商品生产、流通、消费活动中的技术与管理的交叉知识对于各经济管理专业本科教育是必不可少的,这些商品学的基础知识是连接经济管理各学科理论教育与应用实践的"桥梁",有助于使经济管理教育更好地适应我国加速培养高素质的实用型、创新型人才的需要。

本书第四版的修订,是向教材精品化、高质量化迈出的重要一步。我们期望通过这次修订,能够更全面、精准地阐述商品学学科的基本理论、基本知识和基本技能,能够进一步体现教材的科学性、先进性和适应性的有机统一。

在科学性方面,修订力求正确、精炼地阐述本学科的科学理论,对上版中的不够准确、完整的知识性描述和文字错误或疏漏进行了修正,对教材中的数据、资料进行了核实修正,对各章节的不适合或过时的精选案例进行了更换调整,对教材中的名词术语、概念以及它们的定义和符号、计量单位均采用最新的相关的国际标准或国家标准进行了更新和标准化,还着重注意了文字的精炼、语言的流畅、文图配合的恰当和图表的清晰准确。

在先进性方面,修订中及时将商品学学科、相关学科以及与商品相关的标准和法规等领域的新知识、新技术和新成果吸纳入教材,如有关过度包装的法律与标准、包装回收标志、商品质量法律法规、商品标准中的服务要求、服务认证、新服务与新服务开发、服务的绿色设计以及商品各种标识代码内容的更新等,从而使本教材具有学科发展上的先进性。

在适应性方面,修订力求取材合适,深度适宜、分量恰当,删除了商品学主流教材之外的原第十一章以及其他部分内容,选用了许多富有启发性的案例和思考练习题,注意激发学生学习兴趣,努力适应学生的知识、实际运用能力、整合能力和创新能力的培养。

本书第四版,主要由万融修改、编撰,王守兰、王海燕、苏玲、王涛等同志为本书各章的修订提供了宝贵的修改意见和相关资料,万梦如同志为本书精心制作了图表,在此一并表示衷心的感谢。由于作者水平有限,敬请各位读者和专家学者批评指正。

编者
2016 年 12 月

前　言

　　商品学是随着商品和商品经济的发展,尤其是商品贸易的拓展而逐渐形成和发展起来的一门独立学科。马克思明确指出,"商品的使用价值为商品学这门学科提供材料"。商品学是为政府和企业对商品从规划开发、生产、流通、消费到废弃的全过程实行科学管理和决策服务的一门应用学科。全面研究商品的使用价值,不仅需要研究商品的自然属性,还需要研究商品的经济属性(如性能价格比、使用成本、质量成本等)、文化属性(如民族、宗教、审美、道德等属性)、政治属性(如法律属性)以及环境属性等商品的社会属性。因此,商品学应从自然科学、技术科学与经济管理科学及其他社会科学相结合、相交叉的角度,全面地研究商品使用价值的开发、形成、维护、评价、实现和再生规律。《商品学概论》主要研究各类商品管理中的共性问题,是商品学的理论基础。

　　随着现代社会的高度商品化和技术创新与经济增长的加速,商品呈现出知识化、软件化、服务化、生态化等发展趋势和特点。商品已不满足于"需求"与"技术"、"经济"相结合的形式,开始向"需求"与"技术"、"经济"、"文化"、"环境"全面结合的方向发展。这些都推动了商品学研究内容和深度的拓展,特别是对服务型、文化型、生态型商品开发,质量与标准化管理及消费指导的研究。

　　本书是作者认真总结20多年来商品学教材建设的经验,在继承作者过去出版的教材中合理的体系内容的基础上,考虑我国融入世界经济体系和转变经济增长方式的时代要求,及时吸收和引用国内外商品学界专家学者和相关学科的最新研究成果,补充新的理论和实践知识,并在内容和体系上进行了新的探索后最终编写而成的。本书还在注重教材的系统性、科学性、时代性、实践性、适用性的同时,力求符合新时期人才培养的新的目标要求。

　　本书由万融策划和设计,并撰写了其中的第一、二、三、四、五、六、七、八、十章。王涛撰写了其中的第九、十一章,万融做了适当的修改。王守兰、金海水、苏玲、汤传毅、郭琳、郭淼、张平华、宋执芹、吕秀巧、孟如等同志在本书撰写过程中提供了宝贵资料和修改意见,在此一并表示衷心的感谢。由于作者水平有限,书中难免有欠缺和不足之处,恳请同行专家学者和广大读者批评指正。

编者

2006 年 7 月

CONTENTS

目 录

第一章

商品与商品学

第一节　商　品

一、商品的产生

产品是能够满足人们某种需要的劳动生产物。在人类劳动分工简单、效率低下的时代,数量不多的产品最初仅能用来应付人们自身的需要。随着人类劳动技能、劳动工具和社会分工的发展以及生产效率的提高,数量渐多的产品除满足生产者自身需要外,开始出现剩余,并归其私人拥有,于是剩余产品可以被其拥有者拿来同他人进行交换,以满足生产者的其他需要。后来,又有了专门生产别人需要而自己并不需要的产品,以交换进行谋生的手工业者。这样,商品和商品生产就出现了。显然,社会分工和产品私有是交换产生的两个基本条件,它们使产品转化为商品。早期的商品交换方式是简单的"以物易物",接着便发展到以货币为媒介的较高级的交换方式。商品交换和商品生产的出现标志着人类社会进入了商品经济发展阶段。

恩格斯曾经明确指出:"什么是商品?商品是在一个或多或少互相分离的私人生产者的社会中所生产的产品,就是说,首先是私人产品。但是,只有这些私人产品不是为自己的消费,而是为他人的消费,即为社会的消费而生产时,它们才成为商品;它们通过交换进入社会的消费。这样,私人生产者就相互处于社会联系之中,组成一个社会。因此,他们的产品虽然是每个个别人的私人产品,同时也是社会的产品。"①这就是说,只有那些为别人消费而生产,并通过市场"交换"进入社会消费的劳动产品,才能称为商品。换句话说,判断劳动产品是不是商品,有两个重要的前提条件必须满足:一是该产品的生产目的完全是为了"满足他人需要",即满足社会需要;二是该产品必须通过市场"交换"而进入他人消费(社会消费),最终实现生产目的。

---

① 马克思,恩格斯:《马克思恩格斯选集》(第 3 卷),人民出版社,1972 年版,第 345 页。

二、商品的基本特征

作为不同于一般物品、产品的商品,显然应该同时具有以下三个基本特征。

(一)商品是具有一定使用价值的劳动产品

商品存在的前提,是因为它具有一定的使用价值,也就是说它对人们有用,能够满足人们的某种需要。因此,那些不具有使用价值、不能满足人们合理、合法的需要,甚至会危害人体健康和财产安全的劳动产品,如假酒,假药,劣质电器,劣质服务,失效或变质的食品、药品、化妆品,乃至毒品等,都不能称为商品。而某些虽然具有使用价值,但不是劳动产品的天然物品,如空气、阳光、雨水等,也不能称作商品。

(二)商品是供别人消费即社会消费的劳动产品

马克思指出:"一个物可以有用,而且是人类劳动产品,但不是商品。谁用自己的产品来满足自己的需要,他生产的就只是使用价值,而不是商品。要生产商品,他不仅要生产使用价值,而且要为别人生产使用价值,即生产社会的使用价值。"①所以,对于产品生产者自产自用的那些劳动产品来说,如农民留下自用的那部分农副产品,就不能算作商品。某种农副产品的商品率是指一定时期内该种农副产品的商品量与同一时期该种农副产品的生产总量的百分比,其中,该种农副产品的商品量是该种农副产品生产总量与农民自用该种农副产品量的差。农副产品的商品率是反映农业商品化程度的指标。

(三)商品是必须通过交换才能到达别人手中的劳动产品

马克思直截了当地指出:"能同别的产品进行交换的产品就是商品。"②商品对其生产经营者来说,并没有直接的使用价值,它只是交换价值的承担者,不然他们也不会把它拿到市场上去卖。商品只有通过交换,到达使用或消费它的顾客手中,才能实现其使用价值。否则,商品卖不出去,其使用价值不能实现,结果其价值也就无法实现。所以,即使是以交换为目的而生产的产品,例如库存积压滞销产品,因为种种原因,在市场上得不到消费者或用户的认可而卖不出去,它也就不是商品。在交换完成后,商品进入消费领域成为有用物品,也不再是商品。由此可见,劳动产品只有通过交换环节才构成商品,在交换之前尽管该产品是为了与他人交换而生产,充其量也只能是潜在的商品。

如果不能准确理解商品的基本特征,那么判断一种产品是否为商品也就失去了准则和依据,甚至会导致认识模糊或认识混乱。我国改革开放以来,理论界对商品的认识实践恰恰说明了这一点。以前人们只承认用于交换的物质形态的劳动产品是商品,对知识形态、资金形态、劳务形态的劳动产品如技术成果、专利、股票、债券、服务等是否是商品,或认识不清、把握不准,或墨守成规、盲目否定,直至它们纷

---

① 马克思,恩格斯:《马克思恩格斯全集》(第23卷),人民出版社,1972年版,第54页。

② 马克思,恩格斯:《马克思恩格斯选集》(第1卷),人民出版社,1972年版,第364页。

纷进入市场交换,进入社会消费,才反过来认识到并承认它们也是商品。

三、商品的概念

商品概念有狭义和广义之分。狭义的商品,是指通过市场交换能够满足人们某种消费需要(物质或精神需要)的物质形态的劳动产品,也就是传统意义上的商品。目前世界各国的商品学教科书主要以这类商品为研究内容。本书中未加以特殊说明的商品,都是指狭义的商品。广义的商品,则是指通过市场交换,能够满足人们某种消费需要的所有形态(知识、劳务、资金、物质等形态)的劳动产品。

随着技术创新的加速和市场经济的高度发展,商品的发展呈现出知识化、软件化、服务化等特点。商品已不满足于"需求"与"经济"相结合的形式,开始向"技术"与"文化"相结合的方向发展。商品研究已从原有的物质商品领域扩展到包含物质产品(有形商品)和服务产品(无形商品)的更宽泛领域,本书也在这方面进行了有益的尝试。这些都大大地拓展了商品学研究的广度和深度。

四、商品的属性

商品能满足人们的哪种消费需要?或者说对人们有什么用途?归根结底决定于商品自身的属性。商品的属性是多方面的,可概括划分为自然属性和社会属性。

商品的自然属性有:商品的成分、结构、形态和化学性质、物理性质(力学、电学、热学、光学、声学等性质)、生物学性质、生态学性质等。商品的自然属性是商品形成后商品本身所固有的属性。商品的社会属性有:商品的经济属性、文化属性(民族、宗教、审美、道德等属性)、政治属性和其他社会属性。商品的社会属性不是商品生来就具有的,而是人们后来赋予它的。正是由于商品不同属性的组合,才使商品能够满足人们不同类型的消费需要。

应该指出,在形成商品的使用价值或有用性过程中,商品的自然属性起着直接的和主导的作用,它是商品社会属性存在的前提和基础。

五、商品的整体概念

马斯洛的需要层次理论将人们的需要分为五个层次,即:生理需要、安全需要、社交需要、尊重需要和自我实现的需要,而且它们是由低到高逐步发展的。随着人们生活质量和消费需要层次的不断发展,商品的概念也不断地变换着内涵。

商品的整体概念,可以用商品球模型(见图1-1)来形象地表示。它包括以下四个层次的内容。

(一)商品的功能/效用

商品的功能/效用是指商品为满足消费者的一定需要所能提供的可靠的、必需的职能或效用,如电冰箱的功能/效用是冷藏食物。商品的功能/效用是商品概念的核心,营销学把这种功能/效用称之为"服务或便利"。商品是通过它在使用或消费过程中,所能提供的功能/效用来满足消费者需要的。因此从本质上说,消费

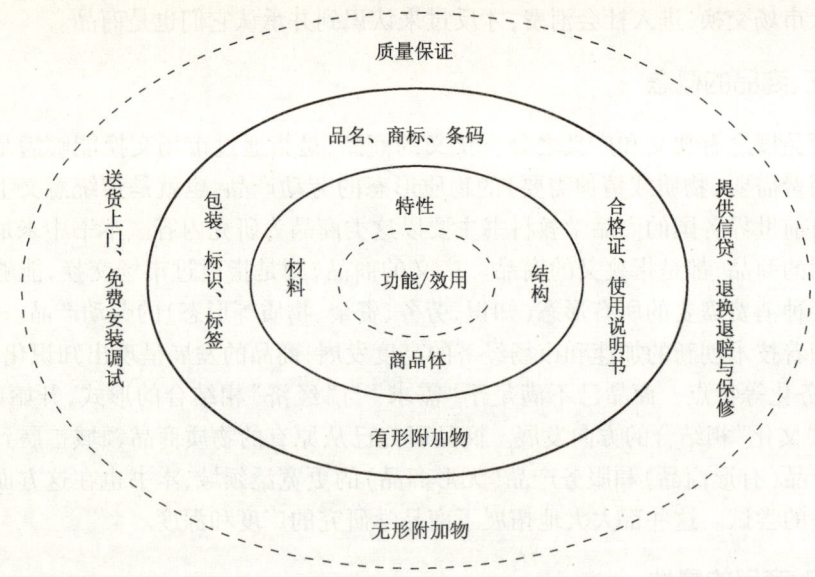

图 1 – 1　商品概念模型——商品球示意图

者购买的其实不是商品本身,而是购买它的功能/效用。

（二）商品体

商品体是商品功能/效用的载体。它是人们利用原材料,通过有目的、有效的劳动投入(如市场调查、规划设计、加工处理等)而创造出来的具体劳动产物。不同的使用目的(或用途)要求商品有不同的功能/效用,而功能/效用又是商品体在不同使用条件下所表现出来的各种性能如化学性能、物理性能(力学、电学、光学、热学、声学等性能)、生理生化性能等的综合。商品体能够具备哪些性能,是由商品体的成分组成(原材料或零部件的化学成分及含量等)和形态结构(原料或零部件的组织结构、成品形态、规格、内部联结与配合、色彩装饰的组合以及其他结构特征)所决定的。其中商品体的成分组成又决定了商品体可能形成的形态结构。因此,商品体是由多种不同层次要素构成的有机整体,是商品使用价值形成的客观物质基础。

（三）有形附加物

商品的有形附加物包括商品名称,商标及其注册标记或品牌,商品条码,商品包装及其标识,专利标记,商品原产地标志或证明,质量、安全及卫生标志,环境(绿色或生态)标志,商品使用说明标签或标识,检验合格证,使用说明书,维修卡(保修单),购货发票等。它们主要是为满足商品流通(运输、装卸、储存、销售等)需要、消费(使用)需要以及安全和环境保护需要所不可缺少的。其中,包装、商标等本身也是一种商品,它们既有使用价值,也有价值。商标还会随着商品生产的技术进步和经营管理水平的提高而增加新的价值。

（四）无形附加物

商品的无形附加物是指人们购买有形商品时所获得的各种附加服务和附加利

益。例如,提供信贷、送货上门与免费安装调试、技术培训、售后退换退赔以及一定期限的保修、质量保证措施、一定时期内的优惠折扣、附加财产保险等。善于开发和利用合法的商品无形附加物,不仅有利于充分满足消费者的综合需要,为他们提供更多的实际利益,而且有利于企业在激烈的竞争中突出自己商品的附加服务和利益优势,提高其市场竞争力。

第二节　商品学的产生和发展

一、商品学的产生

商品学是随着商品经济的发展和商人经商的迫切需要而逐渐形成的一门独立学科。

(一)商品知识汇集阶段

商品学诞生之前,商品的研究是商学研究的一个重要组成部分。早期的商学书籍中包括大量的商品知识内容,以便商人在经商过程中认识商品的品种、产地,鉴别商品质量的优劣和真伪。因此,这一时期被称为商品知识汇集阶段。

从目前的文献记载来看,世界上第一本包括有商品学内容的商学书籍是阿拉伯人阿里·阿德·迪米斯基编著的《商业之美和识别优劣与真伪商品指南》(1175年出版),记述了他本人的经商经验。此后,欧洲的商业中心——意大利,也出版了许多包括有商品知识的商学书籍。例如,佩戈罗蒂(Fr. B. Pegolotti)编著的《商品贸易指南》,详细论述了从意大利输入中国的商品及其性质、质量、品种规格、贸易方法等。医药商品和药材是自然科学家和医学家最早系统研究的贸易商品。1553年,意大利的波那费德(Francesco Buonafede)教授首次在帕多瓦大学开设了"生药学"课程,讲授的内容主要包括药材的名称、产地、分类、性质、成分、鉴别、用途、保管等知识。为便于进行教学和科学研究,他还于1594年创建了药材商品教研室。17世纪,在法国百科全书学派学者的影响下,萨文里(J. Savary)于1675年编著出版了《商业大全》,书中详细论述了纤维制品、染料等商品的产地、性能、包装、储存保管、销路方面的知识。当时,这部专著在欧洲负有盛名,并先后译成德文、英文、意大利文、西班牙文等。这些商品知识为商品学的诞生奠定了基础。

(二)商品学的诞生

18世纪初,德国手工业迅速发展,利用进口的原材料加工成工业品,又把工业品出口外国,从而扩大了工业原材料和商品的贸易,这就要求商人必须具有系统的商品知识,才能胜任贸易工作。因此,当时对商学教育,特别是商人的培养提出了系统讲授商品知识的要求,以提高青年商人的业务素质,在贸易工作中保证商品和原材料质量,杜绝伪劣商品。在当时德国出版的许多商学书籍和专著中,都包括有系统的商品学知识,例如马佩格(P. J. Marperger)编著的《博学商人》、路德维希教授的《全面商人概论》和《全面商人大全》等。在商人和学者的共同努力下,德国于

18世纪中叶在大学和商业院校中开始讲授商品学课程,并开展商品学研究。商品学这个词就来自德文 Warenkunde,译成英文为 Commodity Science & Technology。

德国的约翰·贝克曼教授在其教学和科研的基础上,于1793年至1800年编著出版了《商品学导论》。该书分为两册:第一册主要是介绍商品生产技术方法、工艺学等方面的知识;第二册主要叙述商品的产地、性能、用途、质量规格、分类、包装、鉴定、保管和主要市场等。贝克曼还在该书中指出了商品学作为一门独立学科的任务:①研究商品的分类体系;②商品的鉴定和检验;③说明商品的产地、性质、使用和保养以及最重要的市场;④叙述商品的制造方法和生产工艺;⑤阐明商品品种的价格和质量;⑥介绍商品在经济活动中的作用和意义。由于该书创立了商品学的学科体系,明确了商品学的研究内容,贝克曼教授被国际商品学界誉为商品学的创始人。他所创立的商品学体系被称为"贝克曼商品学"或"叙述论的商品学"。目前人们认为商品学产生于18世纪末,即是以该书的出版时间为依据的。

二、商品学的发展

商品学自19世纪以来相继传入意大利、俄国、日本、中国以及西欧和东欧等国家,使商品学得到迅速发展,商品学的教学和研究也不断扩展和深入。

我国废除科举后的商学教育开始把商品学作为一门必修课。接着相继出版了商品学教材。1908年李敬翻译出版了《新译商品学》,1914年盛在晌编著《商品学》,1928年潘吟阁编著《分析商品学》。1934年刘冠英编著的《现代商品学》,内容比较丰富,理论体系较为完整。1936年以后,我国先后在暨南大学、津沽大学、沪江大学等开设了商品学课程,重点是培养商品检验技术人才。新中国成立后,自1950年开始,我国高等财经院校,根据专业需要相应地开设了商品学课程。1951年中国人民大学开设了商品学研究生班,培养了一批商品学专门人才,促进了我国商品学的发展。从1958年开始,部分商业和财经院校相继设立了商品学专业,以适应经济发展的需要。十年动乱期间,商品学的教学受到严重破坏,多年培养形成的商品学师资和科研队伍几乎全部解体。党的十一届三中全会以后,商品学才得到了恢复和发展,商品学课程在许多高校经济管理专业成为专业基础课,各高职、高专以及中专学校也广泛开设相应的商品学课程,各校还编著出版了大量的商品学教材。

商品学由德国传入各国后,在其发展过程中产生了两个研究方向:一个是从自然科学和技术科学角度研究商品的使用价值,研究的中心内容是商品质量,称为技术论商品学;另一个是从社会科学、经济学角度,特别是从市场营销和消费需求方面研究与商品适销品种和经营质量相关的问题,称为经济论商品学。

随着现代科技和经济的高速发展,商品的"商"和"品"两重性受到人们的重视。人们感到,真正的商品学应该由研究"商"为主的经济型商品学与研究"品"为主的技术型商品学融合而成。于是,自20世纪80年代起,世界商品学开始步入技术型与经济型相互交融的现代商品学时代。

现代商品学围绕商品—人—环境系统,从技术、经济、社会、环境等多方面,运用自然科学、技术科学与社会科学相关的原理和方法,综合研究商品与市场需求,商品与资源合理利用,商品与环境保护,商品开发与高新技术,商品质量控制、质量保证、质量评价及质量监督,商品分类与品种,商品标准与法规,商品包装与商标、标志,商品形象与广告,商品文化与美学,商品消费与消费者保护等技术与经济问题。

第三节　商品的使用价值

商品具有使用价值和价值两个要素。商品的这种二重性是由商品生产者的劳动二重性决定的,具体劳动创造了商品的使用价值,抽象劳动则创造了商品的价值。交换使商品的使用价值与商品的价值获得了统一。

商品的价值是经济学研究的范畴,"商品的使用价值为商品学这门学科提供材料"。[1] 因此,商品学是研究商品使用价值的科学。

一、价值的普遍概念

商品使用价值中的"价值"显然不同于商品价值中的"价值",它是价值的普遍概念。马克思指出:"'价值'这个普遍的概念是从人们对待满足他们需要的外界物的关系中产生的。"[2]马克思主义哲学认为价值的本质是现实的人同满足其某种需要的客体的属性之间的一种关系,价值是客体属性的反映,也是对客体属性的一种评价和应用。人和客体之间的价值关系,是在现实的人同客体的实际相互作用过程中,即在社会实践中确立的。人们的需要是受一定社会历史条件所制约的,是符合社会主流要求的需要。具体地说,商品使用价值中的"价值"是指主体的人(如商品的消费者或使用者)与客体的物(商品)的相互关系中,客体对主体的积极作用或正面作用。例如,食品之所以具有营养价值恰恰在于它具有维护其消费者的人体正常生命活动、活动能源以及健康的营养功能。

我们在理解价值的普遍概念时,应该注意以下三点。

第一,价值作为一种关系必须有其特定的主体和客体。价值的主体必须是人。只有在人与客体之间,才存在着价值。因为人是各种价值的需要者、享用者和评价者,价值离不开人的需要和评价。世间一切事物,离开了人就无所谓好与坏、有用和无用,也就无所谓价值。

第二,价值是主体需要和客体属性之间的客观存在的关系。价值既不是客体本身,也不是客体的属性。只有当客体属性与主体的人的某种需要发生关系时,它们之间的关系才是价值。必须指出:主体的人的需要应该是受社会历史条件制约

---

① 马克思,恩格斯:《马克思恩格斯全集》(第 23 卷),人民出版社,1972 年版,第 48 页。

② 马克思,恩格斯:《马克思恩格斯全集》(第 1 卷),人民出版社,1972 年版,第 406 页。

并符合社会主流要求的需要。

第三,价值是客体对主体的积极的作用。主体对客体的作用不是价值,只有客体对主体的作用才可能是价值。客体对主体的作用是多种多样的。按照人的需要来划分,一种是客体属性满足主体的需要,对主体有积极作用;另一种是客体属性不能满足主体的需要,对主体有消极作用。价值是客体属性对主体需要的满足,是对主体的积极作用。

二、使用价值

使用价值通常是指物的价值,也就是物对于人的有用性。

"使用价值表示物和人之间的自然关系,实际上表示物为人而存在。"[①]人们可以根据自己的需要,自觉能动地发现和利用现有的自然物或者将其加工改造成符合目的的人工物(产品或商品),这样就使得物本身具有能够满足人的需要的属性。因此,物的有用性使物具有使用价值。

物的使用价值是由人的需要和物的属性两者之间的关系作用而形成的。物能否或可能在多大程度上使人的需要得以满足,即是否有使用价值或可能有多大的使用价值,又是由物本身的属性决定的。但它不是指物的全部属性,而是人们为满足需要而有目的地选择和组合起来的那些有用属性。物的属性与人的需要的吻合程度,就决定了物对人的使用价值的大小。

人的需要是物的使用价值形成的前提,离开人的需要,物就没有使用价值可言。但人的需要不是由人的主观意愿决定的,是由该时代社会生产力发展水平、生产关系的性质以及人们在生产关系中所处的地位(社会再生产的整体关系)所规定和制约的,因而是客观的。

物本身的属性是物的使用价值形成的客观基础。物的属性多种多样,可分别满足人的不同需要,从而形成不同的使用价值。不同的物可以有不同的使用价值,同一种物也可以有不同的使用价值。值得注意的是,物及其属性本身还不是物的使用价值,物和它的属性只是物的使用价值的载体和客观基础。

三、商品使用价值

(一)商品使用价值的概念

商品首先是物,商品使用价值的概念来源于物的使用价值。

商品使用价值是指商品对于其消费者或使用者的积极作用(有用性)或者所能发生的物质的/精神(文化)的效用。它反映了商品属性与人的物质/精神(文化)需要之间的满足关系。然而,商品又不同于一般的物,它是通过交换满足他人或社会消费需要的劳动产品,因此,商品对其生产者、经营者来说,没有直接的消费使用价值,但有间接的使用价值,即可以用来交换,商品成为交换价值的物质承担

---

① 马克思,恩格斯:《马克思恩格斯全集》(第19卷),人民出版社,1963年版,第405页。

者,成为企业经济效益的源泉。

马克思把这种间接的使用价值称为形式使用价值。为了反映这种使用价值的客观存在及其本质,我们把它称为商品的交换使用价值。在商品的交换使用价值中,政治经济学意义上的价值充当了自己的对立物——使用价值的角色,商品价值作为特殊的有用性,满足了商品生产者、经营者的交换需要。商品的交换使用价值反映了商品有关属性与人们的交换需要之间的满足关系。

马克思把商品对其消费者、使用者所具有的直接的消费使用价值称为实际使用价值。它是由具体劳动赋予商品以各种有用性而产生的,是由商品的有用性在实际消费中所表现出来的满足消费者需要的关系作用而形成的。我们把这种使用价值称为商品的消费使用价值。商品的消费使用价值则反映出商品有关属性与人们的消费需要之间的满足关系。

广义的商品使用价值概念包含商品的交换使用价值和商品的消费使用价值。狭义的商品使用价值概念仅指商品的消费使用价值。通常人们所说的商品使用价值,主要是指后者。

广义的、全面的商品使用价值是商品学学科的研究对象,它反映了商品使用价值的二重性。承认商品具有交换使用价值和消费使用价值二重性,无疑对商品学理论和实践的研究具有非常重要的意义。首先,坚持商品使用价值的二重性,有利于国内商品学研究彻底地从旧的计划经济体制下摆脱出来,更好地适应社会主义市场经济的新体制,从单一地强调商品的消费使用价值即"(物)品"的使用价值和忽视商品的交换使用价值即"商(交换)"的使用价值的研究,转向对"商"和"品"的使用价值的全面研究。其次,坚持商品使用价值的二重性,有助于避免商品学研究中将商品使用价值与商品价值的对立绝对化,甚至将它们割裂开来,从而加深对它们的对立转化和统一的关系的认识,强调商品使用价值的研究必须同商品价值相联系。商品使用价值与商品价值在商品中的统一,还为商品学与经济管理学科的血缘关系以及学科的交叉提供了重要的理论依据。最后,坚持商品使用价值的二重性,就是要求商品学在理论研究和实践中,必须重视商品交换使用价值及其实现规律的研究。商品交换使用价值是通过商品生产和流通活动形成,并通过市场交换实现的,市场是商品交换的中心。因此,商品学应该加强对不同类别商品的市场研究,例如某类商品市场需求的调查预测研究,某类商品的市场规模、市场占有率、消费者购买行为、竞争对手特点等因素的研究,某类商品品种、规格、质量、价格等自变量因素变化所引起的该类商品销售量、市场占有率等因变量变化的因果研究,等等。

（二）商品使用价值的结构系统

商品使用价值是一个具有复杂结构的系统,包括不同的方面、不同的层次和不同的要素,通常可以分为静态和动态两类系统。

1. 商品使用价值的静态系统

把商品使用价值作为静态的系统来考察,我们可以发现,它是由不同种类、不同层次的使用价值构成的。从满足需要的性质来看,包括商品的物质使用价值和精神(文化)使用价值;从主体的社会层次来看,包括商品的个人使用价值和社会使用价值;从客体的层次来看,包括商品的个体使用价值和群体使用价值;从主客体发生作用的地位来看,包括商品的主要使用价值和次要使用价值;从主客体发生作用的性质来看,包括商品的正的使用价值和负的使用价值;从实现的客观依据来看,包括商品的现实使用价值和潜在使用价值;等等。

商品使用价值的静态系统是一个纵横交错的立体系统。全面地分析商品使用价值的静态系统,认识商品使用价值的各个方面,把握商品交换或消费活动的综合价值,对于我们选择商品交换或消费的目标具有重大意义。

2.商品使用价值的动态系统

商品使用价值的实现,要经历一个过程,即由潜在的使用价值向现实的使用价值转化的过程,我们把该过程的所有活动的集合称为商品使用价值的动态系统。商品使用价值的实现是分两个阶段完成的:第一阶段首先在交换过程中实现商品的交换使用价值;第二阶段最终在消费过程中实现商品的消费使用价值。如果商品的交换使用价值因故没有实现,那么商品的消费使用价值也无法实现。只有实现商品的消费使用价值,商品的使用价值才算真正实现。商品使用价值的动态系统包含三个基本要素,即需要、商品、效用。需要通过使用价值选择与定向以及创造而过渡到商品,由此潜在的使用价值已经形成;商品再通过交换或消费实践转化为现实的交换或消费使用价值即产生预定效用,实现了使用价值;然后再过渡到新的需要。如此循环往复,以至无穷。

第四节 商品学的研究对象、内容和任务

一、商品学的研究对象

商品学是研究商品使用价值及其形成、转移、评价、维护、实现和再生变化规律的科学。

商品是人类有目的的劳动产物,随着人的认识的深入,科学技术的进步,社会经济的发展,人的需要的内容不断变化,商品的属性也必须去适应这些变化。因此,商品使用价值是动态的、相对的、变化的。

商品学研究商品的使用价值,应该注意把握它的以下特征:

(1)商品自始至终处于社会中,其使用价值是社会的使用价值;

(2)商品使用价值与商品价值既对立又统一,不能人为地将其割裂开来;

(3)商品使用价值不是绝对的、静止的、不变的,而是相对的、动态的、发展的。

商品使用价值的特征,决定了商品学的学科性质必然是一门自然科学、技术科学与社会科学相互交叉渗透的应用科学。它不仅涉及物理学、化学、生物学、工艺学、农艺学、材料科学、环境科学、计算机与信息技术科学等自然科学和技术科学,而且与市场营销、物流学、产业经济学、国际贸易、企业管理、社会学、心理学、法学

等社会科学也有着交叉渗透与互补的关系。

二、商品学的研究内容

商品学的研究内容是由其研究对象——商品使用价值所决定的。商品学研究商品使用价值是围绕着商品质量这个中心内容来进行的。

商品质量是商品使用价值的表征。商品质量通常是指商品满足人们需要的各种特性的总和。人们对商品质量优劣或好坏的评价常常用商品的质量等级和质量水平来表示,它们反映了商品特性满足人们需要的程度。商品质量的优劣或好坏反映了不同时期、地域、人群对商品使用价值大小的总体认识和评价。商品质量还将商品使用价值与商品价值联系起来。因此,商品使用价值各方面的研究是围绕着商品质量及其变化规律而展开的。

商品的质量要求是根据商品的用途、商品的特性而提出来的,它是商品学研究的基础内容。商品分类是研究商品的重要方法,为了深入研究各类商品的质量,必须研究商品的科学分类。商品开发、原材料和生产工艺的选择等对商品的质量有决定性的影响,也是商品学研究的基础内容。商品标准、商品检验是评价商品质量的依据和手段,是商品学研究的重要内容。商品包装、商品储运是商品流通的保障,是保护商品质量的主要手段,也是商品学研究的重要内容。商品与环境涉及商品的生态质量等新的研究课题。但商品学不是上述内容的简单堆砌,而是将这些内容有机地结合起来,形成独特的理论内容,阐明和叙述商品质量及其变化规律,也间接描述了商品使用价值的变化规律。

商品学的研究内容体系可分为两部分。从横向方面叙述所有商品的共性、共同理论及其应用的,如《商品学概论》;从纵向方面叙述各种具体商品个性的商品学分论,如食品商品学、纺织品商品学、服装商品学、日化商品学、机电商品学、汽车商品学、中药商品学等。

三、商品学的研究方法

商品学的研究方法是由商品学学科性质所决定的。它既吸收了自然科学—技术科学的研究方法,又融合了人文社会科学的研究方法。因此,商品学的研究方法包括观察实验、推理分析、演绎归纳、定性与定量、调查、比较、统计、实证、系统分析等方法。

四、商品学的任务

（一）指导商品使用价值的形成

通过商品资源和市场的调查预测、商品的需求研究等手段,为政府部门实施商品（产品）结构调整、科学分类,商品的进出口管理与质量监督管理,商品的环境管理,制定商品标准及政策法规、商品发展规划等提供决策的科学依据;为企业提供商品基本质量要求和品种要求,指导商品质量改进和新商品开发,提高其经营管理素质,保证市场上的商品物美价廉、适销对路。

（二）评价商品使用价值的高低

通过商品检验与鉴定手段,保证商品质量符合规定的标准或合同,维护正常的市场竞争秩序,保护买卖双方的合法权益,创造公正、公平的商品交换环境。

（三）防止商品使用价值的降低

通过确定适宜的商品包装、运输、保管的条件和方法,防止商品因质量发生不良变化而造成损失。

（四）促进商品使用价值的实现

通过大力普及商品知识和消费知识,使消费者认识和了解商品,学会科学地选购和使用商品,掌握正确的消费方式和方法,由此促进商品使用价值的实现。

（五）推进商品使用价值的再生

通过对商品废弃物与包装废弃物处置、回收和再生政策、法规、运行机制、低成本加工技术等问题的研究,推动资源节约、再生和生活废物减量、保护环境的绿色行动。

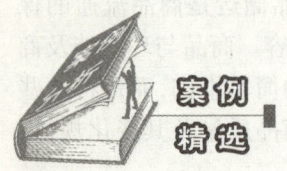

案例精选

（一）生产什么与卖什么

"请问厂长,贵厂生产什么?"

大多数厂长都会据实回答,如:电视机、自行车、化妆品……

"请问厂长,你们卖的是什么?"

"这还用说,生产什么就卖什么嘛!"回答的话语里,含着讥讽和鄙夷,有些厌恶提问者的浅薄。

且慢! 朋友,请不要嘲笑这些提问,正是这些貌似简单实则大有考究的问题,不同的答案显示出人们天壤之别的商品生产经营理念。

请看美国市场营销和企业管理专家彼得·德鲁克的一段话:

"企业唯一正确的目标是:满足顾客需要。企业想要生产什么不是最重要的,顾客想买什么,对产品要求如何,才是决定生产什么以及能否赢利的关键。"

杜拉克先生的这段话,对于每一位厂长有什么启迪呢? 让我们还是从实例入手吧!

19世纪末至20世纪初,铁路运输业在美国蓬勃发展,赢利巨大。当时铁路是华尔街大亨们的宠儿,他们竞相投入巨资,攫取暴利。正当铁路业主们洋洋得意,踌躇满志的时候,汽车和飞机崛起了,公路运输和航空运输夺走了原本属于铁路营运的业务。从此,美国铁路运输业一蹶不振,至今仍旧难以重振雄风。

美国铁路业为什么会衰败呢? 专家们分析:主要是铁路业主们思想保守,他们死死抱住"铁路"这个框框不放手,没有把随着科技进步出现的新技术看作是一种"机遇",而把汽车和飞机仅仅看做是"竞争对手",结果理所当然地要吃败仗。

如果当初铁路业主们不把自己局限于"铁路"而认定自己是"把人和物从一个地方搬运到另一个地方"的"运输"行业,去满足顾客新的需求,那么,汽车和飞机的出现就是一种机遇。他们同样可以购置汽车和飞机,配合铁路,组成联运集团。如果是这样,美国的运输史将要重写,一个巨大的"全美联合运输公司"早已耸立在美利坚大地上了。

电视刚刚在美国普及时,好莱坞也是九死一生。专家们评论,电影业陷入困境,并不是电视的"入侵",而是电影业自身目光短浅,把自己限定在"电影"的框框里。如果电影业主们高瞻远瞩,跳出固有思维模式的窠臼,把自己看成是"娱乐"行业,那么,为了满足顾客新的娱乐需求,除了经营电影外,他们同样可以经营电视、卡拉 OK、电子游戏……又何至于入不敷出,挣扎在衰败的边缘呢?

上述两个实例说明,企业家在经营过程中,由于需要处理大量的繁杂的日常事务,久而久之,不知不觉陷入了"当局者迷"的状态,只看到眼前"生产"些什么,而忘掉了企业"唯一正确"的真正目标。

通过上面的论述,我们对企业"唯一正确"的目标做了重新认识,回过头来再回答本文开头那两个问题,答案就可能大相径庭了。

案例思考题

现在如果你是厂长,当别人仍然分别就"电视机"、"自行车"、"化妆品"三种商品,提出"你们厂生产或卖什么?"的问题时,你应该分别给出哪些更正确的答案呢?

(二)推销指南针:商品的使用价值

被美国商界推崇为"欧洲唯一推销专家"的英国人 H. M. 戈德曼在《推销技巧》一书中说:"所谓'推销',就是要使顾客深深地相信,购买了你的商品,他会得到某些好处。"这就是推销的本质。

戈德曼认为:"购买一种商品,目的在于满足某种需要。买卖只不过是达到这一目的的一种手段。"换句话说,人们购买的不仅仅是某种物品(或某种服务),而是购买了这种物品的使用价值。例如,为了满足照明的需要,在电力覆盖范围内,顾客购买电线、开关、灯头、灯泡及其他所需物品,装上电灯。从表面上看,顾客购买的是上述物品,但实质上,顾客购买的是照明。又如,节假日购买公园门票,从表面上看,顾客购买的是准许进入公园的凭证,但实质上,顾客购买的是在赏心悦目的公园获得的精神愉悦。

人们购买电视机，目的在于丰富业余文化生活；人们购买家具，目的在于方便日常生活，使居室环境优雅；人们购买药品，目的在于祛除疾病，增进健康……顾客为什么购买？

——他们购买的是商品的使用价值。

既然顾客购买的目的不是商品的本身，所以，推销员的眼睛不应仅仅只盯在"商品"上，而应借助于"商品"，想方设法使顾客产生需要这种商品的欲望。商品特点的介绍，则应放在次要的地位。

戈德曼说："人类有许多愿望和要求，同样，商品也有许多使用价值。"例如，同样是"购买自行车"，甲买自行车的目的是"代步"，乙买自行车的目的是"锻炼身体"，丙买自行车的目的是"满足拥有豪华型自行车的愿望"，丁购买一部旧自行车是因为放在楼下不会被盗……推销员向这四类顾客推销自行车，就要根据各类顾客不同的愿望，分别去满足他们的需求。

推销员要善于发现不同顾客的不同需求。如何发现和掌握不同顾客的不同需求，则要靠推销员自己努力学习和在实践中获得经验。老练的推销员只要顾客一开口，就知道顾客需要什么东西，就知道顾客的某种特殊需求。

戈德曼强调："商品是一种没有生命的东西，只有当它们被顾客使用并满足了顾客的某种愿望时，才发挥了它们的作用。所以，我们要牢牢记住，在每一次具体的推销活动中，如果推销员不仅仅是向顾客推销'商品'，而是向顾客推销'商品的使用价值'，效果会更好，工作会顺利得多。"

戈德曼继续说："一位推销员着眼于推销'商品'，另一位推销员着眼于推销'商品的使用价值'。这两位推销员的销售量的差别一定很大。区别一个一流推销员和一个普通推销员的关键，就是看他们是否懂得推销商品的使用价值。"

推销员与各种各样的人和各种各样的企、事业单位打交道。人们有着各种各样的问题：私人问题、工作问题、生活问题及其他种种问题；每一家企、事业单位，每一个部门也有许许多多问题：经济问题、经营管理问题、效率问题及其他种种问题。这些问题都需要一个一个解决，千千万万种商品和无穷无尽的服务，可以帮助人们解决各种各样的问题。推销员在这种商品经济的海洋里，大有用武之地。然而，许多推销员只是津津乐道商品的特点，不懂得推销商品的使用价值。这样，他们就好像迷失了方向，在商品的海洋中找不到出路。曾经有人做过调查，八个推销员中有七个不知道推销商品的使用价值。

推销员所做的事是说服顾客。在人的一生中，有许多事情需要做说服工作。只要你对别人提出建议，尽力说服别人相信你，并采纳你的建议，你就是"推销员"。这种说服他人的能力就是推销技巧，干任何工作都需要这种技巧。这种技巧是一个人取得事业成功不可缺少的。因此，任何人都能从学习推销技巧、锻炼说服能力中得到好处。

抓住"推销商品的使用价值"做文章，就是牵住了"推销"的牛鼻子，就是抓住了"推销"的主要矛盾,就是掌握了"推销"的实质。

案例思考题

1. 为什么说"向顾客推销'商品的使用价值',效果会更好,工作会顺利得多"?

2. 商品的使用价值与顾客的购买动机之间有何联系?

思考练习题

1. 你怎样理解"商品"的概念?商品与一般物品和产品的区别是什么?

2. 作为劳动产品的"冰毒",它有使用价值吗?算不算做商品?为什么?

3. 试举例说明商品使用价值与商品属性之间的关系。

4. 试以实例说明"主体对客体的作用不是价值,只有客体对主体的作用才可能是价值"的论点。

5. 商品使用价值理论对你有哪些启发?

第二章

商品分类与编码

第一节　商品分类的原则与作用

商品分类是研究商品使用价值及其变化规律和实现商品生产经营管理科学化的前提,因而是商品学研究的主要内容之一。

一、商品分类的概念

商品分类是指根据一定的管理目的,为满足商品生产、流通、消费活动的全部或部分需要,将管理范围内的商品集合总体,以所选择的适当的商品基本特征作为分类标志,逐次归纳为若干个范围更小、特质更趋一致的子集合体(类目),如大类、中类、小类、细类,直至品种、细目等,从而使该范围内所有商品得以明确区分与体系化的过程。

不同组织的管理目的、范围和需要并不相同,因此商品分类的结果即其最终形成的商品分类体系或分类目录也不一样。

对商品进行分类,既要考虑分类对象的属性特征,也要考虑分类对象管理方面的需要和要求,有时还要兼顾分类对象在传统上和历史上已经习惯的管理范围和管理方法,如商业上习惯的日用百货、日用五金制品、日用杂品等类目的划分。

商品大类、中类、小类等较高层次类目的划分,一般是根据商品在生产、流通、消费上的特征或特质逐步细化来进行的,如产业(行业)类别原材料种类、加工工艺、可运输或不运输属性、功能或用途等。商品细类(或品类)是对于若干具有共同特征的商品品种的类群的归类。商品品种是指商品的具体名称所对应的商品。商品细目是对商品品种的详尽区分,包括商品的规格、花色、体积、容量、物质含量、功率、播种和收获(季节)、质量等级等,能够更具体地反映商品的基本特征。

商品分类的类目层次及其应用实例见表2-1。

表 2 - 1　商品分类的类目及其应用实例

商品类目名称	应用实例	
商品大类	服装及其他缝制品	加工食品
商品中类	机制面料服装	饮料
商品小类	普通男服装	酒类
商品细类	男西服	啤酒
商品品种	纯毛男西服	黑啤酒

二、商品分类的原则

商品分类的原则是建立商品分类科学体系的准绳。为了满足商品分类特定的管理目的和需要,必须遵循以下原则。

（一）科学性原则

分类目的和要求必须明确,拟分类对象的范围应准确界定。分类对象的名称是唯一的,要防止出现概念不清或一词多义的现象。同时还要选择分类对象最稳定的本质属性或特征作为分类的依据,使其能真正反映该分类对象有别于其他分类对象的本质特征。这样才能明显地区分开分类对象,使得分类清楚合理,经得起时间考验,确保商品分类体系的唯一性和稳定性。

（二）系统性原则

以分类对象的稳定本质属性或特征为基础,将选定的分类对象,按照一定的顺序排列,每个分类对象在这个序列中都占有一个位置,并反映出它们彼此之间既有联系又有区别的关系,这就是商品分类的系统性原则。

（三）可延性原则

此原则要求在建立分类体系时,应该设置收容类目,留有足够的空位,以便安置新出现的商品而又不会打乱已建立的分类体系或将原分类体系推倒重来。同时,也为低层级的分类子系统在此分类体系基础上进行的延拓和细化创造了条件。

（四）兼容性原则

兼容性是指相关的各个分类体系之间应具有良好的对应与转换关系。建立新的分类体系时,要尽可能与原有的分类体系保持一定的连续性,使相关的分类体系之间能相互衔接和协调,同时考虑与国际通用的分类体系对应和协调,以利于推广应用,便于信息的查询、对比和交流。随着商品编码系统和商品信息技术的不断发展和完善,对于分类原则和类目设置的标准化要求越来越严格,这样有利于满足不同分类和编码体系之间信息交换的要求。

（五）整体最优化原则

分类时应首先强调管理系统(如国家商品管理系统)的整体经济和社会效益的最优化,要求各管理子系统(如各行业商品管理系统)要局部服从整体。其次,在满足管理系统总任务、总要求的前提下,也要兼顾各管理子系统在分类上的要求、实际需要和利益。

三、商品分类的作用

商品分类是商品学研究的基础,也是经济管理现代化的先决条件。随着科学技术的进步和社会经济的不断发展,商品种类日趋庞杂,商品分类的作用也越来越重要。

(一)商品的科学分类为政府、行业和企业的经济管理工作奠定了科学基础

商品的种类繁多、特征多样、价值不等、用途各异,只有将商品进行科学的分类,统一商品用语,商品生产、运输、储存、销售各环节中的计划、统计、核算等工作以及国际商品信息的分析、统计、交流才能顺利进行,各类经济指标、统计数据和商品信息才具有可比性和实际意义。信息技术在经济管理中的广泛运用,对商品的科学分类和编码提出了更新、更高的要求。

(二)商品的科学分类有利于商品标准化的实施和商品质量标准的制定

通过科学的商品分类,推动商品的名称和类别统一化、标准化,从而可以避免同一商品在不同国家、地区、行业、企业由于名称、计量单位、计算方法、口径范围等不统一而造成的不便,有利于统筹国内商品的产、供、销综合平衡,有利于实现与国际接轨和同步,从而推动我国对外贸易的发展,有利于提高经济管理水平和效益。

制定各种商品标准时,必须明确商品的分类方法、品种规格以及各品种的具体技术要求等,所有这些都应建立在对商品科学分类的基础上。

(三)商品的科学分类便于对商品的经营管理和顾客选购、消费商品

通过科学的商品分类和商品目录编制,能使商品经营者容易实施科学的、有效的商品采购管理、陈列管理、销售管理以及较好地掌握企业的经营业绩,达到易于统计、分析和决策的效果;此外,科学的商品分类有助于商店科学地安排畅销商品和促销商品的有效供给以及合理地设计商品布局和陈列,从而便于消费者选购和消费商品。

(四)商品的科学分类有利于开展商品研究和教学工作

商品种类繁多,用途不同,性能各异,它们对包装、运输、储存的要求也各不相同,只有在科学分类的基础上,将众多的商品从个别商品特征归纳为每类群体商品特征,才能深入分析和了解商品的性质和使用性能,研究商品质量和品种及其变化规律,从而为商品质量的改进和提高,新商品和新品种的开发,商品的包装、运输、储存、检验、合理消费提供科学的依据。在教学中,按教学需要对商品进行科学分类,可以使讲授的知识系统化、专业化,便于学生理解和掌握。

第二节　商品分类的方法和标志

一、商品分类的方法

商品分类方法主要有线分类法和面分类法两种。实践中往往将两种分类方法结合使用,即以线分类法为主,面分类法为辅。

(一)线分类法

线分类法,是将分类对象按照选定的若干分类标志,逐次地分成若干层级,每个层级分为若干类目,排列成一个有层次的、逐级展开的分类体系。

在这个分类体系中,被划分的类目,称为上位类;划分出来的下一级类目,称为下位类。由同一个类目直接划分出来的所有下一级类目,彼此互为同位类。上位类和下位类之间构成隶属关系,同位类目之间构成并列关系。其结构如图2-1所示。

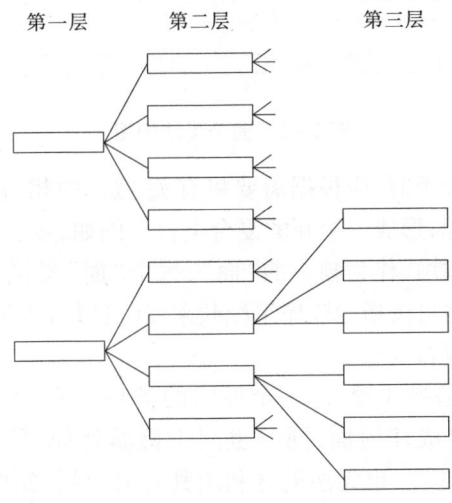

第一层　　第二层　　第三层

图2-1　线分类法结构图

线分类法属于传统的分类方法,使用范围最为广泛。例如,家具商品可以按线分类法进行如下分类,见表2-2。

表2-2　线分类法实例

大　类	中　类	小　类
家具	木制家具 金属家具 塑料家具 竹藤家具	床、椅、凳、桌、箱、架、橱柜

线分类法的优点是信息容量大,层次性好,逻辑性强,符合传统应用的习惯,既对手工处理有好的适应性,又便于计算机处理。其缺点主要是结构弹性差,分类结构一经确定,不易改动。所以,采用线分类法编制商品分类目录时,必须预先留有足够的后备容量。

（二）面分类法

面分类法,是把分类对象按选定的若干分类标志划分成彼此没有隶属关系的若干组独立的类目,每组类目构成一个"面"。再按一定的顺序将各个"面"平行排列。其结构如图 2 – 2 所示。

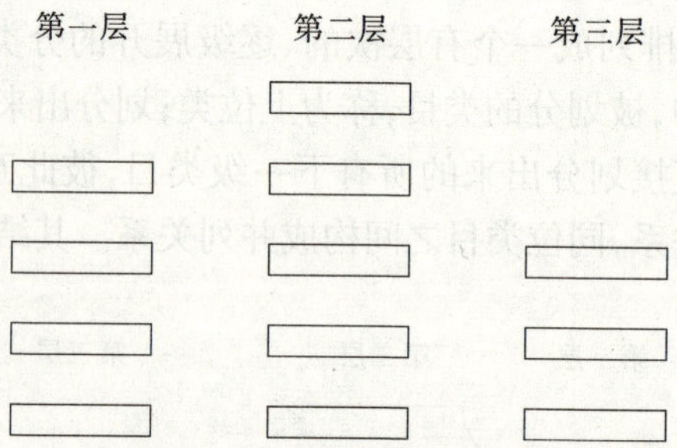

第一层   第二层   第三层

图 2 – 2   面分类结构图

用面分类法进行分类时,应根据需要将有关"面"中相应的类目,按"面"指定的排列顺序组配在一起,形成一个新的复合类目。例如,服装分类可以按照面分类法,将服装面料、式样、款式作为独立的"面",每个"面"又包含若干个独立的类目（见表 2 – 3）,把这些类目按指定顺序组配起来,就可以得到纯毛男式中山装、真丝女式连衣裙等不同的复合类目。

面分类法的优点是弹性较大,一个面内的类目改变,不会影响其他的面;适应性强,可根据需要组成任何面,同时也便于机器处理,易于添加或修改类目。其缺点是不便于手工处理,也无法充分利用其容量,尽管组配出来的复合类目很多,但实际可用的类目并不多。例如,实例中的纯棉男式连衣裙、纯毛女式中山装等复合类目,就没有实用意义。目前,一般都把面分类法作为线分类法的辅助。

表 2 – 3   面分类法实例

服装面料	式　　样	款　　式
纯棉	男式	中山装
纯毛	女式	西装
真丝		猎装
涤棉		夹克
毛涤		连衣裙

二、商品分类标志

（一）分类标志的选择原则

选择适当的分类标志是建立商品分类体系和编制商品目录的重要前提。可供选择的分类标志很多,选择时必须遵循以下基本原则。

1. 适用性原则

不同的分类标志具有不同的适用性,选择分类标志时必须考虑满足政府主管部门、行业或企业进行商品分类的管理目的和需要。

2. 稳定性原则

商品具有本质的和非本质的多种属性特征,应该选择商品最稳定的本质属性特征作为分类标志,这样才能保证区分明确、分类清楚和分类体系的相对稳定,不至于因为分类标志出现变化或问题,而不得不把原来建立的商品分类体系或目录推倒重来。

3. 唯一性原则

商品分类时,在同一层级范围内,只能采用一种分类标志,不能同时采用两种或多种分类标志,以确保每种商品只能出现在一个类别里,不能在分类体系或目录中重复出现。

4. 逻辑性原则

分类体系或目录中,上一层级的分类标志与其下一层级分类标志之间应存在有机联系。每个下一层级分类标志应该是其上一层级分类标志的合乎逻辑的继续和具体化。

5. 包容性原则

分类标志的选择要能够包括分类体系或目录的全部商品,并有不断补充新商品的余地。

（二）常用的商品分类标志

商品分类标志按照其适用范围,可分为普遍适用分类标志和局部适用分类标志两大类。

普遍适用的分类标志有:商品的可运输或不可运输的属性、原产地、原材料、加工工艺、用途、体积等属性特征,它们是所有商品种类共有的属性特征,一般用来划分商品大类、中类、小类等较高层次类目。

局部适用的分类标志有:商品的颜色、形状、容量、化学成分、功率、播种和收获季节、来源于动植物的部位、保存方法、加工特点、包装形式、运输方式以及特殊的物理化学性质(如易燃、易爆、剧毒等)等属性特征,它们只适用于部分商品种类。但由于其概念清楚、特征具体、容易区分,一般用于某些商品的细类、品种及细目(规格、花色、质量等级、型号等)等较低层次类目的划分。

商品的分类标志种类很多,但至今仍很难找到一种能贯穿一个商品分类体系或商品目录始终,并对所有商品层级类目划分都适用的分类标志。因此,在一个商品分类体系或商品目录中常采用几种分类标志,往往是每一个层级选用一种适用的分类标志。

在商品分类实践中,常用的分类标志有以下几种。

1. 商品的用途

商品的用途与消费者需要密切相关,是体现商品使用价值的重要标志,也是研究商品质量和商品品种的重要依据。目前,某些按商品用途划分的类目名称已成为专有名词,如食品、医药品、饲料、文化用品、交通工具等。

以商品用途作为分类标志,不仅适用于商品大类的划分,也适用于商品中类、小类、品类、品种的详细划分。例如,根据用途的不同,可将商品分为生活资料商品和生产资料商品;生活资料商品可划分成食品、衣着用品、日用工业品、日用杂品等类别;日用工业品可再分为器皿类、洗涤用品类、化妆品类、家用电器类、文化用品类等;化妆品类商品还可划分为护肤化妆品、美容化妆品、发用化妆品等;发用化妆品可再细分为洗发剂、染发剂、美发剂、生发剂、护发剂等;洗发剂又可进一步划分成干性发用香波、油性发用香波、止痒去头屑香波、洗发护发二合一香波等。

以商品用途作为分类标志,便于分析和比较同一用途商品的质量和性能,从而有利于生产企业改进和提高商品质量,开发商品新品种,扩大品种规格,生产适销对路的商品,也便于经营者和消费者按需对口经营和选购。但对多用途的商品,不宜选用此分类标志。

2. 商品的原材料

商品的原材料是决定商品质量和商品品种的重要因素。商品使用不同的原材料,可能显示出截然不同的质量特性或品种特征,表现出商品在成分、形态、性能、加工工艺、包装形式、储运方式、消费性能等方面的较大差异。

以原材料作为商品分类标志,不仅分类清楚,而且还能从本质上反映出每类商品的性能和质量特点、品种特征及其使用保管要求的差异。例如,纺织品可根据原料的不同划分为棉纺织品、麻纺织品、毛纺织品、丝纺织品、化纤纺织品等大类。这五大类纺织品因其原料不同,用途和风格各异,使用和保管要求也不相同。

原材料分类标志特别适用于原料性商品和原料对成品质量影响较大的商品,但对那些由多种原料制成和成品质量及品种特征与原材料关系不大的商品(如电视机、照相机、小汽车、洗衣机等)则不宜采用。

3. 商品的加工工艺

商品的加工工艺,直接参与商品质量和品种的形成过程,是决定商品质量和品种的重要因素。

同一用途的商品虽然使用相同的原材料,但由于采用的加工工艺不同,其性能特征会有差异,从而形成不同的商品品种。例如,茶叶按其加工中发酵程度不同,可分为红茶(全发酵)、黄茶(85%发酵)、黑茶(80%发酵)、乌龙茶(60%～70%发酵)、包种茶(30%～40%发酵)、清茶(15%～20%发酵)、白茶(5%～10%发酵)和绿茶(完全不发酵)。国际上通常只按不发酵、半发酵、全发酵三种发酵程度对茶叶进行简单分类,见表2-4。

表2-4 茶叶的国际简单分类

不发酵茶	半发酵茶					全发酵茶
绿茶	清茶(乌龙茶)					红茶
0%	15%	20%	30%	40%	70%	100%
龙井、碧螺春等	清茶	茉莉花茶	冻顶茶	铁观音	白毫乌龙	红茶

注:表中的百分数(×%)表示其对应的茶叶品种在加工过程中的发酵程度。

用加工工艺作为商品分类标志,对那些可以选用多种加工工艺生产且性能和品种特征受其影响较大的商品更为适用,能够直接反映商品的品种特征及风格。对那些虽然加工工艺不同,但成品性能特征不会产生实质性区别的商品,则不宜采用此种分类标志进行分类。例如,粮食发酵法和工业合成法制得的酒精,并没有实质性差别。

4.商品的化学成分

商品的化学成分是形成商品质量和品种并直接影响商品质量变化的基本因素。在很多情况下,商品的主要化学成分可以决定其性能、用途、质量或储运条件,因而是决定商品品种、质量等级的重要因素。对这类商品进行分类时,应以主要化学成分作为分类标志。例如,按其主要化学成分的不同,化学肥料可分为氮肥、磷肥、钾肥等,合成纤维可分为聚丙烯纤维(丙纶)、聚氨酯纤维(氨纶)、聚酯纤维(涤纶)、聚丙烯腈纤维(腈纶)、聚酰胺纤维(锦纶)等。

有些商品的主要化学成分虽然相同,但因其所含的少量或微量的特殊化学成分不同,可形成质量、性质和用途完全不同的商品。对这类商品进行分类时,应该以特殊化学成分作为分类标志。例如,玻璃的主要成分是二氧化硅,根据其所含特殊化学成分的不同可分为钢化玻璃(含氧化钠)、钾玻璃(含氧化钾)、铅玻璃(含氧化铅)、硼硅玻璃(含硼酸)等;钢材也可按其所含的特殊化学成分划分为碳钢、硅钢、锰钢等。

按化学成分对商品进行分类,对深入研究商品的性能和质量、储运条件以及使用方法等问题都有重要意义。化学成分已知且对商品特性影响较大的商品可采用这种分类标志进行分类。但对那些化学成分比较复杂或易发生变化及化学成分对其特性影响不大的商品,则不宜选用此种分类标志。

5.商品的产地

商品的产地不同,其自然气候条件、地质条件、原料质量、加工方法、人文因素等存在着一定的差异,甚至是较大的差异,这就使得同类商品往往表现出不同的质量、品性、外观、口感、味道、风格等特征。例如,我国月饼按产地分有:苏式、广式、京式、宁式、潮式、滇式等类。苏式月饼口味浓郁,油与糖并重,外皮层次多且薄,酥软白净、香甜可口;广式月饼则轻油而偏重糖,外皮和西点类似,以内馅讲究著名;京式月饼以素见长,油与馅都是素的,作法如同烧饼,外皮香脆可口潮式月饼身较扁,饼皮洁白,以酥糖为馅,入口香甜、脆软、肥而不腻;滇式月饼主要是馅料采用了滇式火腿,饼皮疏松,馅料咸甜适口,有独特的滇式火腿香味。产地在商品分类实践中常用做品质受产地影响较大的农产品及其加工制品、中药材、玉器、宝石与珍珠及其制品等的品种再区分的分类标志。

第三节　商品编码

一、商品代码

(一)商品代码的概念

商品代码,是指为了便于识别、输入、存储和处理,用来表示商品分类或标识(身份)信息的一个或一组有规律排列的符号。商品代码具有分类或标识(身份)以及便于信息交换的功能。

商品分类信息是指该商品代码意在说明该商品项目在其分类体系中的位置,也就是反映该商品项目对某一商品集合群组的归属(隶属或并列)关系以及各商品集合群组之间的关系。商品标识信息是指该商品代码只起到唯一标识该商品项目身份的作用,不具有任何其他意义(如分类意义),只是反映某一代码与某个商品项目的一对一关系。

按照代码所表示的信息内容的不同,商品代码可以进一步区分为商品分类代码和商品标识代码两类。例如,国际上通行的《商品名称和编码协调系统》(HS)、《主要产品分类》(CPC)和我国的《全国主要产品分类与代码》等主要商品(产品)分类目录,采用的都是商品(产品)分类代码;国际上通用且被我国采用的 EAN/UCC－13 代码、EAN/UCC－8 代码等,则属于商品标识代码。

(二)商品分类代码

商品分类代码依其所用符号组成的不同,可分为全数字型、全字母型和数字—字母混合型三种类型。

1. 全数字型商品代码

全数字型商品代码是用一个或若干个阿拉伯数字来表示分类对象信息的商品分类代码。这种商品分类代码的特点是结构简单,使用方便,易于推广,便于计算机识别和处理。目前,全数字型商品代码在各国际组织和世界各国的商品(产品)分类代码标准中被普遍采用。

2. 全字母型商品代码

全字母型商品代码,是用一个或若干个字母表示分类对象信息的商品代码。这种分类代码的特点是便于记忆,比用同样位数的数字型代码的容量大,可提供便于人们识别的信息。但它不利于计算机的识别和处理,并且只适用于分类对象数目较少的情况。因此,在商品编码中很少使用。

3. 数字—字母混合型商品代码

数字—字母混合型商品代码,是由数字和字母混合组成的商品代码。它兼有上述两者的优点,结构严密,具有良好的直观性,但给计算机输入带来不便,输入效率低,错码率高,目前使用面不大。

(三)商品识别代码

商品识别代码是指包含厂商识别代码在内的对零售商品、非零售商品、物流单元、位置、资产及服务进行全球唯一标识的一组数字代码。

二、商品编码及其原则

(一)商品编码的概念

商品编码是指根据一定规则对商品赋予易于被计算机和人识别、处理的代码的过程。

商品编码可使繁多的商品便于记忆,简化手续,快速识别提高工作效率和可靠性,有利于顺利开展商品计划、统计、管理等业务工作。商品编码实行标准化、统一化,有利于国内外商品信息的统一规范和管理,可降低管理成本,提高经济效益,促进国内外贸易的发展。

(二)商品编码的基本原则

1. 商品分类代码的编制原则

商品分类和商品编码是分别进行的,科学分类在先,合理编码在后。科学分类是合理编码的前提条件,但若编码不合理也会直接影响商品分类体系或商品目录的实用价值。因此,编制商品分类代码时必须遵循以下原则。

(1)唯一性原则。编码时必须保证每一个编码对象只有唯一的一个商品分类代码,即每个商品分类代码只能与指定的商品类目一一对应。

(2)简明性原则。商品分类代码应简明、易记,尽可能减少代码长度,这样既便于手工处理,减少差错率,也能减少计算机的处理时间和存储空间。

(3)层次性原则。商品分类代码要层次清楚,能清晰地反映商品分类关系和分类体系或目录内部固有的逻辑关系。

(4)可扩性原则。在商品分类代码结构体系里应留有足够的备用码,以适应新类目添加和旧类目删减的需要,使扩充新代码和压缩旧代码成为可能,从而使分类代码结构体系可以进行必要的修订和补充。

(5)稳定性原则。商品分类代码确定后要在一定时期内保持稳定,不能频繁变更,以保证分类编码系统的稳定性,避免造成人力、物力、财力的浪费。

(6)统一性和协调性原则。商品分类代码要同国家商品分类编码标准相一致,与国际通用的商品分类编码标准相协调,以利于实现信息交流和信息共享。

2. 商品标识代码的编制原则

商品标识代码在编码时,必须遵守唯一性、稳定性及无含义性原则。

(1)唯一性原则。编码时要严格区分商品的不同项目。基本特征相同的商品应视为同一商品项目,同一商品项目的商品应分配相同的商品标识代码。基本特征不同的商品要视为不同的商品项目,必须分配不同的商品标识代码。任何导致同一个商品项目有多个代码(称作"一物多码")或同一个代码对应多个商品项目(称作"一码多物")的错误编码,都是违反唯一性原则的。

(2)无含义性原则。无含义性是指商品标识代码中的每一位数字不表示任何与商品有关的特定信息,它既与商品本身的基本特征无关,也与厂商性质、所在地域、生产规模等信息无关。有含义的代码常常会使编码容量受到损失。厂商在编制商品项目代码时,最好使用无含义的流水号,即连续号,这样能够最大限度地利用商品项目代码的编码容量。如果厂商生产的商品数量很少,也允许进行有含义的编码。

对于一些商品,在流通过程中可能需要了解它的附加信息,如生产日期、有效期、批号及数量等,此时可采用应用标识符(AI)来满足附加信息的标注要求。应用标识符(2~4位数字)用于标识其后数据的含义和格式。

(3)稳定性原则。商品标识代码一旦分配,只要商品的基本特征没有发生变化,就应保持不变。同一商品无论是长期连续生产,还是间断式生产,都必须采用相同的标识代码,即使该商品停止生产,其代码也应至少在4年内不能用在其他商品上。若商品项目的基本特征发生了明显的、重大的变化,则必须分配一个新的商品标识代码。

在某些行业,比如医药保健业,只要商品的成分有较小的变化,就必须分配不同的商品标识代码。但在其他行业则要尽可能地减少商品标识代码的变更,以保持其稳定性。

三、商品编码方法

(一)商品分类代码的编制方法

商品分类代码是有含义代码。它可以反映编码对象的属性、特征,还能提供编码对象的有关信息(如分类中的隶属关系)。

商品分类编码方法主要有顺序编码法、系列顺序编码法、层次编码法、平行编码法等。

1.顺序编码法

顺序编码法是按照商品类目在分类体系中出现的先后次序,依次给予顺序数字代码的编码方法,其优点是使用方便,易于管理,但代码本身没给出任何有关编码对象的其他信息。

2.系列顺序编码法

它是特殊的顺序编码法,通常是将顺序数字代码分为若干段,并与分类编码对象的分段相对应,然后赋予每段分类编码以一定的顺序代码的编码方法。其优点是可以赋予编码对象一定的属性和特征,提供有关编码对象的某些附加信息。但是附加信息的确定要借助于代码表。它的缺点是当系列顺序代码过多时,会影响计算机处理速度。我国国家标准《全国主要产品分类与代码 第1部分:可运输产品》(GB/T 7635.1—2002)中"小麦"(第五层级,小类类目),在进一步细分到第六层级(细类类目)时,"冬小麦""春小麦"的代码采用了系列顺序编码法,"白色硬质冬小麦""白色软质冬小麦"等类目代码则采用了顺序编码法(见图2-3)。

第五层级(小类)代码	01111	小麦
第六层级(细类)代码	01111·010	冬小麦
(与第五层级代码之间用圆点隔开)	一·099	
	01111·011	白色硬质冬小麦
	01111·012	白色软质冬小麦
	……	
	01111·100	春小麦
	一·199	
	01111·101	白色硬质春小麦
	01111·102	白色软质春小麦
	……	

图2-3 顺序编码法与系列顺序编码法实例示意

3.层次编码法

层次编码法是按商品类目在分类体系中的层级顺序,依次赋予对应的数字代码的编码方法。它主要用于线分类体系。国家标准《全国主要产品分类与代码 第1部分:可运输产品》(GB/T 7635.1—2002)和《全国主要产品分类与代码 第2部分:不可运输产品》(GB/T 7635.2—2002)就是采用层次编码法。例如,GB/T 7635.1全部采用数字代码,其长度是8位,代码结构分成六层(见图2-4),各层分别命名为大部类、部类、大类、中类、小类和细类。其中,第一至第五层各用一位数字表示,第一层代码为0~4;第二、五层代码为1~9;第三、四层代码为0~9;第六层用三位数字表示,代码为001~999,采用了顺序码和系列顺序码(即分段码),也就是顺序码为011~999,系列顺序码为个位数是0或9的三位代码。第五层和第六层代码之间用圆点(·)隔开。第六层的代码001~009为特殊区域,其所列商品类目按不同的特征属性再分类或按不同的要求列类,以满足各部门管理的特殊需要。

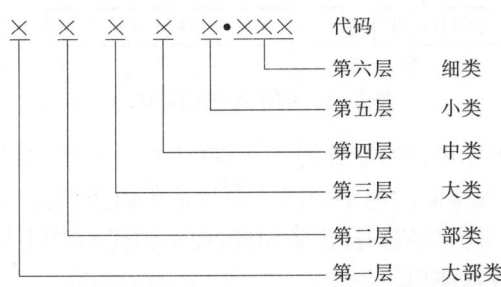

图2-4 GB/T 7635.1—2002代码结构

层次编码法的优点是代码较简单,逻辑关系好,系统性强,信息容量大,能明确地反映出分类编码对象的属性、特征及其隶属关系,容易查找所需类目,便于管理和统计。该法的缺点是弹性较差,为延长其使用寿命,往往要用延长代码长度的办法,预先留出相当数量的备用码。

4.平行编码法

平行编码法是将编码对象按其属性特征分为若干个面,每个面内的编码对象按其规律分别确定一定位数的数字代码,各个面之间的代码没有层次关系或隶属关系,最后根据需要选用各个面中的代码,并按预先确定的面的排列顺序组合成复合代码的编码方法。它多用于面分类体系,其优点是编码结构有较好的弹性,可以比较简单地增加分类编码面的数目,必要时还可更换个别的面。但这种编码也有代码容量利用率低的缺点,因为并非所有可组配的复合代码都有实际意义。

在编码实践中,当把分类编码对象的各种属性特征分列出来后,可依据其某些属性特征使用层次编码法编码,再依其剩下的属性特征使用平行编码法编码。这样可保留平行编码法的优点,避免其缺点。

（二）商品标识代码的编制方法

国际物品编码协会(GS1)数十年来一直致力于开发和推广全球统一的商务流通语言和供应链标准——GS1系统,通过向供应链参与方及相关用户提供增值服务,来优化全球供应链的管理效率。GS1系统以商品条码系统为核心,包含编码体系、数据载体、电子数据交换和解决方案等内容。编码体系是GS1系统的核心,如图2-5所示,它包括流通领域中所有的商品(产品与服务)即贸易项目、物流单元、资产、位置和服务关系等的标识代码及附加属性代码。

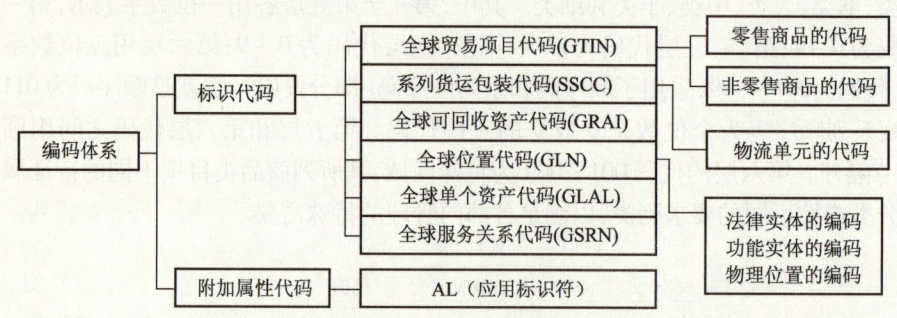

图2-5　GS1系统编码体系

商品的上述各种标识代码能够用条、空模块按一定规律组合的条码符号来表示,以便进行商务流程所需的电子识读。商品条码由条码符号及其对应的标识代码组成,其中条码符号供条码扫描设备识读,而标识代码则供人直接识读或者通过键盘向计算机输入数据使用。

1.全球贸易项目代码(Global Trade Item Number,GTIN)

全球贸易项目代码是编码体系中应用最广泛的标识代码。贸易项目通常是指任意一项商品(产品或服务),它在从原材料到最终用户的供应链过程中有获取预先定义信息的需求,并且可以在供应链的任意节点进行标价、定购或开具发票,以便所有贸易伙伴进行交易。对贸易项目进行编码和采用符号表示,能够实现商品零售(POS)、进货、存补货、销售分析以及商品配送、仓储或批发等其他流通业务运作的自动化。GTIN 是为全球贸易项目提供唯一标识的一种代码(或称数据结构)。

POS(Point of Sales)系统,即销售实时信息系统,也称为自动销售系统,它是利用收银机作为终端机与主计算机相连,并借助光电识读设备快速扫描和识别商品条码符号,为计算机录入商品销售信息(如商品名、单价、销售数量、销售时间、销售店铺等),然后通过通信网络和计算机系统传送至有关部门进行分析加工以提高经营效率的系统。POS 系统最早应用于零售业,以后逐渐扩展至其他如金融、旅馆等服务行业,利用 POS 系统的范围也从企业内部扩展到整个供应链。

按照流通领域的特点,贸易项目可以分为零售贸易项目和非零售贸易项目,零售贸易项目是指在零售端通过 POS 扫描结算的商品,如一听啤酒、一瓶洗发液和一瓶护发素的组合包装等;非零售贸易项目是指不通过销售端 POS 扫描结算而用于配送、仓储或批发等操作的商品,如一个装有 50 条香烟的纸箱或一个装有 20 箱香烟的托盘。

按照标识对象的计量特性,贸易项目又可分为定量贸易项目和变量贸易项目。定量贸易项目是指按照相同的规格和成分,来生产和销售的贸易项目,或者说是指那些按商品件数计价消费的商品,如一瓶可乐或一箱可乐,它可以是零售的,也可以是非零售的。变量贸易项目是指在重量、尺寸、包含的项目数或体积等特性中有一项是变化的贸易项目,也就是指那些按基本计量单位计价,以随机数量销售或配送、仓储或批发的商品,例如按长度计价的地毯、预先包装好且按重量销售的干果、按件数订购与交货并按重量开具发票的鱼等,它们可以是零售的,也可以是非零售的。

(1)零售贸易项目标识代码的编制。在我国,零售商品的标识代码主要采用 GTIN 的 EAN/UCC – 13 数据结构,也有采用 GTIN 的 EAN/UCC – 8、UCC – 12数据结构的,但比较少见。

①EAN/UCC – 13 代码。EAN/UCC – 13 代码由 13 位数字组成,其数据结构如表 2 – 5 所示。

表 2 – 5 EAN/UCC – 13 数据结构

结构	厂商识别代码(含前缀码)	商品项目代码	校验码
结构一	N_1 N_2 N_3 N_4 N_5 N_6 N_7	N_8 N_9 N_{10} N_{11} N_{12}	N_{13}
结构二	N_1 N_2 N_3 N_4 N_5 N_6 N_7 N_8	N_9 N_{10} N_{11} N_{12}	N_{13}
结构三	N_1 N_2 N_3 N_4 N_5 N_6 N_7 N_8 N_9	N_{10} N_{11} N_{12}	N_{13}
结构四	N_1 N_2 N_3 N_4 N_5 N_6 N_7 N_8 N_9 N_{10}	N_{11} N_{12}	N_{13}

前缀码:厂商识别代码左起的前 3 位数字(N_1 N_2 N_3)为前缀码,是国际物品编

码协会分配给其所属成员国家(或地区)编码组织的代码,详见表2-6。目前GP1分配给我国物品编码中心(ANCC)的前缀码为690~695。

表2-6 国际物品编码协会已分配给各国(或地区)编码组织的部分前缀码

前缀码	编码组织所在国家（或地区）/应用领域	前缀码	编码组织所在国家（或地区）/应用领域
000~019 030~039 060~139	美国	627	科威特
020~029 040~049 200~299	店内码	628	沙特阿拉伯
050~059	优惠券	629	阿拉伯联合酋长国
300~379	法国	640~649	芬兰
380	保加利亚	690~695	中国
383	斯洛文尼亚	700~709	挪威
385	克罗地亚	729	以色列
387	波黑	730~739	瑞典
400~440	德国	740	危地马拉
450~459 490~499	日本	741	萨尔瓦多
460~469	俄罗斯	742	洪都拉斯
470	吉尔吉斯斯坦	743	尼加拉瓜
471	中国台湾地区	744	哥斯达黎加
474	爱沙尼亚	745	巴拿马
475	拉脱维亚	746	多米尼加
476	阿塞拜疆	750	墨西哥
477	立陶宛	754~755	加拿大
478	乌兹别克斯坦	759	委内瑞拉
479	斯里兰卡	760~769	瑞士
480	菲律宾	770	哥伦比亚
481	白俄罗斯	773	乌拉圭
482	乌克兰	775	秘鲁
484	摩尔多瓦	777	玻利维亚
485	亚美尼亚	779	阿根廷
486	格鲁吉亚	780	智利

续表

前缀码	编码组织所在国家（或地区）/ 应用领域	前缀码	编码组织所在国家（或地区）/ 应用领域
487	哈萨克斯坦	784	巴拉圭
489	中国香港特别行政区	786	厄瓜多尔
500 ～ 509	英国	789 ～ 790	巴西
520	希腊	800 ～ 839	意大利
528	黎巴嫩	840 ～ 849	西班牙
529	塞浦路斯	850	古巴
530	阿尔巴尼亚	858	斯洛伐克
531	马其顿	859	捷克
535	马耳他	860	南斯拉夫
539	爱尔兰	865	蒙古
540 ～ 549	比利时和卢森堡	867	朝鲜
560	葡萄牙	869	土耳其
569	冰岛	870 ～ 879	荷兰
570 ～ 579	丹麦	880	韩国
590	波兰	884	柬埔寨
594	罗马尼亚	885	泰国
599	匈牙利	888	新加坡
600、601	南非	890	印度
603	加纳	893	越南
608	巴林	899	印度尼西亚
609	毛里求斯	900 ～ 919	奥地利
611	摩洛哥	930 ～ 939	澳大利亚
613	阿尔及利亚	940 ～ 949	新西兰
616	肯尼亚	955	马来西亚
618	象牙海岸	958	中国澳门特别行政区
619	突尼斯	977	连续出版物（ISSN）
621	叙利亚	978	图书及平装本（ISBN）
622	埃及	979	图书、平装本（ISBN）及印刷的单页 乐谱（ISMN）
624	利比亚	980	应收票据
625	约旦	981、982	普通流通券
626	伊朗	990 ～ 999	优惠券

厂商识别代码:厂商识别代码用来在全球范围内唯一标识厂商,其中包含前缀码。我国厂商识别代码由 7 ~ 8 位数字组成,由国家物品编码中心（ANCC）负责注

册分配和管理。当厂商生产的商品品种很多,超过了"商品项目代码"的编码容量时,允许厂商申请注册一个以上的厂商识别代码。

商品项目代码:商品项目代码由 4～5 位数字组成,由获得厂商识别代码的厂商自己负责编制。提倡厂商遵循无含义编码的原则,即商品项目代码中的每一个数字既不表示分类,也不表示任何特定信息,最好以流水号形式为每个商品项目编码。这样,由 4 位数字组成的商品项目代码可有 0000～9999 共 10 000 个编码容量;由 5 位数字组成的商品项目代码则可标识 100 000 种商品。

校验码:校验码为 1 位数字(N_{13}),用来校验 $N_1～N_{12}$ 的编码的正误,它的数值是根据 $N_1～N_{12}$ 的数值按一定的计算方法算出的,参见 GB 12904《商品条码》附录 B 规定的方法。

例如,听装健力宝饮料的 EAN/UCC－13 代码是 6901010101098,其中 6901010 是广东健力宝集团有限公司的厂商识别代码(含前缀码 690),10109 是听装饮料的商品项目代码,最后的一位数字 8 是校验码。这样的编码方式就保证了无论在何时何地,6901010101098 只唯一对应该种商品。

② EAN/UCC－8 代码。EAN/UCC－8 代码由 8 位数字组成,其数据结构如表 2－7 所示。

表 2－7　EAN/UCC－8 数据结构

前缀码	商品项目代码	校验码
$N_1 N_2 N_3$	$N_4 N_5 N_6 N_7$	N_8

前缀码:$N_1 N_2 N_3$ 是前缀码,由国际物品编码协会分配给中国物品编码中心。

商品项目代码:4 位数字,由中国物品编码中心负责分配和管理。

校验码:校验码为 N_8,用来校验 $N_1～N_7$ 的编码的正误,其数值是根据 $N_1～N_7$ 的数值按一定的计算方法算出的,参见 GB 12904《商品条码》附录 B 规定的方法。

③ UCC－12 代码。UCC－12 是在美国和加拿大等北美国家已使用 30 多年的由美国统一代码委员会(UCC)统一制定的通用产品标识代码,它由 12 位数字组成,其数据结构如表 2－8 所示。表示 UCC－12 代码的条码符号结构有两种,即 UPC－A 码(12 位)和压缩了零的 UPC－E 码(8 位)。通常情况下,一般不选用表示 UCC－12 代码的 UPC 商品条码(UPC－A 条码和 UPC－E 条码),只有当商品出口到北美地区并且客户指定时,才申请使用 UPC 条码。我国厂商如需申请 UPC 条码,须经国家物品编码中心统一办理。

表 2－8　UCC－12 的数据结构

UPC 商品条码的代码	厂商识别代码和商品项目代码	校验码
(1)UPC－A 条码的代码结构	$N_1 N_2 N_3 N_4 N_5 N_6 N_7 N_8 N_9 N_{10} N_{11}$	N_{12}
示例:	00123456789	5
(2)UPC－E 条码的代码结构	$N_1 N_2 N_3 N_4 N_5 N_6 N_7$	N_8
示例:	0012345	7

(2)非零售贸易项目标识代码的编制。定量的非零售商品通常分为单个包装的非零售商品、含有多个包装等级的非零售商品两类。单个包装的非零售商品是指独立包装但又不通过零售扫描结算的商品项目,如独立包装的电冰箱、洗衣机等。其标识代码可以采用 EAN/UCC – 13、EAN/UCC – 8 数据结构。含有多个包装等级的非零售商品,是指其货物内含有多个包装等级,例如,装有 24 条香烟的一整箱烟,或装有 6 箱烟的托盘等。其标识代码可以选用 EAN/UCC – 14 或 EAN/UCC – 13数据结构。采用 EAN/UCC – 13 时,与零售贸易项目的标识方法相同。采用 EAN/UCC – 14 时,就是在原有的 EAN/UCC – 13 代码(不含校验码)前添加包装指示符(取值范围为 1~8),并形成新的校验码。

①EAN/UCC – 14 代码。在我国,非零售商品的标识代码主要采用 EAN/UCC – 14 和 EAN/UCC – 13 两种编码结构。EAN/UCC – 14 代码用于标识定量或变量的非零售商品的包装单元。EAN/UCC – 14 的数据结构如表 2 – 9 所示。

表 2 – 9 EAN/UCC – 14 的数据结构

指示符	内含项目的 GTIN(不含校验码)	校验码
N_1	N_2 N_3 N_4 N_5 N_6 N_7 N_8 N_9 N_{10} N_{11} N_{12} N_{13}	N_{14}

包装单元 EAN/UCC – 14 代码中第 2 至 13 位代码就是其内含零售商品 EAN/UCC – 13代码的第 1 至第 12 位代码。指示符 N_1 的赋值区间为 1~9,其中 1~8用于定量的非零售商品,9 用于变量的非零售商品。最简单的方法是按顺序分配指示符,即将 1,2,3……分别分配给非零售商品的不同级别的包装组合。

变量的非零售商品是指其内所含物品是以基本计量单位计价,数量随机的包装形式,例如待分割的牛肉。变量非零售商品的标识代码采用指示符为9(即 $N_1 = 9$)的 EAN/UCC – 14 数据结构。

表 2 – 10 是变量非零售贸易项目的订购和交货的示例。

表 2 – 10 变量非零售商品的数据结构

过程	描述	所用的单元数据串/项目的符号标识
供应商的目录	以 kg(千克)为单位批量销售的未包装的卷心菜	GTIN: 97612345000049
订单	100kg(千克)的卷心菜	100kg × 97612345000049
交货	2 个贸易项目 第一箱:重量 = 42.7kg(千克) 第二箱:重量 = 57.6kg(千克)	第一箱:01 97612345000049 3101 000427 第二箱:01 97612345000049 3101 000576
	如果以托盘形式交货	托盘:00 376123450000010107
发票	项目的 GTIN 和全部重量(100.3kg)及每 kg 的价格	97612345000049 100.3kg × 价格/kg

表 2 – 10 中,供应商的目录包含一个商品项目,即以 kg 为单位批量销售的未包装的卷心菜。订购 100kg 卷心菜的订单,要求以两箱交付。应用标识符(01)表示后面所跟数据为商品的 GTIN,每箱都用卷心菜的 GTIN 标识。应用标识符

（3101）表示后面所跟数据为商品重量。如果是以托盘的形式交货,则用该物流单元的 SSCC 标识,应用标识符（00）表示后面所跟数据为物流单元的 SSCC。发票涉及交货的 GTIN 及数量,同时显示总重量及每 kg 的价格,可以核实交付的重量是否与订购的数量相符。

②应用标识符（AI）。应用标识符是定义其后数据域含义与格式的前缀。应用标识符由 2 位到 4 位数字组成,如表 2 - 11 中的 n2、n3 或 n4。当非零售商品在流通过程中需要标识附加信息时,如生产日期、有效期、批号及数量等,可采用应用标识符。部分应用标识符的含义、组成及格式如表 2 - 11 所示。

表 2 - 11　部分应用标识符的含义、组成及格式

应用标识符(AI)	数　据　含　义	格　　式
00	系列货运包装箱代码 SSCC - 18	$n2 + n18$
01	全球贸易项目代码 GTIN - 14	$n2 + N_{14}$
02	物流单元内贸易项目的 GTIN - 14	$n2 + n14$
10	批号或组号	$n2 + an\cdots20$
11	生产日期	$n2 + n6$ $n6 = Y_1 Y_2\ M_3 M_4\ D_5 D_6$(年月日)
13	包装日期	$n2 + n6$ $n6 = Y_1 Y_2\ M_3 M_4\ D_5 D_6$(年月日)
15	保质期	$n2 + n6$ $n6 = Y_1 Y_2\ M_3 M_4\ D_5 D_6$(年月日)
17	有效期	$n2 + n6$ $n6 = Y_1 Y_2\ M_3 M_4\ D_5 D_6$(年月日)
30	可变数量	$n2 + n8$
310n	净重(kg,千克)	$n4 + n6$
400	客户购货订单号码	$n3 + an\cdots30$
410	交货地 EAN·UCC 全球位置码	$n3 + n13$
411	受票方 EAN·UCC 全球位置码	$n3 + n13$
412	供货方 EAN·UCC 全球位置码	$n3 + n13$
413	货物最终目的地 EAN·UCC 全球位置码	$n3 + n13$
414	标识物理位置的 EAN·UCC 全球位置码	$n3 + n13$
415	开票方 EAN·UCC 全球位置码	$n3 + n13$
420	同一邮政区域内交货地的邮政编码	$n3 + an\cdots9$
421	具有 3 位 ISO 国家(或地区) 代码的 交货地邮政编码	$n3 + n3 + an\cdots9$
备注	格式中,n 为数字字符,an 为字母、数字字符,i 表示字符个数,ni 表示其定长为 i 个数字字符,an…i 表示最多 i 个字母、数字字符(可变长度域)	

2. 系列货运包装箱代码(Serial Shipping Container Code ,SSCC)

系列货运包装箱代码是为物流单元提供全球唯一性标识的代码。物流单元是为了便于运输或仓储而建立的临时性组合包装,例如,一箱有不同颜色和尺寸的12 件裙子和 20 件夹克的组合包装,一个含有 40 箱饮料的托盘(每箱 12 盒装),都可以视为一个物流单元。系列货运包装箱代码(SSCC)是无含义、定长为 18 位的数字代码,用来标识一个物流单元。SSCC 由扩展位、厂商识别代码、系列号和校验码四部分组成,其数据结构如表 2 – 12 所示,通常采用 UCC/EAN – 128 条码符号表示。供应链各参与方都可用 SSCC 来访问计算机内有关信息。SSCC 与 EDI和 XML 的结合使用,把信息流和物品流有机连接起来,可大大提高货物装船、运输和接收效率。

表 2 – 12　SSCC 的数据结构

结构种类	扩展位	厂商识别代码	系列号	校验码
结构一	N_1	$N_2\ N_3\ N_4\ N_5\ N_6\ N_7\ N_8$	$N_9\ N_{10}\ N_{11}\ N_{12}\ N_{13}\ N_{14}\ N_{15}\ N_{16}\ N_{17}$	N_{18}
结构二	N_1	$N_2\ N_3\ N_4\ N_5\ N_6\ N_7\ N_8\ N_9$	$N_{10}\ N_{11}\ N_{12}\ N_{13}\ N_{14}\ N_{15}\ N_{16}\ N_{17}$	N_{18}
结构三	N_1	$N_2\ N_3\ N_4\ N_5\ N_6\ N_7\ N_8\ N_9\ N_{10}$	$N_{11}\ N_{12}\ N_{13}\ N_{14}\ N_{15}\ N_{16}\ N_{17}$	N_{18}
结构四	N_1	$N_2\ N_3\ N_4\ N_5\ N_6\ N_7\ N_8\ N_9\ N_{10}\ N_{11}$	$N_{12}\ N_{13}\ N_{14}\ N_{15}\ N_{16}\ N_{17}$	N_{18}

SSCC 数据结构中,扩展位由 1 位数字组成,取值 0 ~ 9;厂商识别代码由 7 ~ 10位数字组成;系列号由 9 ~ 6 位数字组成;校验码为 1 位数字。

3. 全球位置码(GLN)

全球位置码(GLN),也称为参与方位置代码,它是对参与供应链等活动的法律实体、功能实体和物理实体进行唯一标识的代码。法律实体是指合法存在的机构,如整个公司供应商、客户、银行、承运商等。功能实体是指法律实体内的具体的一个部门(如财务部)、一个信箱或计算机的文件。物理实体是指具体的位置,如一幢楼的一个具体房间、仓库或仓库的某个门、交货地点、转运地点等。GLN 的应用是有效实施 EDI 的前提。

GLN 由厂商识别代码、位置参考代码和校验码组成,用 13 位数字表示,具体结构如表 2 – 13 所示。其中,厂商识别代码由 7 ~ 9 位数字组成,位置参考代码由 3 ~5 位数字组成,校验码为 1 位数字。

表 2 – 13　GLN 数据结构

结构种类	厂商识别代码	位置参考代码	校验码
结构一	$N_1\ N_2\ N_3\ N_4\ N_5\ N_6\ N_7$	$N_8\ N_9\ N_{10}\ N_{11}\ N_{12}$	N_{13}
结构二	$N_1\ N_2\ N_3\ N_4\ N_5\ N_6\ N_7\ N_8$	$N_9\ N_{10}\ N_{11}\ N_{12}$	N_{13}
结构三	$N_1\ N_2\ N_3\ N_4\ N_5\ N_6\ N_7\ N_8\ N_9$	$N_{10}\ N_{11}\ N_{12}$	N_{13}

当用条码符号表示 GLN 时,应与 GLN 应用标识符一起使用。例如:4106901234567892 表示将货物运到 GLN 为 6901234567892 的某一物理位置,410为"交货地"的应用标识符。条码符号必须采用 UCC/EAN – 128 条码。GLN 应

用标识符可参看表2-11中的410~415,其条码符号表示示例见图2-6。

(410) 6 9 0 1 2 3 4 5 6 7 8 9 2

图2-6　GLN条码符号表示示例

4.全球可回收资产标识代码(GRAI)与全球单个资产标识代码(GIAI)

资产编码采用全球统一标识系统进行资产标识,用于对资产的标识及管理。国际通用的资产标识代码可分为两类,即全球可回收资产标识代码(GRAI)和全球单个资产标识代码(GIAI)。可回收资产是指具有一定价值可再次使用的包装或运输设备,如啤酒桶、气瓶、塑料托盘或板条箱。全球可回收资产标识代码(GRAI)是指在商品条码中,用来在全球范围内唯一标识可回收资产项目的代码。对于这种资产,因其全球范围流动,若没有全球性的一个标识,很难进行跟踪和管理。GRAI的使用,实现了可回收资产的全球跟踪和全部有关数据的记录。全球可回收资产的编码由必备的GRAI和可选择的系列号构成,其中GRAI由填充位、厂商识别代码、资产类型代码、校验码组成,为14位数字代码,分为四种结构,其数据结构如表2-14所示。

表2-14　全球可回收资产代码及系列号GRAI的数据结构

结构种类	全球可回收资产代码(GRAI)				系列号(可选择)
	填充位	厂商识别代码	资产类型代码	校验码	
结构一	0	$N_1\ N_2\ N_3\ N_4\ N_5\ N_6\ N_7$	$N_8\ N_9\ N_{10}\ N_{11}\ N_{12}$	N_{13}	$X_1 \cdots X_j(j\leqslant 16)$
结构二	0	$N_1\ N_2\ N_3\ N_4\ N_5\ N_6\ N_7\ N_8$	$N_9\ N_{10}\ N_{11}\ N_{12}$	N_{13}	$X_1 \cdots X_j(j\leqslant 16)$
结构三	0	$N_1\ N_2\ N_3\ N_4\ N_5\ N_6\ N_7\ N_8\ N_9$	$N_{10}\ N_{11}\ N_{12}$	N_{13}	$X_1 \cdots X_j(j\leqslant 16)$
结构四	0	$N_1\ N_2\ N_3\ N_4\ N_5\ N_6\ N_7\ N_8\ N_9\ N_{10}$	$N_{11}\ N_{12}$	N_{13}	$X_1 \cdots X_j(j\leqslant 16)$

表2-14中,填充位为1位数字"0"(为保证全球可回收资产代码的14位数据结构,在厂商识别代码前补充的一位数字);厂商识别代码由7~10位数字组成;资产类型代码由5~2位数字组成;校验码为1位数字。

厂商识别代码由中国物品编码中心统一分配;资产类型代码由获得厂商识别代码的资产所有者编制并保证唯一性;校验码根据GRAI的前13位数字计算得出;系列号为可选项,由获得厂商识别代码的资产的所有者负责编制,用于唯一标识特定资产类型中的单个资产,系列号由1~16位可变长度的数字字母型代码构成。

单个资产被认为是具有任何特定属性的物理实体,如飞机零件、机车车辆、牵引车等。典型应用是记录飞机零部件的生命周期,可从资产购置直到其退役,对资产全过程跟踪。

全球单个资产代码是指在 EAN·UCC 系统中,用于在全球范围内唯一标识单个资产的代码。它由厂商识别代码、单个资产参考代码两部分组成,为小于或等于30 位的数字字母代码,分为四种数据结构,如表 2-15 所示。

表 2-15 GIAI 的数据结构

结构种类	厂商识别代码	单个资产参考代码
结构一	$N_1\ N_2\ N_3\ N_4\ N_5\ N_6\ N_7$	$X_8 \cdots X_j\ (j \leqslant 30)$
结构二	$N_1\ N_2\ N_3\ N_4\ N_5\ N_6\ N_7\ N_8$	$X_9 \cdots X_j\ (j \leqslant 30)$
结构三	$N_1\ N_2\ N_3\ N_4\ N_5\ N_6\ N_7\ N_8\ N_9$	$X_{10} \cdots X_j\ (j \leqslant 30)$
结构四	$N_1\ N_2\ N_3\ N_4\ N_5\ N_6\ N_7\ N_8\ N_9\ N_{10}$	$X_{11} \cdots X_j\ (j \leqslant 30)$

表 2-15 中,厂商识别代码由 7~10 位数字组成,单个资产参考代码由 1~23位数字字母组成。厂商识别代码由中国物品编码中心统一分配,单个资产参考代码由获得厂商识别代码的资产所有者负责编制。

全球可回收资产代码应与应用标识符 AI(8003)一起使用,全球单个资产代码应与应用标识符 AI(8004)一起使用,采用 UCC/EAN-128 条码符号表示。

5. 全球服务关系代码(GSRN)

全球服务关系代码是指商品条码系统中,用来标识任何服务关系中服务对象的全球统一的代码。全球服务关系代码由厂商识别代码、服务对象代码和校验码三部分组成,为 18 位数字代码,分为如表 2-16 所示的四种数据结构。其中,厂商识别代码由 7~10 位数字组成,由中国物品编码中心统一分配;服务对象代码由10~7 位数字组成,由获得厂商识别代码的服务提供方负责编制并保证唯一性;校验码为 1 位数字,根据服务关系代码的前 17 位数字计算得出。

表 2-16 GSRN 的数据结构

结构种类	厂商识别代码	服务对象代码	校验码
结构一	$X_1\ X_2\ X_3\ X_4\ X_5\ X_6\ X_7$	$X_8\ X_9\ X_{10}\ X_{11}\ X_{12}\ X_{13}\ X_{14}\ X_{15}\ X_{16}\ X_{17}$	X_{18}
结构二	$X_1\ X_2\ X_3\ X_4\ X_5\ X_6\ X_7\ X_8$	$X_9\ X_{10}\ X_{11}\ X_{12}\ X_{13}\ X_{14}\ X_{15}\ X_{16}\ X_{17}$	X_{18}
结构三	$X_1\ X_2\ X_3\ X_4\ X_5\ X_6\ X_7\ X_8\ X_9$	$X_{10}\ X_{11}\ X_{12}\ X_{13}\ X_{14}\ X_{15}\ X_{16}\ X_{17}$	X_{18}
结构四	$X_1\ X_2\ X_3\ X_4\ X_5\ X_6\ X_7\ X_8\ X_9\ X_{10}$	$X_{11}\ X_{12}\ X_{13}\ X_{14}\ X_{15}\ X_{16}\ X_{17}$	X_{18}

UCC/EAN-128 条码是唯一用于表示全球服务关系代码的条码。

第四节 商品条码

一、商品条码的产生和发展

(一)商品条码的概念

商品条码(Barcode for Commodity)是由国际物品编码协会(GS1)规定,由一组规则排列的条、空及其对应的标识代码(供人识别字符)组成的标记,是用来表示商品特定信息的标识。在商品条码中,其"条"、"空"组合部分,称为条码符号,用于机器的快速扫描和准确识别;其下方对应的一组数字字符,是供人识别字符,也就是该条码所表示的商品标识代码。商品条码符号与商品标识代码的对应关系如图2-7所示。

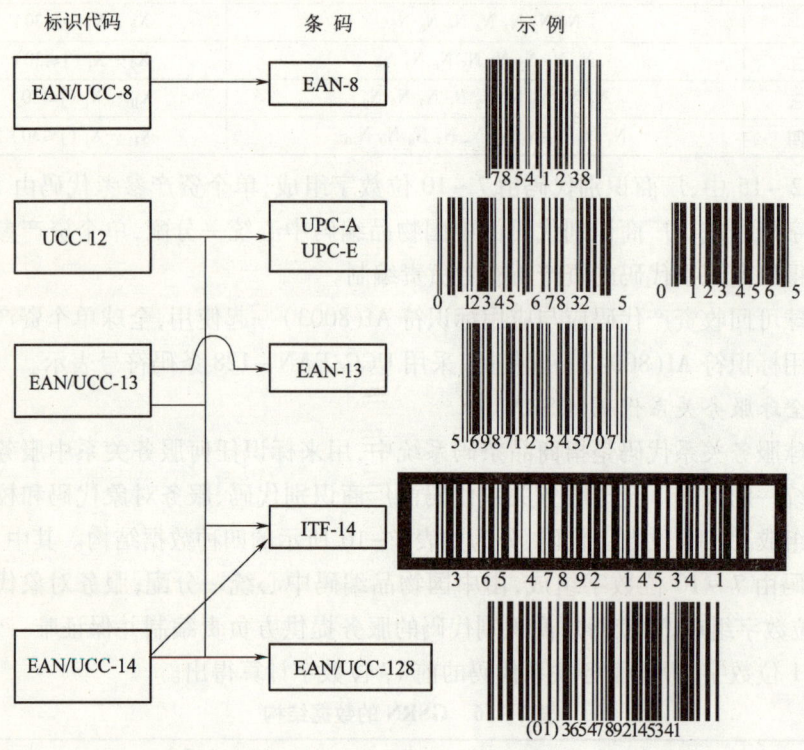

图2-7 商品条码符号与商品标识代码对应关系示例图

国家标准 GB 12904《商品条码》规定了商品条码的编码、结构、尺寸及技术要求。商品条码的基本结构如图2-8所示。

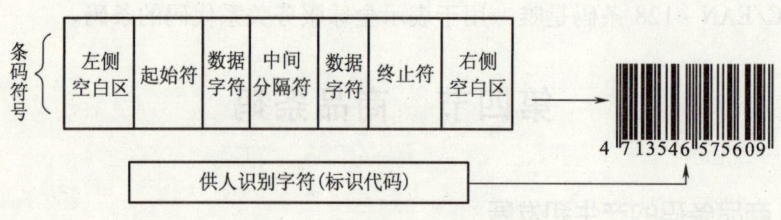

图2-8 商品条码的基本构成

商品条码一般印在商品包装上,或将其制成条码标签附在商品上。商品条码适用于通过零售渠道直接销售给最终用户的商品,例如:食品、饮料、卷烟、土特产品;纺织品、服装、鞋帽;化妆品、香精香料、牙膏、肥皂、洗衣粉等日用化工品;医药保健品;文教体育用品;工艺美术品;玩具;电视机、电冰箱、洗衣机、电风扇等家用电器;照明器具;仪器仪表及小型机械;手工工具、刀、剪、锁等日用金属制品;生活用纸、日用杂品等商品。

商品条码技术具有简单、信息采集速度快、信息采集量大、可靠性高、设备结构简单、成本低等特点,能够大幅度提高购物的结算速度,减少差错,实现商品进、销、调、存自动化信息管理,提高企业管理水平和经济效益。

（二）商品条码的产生和发展

20 世纪 70 年代初,美国制造业和零售业的迅速发展,推动了方便商品交易的条码技术的开发和应用。1973 年,美国统一代码委员会(Uniform Code Council,简称 UCC)从若干种条码候选方案中选定了 IBM 公司提出的条码系统,以此为基础制定了通用产品代码和条码 UPC,并在食品杂货业首先进行 UPC 条码的应用尝试,接着在美国和加拿大超级市场成功推广应用。

1974 年,英国、前联邦德国、法国、意大利等欧洲 12 国的大型制造商和销售商代表决定成立欧洲条码系统筹备委员会。1977 年欧洲物品编码协会(European Article Numbering Association,简称 EAN)正式成立。在吸取 UPC 条码技术的基础上,欧洲物品编码协会开发出了与 UPC 条码系统兼容的 EAN 条码系统,并在欧洲乃至除北美以外的各大洲推行普及且获得成功。EAN 组织实际上已成为国际性组织,因此欧洲物品编码协会在 1992 年正式更名为国际物品编码协会(EAN International)。至此,以全球统一的商品编码体系为核心,以条码自动识别方法为技术支撑的全球物品标识系统基本形成。

随着贸易全球化的发展,EAN 与 UCC 两大组织也从技术合作最终走向联合。1989 年,EAN 与 UCC 签署合作协议(也称 EAN/UCC 联盟 I),合作内容除包括当 EAN 成员国(地区)企业产品销往北美地区时,由该国(地区)的 EAN 编码组织负责为企业办理申请 UCC 成员手续外,还有多项统一应用的技术开发合作,如共同开发了 UCC/EAN - 128 条码,用于对物流单元的标识等。但是,这种单项的技术应用合作,无法适应经济全球化的需要,1997 年 7 月,EAN 与 UCC 签署了新的合作协议(又称 EAN/UCC 联盟 II),宣告了两大组织进一步的联合行动——所有 EAN 成员国(地区)的企业申请 UPC 代码都要经过当地 EAN 组织,并同时成为 EAN·UCC 成员。2002 年 11 月,UCC 和加拿大电子商务委员会(ECCC)正式加入 EAN,并宣布从 2005 年 1 月 1 日起,EAN 码也能在北美地区正常使用,且美国、加拿大新的条码用户将采用 EAN 条码标识商品。2005 年 2 月,国际物品编码协会正式更名为 GS1。这意味着国际物品编码协会开始真正成为全球性的商务标准化组织。

经济全球化的发展趋势,要求供应链管理尽快实现全球标准化。全球通用的物品标识体系则是其重要基础。GS1 的成立使一个全球统一标识系统(GS1 系统,也称 EAN·UCC 系统)成为现实,该系统是以全球统一的编码体系为核心,集条码、射频等自动数据采集技术和电子商务数据交换等技术为一体的,服务于供应链管理的开放的标准体系(见图 2-9,图 2-10)。GS1 在遍布全球的成员组织支持下努力创造一个无缝的供应链流通环境,极大地促进了传统商务和电子商务的发展。作为其成员组织,中国物品编码中心(ANCC)不但积极将国外的先进技术引进中国,促进我国供应链管理的标准化发展;更致力于向国际组织反映中国的需求,帮助中国企业改善国际发展环境,增强国际竞争力。

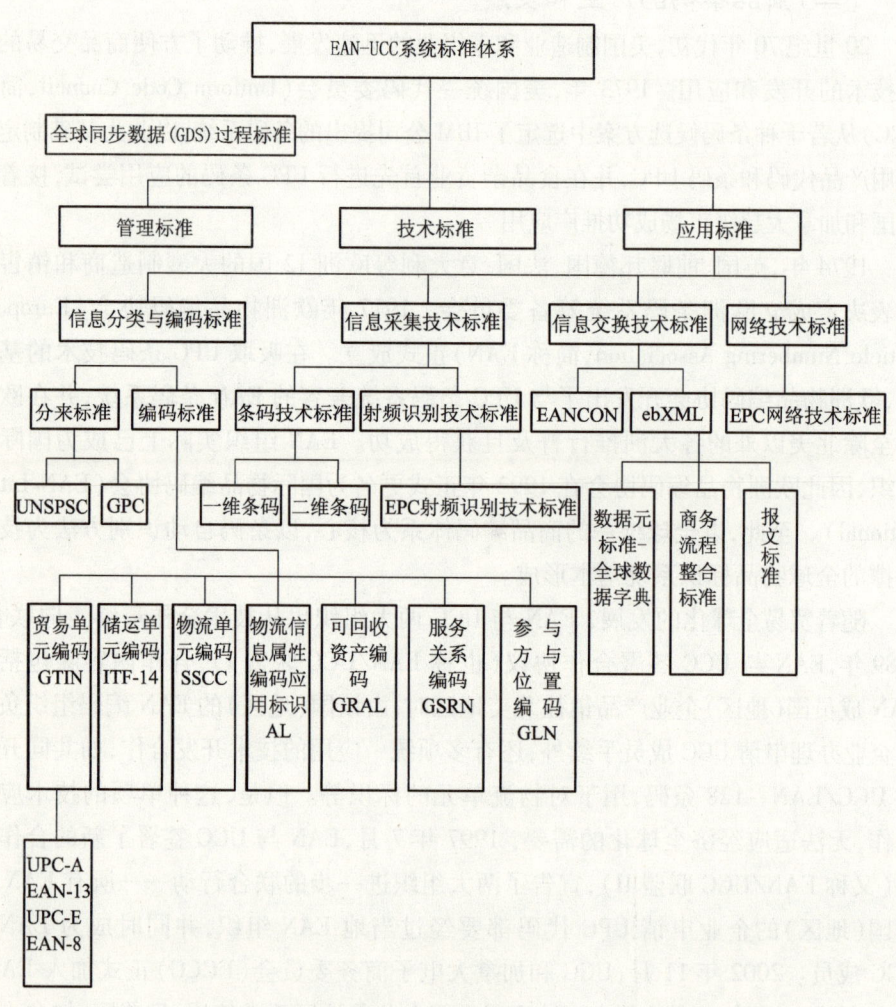

图 2-9　全球统一标识系统(GS1 系统,也称 EAN·UCC 系统)标准体系

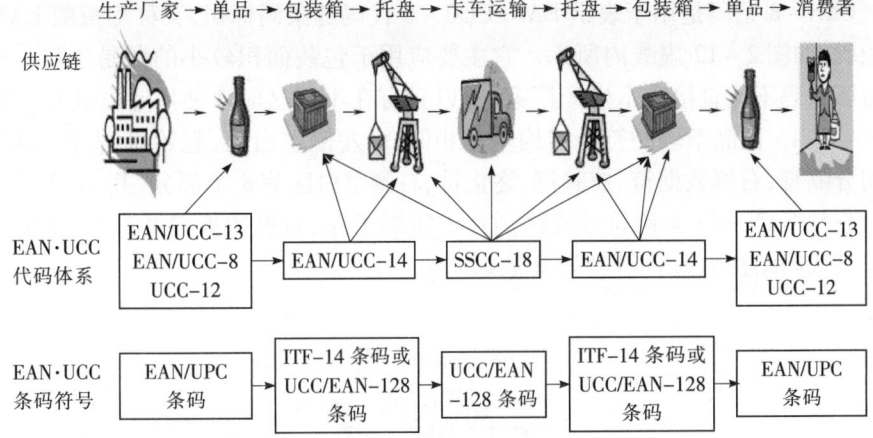

图 2 –10　GS1(EAN · UCC)系统在供应链上的应用

二、常用的商品条码

(一)EAN/UPC 条码

1. EAN –13 条码

EAN –13 条码是用于表示 EAN/UCC –13 代码的条码标识,又称标准版 EAN 商品条码。它主要用于零售商品或非零售商品的标识。

EAN –13 条码是由其上部的条码符号及其下部的供人识别字符(即 EAN/UCC –13代码)两部分所组成,如图 2 –11 虚线内所示。该条码符号是按照"二进制"和"模块组配法"原理进行编码的。条码符号中的条或空的基本单位是模块,模块是一种代表规定长度的物理量,是确定条与空宽度的计量单位。因此 EAN 条码符号是按照特定的编码规则所组成的倍数模块宽度不同的条与空的组合。EAN –13 条码符号由左侧空白区、起始符、左侧数据符、中间分隔符、右侧数据符、校验符、终止符、右侧空白区等 8 个部分,共 113 个模块组成,以便通过扫描识读,将其所含信息转换成计算机可识读的二进制信息。关于 EAN/UCC –13 代码结构,前面已作介绍。

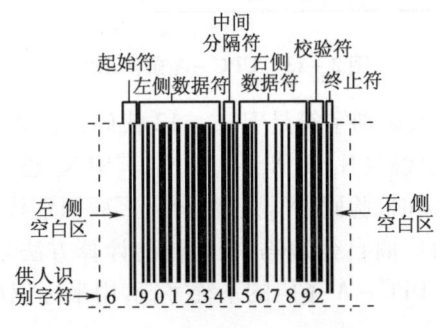

图 2 –11　EAN –13 条码示例

2. EAN－8 条码

EAN－8 条码是用于表示 EAN/UCC－8 代码的条码标识,又称缩短版 EAN 商品条码,如图 2－12 虚线内所示。它主要应用于包装面积较小的贸易项目。由于缩短版条码不能直接表示生产厂家,所以只有在不得已时才使用它。其符号结构与 EAN－13 商品条码的符号结构基本相同,由左侧空白区、起始符、左侧数据符、中间分隔符、右侧数据符、校验符、终止符、右侧空白区等 8 个部分,共 81 个模块组成。它与 EAN－13 条码符号的区别在于压缩了左、右侧数据符及其条、空模块数量。其代码结构为 EAN/UCC－8 数据结构。

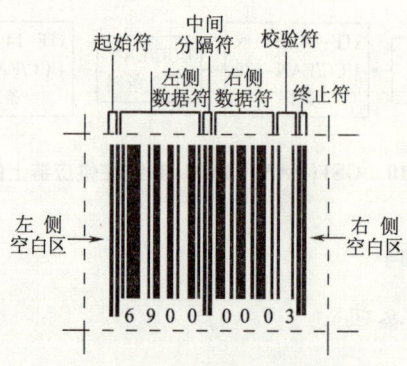

图 2－12   EAN－8 条码示例

3. UPC－A 条码

UPC 条码与 EAN 条码完全兼容,也是一种模块组合型条码。UPC－A 条码是 UPC 条码的标准版(如图 2－13 所示),它主要用于北美地区零售商品或非零售商品的标识。

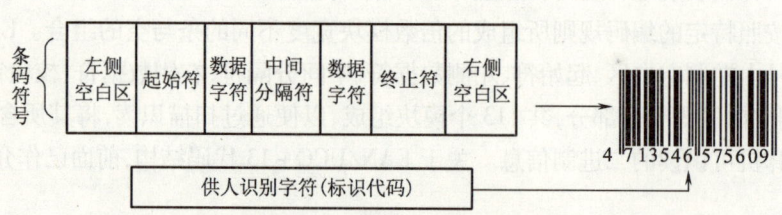

图 2－13   UPC－A 条码示例

UPC－A 条码的供人识别字符是 UCC－12 代码,由 12 位数字组成,代码结构从左向右分成厂商识别代码($N_1 N_2 N_3 N_4 N_5 N_6$,其中 N_1 也是系统字符)、商品项目代码($N_7 N_8 N_9 N_{10} N_{11}$)和校验码($N_{12}$)三部分。厂商识别代码由 UCC 分配给申请厂商。商品项目代码由厂商自行编码,校验码的计算方法与 EAN/UCC－13 代码的校验码的算法相同。UPC－A 条码的系统字符,用来标识商品类别,其应用规则如表 2－17 所示。

表 2 – 17　UPC – A 条码的系统字符的应用规定

系统字符	应用范围	系统字符	应用范围
0,6,7	规则包装的一般商品	4	零售商自用的店内码
2	不规则重量的变量商品	5	商家的优惠券
3	药品及医疗用品	1,8,9	备用码

UPC – A 条码符号结构(图 2 – 13),是由左侧空白区、起始符、左侧数据、中间分隔符、右侧数据符、校验符、终止符和右侧空白区 8 个部分组成,共 113 个模块,但其在各部分的分布与 EAN – 13 条码不同。

4. UPC – E 条码

UPC – E 条码是北美地区使用的 UPC 条码的缩短版(图 2 – 14),其代码的系统字符 N_1 总是为零,也就是说只有系统字符为零的 UPC – A 条码才能转换成 UPC – E 条码。UPC – E 条码的代码由 8 位数字构成,其系统字符 N_1 和校验码 N_8 分别位于起始符和终止符的外侧,中间的 6 位数字 N_2 N_3 N_4 N_5 N_6 N_7 为商品项目代码,是按规则消去 UPC – A 条码所表示的 UCC – 12 代码中的零而得到的。UPC – E条码符号没有中间分隔符。只有当商品或其包装很小,无法印刷 UPC – A 条码时,才允许使用 UPA – E 条码。

系统字符→0　896003　9←校验码

图 2 – 14　UPC – E 条码示例

(二)ITF – 14 条码

ITF – 14 条码是表示 EAN/UCC – 14 代码的条码标识,只用于不经过 POS 扫描结算(可直接用于仓库)的非零售商品。ITF – 14 条码符号较适合直接印制于瓦楞纸或纤维板的储运包装箱上。ITF – 14 条码是在交叉二五条码的基础上扩展形成的,交叉二五条码是连续型,定长,具有自校验功能,且条、空都标识信息的双向条码。

ITF – 14 条码符号由矩形保护框、左侧空白区、起始符、条码字符、终止符、右侧空白区组成,见图 2 – 15。其中,起始符由 4 个窄单元组成,次序是条、空、条、空;终止符依次由 1 个宽条、1 个窄空、1 个窄条组成。由于交叉二五条码符号中,可能会将起始符、终止符图形中的条分别作为中间的条码符号始端或末端的某些编码符号字符,从而出现误读的可能性。因此除了在应用中将交叉二五条码符号中的编码字符的个数固定外,还应采用保护框,以降低扫描光束进入和(或)离开条码符号的顶部和(或)底部时造成误读的可能。

包装指示符

图 2-15　ITF-14 条码示例

（三）UCC/EAN-128 条码

UCC/EAN-128 条码是 EAN·UCC 系统中唯一可用于表示附加信息(如产品批号、规格、数量、生产日期、有效日期等)的非定长条码,主要用于非零售贸易项目、物流单元的标识,也可用于服务、位置的标识。UCC/EAN-128 条码是目前可用的最完整的、高密度的、可靠的、应用灵活的一维条码。它允许表示可变长度的数据,并且能将若干个信息编码在一个条码符号中。SSCC 和相关的 EAN·UCC 应用标识符以及附加信息数据都可用它表示。

UCC/EAN-128 条码是由其条码符号及其所表示的供人识别字符(应用标识符、非零售贸易项目的 EAN/UCC-14 代码或货运单元的 SSCC-18 代码以及其他附加信息数据)组成,如图 2-16(1)和(2)所示。

UCC/EAN-128 条码符号,从左至右由以下六部分组成:左侧空白区;双字符起始图形(起始符 Start A 或 Start B 或 Start C 和功能字符 FNC1 组成);数据字符(包括应用标识符);校验符;终止符;右侧空白区。参见图 2-16,FNC1 用于标识 EAN·UCC 系统,校验符是条码符号终止符前面的最后一个字符,在供人识别的字符中不表示出来。由应用标识符和其后数据组成的单元数据串称为应用标识符字符串。

（四）店内条码

我国标准(GB/T 18283—2008)将"店内条码"定义为:"前缀码为 20~24 的商品条码,用于标识商店自行加工店内销售的商品和变量零售商品。"

我国对店内条码的使用有严格的规定,其中《商品条码管理办法》第 22 条规定:"销售者应当积极采用商品条码。销售者在其经销的商品没有使用商品条码的情况下,可以使用店内条码。店内条码的使用,应当符合国家标准《店内条码》(GB/T 18283)的有关规定。生产者不得以店内条码冒充商品条码使用。"通常,店内条码只能用于商店内部自动化管理系统,不能对外流通。

店内条码的编码,按照其码位可分为 13 位代码(标准码)和 8 位代码(缩短码)两类。其中 13 位代码又分为"不包含价格等信息的 13 位代码"和"包含价格等信息的 13 位代码"两种类型。当设备扫描到标识"不包含价格等信息的 13 位代码"的店内条码时,通常由计算机将存在商品主档的价格检索出来,这类的店内条码主要用于销售量大的商品。而标识"包含价格等信息的13位代码"的店内条码,因其已含有商品的价格,故多用于以基本计量单位计价的商品。

1. 不包含价格等信息的13位代码

不包含价格等信息的13位代码由前缀码、商品项目代码和校验码组成,其结构见表2-18。

表2-18 不包含价格等信息的13位代码结构

前缀码	商品项目代码	校验码
$X_{13}\ X_{12}$	$X_{11}\ X_{10}\ X_9\ X_8\ X_7\ X_6\ X_5\ X_4\ X_3\ X_2$	X_1

前缀码:$X_{13}\ X_{12}$为前缀码,其值为20~24。

商品项目代码:X_{11}~X_2为商品项目代码,由10位数字组成,由商店自行编制。

校验码:X_1为校验码,为1位数字,根据前12位计算而成,用于检验整个代码的正误。

2. 包含价格等信息的13位代码

包含价格等信息的13位代码由前缀码、商品种类代码、价格或度量值的校验码、价格或度量值代码和校验码5部分组成。其中,价格或度量值的校验码可以缺省。包含价格等信息的13位代码共分4种结构,如表2-19所示。

表2-19 包含价格等信息的13位代码结构

结构种类	前缀码	商品种类代码	价格或度量值的校验码	价格或度量值代码	校验码
结构一	$X_{13}\ X_{12}$	$X_{11}\ X_{10}\ X_9 X_8\ X_7\ X_6$	无	$X_5 X_4\ X_3\ X_2$	X_1
结构二	$X_{13}\ X_{12}$	$X_{11}\ X_{10} X_9 X_8\ X_7$	无	$X_6\ X_5 X_4\ X_3\ X_2$	X_1
结构三	$X_{13}\ X_{12}$	$X_{11}\ X_{10}\ X_9 X_8\ X_7$	X_6	$X_5 X_4\ X_3\ X_2$	X_1
结构四	$X_1 3\ X_1 2$	$X_1 1 X_1 0 X_9\ X_8$	X_7	$X_6 X_5 X_4\ X_3\ X_2$	X_1

前缀码:$X_{13}\ X_{12}$为前缀码,其值为20~24。

商品种类代码:由4~6位数字组成,用于标识不同种类的零售商品,由商店自行编制。

价格或度量值代码:由4~5位数字组成,用于表示某一具体零售商品的价格或度量值信息。

价格或度量值的校验码:结构三和结构四包含价格或度量值的校验码,为1位数字,根据价格或度量值代码的各位数字计算而成,用于检验整个价格或度量值代码的正误。

校验码:X_1为校验码,为1位数字,根据前12位计算而成,用于检验整个代码的正误。

3. 8位代码

8位代码由前缀码、商品项目代码和校验码组成,其结构见表2-20。

表 2-20 店内条码的 8 位代码结构

前缀码	商品项目代码	校验码
2	$X_7\ X_6\ X_5X_4\ X_3\ X_2$	X_1

前缀码:由 1 位数字组成,其值为 2。

商品项目代码:$X_7 \sim X_2$ 为商品项目代码,由 6 位数字组成,由商店自行编制。

校验码:X_1 为校验码,为 1 位数字,根据前 7 位计算而成,用于检验整个代码的正误。

4. 店内条码的符号表示和要求

店内条码的符号表示和要求,与商品条码 EAN-13 相同,见 GB 12904 相应条款。

三、中国标准书号及其条码

(一)中国标准书号

中国标准书号是国际标准书号(International Standard Book Number,简称 IS-BN)系统的组成部分。ISBN 系统创建于 1970 年,是国际出版业和图书贸易通用的标识编码系统。

我国结合国情,修改采用国际标准 ISO 2108:2005《信息与文献——国际标准书号(ISBN)》,制定了国家标准 GB/T 5795—2006《中国标准书号》,从而为在我国依法设立的出版者所出版或制作的每一专题出版物及其每一版本提供唯一确定的和国际通用的标识编码。所谓"专题出版物"是指由出版者或作者将作品或该作品的一部分或几部分作为一个单行本出版,且可以任何商品(产品)形式公开发行的出版物,主要包括:印刷的图书和小册子;盲文出版物;教育或教学用影片、录像制品和幻灯片;磁带和 CD 或 DVD 形式的有声读物;电子出版物实物载体形式(机读磁带、光盘、CD-ROM)或互联网上出版的电子出版物;印刷出版物的电子版;缩微出版物、教育或教学软件;地图及教学制图、图示类出版物等。

中国标准书号由标识符"ISBN"和 13 位数字组成,例如,ISBN 978-7-5640-0145-2。其中 13 位数字(EAN-13)分为以下五个部分:①EAN·UCC 前缀码;②组区号;③出版者号;④出版序号;⑤校验码。

EAN·UCC 前缀码"978",是中国标准书号数字的第一部分,是由国际物品编码协会专门提供给国际 ISBN 管理系统的商品(产品)标识编码,"979"是留给国际 ISBN 管理系统使用的备用前缀码。

组区号是中国标准书号数字的第二部分,中国的组区号为"7",是由国际 ISBN 管理机构分配的。

出版者号是中国标准书号数字的第三部分,用于标识具体的出版者,其长度为 2~7 位,由中国 ISBN 管理机构设置和分配。

出版序号是中国标准书号数字的第四部分,由出版者按出版物的出版次序管理和编制。

校验码是中国标准书号数字的第五部分,也是最后一位,其计算方法见 GB/T 5795—2006 的附录 C。

（二）中国标准书号条码

我国《中国标准书号条码》(GB/T 12906—2008)规定了中国标准书号条码的代码结构和符号结构。

1. 代码结构

中国标准书号条码的代码采用 EAN·UCC 代码结构,且有两种形式:其一,由 13 位数字(EAN - 13)组成;其二,由主代码(EAN - 13)加上附加码组成,其结构如表 2 - 21 和表 2 - 22 所示。

表 2 - 21　代码结构 1

ENA - 13		
EAN·UCC 前缀码	数据码	校验码
$Q_1Q_2Q_3$	$X_1X_2X_3X_4X_5X_6X_7X_8X_9$	C

表 2 - 22　代码结构 2

主代码(EAN - 13)			附加码
EAN·UCC 前缀码	数据码	校验码	S_1S_2
$Q_1Q_2Q_3$	$X_1X_2X_3X_4X_5X_6X_7X_8X_9$	C	

（1）EAN·UCC 前缀码。它是国际物品编码协会(GS1)指定给国际标准书号(ISBN)系统专用的 3 位数字(978)。其中,3 位数字码中的第 1 位为前置码。

（2）数据码。数据码由 X_1 ～ X_9 共 9 位数字组成,它同前缀码和校验码一起构成与中国标准书号相同的由 13 位数字组成的中国标准书号条码的代码。

（3）校验码。校验码 C 按 GB/T 5795—2006 附录 C 规定的方法计算得出。

（4）附加码。附加码由 S_1S_2 共 2 位数字组成,用于表示同一中国标准书号的出版物价格变化的次数信息。

2. 符号结构

中国标准书号条码符号结构采用 EAN - 13 条码符号结构。例如,前面列举的中国标准书号"ISBN 978 - 7 - 5640 - 0145 - 2(附加码为01)"的条码符号结构,如图 2 - 16 所示:

图 2 - 16　中国标准书号条码示例

四、中国标准连续出版物号及其条码

(一)中国标准连续出版物号

中国标准连续出版物号是指中国国家出版管理部门批准注册的出版者所出版的每一种连续出版物的代码标识。所谓"连续出版物"是指印有编号或年月标识,定期或不断更新并计划无限期地连续出版的出版物,如期刊、报纸、年度出版物等。我国等效采用国际标准 ISO 3297:1998《国际标准连续出版物号(ISSN)》,制订了国家标准 GB/T 9999—2001《中国标准连续出版物号》。

中国标准连续出版物号由一个国际标准连续出版物号和一个国内统一连续出版物号两部分组成。其结构格式为:

ISSN XXXX – XXXX
CN XX – XXXX/YY

国际标准连续出版物号(International Standard Serial Numbering,简称 ISSN)由前缀 ISSN 和 8 位数字(最后一位是校验码)组成,由 ISSN 中心负责分配。例如,ISSN 1008 – 1798。国际标准连续出版物号不反映连续出版物的语种、国别或出版者。

国内统一连续出版物号由前缀 CN 和 6 位数字组成。CN 为中国的国名代码,6 位数字由国家出版管理部门负责分配给连续出版物。国内统一连续出版物号 6 位数字的前 2 位为地区号,依据 GB/T 2260—2006 中的数字码前两位给出。国内统一连续出版物号 6 位数字的后 4 位数字为地区连续出版物的序号。各省、自治区、直辖市的国内连续出版物序号范围一律从 0001 ~ 9999,其中 0001 ~ 0999 为报纸的序号,1000 ~ 5999 为印刷版连续出版物的序号,6000 ~ 8999 为网络连续出版物的序号,9000 ~ 9999 为有形的电子连续出版物(如光盘等)的序号。

国内统一连续出版物号的分类号用以说明连续出版物的主要学科范畴,以便于对连续出版物的分类统计、订阅、陈列和检索。期刊的分类号接《中国图书馆分类法(第 4 版)》的基本大类给出,其中文化教育类(G)和工业技术类(T)按二级类目给出。报纸暂不分类。分类号置在国内统一连续出版物号 6 位数字之后,用一斜线"/"隔开。

(二)中国标准连续出版物(ISSN 部分)条码

国家标准 GB/T 16827—1997 规定了中国标准连续出版物号(ISSN 部分)条码的代码结构,由 15 位数字组成,见表 2 – 23。

表 2 – 23   中国标准连续出版物号(ISSN 部分)条码的代码结构

主代码				附加码
前缀码	数据码(ISSN 号)	年份码	校验码	
977	$X_1 X_2 \cdots X_7$	$Q_1 Q_2$	C	$S_1 S_2$

1. 主代码

（1）前缀码。前缀码由 3 位数字组成,977 是国际物品编码协会指定给国际标准连续出版物号(ISSN)专用的前缀码。

（2）数据码。数据码由 7 位数字组成,$X_1 \cdots X_7$,是不含校验码的中国标准连续出版物号的 ISSN 部分。

（3）年份码。年份码由 2 位数字组成,年份码标识年份,以公历年份的最后两位数字表示。

（4）校验码。校验码按标准规定的方法计算得出。

2. 附加码

附加码是 2 位数字,表示连续出版物的系列号(即周或月份的序数)。S_1S_2 的编码方法见表 2 - 24。

表 2 - 24　附加码的构成

出版周期	S_1S_2
周刊	用出版周的序数表示(01 ~ 53)
旬刊	用出版旬的序数表示(01 ~ 36)
双周刊	用出版周的序数表示(02、04、06 ~ 52 或 01、03、05 ~ 53)
半月刊	用出版半月的序数表示(01 ~ 24)
月刊	用出版月份的序数表示(01 ~ 12)
双月刊	用出版月份的序数表示(01 ~ 12)
季刊	用出版月份的序数表示(01 ~ 12)
半年刊	用出版月份的序数表示(01 ~ 12)
年刊	用出版月份的序数表示(01 ~ 12)
特刊	99 ~ 01

3. 条码示例

图 2 - 17 为中国标准连续出版物号(ISSN 部分)条码的一个具体示例。

图2 - 17　中国标准连续出版物号(ISSN 部分)条码示例

第五节 商品目录与商品分类编码标准

一、商品目录

商品目录是指在商品分类和编码的基础上,用表格、文字、数码和(或)字母等全面记录和反映商品分类体系的文件形式。或者说,商品目录是由国际组织、国家、行业或企业依据其任务、服务对象、管理范围,将商品种类用一定的书面形式,并经过一定批准程序固定下来的商品总明细表。

商品目录一般包括商品名称及计量单位、商品代码(或商品编号)和商品分类体系三部分,所以商品目录又叫商品分类目录。编制商品目录,也属于商品分类工作的一部分。

商品目录是商品分类的具体表现,只有根据商品分类原则编制的商品目录,才能使各类商品分门别类、标示清楚,从而有利于商品管理的科学化、信息化、高效化。由于编制商品目录的主体、目的、对象内容不同,商品目录也各式各样。

根据商品目录适用范围的不同,商品目录可归纳为国际商品目录、国家商品目录、行业(部门)商品目录、企业商品目录四类。

(一)国际上通行的商品目录

目前,被国际上公认和广泛采用的国际商品分类目录主要有:国际关税合作理事会组织制定的《商品名称和编码协调制度》(The Harmonized Commodity Description and Coding System,简称 HS)、联合国统计署组织制定的《国际贸易标准分类》(The Standard International Trade Classification,简称 SITC)、联合国统计署和原欧共体统计部门共同制定的《主要产品分类》(Center Product Classification,简称 CPC)、国际公约尼斯协定的《商标注册用商品和服务国际分类表》(International Classification of Goods and Service for the Purpose of the Registration of Marks)等。

(二)国家商品目录

国家商品目录是指由国家指定专门机构编制,在各行业中实行分类统一指导的全国性商品(产品、物资)目录。如我国 GB/T 7635—2002《全国主要产品分类与代码》,美国的《联邦物资编目系统》(FCS),日本的《商品分类编码》,就属于此类商品目录。

(三)行业(部门)商品目录

行业(部门)商品目录是指由行业或其主管部门编制的,为该行业(部门)共同采用的商品目录。如我国原商业部编制的 SB/T 10135—92 标准,商检局编制的《商检机构实施检验的进出口商品种类表》,海关总署编制的《海关进出口税则》和《海关统计商品目录》,国家工商总局编制的《类似商品和服务区分表》等,都属于行业(部门)商品目录。

（四）企业商品目录

企业商品目录是指由商品生产、储运、批发、零售和服务性企业自行编制的，通常仅适用于本企业生产经营管理需要的商品目录。

以上四类商品目录使用范围不同，但也存在密切的联系。国家商品目录应考虑与国际商品目录的协调，以便于信息交流和处理。同样道理，行业（部门）或企业商品目录的编制，也必须要符合国家商品目录的分类原则和指导思想，并在此基础上结合本行业（部门）和本企业的业务需要，进行适当的细分和补充。

各类商品目录应相对稳定，以使各类信息具有可比性、稳定性，这样有利于协调各行业（部门）、各企业、各环节的工作。但商品目录并不是一成不变的，而是应随着商品生产和商品经济的发展予以适时修订，这样才能发挥它在商品流通活动中的作用。

二、重要的国内外商品分类编码标准

（一）《国际贸易标准分类》（SITC）

1950 年联合国统计署公布了由它组织制定的国际贸易标准分类（SITC）。SITC 是一种主要用于国际贸易统计的商品分类目录。SITC 在 1960 年和 1975 年先后进行了两次修订。自 1960 年以来，许多国家按照 SITC 进行商品贸易统计，一些拉美国家和英联邦国家还用它来编制本国的海关税则。联合国自 1976 年开始按照 SITC 编制国际贸易的统计资料。期间 SITC 又经多次修订，1986 年第三次修订版（SITC Rev.3）问世。1988 年 SITC 与 HS（商品名称和编码协调制度）一起在国际范围内正式实施。2006 年，联合国又公布了 SITC 等四次修订版（SITC Rev.4）。

目前，《国际贸易标准分类》的分类对象仅局限于可运输的有形商品，未涉及不可运输的服务、资产类商品，只用于国际贸易中可运输商品的专门统计。《国际贸易标准分类》选用的分类标志主要有：商品的特性及其原材料、工艺过程和加工处理程度、市场需求情况和用途、在国际贸易中的重要性以及技术发展等，并兼顾了产业源的原则。

《国际贸易标准分类》目录的编码结构采用五位阿拉伯数字的层次码表示，第一位数字表示部类，前两位数字表示章，前三位数字表示组，前四位数字表示分组，若再细分，五位数字表示分出的基本项目。该分类目录将商品分为 10 部门，68，26组，1 023 个分组和 2 970 个基本目。《国际贸易标准分类》第四次修订版（SITC Rev.4）的部门、类的两级类目及其名称，见表 2－25。

表 2－25　《国际贸易标准分类》修订第四版（SITC Rev.4）

第 0 部门　食品和活动物	第 04 类　谷物及谷物制品
第 00 类　活动物，第 03 类动物除外	第 05 类　蔬菜及水果
第 01 类　肉及肉制品	第 06 类　糖、糖制品及蜂蜜
第 02 类　乳制品和禽蛋	第 07 类　咖啡、茶、可可、香料及其制品
第 03 类　鱼（非海洋哺乳动物）、甲壳动物、软体动物和水生无脊椎动物及其制品	第 08 类　牲畜饲料（不包括未碾磨谷物）
	第 09 类　杂项食用品及其制品

第1部门　饮料及烟草	第62类　未另列明的橡胶制品
第11类　饮料	第63类　软木及木材制品(家具除外)
第12类　烟草及烟草制品	第64类　纸、纸板以及纸浆、纸和纸板的制品
第2部门　非食用原料(不包括燃料)	第65类　纺织纱(丝)、织物、未另列明的成品及有关产品
第21类　生皮及生毛皮	
第22类　油籽及含油果实	第66类　未另列明的非金属矿产品
第23类　生胶(包括合成胶及再生胶)	第67类　钢铁
第24类　软木及木材	第68类　有色金属
第25类　纸浆及废纸	第69类　未另列明的金属制品
第26类　纺织纤维(不包括毛条及其他精梳毛条)及其废料(未加工成纱或织物的)	第7部门　机械及运输设备
	第71类　动力机械及设备
第27类　粗肥料,第56类所列的除外,及原矿物(煤、石油及宝石除外)	第72类　特种工业专用机械
	第73类　金属加工机械
第28类　金属矿及金属屑	第74类　未另列明的通用工业机械和设备及其未另列明的机器零件
第29类　未另列明的动物及植物原料	
第3部门　矿物燃料、润滑油及有关原料	第75类　办公用机器及自动数据处理设备
第32类　煤、焦炭及煤砖	第76类　电信、录音及重放装置和设备
第33类　石油、石油产品及有关原料	第77类　未另列明的电力机械、装置和器械及其电器零件(包括家用电气设备的未另列明的非电动部件)
第34类　天然气及人造气	
第35类　电流	第78类　陆用车辆(包括气垫式车辆)
第4部门　动植物油、脂和蜡	第79类　其他运输设备
第41类　动物油脂	第8部门　杂项制品
第42类　未加工的、已提炼的或精制的非挥发性植物油脂	第81类　预制建筑物,未另列明的卫生、水道、供暖和照明设备及配件
第43类　已加工的动植物油脂,未另列明的不适宜食用的动植物油及动植物油脂的混合物或产品	第82类　家具及其零件:床上用品、床垫、床垫支架、软垫及类似填制的家具
第5部门　未另列明的化学品和有关产品	第83类　旅行用具、手提包及类似容器
第51类　有机化学品	第84类　各种服装和服饰用品
第52类　无机化学品	第85类　鞋类
第53类　染料原料、鞣料及色料	第87类　未另列明的专业、科学及控制用仪器和装置
第54类　医药品	
第55类　香精油和香膏及香料:盥洗用品及光洁用品	第88类　未另列明摄影仪器、设备和材料以及光学产品
第56类　肥料(第272组所列除外)	第89类　未另列明的杂项制品
第57类　初级形状的塑料	第9部门　《国际贸易标准分类未另分类》的其他商品和交易
第58类　非初级形状的塑料	
第59类　未另列明的化学原料及其产品	第91类　未按品种分类的邮包
第6部门　主要按原料分类的制成品	第92类　未按品种分类的特殊交易和商品
第61类　未另列明的皮革和皮革制品,以及裘皮	第96类　非合法货币的铸币(金币除外)
	第97类　非货币用黄金(金矿砂及精矿除外)

（二）《商品名称和编码协调制度》（HS）

1950 年关税合作理事会（CCC）制定了《布鲁塞尔税则目录》（Brussels Tariff Nomenclature，简称 BTN），1972 年修订后改名为《海关合作理事会商品分类目录》（简称 CCCN）。CCCN 和 SITC（国际贸易标准分类），虽然对简化国际贸易程序，提高工作效率起到了积极的推动作用，但两套编码同时存在，仍不能避免商品在国际贸易往来中因分类方法不同而需重新对应分类、命名和编码。这些都阻碍了信息的传递，妨碍了贸易效率，增加了贸易成本，也给利用计算机等现代化手段来处理外贸单证及信息带来很大困难。

为了更好地协调 CCCN 和 SITC 目录，海关合作理事会自 1978 年起，参照了国际上其他主要的商品税则、统计、运输等分类目录，到 1983 年协调制定了一个多用途的新的国际贸易商品分类目录，定名为《商品名称和编码协调制度》，由国际关税合作理事会于 1988 年 1 月 1 日正式批准实施。其应用方向是满足海关对外贸易统计和货运公司的需要，是税则目录和统计目录合一的商品分类目录，主要适用于国际进出口商品的关税征收和统计，又称税则目录。该目录问世以来，已在国际贸易的关税、咨询、谈判、交流以及统计中被广泛使用。

我国海关自 1992 年 1 月起开始采用《协调制度》，使进出口商品归类工作成为我国海关最早实现与国际接轨的执法项目之一。1992 年 6 月，我国海关又根据外交部授权，代表中国政府正式签字成为《协调制度公约》的缔约方。《协调制度公约》建立了协调制度委员会，定期对《协调制度》进行全面的重审和修订。目前《协调制度》已经历了六个版本，分别是 1988 年、1992 年、1996 年、2002 年、2007 年和 2012 年版本。

《协调制度》的分类原则遵循了一定的科学原理和规则，将商品按人们所了解的自然属性、生产部类和不同用途来分类排列，同时，还照顾了商业习惯和实际操作的可能。《协调制度》将国际贸易涉及的各种商品分为 21 类 97 章，每一章由若干品目构成，品目项下又细分出若干一级子目和二级子目。

我国海关采用的《协调制度》分类代码位为 10，前 6 位数是 HS 国际标准编码，第 7、8 两位是根据我国关税、统计和贸易管理的需要加列的本国子目，同时，还根据代征税、暂定税率和贸易管制的需要对部分税号增设了第 9、10 位附加代码。2012 年版《协调制度》的类、章两级类目及其名称，见表 2 - 26。

表 2 - 26　2012 年版《商品名称和编码协调制度》的类、章两级类目及其名称

第 1 类　活动物，动物产品

第 1 章　活动物

第 2 章　肉及食用杂碎

第 3 章　鱼类、甲壳动物、软体动物及其他水生无脊椎动物

第 4 章　乳品；蛋品；天然蜂蜜；其他食用动物产品

第 5 章　其他动物产品

续表

第2类 植物产品

第6章 活树及其他活植物;鳞茎、根及类似品;插花及装饰用簇叶

第7章 食用蔬菜、根及块茎

第8章 食用水果及坚果;柑橘属水果或甜瓜的果皮

第9章 咖啡、茶、马黛茶及调味香料

第10章 谷物

第11章 制粉工业产品;麦芽;淀粉;菊粉;面筋

第12章 含油子仁及果实;杂项子仁及果实;工业用或药用植物;稻草、秸秆及饲料

第13章 虫胶;树胶、树脂及其他植物液、汁

第14章 编结用植物材料;其他植物产品

第3类 动、植物油、脂及其分解产品;精制的食用油脂;动、植物蜡

第15章 动、植物油、脂及其分解产品;精制的食用油脂;动、植物蜡

第4类 食品;饮料、酒及醋;烟草及烟草代用品的制品

第16章 肉、鱼、甲壳动物、软体动物及其他水生无脊椎动物及其制品

第17章 糖及糖果

第18章 可可及可可制品

第19章 谷物、粮食粉、淀粉或乳的制品,糕饼点心

第20章 蔬菜、水果、坚果或植物其他部分的制品

第21章 杂项食品

第22章 饮料、酒及醋

第23章 食品工业的残渣及废料;配制的动物饲料

第24章 烟草、烟草及烟草代用品的制品

第5类 矿产品

第25章 盐;硫黄;泥土及石料;石膏料、石灰及水泥

第26章 矿砂、矿渣及矿灰

第27章 矿物燃料、矿物油及其蒸馏产品;沥青物质;矿物蜡

第6类 化学工业及其相关工业的产品

第28章 无机化学品;贵金属、稀土金属、放射性元素及其同位素的有机及无机化合物

第29章 有机化学品

第30章 药品

第31章 肥料

第13类 石料、石膏、水泥、石棉、云母及类似材料的制品;陶瓷产品;玻璃及其制品

第68章 石料、石膏、水泥、石棉、云母及类似材料的制品

第69章 陶瓷产品

第70章 玻璃及其制品

第 14 类　天然或养殖珍珠、宝石或半宝石、贵金属、包贵金属及其制品;仿首饰;硬币	

第 71 章　天然或养殖珍珠、宝石或半宝石、贵金属、包贵金属及其制品;仿首饰;硬币

第 15 类　贱金属及其制品

第 72 章　钢铁
第 73 章　钢铁制品
第 74 章　铜及其制品
第 75 章　镍及其制品
第 76 章　铝及其制品
第 77 章　(保留为协调制度将来所用)
第 78 章　铅及其制品
第 79 章　锌及其制品
第 80 章　锡及其制品
第 81 章　其他贱金属、金属陶瓷及其制品
第 82 章　贱金属工具、器具、利口器、餐匙、餐叉及其零件
第 83 章　贱金属杂项制品

第 16 类　机器、机械器具、电气设备及其零件;录音机及放声机、电视图像、声音的录制和重放设备及其零件、附件

第 84 章　核反应堆、锅炉、机器、机械器具及其零件
第 85 章　电机、电气设备及其零件;录音机及放声机、电视图像、声音的录制和重放设备及其零件、附件

第 17 类　车辆、航空器、船舶及有关运输设备

第 86 章　铁道及电车道机车、车辆及其零件;铁道及电车道轨道固定装置及其零件、附件;各种机械(包括电动机械)交通信号设备
第 87 章　车辆及其零件、附件,但铁道及电车道车辆除外
第 88 章　航空器、航天器及其零件
第 89 章　船舶及浮动结构体

第 18 类　光学、照相、电影、计量、检验、医疗或外科用仪器及设备、精密仪器及设备;钟表;乐器;上述物品的零件、附件

第 90 章　光学、照相、电影、计量、检验、医疗或外科用仪器及设备、精密仪器及设备;上述物品的零件、附件
第 91 章　钟表及其零件
第 92 章　乐器及其零件、附件

第 19 类	武器、弹药及其零件、附件
第 93 章	武器、弹药及其零件、附件
第 20 类	杂项制品
第 94 章	家具;寝具、褥垫、弹簧床垫、软坐垫及类似的填充制品;未列名灯具及照明装置;发光标志、发光名牌及类似品;活动房屋
第 95 章	玩具、游戏品、运动用品及其零件、附件
第 96 章	杂项制品
第 21 类	艺术品、收藏品及古物
第 97 章	艺术品、收藏品及古物
第 22 类	特殊交易品及未分类商品
第 98 章	特殊交易品及未分类商品
第 99 章	(保留为协调制度将来所用)

(三)《主要产品分类》(CPC)

联合国统计署为了协调已用于各种目的的商品分类目录,并考虑到 HS,SITC 使用的局限性,于是产生了对全部产品进行统一分类的设想。1976 年联合国统计署批准了现有的《活动和产品分类综合体系》(Integrated System of Classifications of Activities and Products),并于 1977 年开始正式使用。此后 10 年里,联合国统计署和原欧共体的统计部门成立了分类联合工作组,并举行了多次会议和一系列相关专家组会议,讨论发展一个包含货物和服务的新的分类体系,称为"主要产品分类"。

联合国统计署在 1987 年的第 24 届会议上讨论了第一个完整的 CPC 草案,在 1989 年的第 25 届会议上讨论修改并通过了最终草案,定名为《暂行主要产品分类》(Provisional Center Products Classification, 简称 PCPC)。1991 年联合国出版了 PCPC。

PCPC 经过 6 年的使用实践,1997 年联合国统计署在其第 29 届会议上,讨论并通过了修改后的该目录,定名为《主要产品分类》(简称 CPC)1.0 版,并取代 PCPC。1998 年 CPC 正式公布使用。

《主要产品分类》目录吸取了 HS,SITC 和 ISIC Rev.3(《国际标准产业分类》修订第三版)中的分类原则,确保各种重要的国际商品(产品)分类目录和《国际标准产业分类》目录之间的协调一致与相互兼容。

《主要产品分类》目录涵盖了商品、服务和资产等全部产品的分类编码,适用于各种不同类型的数据处理和统计。

《主要产品分类》目录的分类原则是按产品的物理性质、加工工艺、用途等基本属性和产品的产业源来划分。其编码系统分五个层次,由五位数字组成,从左至右,第一位数字标识为各个大部类,编码从 0 到 9;第二位数字标识为部类

（四）《全国主要产品分类与代码》国家标准（GB/T 7635—2002）

20 世纪 80 年代初，由于全国工业普查工作的需要，在当时的国民经济统一核算标准化领导小组的领导下，经过原国家计委、经委、统计局、标准局等 30 多个部委的有关专家共同努力，制定出了我国第一部较系统、较全面的《全国工农业产品（商品、物资）分类与代码》国家标准（GB/T 7635—1987）。它结束了我国产品（商品、物资）分类编码工作各自独立分散的局面，在国民经济统一核算、产品统计、物资管理等方面发挥了重要的作用。但由于其毕竟产生于计划经济时代，产品的部门管理色彩浓厚，与我国现行的社会主义市场经济体制不相适应，与国际商品（产品）分类编码目录标准不能很好地兼容，标准的覆盖面也不够宽，难以满足我国市场经济和社会发展的有效需求。

经过 3 年的总结性和探索性研究，1997 年我国开始了对 GB/T 7635—1987 的修订工作。修订中，既要考虑到分类编码的科学性，方便延拓，利于使用，又要兼顾与国际通行标准的接轨和与国内现行有关标准的协调。最后选择了使用 CPC 作为新标准的编制依据，确定了该标准的主体结构等效采用 CPC 的总体原则。1999 年 10 月经反复协调修改，形成新标准目录的征求意见稿和送审稿。经过广泛征求意见，特别是各行各业 100 多位资深专家的参与，新标准终于完成总审定，于 2002 年 8 月 9 日正式发布，2003 年 4 月 1 日起实施。鉴于原国家标准 GB/T 7635—1987 是我国 20 000 多项现行国家标准中，唯一一项由国务院直接批准发布的国家标准，所以新标准决定作为修订标准项目颁布，并保留原标准编号不变。该修订标准项目分为两个部分，即《全国主要产品分类与代码 第 1 部分：可运输产品》（GB/T 7635.1—2002）和《全国主要产品分类与代码 第 2 部分：不可运输产品》（GB/T 7635.2—2002）。

GB/T 7635.1—2002 与 CPC 的可运输产品部分相对应，一致性程度为非等效。分类代码表由五大部类组成，如表 2 - 27 所示。此部分采用层次码，依次为大部类、部类、大类、中类、小类和细类（参看本章第三节的图 2 - 3）。代码结构的前五层与 CPC 相同，每层 1 位码，其内容采用了 CPC 可运输产品的全部类目和代码（"武器和弹药及其零件"除外），与 CPC 的 5 位代码结构相对应；第六层是新增加的产品类目（细类），用 3 位码表示（见表 2 - 28）。分类代码表中共列入 51 219 个产品类目。

GB/T 7635.2—2002，与 CPC 的服务、资产的部分相对应，一致性程度为非等效。该部分由五个部类组成，如表 2 - 29 所列。这部分也采用层次码，分别是部类、门类、大类、中类和小类，每层 1 位码，其代码结构如图 2 - 18 所示。

表 2 – 27 GB/T 7635.1—2002 的各大部类、部类的类目及名称

代码	名 称	代码	名 称
0 大部类	农林(牧)渔业产品;中药	3 大部类	除金属制品、机械和设备外的其他可运输物品
01	种植业产品		
02	活的动物和动物产品	31	木(材)和木制品、软木制品、稻草、麦秆和缏条材料制品
03	森林产品和森林采伐产品		
04	鱼和其他渔业产品	32	纸浆、纸和纸制品;印刷品和相关物品
06	中药	⋮	⋮
1 大部类	矿和矿物;电力、可燃气和水	38	家具;其他不另分类的可运输物品
11	无烟煤、烟煤和褐煤等煤;泥炭(包括煤加工产品等)	39	旧物、废弃物或残渣
		4 大部类	金属制品、机械和设备
12	原油和天然气等	41	主要金属材料
⋮	⋮	42	除机械设备外的金属制品
16	其他矿物	⋮	⋮
2 大部类	加工食品、饮料和烟草;纺织品、服装和皮革制品	49	交通运输设备
21	肉、水产品、水果、蔬菜、油脂类等加工品		
22	乳制品		
⋮	⋮		
29	天然皮革、再生革和皮革制品及非皮革材料的同类制品、鞋		

表 2 – 28 《全国主要产品分类与代码 第 1 部分:可运输产品》代码结构示例

代				码	产品名称
2					加工食品、饮料和烟草、纺织品、服装和皮革制品
2	1				肉、水产品、水果、蔬菜、油脂等类加工品
2	2				乳制品
2	2	1			经处理的液体乳和奶油
2	2	1	1		经处理的液体乳
2	2	1	1	1	原味乳
2	2	1	1	011	全脂巴氏杀菌乳
⋮	⋮	⋮	⋮	012	部分脱脂巴氏杀菌乳
				013	脱脂巴氏杀菌乳
2	2	1	2		奶油
⋮	⋮	⋮	⋮		⋮
2	4				饮料

续表

代		码				产品名称
2	4	1				乙醇(发酵)、蒸馏酒、利口酒等配制酒和其他含酒精饮料
2	4	1	1			酒精浓度不低于80%(体积分数)的未改性乙醇
2	4	1	2			任何浓度的改性乙醇和其他酒精
2	4	1	3			酒精浓度低于80%的未改性乙醇、蒸馏酒、利口酒等配制酒和其他含酒精的饮料
2	4	1	3	1		酒精浓度低于80%的未改性乙醇
2	4	1	3	2		蒸馏酒
2	4	1	3	2	011	大曲酒
2	4	1	3	2	012	小曲酒
2	4	1	3	2	013	麸曲酒
⋮	⋮	⋮	⋮	⋮	⋮	⋮
2	8					针织或钩编的织物(或品),服装及衣着附件针织或钩编的织物(或品)
2	8	1				针织或钩编的织物(或品)
2	8	2				服装及衣着附件
2	8	2	1			针织或钩编的连裤袜、紧身裤袜、长筒袜、中筒袜、短袜和其他袜子
2	8	2	2			针织或钩编的服装
2	8	2	2	1		针织或钩编的男式或男童套服、大衣、短大衣、上衣、夹克衫、长裤、短裤及类似服装
2	8	2	2	2		针织或钩编的男式或男童衬衫、内裤、睡衣裤、长袍及类似服装
2	8	2	2	2	011	针织或钩编的纯棉男式衬衫
2	8	2	2	2	012	针织或钩编的棉混纺男式衬衫
2	8	2	2	2	013	针织或钩编的纯毛男式衬衫
⋮	⋮	⋮	⋮	⋮	⋮	⋮

表2-29　GB/T 7635.2—2002 的各部类

5 部类	无形资产;土地;建筑工程;建筑物服务
6 部类	经销业服务;住宿服务;食品和饮料供应部分;运输服务;公用事业;商品销售服务
7 部类	金融及有关服务;不动产服务;出租和租赁服务
8 部类	商务和生产服务
9 部类	社区、社会和个人服务

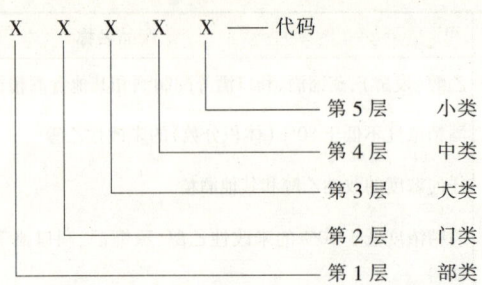

图 2–18　GB/T 7635.2—2002 的代码结构

（五）《商标注册用商品和服务国际分类表》与《类似商品和服务区分表》

商标是区别商品（产品）或服务的来源或生产经营企业的标记，每个注册商标都是指定用于某一商品或服务上的。离开商品或服务而独立存在的商标是不存在的。因此，一方面商标申请人或代理人在申请注册商标时，必须能够正确表述所要指定的商品或服务及其所属类别；另一方面，商标主管机构在受理商标注册时，为了商标检索、审查、管理工作的需要，也必须对商品或服务进行科学归类。商标注册的商品或服务分类正确与否可能影响到如何判断商品是否相同或相似，从而最终将影响到对商标权的保护。这些实际需要有力地推动了商标注册用商品和服务分类标准的形成和发展。

尼斯协定是一个有多国参加的国际公约，其全称是《商标注册用商品和服务国际分类尼斯协定》。该协定于 1957 年 6 月 15 日在法国南部城市尼斯签订，1961 年 4 月 8 日生效。尼斯协定的成员国目前已发展到 43 个。我国于 1994 年 8 月 9 日加入了尼斯协定。尼斯协定的宗旨是建立一个共同的商标注册用商品和服务国际分类体系，并保证其实施。尼斯协定建立的国际分类体系于 1987 年印制成册，称为《商标注册用商品和服务国际分类表》。尼斯协定分类表包括两部分，一部分是按照类别排列的商品和服务分类表，一部分是按照字母顺序排列的商品和服务分类表。随着新商品和新服务项目的不断问世，尼斯协定的分类表一般每 5 年修订一次，一是增加新的商品和服务，二是将已列入分类表的商品和服务按照新的观点进行调整，以求商品和服务更具有内在的统一性。我国积极参与了对尼斯协定分类的修改与完善，已将多项有中国特色的商品加入尼斯协定分类中。尼斯协定分类表自 1987 年印制成册已 9 次修订，最近一次的修订版（第八版）于 2002 年 1 月 1 日正式使用。

我国国家工商行政管理总局（以下简称国家工商总局）商标局根据世界知识产权组织提供的《商标注册用商品和服务国际分类表》以及我国自 1988 年 11 月 1 日起采用国际分类以来的使用实践，针对中国的实际情况对商品和服务的类似群组及商品和服务的名称进行了翻译、调整、增补和删减，制定了《类似商品和服务区分类表》。《类似商品和服务区分类表》亦随着国际分类表的修订而做相应的调整。目前我国所使用的《类似商品和服务区分表》是根据《商标注册用商品和服务国际分类表》(第十版)制定的。

《类似商品和服务区分表》由多个层次部分所组成:第一层是"类似商品和服务类别",用"第×类"表示,区分表共有45个类别,其中前34类为商品分类,后11类为服务分类(见表2-30);第二层是"类似商品和服务群组",用四位数字和相应的名称表示,前两位数字表示所属的类别,后两位表示类似群组号,这些类别标题名称和类似群组名称,均不得用做商标注册时填报的商品或服务项目名称;第三层是类似商品和服务项目名称及编号,名称在前,编号在后,并由六位数字所组成,申请注册商标时,应按此层的具体商品(服务)名称和编号填报所需注册的商品项目名称。

表2-30 《类似商品和服务区分表》的大类划分

第一类	用于工业、科学、摄影、农业、园艺、森林的化学品;未加工人造合成树脂;未加工塑料物质;肥料;灭火用合成物;淬火和金属焊接用制剂;保存食品用化学品;鞣料;工业黏合剂。
第二类	颜料,清漆,漆;防锈剂和木材防腐剂;着色剂;媒染剂;未加工的天然树脂;画家、装饰家、印刷商和艺术家用金属箔及金属粉。
第三类	洗衣用漂白剂及其他物料;清洁、擦亮、去渍及研磨用制剂;肥皂;香料、香精油、化妆品、洗发水;牙膏。
第四类	工业用油及油脂;润滑剂;吸收、润湿和黏结灰尘用合成物;燃料(包括马达用燃料)和照明材料;照明用蜡烛和灯芯。
第五类	医用和兽医用制剂;医用卫生制剂;医用或兽医用营养食物和物质;婴儿食品;人用和动物用膳食补充剂;膏药;绷敷材料;填塞牙孔用料;消毒剂;消灭有害动物制剂;杀真菌剂;除莠剂。
第六类	普通金属及其合金;金属建筑材料;可移动金属建筑物;铁轨用金属材料;非电气用缆线;金属小五金具;金属管;保险箱;不属别类的普通金属制品;矿石。
第七类	机器和机床;马达和引擎(陆地车辆用的除外);机器联结器和传动机件(陆地车辆用的除外);非手动农业器具;孵化器;自动售货机。
第八类	手工具和器具(手动的);刀、叉和勺餐具;随身武器;剃刀。
第九类	科学、航海、测量、摄影、电影、光学、衡具、量具、信号、检验(监督)、救护(营救)和教学用装置及仪器;处理、开关、传送、积累、调节或控制电的装置和仪器;录制、通信、重放声音或影像的装置;磁性数据载体,录音盘;光盘,DVD盘和其他数字存储媒介;投币启动装置的机械结构;收银机,计算机器,数据处理装置,计算机;计算机软件;灭火器械。
第十类	外科、医疗、牙科和兽医用仪器及器械;假肢、假眼和假牙;整形用品;缝合用材料。
第十一类	照明、加热、蒸汽发生、烹饪、冷藏、干燥、通风、供水以及卫生用装置。
第十二类	运载工具;陆、空、海用运载装置。
第十三类	火器;军火及弹药;爆炸物;焰火。

第十四类	贵重金属及其合金以及不属别类的贵重金属制品或镀有贵重金属的物品;珠宝首饰,宝石;钟表和计时仪器。
第十五类	乐器。
第十六类	纸、纸板,不属别类的纸和纸板制品;印刷品;装订用品;照片;文具;文具或家庭用黏合剂;美术用品;画笔;打字机和办公用品(家具除外);教育或教学用品(仪器除外);包装用塑料物品(不属别类的);印刷铅字;印版。
第十七类	橡胶,古塔胶,树胶,石棉,云母以及不属别类的这些原材料的制品;生产用成型塑料制品;包装、填充和绝缘用材料;非金属软管。
第十八类	皮革及人造皮革,不属别类的皮革及人造皮革制品;毛皮;箱子及旅行袋;雨伞和阳伞;手杖;鞭和马具。
第十九类	非金属的建筑材料;建筑用非金属刚性管;沥青,柏油;可移动非金属建筑物;非金属碑。
第二十类	家具,镜子,相框;不属别类的木、软木、苇、藤、柳条、角、骨、象牙、鲸骨、贝壳、琥珀、珍珠母、海泡石制品,这些材料的代用品或塑料制品。
第二十一类	家用或厨房用器具和容器;梳子和海绵;刷子(画笔除外);制刷材料;清洁用具;钢丝绒;未加工或半加工玻璃(建筑用玻璃除外);不属别类的玻璃器皿,瓷器和陶器。
第二十二类	缆,绳,网,遮篷,帐篷,防水遮布,帆,袋和包(不属别类的);衬垫及填充材料(橡胶或塑料除外);纺织用纤维原料。
第二十三类	纺织用纱和线。
第二十四类	布料和不属别类的纺织品;床单;桌布。
第二十五类	服装,鞋,帽。
第二十六类	花边和刺绣,饰带及编带;纽扣,领钩扣,饰针和缝针;假花。
第二十七类	地毯,地席,席类,油毡及其他铺地板材料;非纺织品制墙帷。
第二十八类	游戏器具和玩具;不属别类的体育和运动用品;圣诞树用装饰品。
第二十九类	肉,鱼,家禽和野味;肉汁;腌渍,冷冻,干制及煮熟的水果和蔬菜;果冻,果酱,蜜饯;蛋;奶和奶制品;食用油和油脂。
第三十类	咖啡,茶,可可和咖啡代用品;食用淀粉和西米;面粉和谷类制品;面包,糕点和甜食;冰制食品;糖,蜂蜜,糖浆;鲜酵母,发酵粉;食盐,芥末,醋,沙司(调味品);香辛料;饮用冰。
第三十一类	谷物和不属别类的农业,园艺,林业产品;活动物;新鲜水果和蔬菜;种籽;草木及花卉;动物饲料;麦芽。
第三十二类	啤酒,矿泉水和汽水以及其他不含酒精的饮料;水果饮料及果汁;糖浆及其他饮料用的制剂。
第三十三类	含酒精的饮料(啤酒除外)。
第三十四类	烟草;烟具;火柴。
第三十五类	广告;商业经营;商业管理;办公事务。

第三十六类	保险;金融事务;货币事务;不动产事务。
第三十七类	房屋建筑;修理;安装服务。
第三十八类	电信。
第三十九类	运输;商品包装和贮藏;旅行安排。
第四十类	材料处理。
第四十一类	教育;提供培训;娱乐;文体活动。
第四十二类	科学技术服务和与之相关的研究与设计服务;工业分析与研究;计算机硬件与软件的设计与开发。
第四十三类	提供食物和饮料服务;临时住宿。
第四十四类	医疗服务;兽医服务;人或动物的卫生和美容服务;农业、园艺和林业服务。
第四十五类	法律服务;由他人提供的为满足个人需要的私人和社会服务;为保护财产和人身安全的服务。

《类似商品和服务区分表》是商标审查人员、管理人员、商标代理人、商标申请人及商标使用人判断商品和服务类似与否的主要依据和参考工具,但不是唯一性的法规性文件。对于某些商品和服务是否类似还要结合商品的功能、用途、交易方式和具体的服务行业、服务实施场所、服务的对象等实际情况进行判断。

各国商标管理机关及商标注册申请人在遇到上述分类表上没有的商品及服务项目而又需要进行分类时,也可按照世界知识产权组织对商品、服务进行分类时所遵循的下列原则来划分。

1. 商品

(1)制成品原则上按其功能、用途进行分类,如果分类表没有规定分类的标准,该制成品即按字母排列的分类表同类似的其他制成品分在一类,也可以根据辅助的分类标准,即根据这些制成品的原材料或其操作方式进行分类。

(2)多功能的组合制成品(如钟和无线电收音机的组合商品)可以根据商品中各组成部分的功能或用途,把该商品分在与这些功能或用途相应的不同类别里,若类别表中没有规定这些标准,则可以采用第(1)条中所示的原则。

(3)原料、未加工品或半成品原则上按其组成的原材料进行分类。

(4)商品构成其他商品某一部分,原则上与其他商品分在一类,但这种同类商品在正常情况下不能用于其他用途。其他所有情况均按上述原则(1)进行分类。

(5)成品或半成品按其组成的原材料分类时,如果是由几种不同原材料制成,原则上按其主要原材料进行分类。

(6)用于盛放商品的盒、箱之类的容器,原则上与该商品分在同一类。

2. 服务

(1)服务原则上按照服务分类类名及其注释所划分的行业进行分类,也可以按字母排列分类表中类似的服务进行划分。

(2)出租业的服务,原则上与通过出租物所实现的服务分在一类别。(如出租

电话机,分在第三十八类)

(3)按照原则(1)无法进行分类的服务,原则上划归在第四十二类。

(一)商品条码的前缀码可以代表商品的原产地吗?

人们通常在看到商品条码中数字代码的前缀码时,将其所代表的国际物品编码协会成员所在的国家(或地区)视为使用该条码的商品的原产地。例如,认为条码中前缀码为690,691,692的商品,其原产地为中国;而条码中前缀码为480的商品,其原产地则是菲律宾。结果当消费者在市场上看到,商品标志上标注原产地为菲律宾的商品,却使用分配给中国物品编码中心的前缀码692,而经常感到大惑不解,甚至怀疑该商品是假冒伪劣商品。

其实,商品条码的前缀码并不一定就代表商品的原产地。因为根据1997年11月7日原国家质量技术监督局监发(1997)172号《产品标识标注规定》第九条规定:"进口产品可以不标原生产者的名称、地址,但应当标明该产品的原产地(国家/地区)以及代理商或者进口商或者销售商在中国依法登记注册的名称和地址。在中国设立办事机构的外国企业,其生产的产品可以标注该办事机构在中国依法登记注册的名称和地址。"该规定的第二十一条还明确指出:"产品标识标注的产品条码,应当是有效的产品条码。"根据1998年7月29日原国家质量技术监督局第1号局长令发布的《商品条码管理办法》第十一条规定:"依法取得营业执照的生产者、销售者,可以申请注册厂商识别代码。"根据上述几项法规规定,菲律宾生产商在中国设立的办事机构可向中国物品编码中心申请注册厂商代码,并在其出口到中国的商品上使用在中国物品编码中心申请的前缀码为692的商品条码,因此,原产于菲律宾的商品的条码前缀码可能标志为692。

案例思考题

1.查阅有关资料,理解商品(产品)原产地的概念和原产地在国际贸易中的应用。

2.结合所学知识,试分析商品条码的前缀码、原产地是商品的固有属性吗?为什么?

3.商品的产地与原产地是一回事吗?为什么?

4.商品的条码前缀码、原产地、产地中哪个特征更适合作为商品分类标志?

（二）欧罗克斯化妆品有限公司 "BOSS" 商标
驳回复审及行政诉讼案

1. 国家工商局商标评委会《关于"BOSS"商标驳回复审决定书》的背景与内容

欧罗克斯化妆品有限公司（申请人）于 1997 年 8 月 7 日在第 3 类化妆品等商品上，向商标局提出"BOSS"商标（以下简称申请商标）的注册申请，商标局以商标核驳通知书予以驳回。申请人对驳回决定不服，1997 年 12 月 18 日又向商标评审委员会（以下简称商评委）申请复审。商评委依据《商标评审规则》第三十条规定进行了审理。

商标局的通知书认为，申请商标与昆明市金马化工厂在类似商品上已注册的"BOSS"商标（以下简称引证商标 1）近似；与杭州老板实业集团有限公司在类似商品上已注册的"老板"商标（以下简称引证商标 2）近似。依据 2001 年 10 月 27 日修改前的《商标法》第十七条及 2002 年 9 月 15 日前施行的《商标法实施细则》第十六条的规定，予以驳回。

申请人复审称，申请人曾于 1997 年 9 月 30 日根据商标局审查意见书的要求删去"肥皂、香皂"商品，修改后的商品与引证商标 1 的商品并不类似，商标局不应再引用引证商标 1 驳回申请商标。关于引证商标 2，据申请人了解，其注册人是生产家电的专业厂家，从来没有使用过引证商标 2。注册人已以三年不使用为由提出了撤销引证商标 2 的申请。一旦裁定下来，即将裁定呈交，以做依据。

商评委经审理查明，商标局曾发给申请人审查意见书，要求申请人删去申请商品中的"肥皂、香皂"商品，申请人同意并删去这两种商品。引证商标 2 也曾被申请人以三年不使用为由提出撤销申请，但经商标局审理，并以商标驳回复审决定书作出决定，杭州老板实业集团有限公司注册的"老板及图"商标继续有效。

经评议，商评委认为，申请商标指定使用商品在删去"肥皂、香皂"后，所保留商品"香水、化妆品、花露水"与引证商标 1 指定使用商品洗发精（香波）等仍属类似商品，与引证商标 2 指定使用商品"口红、指甲油"等也属于类似商品。申请商标与引证商标 1 使用了相同字母，两商标外观、含义、读音均相同，已构成使用在类似商品上的近似商标。申请商标与引证商标 2 比较，虽然使用文字不同，但申请商标含义为"老板"，已为中国消费者普遍知晓，且经常将其直呼为"老板"，其与引证商标 2 含义相同，两商标使用在类似商品上容易使消费者对商品来源产生误认，申请商标与引证商标 2 也已构成使用在类似商品上的近似商标。综上所述，申请商标的注册申请应予以驳回。申请人如对本决定不服，可以自收到本决定书之日起 30 日内向北京市第一中级人民法院起诉。

2. 北京市第一中级人民法院行政判决书的背景与内容

原告欧罗克斯化妆品有限公司（以下简称欧罗克斯公司）不服被告商评委作出的《关于"BOSS"商标驳回复审决定》（以下简称复审决定），向法院提起行政诉讼。法院受理后依法组成合议庭,于 2003 年 9 月 2 日公开开庭审理了本案。

原告欧罗克斯公司诉称:①申请商标与引证商标 1 指定使用的商品在功能、生产部门、销售渠道等方面均是不同的,不属于类似商品,被告认定两商标指定使用商品属于类似商品没有充分的证据;②引证商标 2 是中文"老板"与图形的组合商标,二者在外观上存在明显差别,对于以中文为母语的中国消费者而言,是不会产生联想的,被告认定两商标构成近似商标亦没有证据;③如果按照复审决定的判定标准,引证商标 2 则因与引证商标 1 构成近似商标,而不应被核准注册。被告核准引证商标 2 的注册而驳回原告的注册申请没有依据,且不公正。因此,请求法院撤销复审决定。

被告商评委辩称:①在国家工商局商标局(以下简称中国商标局)根据世界知识产权组织提供的《商标注册用商品和服务国际分类表》编写的《类似商品和服务区分表》中,申请商标与引证商标 1 指定使用的商品属于类似商品。此外,商评委也着重考虑到在实际生活中,上述商品的制造商、面对的销售群体和销售渠道均相同,将两商标指定使用商品判定为类似商品是有依据且符合实际的;②坚持复审决定中关于申请商标与引证商标 2 构成近似商标的审查意见;③引证商标 1 和 2 是否构成使用在类似商品上的近似商标不属于本案审理范围,亦不影响商评委对申请商标所做的判断和决定。请求法院维持复审决定。

法定期限内,被告为证明复审决定的合法性,提供以下证据:①申请商标注册申请书;②引证商标 1 的初步审定公告;③引证商标 2 的初步审定公告;④《类似商品和服务区分表》第 20,23,24 页的复印件;⑤商标核驳通知书;⑥复审申请书;⑦《关于"老板及图"商标继续有效的通知》。原告未提供证据。庭审质证中,原告对上述证据的真实性、合法性均无异议,但认为证据④不能作为类似商品的判断依据。本院认为,上述证据与本案具有关联性,真实合法,能够作为认定本案事实的依据,本院予以确认。

根据上述有效证据及庭审中当事人无争议的陈述,法院认定事实如下:1997 年 8 月 7 日,原告在国际分类第 3 类化妆品等商品上向中国商标局提出"BOSS"商标的注册申请。在中国商标局的审查过程中,原告曾同意中国商标局的意见删去申请商品中的"肥皂、香皂"商品。同年 11 月 7 日,中国商标局以申请商标与引证商标 1,2 近似为由予以驳回。原告不服,于同年 12 月 17 日,向被告提出复审申请。被告于 2003 年 1 月 22 日作出复审决定。

另查明,在《类似商品与服务区分表》中,申请商标所保留商品"香水、化妆品、花露水"与引证商标 1 指定使用商品"洗发精(香波)"分别属于国际分类第 3 类中 0306 和 0301 商品,该区分表标明为类似商品。

法院认为:本案争议的焦点问题是申请商标与引证商标 1 指定使用商品是否属于类似商品,申请商标与引证商标 2 是否构成近似商标。《类似商品和服务区分表》是由中国商标局根据世界知识产权组织提供的《商标注册用商品和服务国际分类表》编写,并对外公开发布的,该区分表中的商品分类亦符合人们对商品在功能、生产部门、销售渠道等方面的认知。被告在复审过程中,将该区分表作为判定类似商品的参考依据,认为申请商标与引证商标 1 指定使用的商品属于类似商品是正确的,两商标在形、音、义三方面均相同,被告关于二者已构成使用在类似商品上的近似商标的认定准确。

虽然申请商标与引证商标 2 在外形、读音上不同,但在英文中"BOSS"是常用词,该词被译为"老板"已被中国消费者普遍知晓,其与引证商标 2 的含义相同。被告据此认定两商标使用在类似商品上容易使消费者对商品来源产生误认,也构成使用在类似商品上的近似商标的判断正确。此外,原告认为引证商标 1,2 也构成使用在类似商品上的近似商标的主张不属于本案审理范围。综上,被诉行为主要证据确凿,程序合法,适用法律正确,法院应予维持。原告要求撤销该决定的诉讼请求法院不予支持。

综上,依照《商标法》第二十八条、第三十二条,《行政诉讼法》第五十四条第(一)款的规定,法院判决如下:维持被告国家工商局商评委于 2003 年 1 月 22 日做出的《关于"BOSS"商标驳回复审决定》。

案例思考题

1. 在此案例中,你对《商标注册用商品和服务国际分类表》的应用价值有哪些更深刻的理解?

2. 通过互联网或书刊查阅相关资料,进一步理解"类似商品"、"近似商标"概念,结合《类似商品和服务区分表》目录及说明力求基本把握它们的判断标准。

3. 如果你作为商标申请人,在申请商标和指定商品或服务方面,应注意哪些问题?

思考练习题

1. 什么是商品分类? 商品分类的作用是什么?

2. 商品分类的方法主要有哪些? 试结合具体的商品实例(如家电商品、办公用品、饮料或服装等)用所学的分类标志和分类方法对其进行简单的分类。

3. 商品分类代码的编码方法有哪些? 举例说明。

4. 在商品分类实践中,常用的分类标志有哪些? 比较它们的优缺点和适用范围。

5. 科学的商品分类应遵循哪些基本原则? 试以你收集或调查得到的某大类商品的分类目录或分类体系为例,结合这些原则,分析其合理性和可以改进的地方。

6. 在实际生活中商品编码运用在哪些方面? 在社会生活中它有何重要意义?

7. 广州白云山制药厂生产的"白云山"牌风油精,其零售包装上条码下部的数字代码为 6902401002291，试解释它的代码构成及含义。

8. 商品分类编码的可扩性原则在具体应用时如何体现？

9. 什么是商品目录？运用所学知识去分析某网上购物所展示的商品目录的优缺点，寻找改进的方法和思路。

10. 在家或超市（市场）注意寻找用过的储运包装箱，小心揭下或用手机拍下该箱上的条码，尝试运用所学知识理解其供人识别字符的信息和含义。

第三章

商品的成分与性质

商品的成分与性质是商品的自然属性,它们是商品质量和使用价值形成的客观基础。商品种类不同,其成分也不相同,因而性质千差万别,效用各异。本章通过对食品、纺织品两大类典型商品的成分与性质分析,使大家了解各类商品个性与共性的辩证关系,从而能举一反三、触类旁通,进一步掌握研究其他各类商品的思路和方法。

第一节　食品的成分与性质

一、食品的分类

食品是指经过加工制作可以供人食用的物质。食品的分类方法有很多种。根据其来源可分为:植物性食品、动物性食品和矿物性食品(如食盐、食用碱、矿泉水等)。根据加工程度的不同可分为:初加工食品(米面、油脂、肉类、食糖等)、再加工食品(如糖果、面包、糕点、酒类、酿造的调味品等)、深加工食品(婴幼儿食品、老年食品、保健食品以及部分方便食品等)。根据我国的饮食习惯又可分为:主食、副食、嗜好品(烟叶制品、酒类、茶叶、咖啡、可可等)。根据含水量的差异还可分为:高水分食品,多属生鲜食品,含水量都在60%以上,如菜果、鱼肉、水产品、鲜蛋等,适宜在低温下储藏;中湿食品,水分含量在10%~40%,如面包、糕点、加工的鱼肉制品、菜果制品和烟叶制品等,储存时必须控制在适宜的温湿度;干燥食品,水分含量在10%以下,如饼干、食糖、乳粉、豆腐粉和粉状调味品等,适宜在干燥条件下储藏。食品中还有一些属于鲜活食品,它们仍具有生命活动,在经营中需创造必要条件,维持它们的生命活动。

我国《食品添加剂使用标准》(GB 2760—2011)附录F的"食品分类系统",是科学规范食品的分类体系的一个标准性文件。它将食品分为16个大类,300多个小类,是我国目前制定企业标准,食品安全认证的主要依据性文件。食品的16个大类分别是:①乳与乳制品;②脂肪、油和乳化脂肪制品;③冷冻饮品;④水果、蔬菜(包括块根类)、豆类、食用菌、藻类、坚果以及籽类等;⑤可可制品、巧克力和巧克力制品(包括代可可脂巧克力及制品)以及糖果;⑥粮食和粮食制品;⑦焙烤食品;⑧肉及肉制品;⑨水产及其制品;⑩蛋及蛋制品;⑪甜味料;⑫调味品;⑬特殊营养食品;⑭饮料类;⑮酒类;⑯其他类(果冻、茶叶、咖啡、酵母及酵母类制品、干酵母、膨化食品等)。

二、食品的营养成分及其主要性质

食品的营养成分不仅决定食品的营养价值,也是评价食品质量的重要依据。国家标准 GB/Z 21922—2008 明确指出:食品营养成分是指食品中具有的营养素和有益成分,包括营养素、水分、膳食纤维等。营养素包括碳水化合物、蛋白质、脂肪、维生素、矿物质五大类。因此,食品中的营养成分有:碳水化合物、蛋白质、脂肪、维生素、矿物质、水分和膳食纤维七大类。食品的种类不同,其营养成分的含量及种类也不一样,有的以蛋白质为主,而有的则以碳水化合物为主。至今尚未发现有哪一种食品能含有人体所需的全部营养成分,因此,人类对食品的需要是多种多样的。

(一)碳水化合物

碳水化合物是由碳、氢、氧元素组成的多羟基酮或多羟基醛及其缩聚物和某些衍生物的总称,也称糖类化合物。根据其分子结构的复杂程度不同,碳水化合物可分为单糖(葡萄糖、果糖、半乳糖)、双糖(蔗糖、麦芽糖、乳糖)、寡糖(棉籽糖、水苏糖、异麦芽低聚糖、低聚木糖、低聚甘露糖、大豆低聚糖等)和多糖(淀粉、糖原、纤维素和半纤维素)四类。

膳食中的碳水化合物主要是淀粉和少量双糖,如各种粮食、薯类及根茎类食物、蔗糖等。蔬菜和水果中大多含有纤维素和果胶,只含少量的单糖。碳水化合物只有经过消化分解成葡萄糖、果糖和半乳糖才能被吸收,而果糖和半乳糖又经肝脏转换变成葡萄糖。血中的葡萄糖简称为血糖,少部分血糖直接被组织细胞利用与氧气反应生成二氧化碳和水,放出热量供身体需要,大部分血糖则存在人体细胞中。如果细胞中储存的葡萄糖已饱和,多余的葡萄糖就会以高能的脂肪形式储存起来。

碳水化合物在供给人体热能的三种主要营养素中是最经济的、最主要的,其发热量与蛋白质相同,每克产生热量 17 千焦(4 千卡)。按照世界卫生组织、联合国粮农组织的推荐,我国健康人群的碳水化合物供给能量应该为总摄入能量的55% –65%。

碳水化合物也参与人体某些组织的构成,如细胞中的核糖、神经组织中含有的糖脂、结缔组织中的黏蛋白、细胞膜成分之一的糖蛋白、肝脏和肌肉中的糖原(又称动物淀粉)以及血液中必须含有的一定数量的血糖等。

碳水化合物还具有维持脑细胞正常功能(血糖浓度过低,会使脑细胞功能受损,出现头晕、心悸、出冷汗,甚至昏迷)、解毒(糖类化合物代谢可产生葡萄糖醛酸,它能与体内毒素结合进而解毒)、节省蛋白质(避免因碳水化合物摄入不足而造成机体不得不动用蛋白质产热来满足肌体活动所需能量)等生理功能。

(二)蛋白质

蛋白质是含氮的有机化合物,以氨基酸为基本组成单位。人体中的蛋白质是由 20 种不同氨基酸以一定顺序通过脱水缩合成多肽,再由一条或多条多肽按其特定方式结合而成的。氨基酸是由碳、氢、氧、氮四种元素组成的含有氨基的羧酸有机物。

蛋白质是构成生命的最基本物质,没有蛋白质就没有生命。蛋白质是构成人体细胞、组织和器官的主要成分并用于修补它们,蛋白质占人体重量的 16% ~ 20%。蛋白质也参与机体的新陈代谢和生理机能调节:如蛋白质中的酶具有催化功能,可使细胞新陈代谢沿特定方向进行并完成各种生理活动;蛋白质是对抗病原体感染的关键物质(构成抗体),并具有调节体内水分平衡、酸碱度、血压等功能。蛋白质还能够供给人体一部分能量,每克蛋白质在人体代谢中可产能 17 千焦(4 千卡),与葡萄糖相当。

通常,人体摄入的蛋白质必须在体内由蛋白酶水解为各种氨基酸后,经血液输送到人体各部分组织,再重新合成人体所需的各种蛋白质。我国居民膳食蛋白质每天推荐摄入量为:成年人每公斤体重约需 1.16 克,老年人每公斤体重约需 1.27克。蛋白质供给量按能量计算,应占总摄入能量的 15%。人体所需的氨基酸,一部分可自身合成,一部分可由另一种氨基酸在人体内转换而成,但仍有 8 种必需氨基酸(亮氨酸、异亮氨酸、赖氨酸、蛋氨酸、苯丙氨酸、苏氨酸、色氨酸和缬氨酸)不能在人体内自身合成或合成速度不能满足机体需要,必须从食品中直接摄取。对于生长发育期的婴儿,必需氨基酸还需要再加上组氨酸,共 9 种。

人体在利用这些氨基酸合成蛋白质时,不仅要求必需氨基酸种类齐全、数量足够,而且各种必需氨基酸之间的相互比例也要符合人体需要,这种相互比例亦称为氨基酸模式。营养学家根据分析各种食物所含氨基酸性质及其组成比值,发现动物性蛋白质的必需氨基酸比较接近人体需要量模式,并以鸡蛋蛋白质最为理想。植物性蛋白质的必需氨基酸比例与人体需要相差较大,如大米、面粉中的蛋白质,其中赖氨酸严重缺乏,花生、大豆中的蛋白质,其中蛋氨酸含量不足。因此,必需氨基酸模式越接近于人体蛋白质组成,并为人体所消化吸收,就越适应人体对蛋白质的需要,其营养价值就越高。

通常将鸡蛋蛋白质中所含氨基酸的相互比例作为评定蛋白质营养价值的参考标准,根据鸡蛋蛋白质所含氨基酸构成比例提出暂定参考氨基酸构成比例(如表 3 - 1,表 3 - 2 所示)。评定时,将其所含必需氨基酸含量逐一参考氨基酸构成比例进行比较,再根据计算公式得出最后评分结果。

表 3 - 1 世界卫生组织暂定蛋白质氨基酸构成比例

氨基酸	每克蛋白质中毫克数	氨基酸	每克蛋白质中毫克数
亮氨酸	70	苯丙氨酸	40
异亮氨酸	40	苏氨酸	10
赖氨酸	55	色氨酸	50
蛋氨酸	35	缬氨酸	50

表 3 - 2 几种食品蛋白质氨基酸构成比例评分结果

全蛋	100	花生	65
人奶	100	小米	63
牛奶	95	稻米	67
大豆	74	玉米	49
棉籽	81	全麦	53
芝麻	50		

表 3 - 2 中,食品蛋白质的氨基酸构成比例评分越接近 100,表示其含量越接近人体的需要。

评定食物营养价值高低,通常可用蛋白质消化率、蛋白质生物价(BV)、蛋白质净利用率(NPU)、蛋白质功效比值(PER)等数值表示。

蛋白质的消化率是指蛋白质可被消化酶分解的程度。蛋白质消化率越高,该食物被肌体吸收利用的可能性越大,其营养价值就越高。不同食品所含蛋白质的消化率不一样,如蛋类 98%、乳品 97% ~ 98%、肉类 92% ~ 94%、米饭 82%、面包 79%、马铃薯 74%。一般植物性食品蛋白质消化率比动物性食品蛋白质消化率低,主要是由于其蛋白质被纤维素包围,与人体内消化酶接触程度降低所致,若进行烹调加工将其纤维素破坏、软化或去除,则可提高蛋白质消化率。如大豆整粒食用时,其蛋白质消化率仅为 60%,若将其加工成豆浆或豆腐,则消化率可达到 90%。

蛋白质生物价(BV)是表示蛋白质利用率高低的指标,其数值为人体内的储留氮与吸收氮的比值。该比值反映了蛋白质被吸收后在人体内真正被利用的程度。蛋白质生物价经常用来衡量不同食物蛋白质营养价值的高低。表 3 - 3 为几种常见食品的生物价。

表 3 - 3 几种常见食品的生物价

蛋白质来源	生物价	蛋白质来源	生物价	蛋白质来源	生物价
鸡蛋(整)	94	稻米	77	豆腐	65
鸡蛋白	83	小麦(整)	67	绿豆	58
鸡蛋黄	96	燕麦	65	芸豆	38
牛奶	85	大麦	64	花生(熟)	59
猪肉	74	玉米(整)	60	核桃	56
牛肉	69	小米	57	甘薯	72
牛肝	77	高粱	56	马铃薯	67
牛肾	77	白面粉	52	白菜	76
牛心	74	大豆(生)	57	芝麻	71
鲑鱼	72	大豆(熟)	64	向日葵籽	65

蛋白质净利用率(NPU)是指人体内储留的蛋白质与摄取的蛋白质数量的百分

比值,可综合反映蛋白质消化率和实际利用程度。蛋白质功效比值(PER)是指蛋白质利用于肌体生长的效率,以食用每克食物蛋白质所增加体重的克数表示。

从人体能量利用角度来看,由蛋白质来作为热能来源是很不经济的。食品中蛋白质的主要营养功能在于补偿生命活动所造成的人体自身蛋白质的消耗。

在食物加工、储藏中,我们应力求避免其蛋白质的损失与破坏,以提高其利用率。如蛋白质在酸、碱及蛋白质水解酶作用下易水解,酸水解蛋白质可破坏色氨酸;碱水解蛋白质可破坏半胱氨酸、苏氨酸、丝氨酸、精氨酸;酶水解蛋白质,其氨基酸不会被破坏,相反,会使其具有一定的色、香、味,故在食品加工中,利用酶水解原理可制成酱油、酱豆腐、酱类等各种调味品。

(三)脂肪

脂肪的主要成分是三酰甘油酯,也称甘油三(脂肪酸)酯,它的分子是由一分子甘油和三分子脂肪酸合成。分子内碳链上不含双键的脂肪酸,如软脂酸、硬脂酸等,称为饱和脂肪酸,在标签上也可标示为饱和脂肪。碳链上含一个或一个以上双键的脂肪酸,称为不饱和脂肪酸。其中,碳链上只含有一个双键的脂肪酸,称为单不饱和脂肪酸,如油酸;碳链上含有两个或两个以上双键的脂肪酸,称为多不饱和脂肪酸,如亚油酸、亚麻酸、花生四烯酸、二十碳五烯酸等。亚油酸和 α - 亚麻酸是人体维持机体正常代谢不可缺少而人体又不能自己合成,必须通过食物供给的脂肪酸,故称必需脂肪酸。不饱和脂肪酸的分子因其双键碳原子上的两个氢原子的方位不同,因而可形成两种不同结构:一种为顺式结构,另一种则为反式结构(见图3 - 1)。天然的不饱和脂肪酸几乎都是顺式结构,其形成的脂肪称为顺式脂肪。一般含有较多不饱和脂肪酸的脂肪,室温下为液态,熔点低,通常又称为油,如各种植物油类。含有较多饱和脂肪酸的脂肪,室温下为固态,熔点比较高,通常称为脂,如动物油类。脂肪是油和脂的总称,也称油脂。油或脂均为混合物,无固定的熔沸点。主要脂肪的脂肪酸成分,如表3 - 4 所示。

表3 - 4　主要脂肪的脂肪酸成分

名称	饱和脂肪酸(%)	单不饱和脂肪酸(%)	多不饱和脂肪酸(%)
豆油	14	23	58
花生油	17	46	32
橄榄油	13	74	8
玉米油	13	24	59
棉籽油	26	18	50
葵花籽油	13	24	59
红花油(safflower oil)	9	12	75
改良菜籽油(canola oil)	7	55	33
椰子油	86	6	2

续表

名称	饱和脂肪酸(%)	单不饱和脂肪酸(%)	多不饱和脂肪酸(%)
棕榈油(核)	81	11	2
棕榈油	49	37	9
葡萄籽油	11	16	68
核桃油	9	16	70
奶油	62	29	4
牛脂	50	42	4
羊油	47	42	4
猪油	40	45	11
鸡油	30	45	21

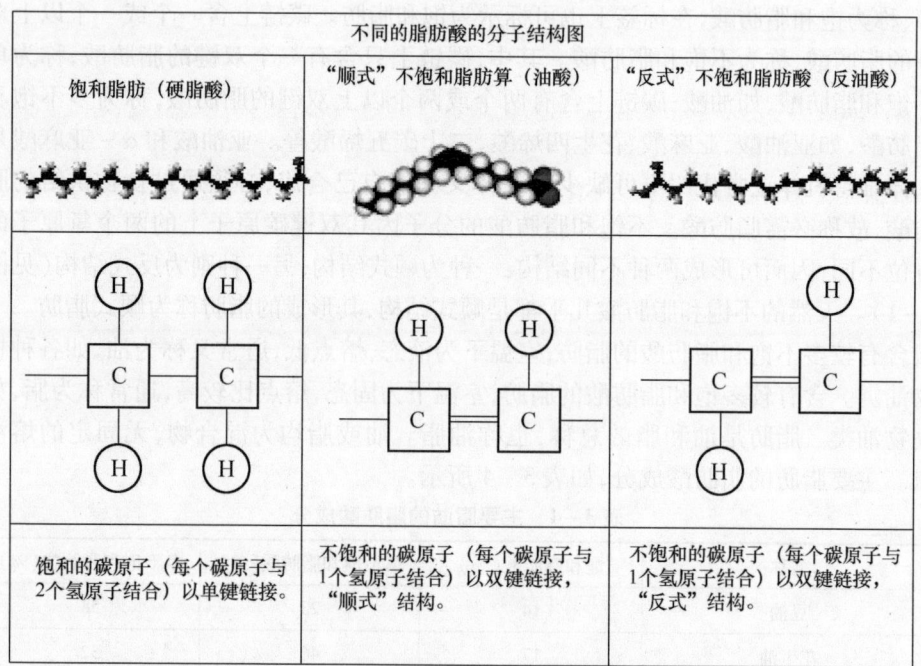

图3-1 不同的脂肪酸的分子结构图

为了使食品外观更好看和口感松软香脆以及能长期保管,人们对植物油进行催化加氢从而将其由液态顺式脂肪转变成室温下更稳定的固态反式脂肪(含反式结构的脂肪)如人造奶油、人造黄油、起酥油等,以替代昂贵的动物饱和脂肪。但反式脂肪的摄入会使得能引起血管梗死的低密度脂蛋白增加,使有助于防止血管硬化的高密度脂蛋白减少,从而提高患冠状动脉心脏病的概率。肝脏无法代谢反式脂肪,也是高血脂、脂肪肝的重要原因之一。近来,欧美各国纷纷开始在食品加工上停止使用反式脂肪,并要求在食品包装上列清反式脂肪成分。世界卫生组织、联合国粮农组织在《膳食营养与慢性疾病》(2003 年版)中建议"反式脂肪酸最大摄取量不超过总能量的 1%",折算出来一人一天的限量约在 2 克左右。

我国《食品安全国家标准预包装食品营养标签通则》(GB 28050—2011)的"4强制标示内容"中 4.4 条款规定:"食品配料含有或生产过程中使用了氢化和(或)部分氢化油脂时,在营养成分表中还应标示出反式脂肪(酸)的含量"。另外在该标准的附录 D 的 D.4.2 条款规定:"每天摄入反式脂肪酸不应超过 2.2 克,过多摄入有害健康。反式脂肪酸摄入量应少于每日总能量的 1%,过多有害健康。过多摄入反式脂肪酸可使血液胆固醇增高,从而增加心血管疾病发生的危险。"

脂肪的主要来源是烹调用油脂和食物本身所含的油脂。表 3 – 5 是几种常用食物中的脂肪含量。脂肪一般不溶解于水,微溶解于热水,易溶解于有机溶剂,其相对密度小于水。人体摄入的脂肪首先要经过消化和吸收才能进入人体内,具体过程是:①在胆汁的乳化作用下生成脂肪微粒,然后在肠脂肪酶和胰脂肪酶作用下分解成甘油和脂肪酸,分别被血液和淋巴吸收入体内。②吸收入体内的甘油和脂肪酸参与体内物质的代谢:可以合成体内脂肪,在肠系膜、大网膜和肾脏周围以及皮下组织储存;也可以被分解成二氧化碳和水,并释放出能量,供人体代谢使用;还可以转化成糖类及其他化合物。脂肪的代谢主要是在肝脏内进行,所以脂肪代谢不平衡会形成脂肪肝,易诱发高血压和心脏病的高脂血症就是一个不良的脂肪代谢问题。

表 3 – 5　几种常用食物中的脂肪含量(克/100 克)

食物名称	脂肪	食物名称	脂肪
肥瘦猪肉	59.8	黄花鱼	0.8
瘦猪肉	28.8	带鱼	7.4
猪肝	4.5	青鱼	5.2
猪心	6.3	鲢鱼	0.9
猪肚	2.9	鲫鱼	1.1
猪血	0.4	墨鱼	0.7
肥瘦牛肉	10.2	牛乳	4
肥瘦羊肉	28.8	酸奶(一杯)	8
羊肝	7.2	稻米	1.3
鸡肉	2.5	面粉	1.8
鸡肝	3.4	面条(热)	1.4
鸭肉	7.5	馒头	0.2
鹅肉	11.2	豆浆	1.8
鸡蛋	11.6	黄豆	18.4
鸭蛋	9.8	马铃薯	0.1

脂肪是人体细胞内良好的储能物质并提供能量,1 克脂肪在体内分解成二氧化碳和水并产生 38 千焦(9 千卡)能量,比同量的蛋白质或碳水化合物高一倍多;脂肪可保护内脏,维持体温;可提供必需脂肪酸;可协助脂溶性维生素的吸收;还参与机体各方面的代谢活动等等。

类脂是人体内性质类似于脂肪的物质,主要有磷脂、固醇和蜡质。磷脂除了含有甘油和脂肪酸外,还含有磷酸与有机碱。磷脂依组成成分不同,可分为卵磷脂、脑磷脂、神经鞘磷脂等,各种磷脂在生物体内部具有重要的生理功能,其中以卵磷脂最为重要。在植物的种子、动物的卵、神经组织中都含有卵磷脂,又以蛋黄中的含量为最高。固醇是环戊烷多氢菲醇的衍生物,因常温下为固体而得名。固醇依来源不同,可分为动物固醇和植物固醇两类。动物固醇最主要的是胆固醇,存在于脑、神经组织和脂肪组织中。胆固醇经紫外线照射可转变为维生素 D3。植物固醇是植物细胞的成分之一。蜡质是由高级脂肪酸和高级一元醇缩合而成的脂类,昆虫表皮、植物体及其果实表面都含有蜡质。类脂虽然在生物学上具有重要的生理意义,但在食品营养上,重要性不如脂肪。

脂肪在人体内的消化吸收率与其熔点有关,通常含不饱和脂肪酸越多熔点越低,越容易消化。因此,植物油的消化率一般可达到 100%。动物脂肪,如牛油、羊油,含饱和脂肪酸多,熔点都在 40℃ 以上,消化率较低,约为 80% ~90%。

脂肪无供给量标准。不同地区由于经济发展水平和饮食习惯的差异,脂肪的实际摄入量有很大差异。我国营养学会建议膳食脂肪供给量不宜超过总能量的 30%,其中饱和、单不饱和、多不饱和脂肪酸的比例应为 1:1:1。必需脂肪酸提供的能量能达到总能量的 1% ~2% 即可。

(四)维生素

维生素是维持人体正常生命活动且基本上必须从食物中获得的微量的一系列低分子有机化合物的统称。它既不是构成人体细胞、组织的组成成分,也不是供应能量的物质,尽管人体对其需求量很小(每日需要量常以毫克或微克计算),但却对机体的新陈代谢、生长、发育、健康有着极其重要的作用。人体缺乏维生素会导致肌体新陈代谢某些环节的障碍,影响正常生理功能,甚至患上“维生素不足症”等疾病。

大多数维生素都因人体不能合成或合成量不足而必须经常通过食物来获得,只有某些 B 族维生素和维生素 K 是由肠道有益细菌丛合成的。维生素有几十种,它们对人体生理功能的作用与其溶解度有关,通常按溶解性分为脂溶性维生素(维生素 A,D,E,K)、水溶性维生素(维生素 B 族、维生素 C)两大类。一般脂溶性维生素可以在体内大量储存,当吸收量增加时,储存量也随之增加,但摄入过多易发生中毒。而水溶性维生素在体内不易储存,它需要随时提供。

人体一共需要 13 种维生素,也就是通常所说的 13 种必要维生素:维生素 A,D,E,K,共 4 种脂溶性维生素和维生素 C 以及维生素 B1,B2,B3,B5,B6,B7,B9,B12 共 9 种水溶性维生素。它们的摄入来源、推荐摄入量和缺乏时的病症均列在表 3 -6 中。

表 3 - 6　13 种维生素的摄入来源、推荐摄入量和缺乏时的病症

通称	同效的化学名称	溶解性	摄入的食物来源	成人每日推荐摄入量	缺乏时产生的病症
维生素 A	视黄醇	脂溶	鱼肝油、动物肝脏、绿色蔬菜	男:800 微克;女:700 微克	夜盲症,干眼症,视神经萎缩和角膜软化症
维生素 B1	硫胺素	水溶	酵母、谷物、肝脏、大豆、肉类	男:1.5 毫克;女:1.2 毫克	脚气病、神经性皮炎等
维生素 B2	核黄素	水溶	酵母、肝脏、蔬菜、蛋类	男:1.5 毫克;女:1.2 毫克	口腔溃疡,皮炎,口角炎,微血管增生症等
维生素 B3	烟酸	水溶	酵母、谷物、肝脏、米糠	男:15 毫克;女:12 毫克	糙皮病等
维生素 B5	泛酸	水溶	酵母、谷物、肝脏、蔬菜	5~10 毫克	感觉异常,肌肉痉挛,过敏性湿疹
维生素 B6	吡哆醇、吡哆醛、吡哆胺	水溶	酵母、谷物、肝脏、蛋类、乳制品	1.5~2 毫克	贫血
维生素 B7	生物素	水溶	酵母、肝脏、谷物、	30 微克	皮肤炎,肠炎
维生素 B9	叶酸	水溶	蔬菜叶、肝脏	400 微克	妊娠期间缺乏维生素 B9 可导致出生缺陷,例如婴儿神经管缺陷;恶性贫血
维生素 B12	钴胺素	水溶	肝脏、鱼肉、肉类、蛋类	2.4 微克	巨幼细胞性贫血恶性贫血
维生素 C	抗坏血酸	水溶	新鲜蔬菜、水果	100 毫克	坏血病
维生素 D	钙化醇	脂溶	鱼肝油、蛋黄、乳制品、酵母	5~10 微克	佝偻病和骨质软化病
维生素 E	生育酚	脂溶	鸡蛋、肝脏、鱼类、植物油	15 微克	维生素 E 缺乏非常少见;然而,新生婴儿缺乏此维生素会罹患溶血性贫血;不育症,习惯性流产
维生素 K	萘醌类	脂溶	菠菜、苜蓿、白菜、肝脏	65~80 微克	出血倾向,凝血酶缺乏,不易止血

（五）水分

水是维持动、植物和人类生存必不可少的物质之一。它在人体内各种物质成分中含量最高,人的年龄越小,机体含水量越高,如婴儿体内含水量为 75% ,成人体内含水量为 55% ~65% 。

水是人机体内每个细胞和组织的基本成分,是维持生命、保持细胞外形和构成各种体液所必需的物质。正常情况下,人体内的水的摄入与排出应保持相对平衡。水具有溶解能力强、黏度小、比热高等理化特性,在人体内具有特殊的重要作用,如参与机体代谢,调节体温,是体内关节、韧带、肌肉、膜等活动所需的润滑剂,维持腺体器官正常分泌,保持肌肤柔软和富有弹性等。通常每天每人(成人)大约需水2 500毫升,主要由食品和饮水供给。食品中水分含量差别很大(见表 3 –7)。

表 3 –7　食品中的水分含量

食品名称	含水量(%)	食品名称	含水量(%)
馒头	43.9	柑橘	86.9
米饭	70.9	西瓜	93.3
豆腐	82.8	糖炒栗子	46.6
茄子	93.4	炒花生仁	1.8
大白菜	94.6	猪肉	46.8
苹果	85.9	牛肉	72.8
桃	86.4	牛奶	89.8
鲜枣	67.4	鸡蛋	74.1
葡萄	88.7	鲫鱼	75.4

食品中的水分主要有下列两种存在形式:一种是游离水(也称自由水),是指其组织、细胞中容易结冰、且能溶解溶质的这部分水,它与普通水性质相似,可被微生物利用,它存在于动植物细胞内外,如动物的血液、淋巴、植物汁液等。食品在干制加工或储藏时重量损耗,就是游离水散失所致。二是结合水(或称束缚水),如在食品中与蛋白质活性基($-OH$,$-NH_2$,$-COOH$)或碳水化合物活性基($-OH$)以氢键相结合而不能自由运动的水即属此类。它的特点是没有水的三态变化,不能被微生物利用,不易结冰,不能作为溶质的溶媒,在一般干燥和潮湿条件下不易发生变化。但它对食品的风味起着重要的作用。

研究证明:要延长食品储藏期,就要设法减少食品中的游离水,以防止微生物繁殖。但食品中游离水降低到何种程度,才能使微生物生长受到抑制,人们通常用水分活度(Aw)直接反映食品储存的安全条件。水分活度(Aw)是指食品内游离水(溶液)中水蒸气分压与同温下纯水蒸气压之比,即 $Aw = P/P0$,式中,P——食品中溶液的水蒸气分压,P0——纯水蒸气压。对纯水来说,$P = P0$,故 $Aw = 1$;而食品中的游离水因溶有无机盐和有机物,P 总是小于 P0,故 $Aw < 1$。显然,Aw 值大小反映了食品中游离水可被微生物利用的程度。Aw 值越大,食品中游离水被微生物利用

的可能性越大。各种微生物得以繁殖的 Aw 值分别为:细菌 0.94 ~ 0.99,酵母菌 0.88,霉菌 0.80。

在低水分食品(Aw = 0.0 ~ 0.6,如面粉、奶粉、饼干、蛋糕、蜂蜜、糖果、巧克力等)和中水分食品(Aw = 0.6 ~ 0.9,如火腿、腌鱼、果酱、干果等)中,降低食品的 Aw 值可有效阻止微生物的生长、繁殖,提高食品的稳定性和安全性,延长食品的储藏寿命和货架期。降低食品的 Aw 值,传统上采取干燥脱水、浓缩以及加入氯化钠或蔗糖的方法。

对于高水分食品(Aw = 0.9 ~ 1.0,如鲜牛奶、肉、鱼、蔬菜、水果等)的保鲜和储存,不适合采用上述方法来降低 Aw 值,主要采用冷藏或速冻处理。

(六)矿物质

矿物质,又称无机盐,是指维持人体正常生理功能所必需的无机化学元素。矿物质中,钙、镁、钾、钠、磷、硫、氯等七种元素,是人体所必需的,它们在人体中含量超过 0.01% 或者每日膳食摄入量大于 100 毫克,被称为常量元素;一些含量占人体 0.01% 以下或者每日膳食摄入量小于 100 毫克的元素,如铁、锌、碘、铜、硒、钼、钴、铬等八种,被称为人体必需的微量元素。还有锰、硅、镍、硼、钒等五种元素,是人体可能必需的微量元素。此外,氟、铅、镉、汞、砷、铝、锡等七种元素,是具有潜在毒性,但在低剂量时可能具有人体必需功能的微量元素。

人体组织内各矿物质元素的含量与当地的土壤、水质、食物及空气中的各元素含量密切相关,容易受环境因素的影响,如我国北方地区常见的三大地方病——地方性甲状腺肿(缺碘)、克山病和大骨节病(缺硒),都与当地某些微量元素缺乏有关。

矿物质在人体内的总量还不到体重的 5% ,但它们在人体内无法自行合成,必须从膳食中不断地得到供给,并且在人体组织的生理作用中发挥着重要的功能:构成人体组织的成分,如钙和磷是构成骨骼及牙齿的主要成分;调节渗透压,维持肌体内的酸碱平衡;参与体内生物化学反应,与酶结合并使酶活化,对完成肌体内某些代谢过程起着重要的促进作用。

矿物质在食品中广泛存在,一般不易引起缺乏。《中国居民膳食指南》(2011)发布的矿物质的常量和微量元素的每日推荐摄入量或适宜摄入量,如表 3 – 8 所示。推荐摄入量是指可以满足某一特定性别、年龄及生理状况群体中绝大多数(97% ~ 98%)个体需要的营养素摄入量。适宜摄入量是指通过观察或实验获得的健康人群中某种营养素的摄入量。

表 3 –8　矿物质的每日推荐摄入量(RNI)或适宜摄入量(AI)[mg – 毫克,μg – 微克]

年龄	钙 Ca AI /mg	磷 P AI /mg	钾 K AI /mg	钠 Na AI /mg	镁 Mg AI /mg	铁 Fe AI /mg	磷 I RNI /mg	锌 Zn RNI /mg	硒 Se RNI /μg	铜 Cu AI /mg	氯 F AI /μg	铬 Cr AI /μg	锰 Mn AI /mg	铝 Mo AI /μg
0 ~	300	150	500	200	30	0.3	50	1.5	15(AI)	0.4	0.1	10		
0.5 ~	400	300	700	500	70	10	50	8.0	20(AI)	0.6	0.4	15		

续表

年龄	钙 Ca AI /mg	磷 P AI /mg	钾 K AI /mg	钠 Na AI /mg	镁 Mg AI /mg	铁 Fe AI /mg	磷 I RNI /mg	锌 Zn RNI /mg	硒 Se RNI /μg	铜 Cu AI /mg	氯 F AI /μg	铬 Cr AI /μg	锰 Mn AI /mg	铝 Mo AI /μg
1 ~	600	450	1 000	650	100	12	50	9.0	20	0.8	0.6	20		15
4 ~	800	500	1 500	900	150	12	90	12.0	25	1.0	0.8	30		20
7 ~	800	700	1 500	1 000	250	12	90	13.5	35	1.2	1.0	30		30
11 ~	1 000	1 000	1 500	1 200	360	*16/18	120	*18/15	45	1.8	1.2	40		50
14 ~	1 000	1 000	2 000	1 800	360	*20/25	150	*19/16	50	2.0	1.4	40		50
18 ~	800	700	2 000	2 200	360	*15/20	150	*15/12	50	2.0	1.5	50	3.5	60
50 ~	800	700	2 000	2 200	360	15	150	11.5	50	2.0	1.5	50	3.5	60
孕妇														
孕早期	800	700	2 500	2 200	400	15	200	11.5	50					
孕中期	1 000	700	2 500	2 200	400	25	200	16.5	50					
孕晚期	1 200	700	2 500	2 200	400	36	200	16.5	50					
乳母	1 200	700	2 500	2 200	400	25	200	21.5	65					

注:凡表中数字之处表示未定该参考值。

带 * 号有男女之分,例:*16/18,意指 T 符号前为男性数据。T 符号后为女性数据。

AI—每日适度摄入量 RNI—每日推荐摄入量

(七)膳食纤维

膳食纤维是指植物中天然存在的、提取或合成的碳水化合物的聚合物,包括纤维素、半纤维素、木质素、甲壳素、果胶、树胶、菊粉(天然果聚糖的混合物)及其他一些膳食纤维单体成分等,它们不能被人体小肠消化吸收,但对人体有健康意义。根据膳食纤维在水中的溶解性,通常将其分为水溶性膳食纤维和不溶性膳食纤维。水溶性膳食纤维主要有水溶性半纤维素、果胶、树胶等;不溶性膳食纤维包括纤维素、不溶性半纤维素、木质素、甲壳素等。

膳食纤维主要具有以下健康功能:①促进肠道蠕动,软化宿便,预防便秘、结肠癌及直肠癌;②降低血液中的胆固醇、甘油三酯,利于肥胖控制;③清除体内毒素,预防色斑形成、青春痘等皮肤问题;④减少糖类化合物在肠道内的吸收,降低餐后血糖;⑤促进肠道有益菌增殖,提高人体吸收能力。

膳食纤维主要存在于谷、薯、豆类、蔬菜及水果中。谷物食品含膳食纤维最多,全麦粉含 6%、精面粉含 2%、糙米含 1%、精米含 0.5%、蔬菜含 3%、水果含 2% 左右。但由于加工方法、食入部位及品种的不同,膳食纤维的含量也不同。粗粮、豆类高于细粮;胡萝卜、芹菜、菠菜、韭菜等高于西红柿、茄子等;菠萝、草莓高于香蕉、苹果等;同种蔬菜表皮含纤维量高于中心部位,同种水果果皮纤维量高于果肉。

国内外各相关组织推荐的膳食纤维素日摄入量为:①世界粮农组织建议正常人

群摄入量为每人每天 27 克;②美国防癌协会推荐标准为每人每天 30~40 克;③中国营养学会提出中国居民摄入的食物纤维量及范围:低能量饮食 1 800 千卡为 25 克/天;中等能量饮食 2 400 千卡为 30 克/天;高能量饮食 2 800 千卡为 35 克/天。

三、食品安全

食品是维持人体正常生理机能而经口摄入体内的含有营养素的商品,但在正常情况下,食品不应该对人体健康和安全产生任何有害的影响。食品安全问题自 20 世纪后期特别是 21 世纪初开始受到人类的普遍关注和重视。

(一)食品安全的概念

我国《食品安全法》将"食品安全"的概念界定为:"食品无毒、无害,符合应当有的营养要求,对人体健康不造成任何急性、亚急性或者慢性危害。"世界卫生组织(WHO)将"食品安全"定义为:对食品按其原定用途进行制作和/或食用时不会使消费者的健康受到损害的一种担保。国际食品法典委员会(CAC)则认为"食品安全"是:消费者在摄入食品时,食品中不含有害物质,不存在引起急性中毒、不良反应或潜在疾病的危险性。

关于食品安全、食品卫生、食品质量的概念以及三者之间的关系,有关组织或标准有不同的表述。1996 年世界卫生组织将"食品卫生"界定为"为确保食品安全性和适用性在食物链的所有阶段必须采取的一切条件和措施",明确把"食品安全"和"食品卫生"作为两个不同的概念加以区分,即"食品安全"是食品本身应当具备的基本特性,而"食品卫生"则是确保食品安全的措施和手段。两者的侧重点不同,"食品安全"更侧重于结果,"食品卫生"则更强调过程。国家标准 GB 15091—95《食品工业基本术语》将"食品质量"定义为"食品满足规定或潜在要求的特征和特性总和。反映食品品质的优劣。"联合国粮食及农业组织与世界卫生组织在联合出版的《保障食品的安全和质量:强化国家食品控制体系指南》中对"食品安全"与"食品质量"的区别与联系作了清楚的说明:"食品安全和食品质量二词有时令人混淆不清,食品安全涉及那些可能使食品对消费者健康构成危害(无论是长期的还是马上出现的危害)的所有因素。这些因素是毫无商量余地,必须消除的。食品质量包括可影响产品消费价值的所有其他特性。其包括一些不利的品质特性,例如腐烂、脏物污染、变色、变味等,以及一些有利的特性,例如食品的产地、颜色、香味、质地以及加工方法。安全和质量两者之间的差别涉及政府政策,并影响到食品控制体系能否最好地实现国家预定目标的性质和内容。"

从现有研究成果来看,在食品安全概念的理解上,国内专家、学者大致有如下几种认识:①食品安全是个综合概念,它包括食品卫生、食品质量、食品营养等相关方面的内容和食品(食物)种植、养殖、加工、包装、贮藏、运输、销售、消费等食品生命周期全部环节。②食品安全是个社会概念,是个社会治理概念。不同国家以及不同时期,食品安全所面临的突出问题和治理要求有所不同。在发达国家,食品安全所关注的主要是因科学技术发展所引发的问题,如转基因食品对人类健康的影响;而在发展中国家,食品安全所侧重的则是市场经济发育不成熟所引发的问题,如假冒伪劣、有毒有害食品的非法生产经营。我国的食品安全问题则包括上述两部分内容。③食品安全是个政治概念。无论是发达国家,还是发展中国家,食品安全都是企业和政府对社会最基本的责任和必须做出的承诺。食品安全与生存权紧密相连,具有唯一性和强制性,通常属于政府保障或者政府强制的范畴。而食品质量等往往与发展权有关,具有层次性和选择性,通常属于商业选择或者政府倡导的范畴。近年来,国际社会正逐步以食品安全的概念替代食品卫生、食品质量的概念,从而更加突显了食品安全的政治责任。④食品安全是个法律概念。市场失灵会导致政府干预,这种干预大多是以法律规制形式出现,依靠国家强制力来保证实施的。如 1984 年英国就制定了《食品安全法》,2000 年欧盟发布《食品安全白皮书》,2003 年日本出台了《食品安全基本法》,2009 年我国开始实施《食品安全法》。

(二)食品中的不安全因素

食品中的不安全因素是指有证据证明已经或可能对人体健康造成危害的食品因素。不安全因素主要包括三个方面:①食品中本身含有天然毒素;②食品在其种植、养殖、加工、包装、贮藏、运输、销售、消费等生命周期各环节中受到有害的生物性或化学性污染;③因食品生产、加工方面的技术发展所引发的不安全问题,如转基因食品的潜在危险性等。

1.食品中的天然毒素

(1)动物性食品中的天然毒素。动物性食品中的天然毒素可分为鱼类毒素、贝类毒素和动物腺体毒素三类。

①鱼类毒素。鱼类毒素中以河豚毒素最具代表性。河豚肉味鲜美,但在其卵巢、肝脏、肾脏、血液、皮肤及卵中含有河豚毒素。雌河豚的毒素含量高于雄河豚。河豚毒素毒性极强,且对热比较稳定,需煮沸 2 小时,其毒性才可减半,而要破坏其全部毒性,必须在 100℃条件下加热 4 小时。另外,肌肉内含组氨酸高的青皮红肉的鱼类如鲤鱼、鲐鱼、秋刀鱼、竹荚鱼、沙丁鱼、金枪鱼等,当它们不新鲜或腐败时,鱼体中游离组氨酸经脱羧酶作用产生组胺,当组胺积蓄到一定量时,食后便可引起中毒。

②贝类毒素。通常认为贝类中的毒素与贝类吸食浮游藻类有关,毒物在贝类的体内蓄积和代谢,人们食用这些贝类后可造成食物中毒。这类的食物有蛤类、鲍类、海胆类等。常见的毒蛤有文蛤、四角蛤蜊等,它们的肝脏和消化腺内有一种麻痹性贝类毒素。鲍鱼的肝、内脏中含有鲍鱼毒素,来源于鲍鱼食饵海藻所含的外源性毒物。摄食海胆的生殖腺或被其刺伤也可引起中毒。

③动物腺体毒素。如果食用未摘除甲状腺的猪(牛或羊)的血脖肉可引起甲状腺中毒。误食家畜的肾上腺(小腰子)或淋巴结,也会分别造成心窝疼痛、恶心、手麻、舌麻、心动过速、瞳孔放大或者头痛、腹痛、四肢疼痛等症状。因此,屠宰时必须清除家畜"三腺"。

(2)植物性食品中的天然毒素。植物性食品中所含的天然毒素,根据其化学

结构不同,可分为有毒蛋白或复合蛋白、

有毒肽类、有毒苷类和生物碱等四类。

①有毒蛋白或复合蛋白。植物中的红细胞凝集素、胰蛋白酶抑制剂、蓖麻毒素、巴豆毒素、刺玫毒素等均属于有毒蛋白或复合蛋白,处理不当会对人体造成危害。例如大豆、豌豆、蚕豆、绿豆、菜豆、扁豆、刀豆等豆类的籽实中含有红细胞凝集素。它能使红细胞凝集,只有足够的加热温度和时间才能破坏该凝集素。这些豆类不可生食,否则会引起食用者恶心、呕吐,甚至死亡。又如在未煮熟的大豆及其豆乳以及马铃薯的块茎中都存在着胰蛋白酶抑制剂,它具有抑制胰脏分泌的胰蛋白酶活性的作用,生食这些食品时,不仅降低了蛋白质的消化率,而且还会引起胰腺肿大,并抑制生长发育。

②有毒肽类。某些蕈类存在着有毒的肽类物质,如鹅膏菌毒素、鬼笔菌毒素等。它们主要损害食用者的肝脏和肾脏,有的会引起神经错乱和溶血性中毒。

③有毒苷类。某些植物性食品中含有有毒的苷类物质,主要有氰苷类、硫苷类和皂苷类三种。

某些豆类、核果和仁果的种仁以及木薯的块根中存在的糖苷,如亚麻苦苷、苦杏仁苷等,它们在酸或酶的作用下,能产生毒性很大的氢氰酸,因而被称为生氰苷。生氰苷产生的氢氰酸被机体吸收后,会使维系人体生命的呼吸链中断,机体陷于窒息状态,抢救不及时可导致死亡。由于氢氰酸遇热挥发,故将生苦杏仁磨成浆后再煮熟或用冷水浸泡后再煮熟、炒熟能减少中毒的可能。

硫苷是含硫的糖苷。它存在于甘蓝、萝卜、芥菜等十字花科蔬菜和洋葱、管葱及大蒜等葱蒜属中的辛辣味成分里。硫苷经水解等作用会生成叫做致甲状腺肿素的新物质,当人体的血液中碘的含量低时,致甲状腺肿素会妨碍甲状腺对碘的吸收,从而抑制甲状腺素的合成,甲状腺也因之发生代偿性肿大。

皂苷类是广泛分布于植物界的一类糖苷。它能溶于水生成胶体溶液,搅动时会像肥皂一样产生泡沫,故称为皂苷。皂苷有破坏红细胞的溶血作用,对变温动物有极大的毒性,但食物中的皂苷对人、畜口服多数无毒,少数则有剧毒。茄子、马铃薯等茄属植物中含有有毒的茄苷,其配基为茄碱(花葵素)。正常情况下在茄子、马铃薯中的茄苷含量不过 $3\sim6$ 毫克/100 克,但发芽马铃薯的芽眼附近及见光变绿后的表皮层中,含量极高,当茄苷达到 $38\sim45$ 毫克/100 克时,足以致人死命,茄碱即使在烹煮以后也不会受到破坏,故不应食用发芽、变绿的马铃薯。

④生物碱。生物碱一般指存在于植物中含氮的碱性化合物,易与核酸或蛋白质的酸性基团起反应,可抑制体内酶的活性,并能强烈地干扰体内代谢。

毒蕈所含的生物碱。食物中有毒的生物碱主要存在于非食用的蕈类中,如在丝盖伞属和杯伞属的蕈类中,含有毒蝇伞菌碱,食用后会大量出汗,发生恶心、呕吐和腹痛,有时会出现幻觉;在马鞍菌属的蕈类中,含有生物碱马鞍菌素,中毒后会出现脉搏不齐、呼吸困难和惊厥等。含有以上生物碱的毒蕈与一般的食用蕈不同,它们通常颜色十分鲜艳,蕈盖表面为鲜红色或红橙色,表面粘而发脆,蕈柄上有蕈环蕈托。

黄花菜中的生物碱。在鲜黄花菜中存在的生物碱叫秋水仙碱。它本身并无毒性,在胃肠内吸收缓慢,但被氧化为氧化二秋水仙碱后则具有剧毒,所以大量食用炒不透的鲜黄花菜后,数分钟至数小时后即可发病,主要症状为恶心、呕吐、腹痛、腹泻、头昏等。但经过焯水或日晒后的干制品,因为在加工过程中破坏了秋水仙碱,故没有毒性。

2. 微生物对食品的污染

微生物对食品的污染,主要是细菌及细菌毒素、霉菌及霉菌毒素对食品的污染。

(1)细菌及细菌毒素。引起食品污染的细菌,主要分为两类:一类是致病性细菌,它们在一定条件下可以以食品为媒介引起人类食源性疾病(食物中毒和感染性腹泻);另一类虽然是非致病菌,但它们可以在食品中生长繁殖致使食品的色、香、味、形发生改变,甚至导致食品腐败。

能引起食源性疾病的致病性细菌,主要有:副溶血性弧菌、沙门氏菌、大肠埃希菌、金黄色葡萄球菌等。

副溶血性弧菌是我国沿海及部分内地区域食物中毒的主要致病菌。它是一种嗜盐性细菌,存活能力强,但对酸敏感,在普通食醋中 5 分钟即可杀死;对热的抵抗力也较弱。这些年来,副溶血性弧菌病在我国和其他一些国家的发病例数已经超过了沙门氏菌病。副溶血性弧菌食物中毒,是进食含有该菌的食物时未烧熟煮透或熟制品被污染所致,临床上以急性起病、腹痛、呕吐、腹泻及水样便为主要症状。副溶血性弧菌主要污染鱼类、贝类等海产品以及含盐分较高的腌制食品,如腌菜、腌鱼、腌肉等。

沙门氏菌是全球和我国细菌性食物中毒的主要致病菌,它是鼠伤寒沙门菌、肠炎沙门菌、猪霍乱沙门菌等多种沙门菌的总称。据统计在世界各国的不同种类细菌性食物中毒中,沙门氏菌引起的食物中毒常常位列榜首。感染沙门菌的人或带菌者的粪便污染食品,可使人发生食物中毒。其症状有发热、头痛、恶心、呕吐、腹痛和腹泻,严重的可造成死亡。沙门氏菌死后释放内毒素,可引起感染者体温升高,白细胞数下降,大剂量时导致中毒症状和休克。个别沙门菌如鼠伤寒沙门菌可产生肠毒素,引发中毒。传播沙门氏菌的食物载体有鸡蛋、家禽和其他肉类、生牛奶和巧克力等。沙门氏菌对热敏感,通常烹饪条件和巴氏杀菌就足以杀死它。

大肠埃希菌即大肠杆菌,有非致病性大肠杆菌和致病性大肠杆菌两类。前者为大多数,是人和大多数温血动物肠道中的正常寄居菌,构成肠道正常菌群的一部分并具有重要生理功能;后者为少数,能引起食物中毒,分为侵入型和毒素型两类,侵入型引起的腹泻与痢疾杆菌引起的痢疾相似,称为急性痢疾型;毒素型所引起的腹泻为胃肠炎型,也称为急性胃肠炎型。致病性大肠杆菌主要是通过牛奶、家禽及禽蛋、猪、牛、羊等肉类及其制品、水产品、水及被该菌污染的其他食物引发人们的食物感染与中毒。大肠杆菌在致病过程中起重要作用的是其产生的毒素,包括内毒素、肠毒素、细胞毒素等。大肠杆菌对热比较敏感,在正常的烹饪过程中会被杀死。

金黄色葡萄球菌是我国细菌性食物中毒的主要致病菌之一,其致病力与该菌产生的金黄色葡萄球菌肠毒素有关。美国疾病控制中心报告,由金黄色葡萄球菌引起的感染占第二位,仅次于大肠杆菌。金黄色葡萄球菌肠毒素是个世界性卫生难题,在美国由金黄色葡萄球菌肠毒素引起的食物中毒,占整个细菌性食物中毒的33%,加拿大则占到45%,我国每年发生的此类中毒事件也非常多。金黄色葡萄球菌广泛分布于空气、土壤中,人和动物是主要携带者,通常存在于50%或更多健康人群的鼻腔、咽喉、头发和表皮中。金黄色葡萄球菌主要是在蛋白质丰富的食品上生长,如肉和肉制品、乳和乳制品、禽肉、鱼及其制品、奶油沙司、色拉酱、布丁、奶油面包等。通常在金黄色葡萄球菌大于105菌落数/克时可能产生致病性肠毒素,引起食物中毒。金黄色葡萄球菌可引起许多严重感染,如肺炎、伪膜性肠炎、心包炎等,甚至败血症、脓毒症等。金黄色葡萄球菌肠炎起病急,中毒症状严重,主要表现为呕吐、发热、腹泻。金黄色葡萄球菌对热敏感,一般烹饪煮熟即可杀灭。

我国的《食品安全国家标准食品中致病菌限量》(GB 29921—2013)根据相应的食品类别列出了食品中常见致病菌限量,见表3-9。

表3-9 我国食品中常见致病菌限量

食品类别	致病菌指标	随机采样方案及限量(若非指定,均以/25g或/25ml表示)			
		n	c	m	M
肉制品 熟肉制品 即食生肉制品	沙门氏菌	5	0	0	—
	金黄色葡萄球菌	5	1	100CFU/g	1 000CFU/g
	大肠埃希氏菌	5	0	0	0
水产制品 熟制水产品 即食生制水产品 即食藻类制品	沙门氏菌	5	0	0	
	副溶血性弧菌	5	1	100MPN/g	1 000MPN/g
	金黄色葡萄球菌	5	1	100CFU/g	1 000CFU/g
即食蛋制品	沙门氏菌	5	0	0	
粮食制品 熟制粮食制品(含焙烤类) 熟制带馅(料)面米制品 方便面米制品	沙门氏菌	5	0	0	
	金黄色葡萄球菌	5	1	100CFU/g	1 000CFU/g
即食豆类制品 发酵豆制品 非发酵豆制品	沙门氏菌	5	0	0	
	金黄色葡萄球菌	5	1	100CFU/g	1 000CFU/g

续表

食品类别	致病菌指标	随机采样方案及限量(若非指定,均以/25g 或/25ml 表示)			
		n	c	m	M
巧克力类及可可制品	沙门氏菌	5	0	0	—
即食果蔬制品 (含酱腌菜类)	沙门氏菌	5	0	0	—
	金黄色葡萄球菌	5	1	100CFU/g	1 000CFU/g
	大肠埃希氏菌	5	0	0	—
饮料(包装饮用水、碳酸饮料 除外)	沙门氏菌	5	0	0	—
	金黄色葡萄球菌	5	1	100CFU/g(ml)	1 000CFU/g(ml)
冷冻饮品 冰淇淋类 雪糕(泥)类 食用冰、冰棍类	沙门氏菌	5	0	0	—
	金黄色葡萄球菌	5	1	100CFU/g(ml)	1 000CFU/g(ml)
即食调味品 酱油 酱及酱制品 水产调味品 复合调味料(沙拉酱等)	沙门氏菌	5	0	0	—
	金黄色葡萄球菌	5	2	100CFU/g(ml)	1 000CFU/g(ml)
	副溶血性弧菌	5	1	100MPN/g(ml)	1 000MPN/g(ml)
坚果籽实制品 坚果及籽类的泥(酱) 腌制果仁类	沙门氏菌	5	0	0	—

注1:n 为同一批次产品应随机采集的样品件数;c 为最大可允许超出 m 值的样品数;m 为致病菌指标可接受水平的限量值;M 为病菌指标的最高安全限量值。

注2:CFU 是菌落形成单位,也就是单位质量或体积(如每克或每毫升)被检测样品中的致病活菌菌落总数;MPN 是单位质量或体积被检测样品中的致病菌的最大可能数。

表3-9 的具体应用实例如下:假设标准中规定:n = 5, c = 2, m = 100CFU/g, M = 1 000CFU/g。其含义就是从一批产品(如酱油)中采集 5 个样品,来测定金黄色葡萄球菌的单位质量的菌落数(X)。若 5 个样品的检验结果均小于或等于 m 值(≤100CFU/g),则这种情况是允许的;若≤2 个样品的结果(X)位于 m 值和 M 值之间(100CFU/g < X ≤ 1 000CFU/g),则这种情况也是允许的;若有 3 个及以上样品的检验结果位于 m 值和 M 值之间,则这种情况是不允许的;若有任一样品的检验结果大于 M 值(>1 000CFU/g),则这种情况也是不允许的。

(2)霉菌及霉菌毒素。霉菌是形成分枝菌丝的真菌的统称。霉菌种类很多,分布极广,它们污染食品后,不仅能引起霉菌毒素中毒,对人体健康造成危害,而且可使食品的食用价值降低,甚至完全不能食用。与食品安全密切相关的产毒霉菌主要有:曲霉属(如黄曲霉、赭曲霉、杂色曲霉、构巢曲霉、寄生曲霉等)、青霉属(如橘青霉、岛青霉、黄绿青霉、展青霉、褶皱青霉、荨麻青霉等)。

霉菌毒素是产毒霉菌在其所污染的食品中产生的有毒代谢产物,通常都是按其产生毒素的主要霉菌名称来命名。霉菌毒素污染食品主要是引起人畜中毒。其临床表现有急性中毒、慢性中毒、致癌、致畸、致突变等。与食品污染关系密切且比较重要的霉菌毒素有黄曲霉毒素、赭曲霉毒素、杂色曲霉毒素、展青霉素、黄绿霉素、橘青霉素等。

黄曲霉毒素,也称黄曲霉素,是黄曲霉、寄生曲霉、特异曲霉和假溜曲霉的有毒代谢产物。黄曲霉素实际是一组化学结构类似的化合物,主要有 B_1、B_2、G_1、G_2 以及 M_1 和 M_2 六种代谢产物,但 M_1 和 M_2 实际上是 B_1 和 B_2 被奶牛吃了之后,分别有一小部分转化为 M1 和 M2 并进入奶中,成为牛奶中黄曲霉素的来源。黄曲霉素的毒性大小顺序依次为 B_1、M_1、G_1、B_2、G_2。在天然污染的食品中以黄曲霉素 B_1 最为多见,其毒性和致癌性也最强。黄曲霉素 B_1 的半数致死量为 0.36mg/kg bw,属于特剧毒的毒物(动物半数致死量小于 10mg/kg bw)范围。B_1 在玉米、花生、棉花种子、一些干果中常常能检测到,其中以花生和玉米污染最严重。

黄曲霉素引起人的中毒主要是损害肝脏,发生肝炎、肝硬化、肝坏死等,临床表现有胃部不适、食欲减退、恶心呕吐、腹胀及肝区触痛等,严重者出现水肿昏迷,以至抽搐而死。黄曲霉素是目前发现的最强的致癌物质,它主要诱使动物发生肝癌,也能诱发胃癌、肾癌、直肠癌及乳腺、卵巢小肠等部位的癌症。

我国食品安全国家标准 GB 2761—2011《食品中真菌毒素限量》对食品中黄曲霉素 B1 的限量作出如表 3 − 10 所示的规定。

表 3 − 10　食品中黄曲霉素 B1 限量指标(微克/千克)

食品类别(名称)	限量(μg/kg)
谷物及其制品	
玉米、玉米面(渣、片)及玉米制品	20
稻谷、糙米、大米	10
小麦、大麦、其他谷物	5.0
小麦粉、麦片、其他去壳谷物	5.0
豆类及其制品	
发酵豆制品	5.0
坚果及籽类	
花生及其制品	20
其他熟制坚果及籽类	5.0
油脂及其制品	

续表

食品类别(名称)	限量(μg/kg)
植物油脂(花生油、玉米油除外)	10
花生油、玉米油	20
调味品	
酱油、醋、酿造酱(以粮食为主要原料)	5.0
特殊膳食用食品	
婴幼儿配方食品	
婴儿配方食品[a]	0.5(以粉状产品计)
较大婴儿和幼儿配方食品[b]	0.5(以粉状产品计)
特殊医学用途婴儿配方食品	0.5(以粉状产品计)
婴幼儿辅助食品	
婴幼儿谷物辅助食品	0.5
a 稻谷以糙米计	
b 以大豆及大豆蛋白制品为主要原料的产品	

黄曲霉素耐高温和高压,约280℃才能被破坏,而一般烹饪加工方法不易除去。通常在加工食品前必须挑出受其感染的食品粒,对被污染的动植物油可用碱炼法去除。

其他霉菌毒素的毒性作用及其主要污染食物,归纳如表3-11。

表3-11　其他霉菌毒素的毒性作用及其主要污染食物

霉菌毒素	主要产毒霉菌	主要污染食物	毒性作用
赭曲霉毒素A	赭曲霉 鲜绿青霉	玉米、大麦、小麦	肝、肾实质细胞脂肪变性
杂色曲霉毒素	杂色曲霉 构巢曲霉 焦曲霉	玉米、大米、花生	肝、肾实质器官坏死
展青霉素	展青霉 荨麻青霉	水果及其制品	可引起呕吐及胃刺激症状,皮肤过敏,可诱发实验肿瘤
橘青霉素	橘青霉 暗蓝青霉	大米、大麦	肾脏功能及形态变化,动物生长缓慢
黄绿青霉素	黄绿青霉	大米	为神经毒素,主要表现为上行性麻痹,最后因循环、呼吸衰竭而死亡
皱褶青霉素	皱褶青霉	大米	肝脏损害

3. 农药对食品的污染

我国在 20 世纪五六十年代,曾广泛使用有机氯农药,由于它们残留严重,后来陆续停产、停用。但因有机氯农药残留期长,不易降解,且易于在生物体内蓄积,目前仍对食物造成污染。近些年来,随着杀虫剂、除草剂、杀菌剂大量使用(杀虫剂占 72%,杀菌剂占 11%,除草剂占 15%),特别是有机磷杀虫剂(甲胺磷、甲基 1 605,氧化乐果、久效磷、对硫磷、甲拌磷等)广泛使用,它们也已成为目前在各类食用作物(尤其是蔬菜、瓜果等)中残留最为严重的农药,长时间接触还对人体肝脏功能有损。

农药对食品污染的途径主要有:①喷洒于农作物后渗入植物体内。②散落在土壤中后通过农作物的根部被吸入到植物体内。③污染农作物茎秆和牧草,再作为饲料喂养家畜和家禽。④通过水源进入农作物或人体内。

农药污染的研究表明:农药物质 90% 是由污染食品进入人体内,10% 是由空气和水体进入人体的。应该说,进入水源的农药浓度极低,对人体不致直接产生危害,但经过食物链不断在生物体内浓缩,会使危害性迅速增大。例如,地面水被农药污染后,水草和藻类等会把微量农药富集起来。鱼、虾等再把它们食入体内,进一步富集这些农药,这种现象称为生物富集。结果作为食品的鱼、虾,其体内农药的浓度将远远高于水体中原来农药的浓度。由此可见,由食物链引起的农药污染是十分惊人的。

我国卫生部和农业部于 2012 年 11 月发布了国家安全标准 GB 2763—2012《食品中农药最大残留限量》。该标准规定了食品中 2,4 - 滴、百草枯、倍硫磷等 322 种农药 2 293 项最大残留限量。该标准对于每种农药都列出了其主要用途、每日允许摄入量(ADI)、残留物(名称)、最大残留限量和检测方法。每日允许摄入量(ADI)是指人类终生每日摄入某物质而不产生可检测到的危害健康的估计量,以每千克体重可摄入的毫克数即 mg/kgbw 表示。ADI 值越高,说明该物质的毒性越低。残留物是指由于使用农药而在食品、农产品和动物饲料中出现的任何特定物质,包括被认为具有毒理学意义的农药衍生物,如农药转化物、代谢物、反应产物以及杂质等。最大残留限量(MRL)是指在食品或农产品内部或表面法定允许的农药最大浓度,以每千克食品或农产品中农药残留的毫克数即 mg/kg 来表示。下面以倍硫磷为例说明:主要用途为杀虫剂;ADI 为 0.007mg/kgbw;残留物为倍硫磷以及亚砜和砜化合物之和,以倍硫磷表示;最大残留限量,应符合表 3 - 12 的规定;检测方法有三种情况,一是谷物按照国家推荐标准 GB/T 5009.145 规定的方法测定,二是油料及制品参照 GB/T 5009.145 规定的方法测定;三是蔬菜、水果按照农业部推荐标准 NY/T 761、国家推荐标准 GB/T 19648 规定的方法测定。

表 3 – 12　食品中倍硫磷的最大残留限量

食品类别/名称	最大残留限量（mg/kg）
谷物	
稻谷	0.05
小麦	0.05
油料制品	0.01
食用植物油	
蔬菜	
鳞茎类蔬菜	0.05
芸薹属类蔬菜	0.05
叶菜类蔬菜	0.05
茄果类蔬菜	0.05
瓜类蔬菜	0.05
豆类蔬菜	0.05
茎类蔬菜	0.05
根茎类和薯芋类蔬菜	0.05
水生类蔬菜	0.05
芽菜类蔬菜	0.05
其他多年生蔬菜	0.05
水果	
仁果类水果	0.05
柑橘类水果	0.05
核果类水果	0.05
浆果和其他小型水果	0.05
热带和亚热带水果	0.05
瓜类水果	0.05

4. 有害重金属对食品的污染

有害重金属进入食品的途径主要是来自自然环境的污染（如当地有害重金属本底含量高或施用含重金属的农药以及排放工业三废导致的食用作物或饲料的污染）和食品加工过程中机械、管道、容器以及因工艺需要加入的添加剂中存在有害重金属。有害重金属在体内有蓄积性，半衰期较长，能产生急性和慢性毒性反应，还有可能产生致畸、致癌和致突变作用。

常见的有害重金属主要有汞、镉、铅、砷等，它们对人体造成危害的机理和表现的症状各不相同。

人体的汞除职业接触外主要来自于食物,特别是鱼贝类。由于微生物的作用生成的汞以及从工业生产废料中释放出来的汞,很快会被生物有机体吸收,并经过浮游生物的过渡性吸收而进入水底无脊椎动物体内,进入食物链,从而影响人体健康。微量汞在人体内能从尿、粪便、汗液中排出,但如果吸收量增多而超过平衡量时,则汞化物会进入血液,并与血红素结合,然后进入脑组织而引起脑中毒。主要症状表现为乏力,头晕,失眠,肢体末梢、嘴唇、牙根麻木和刺痛,语言不清,视力模糊,记忆力衰退,严重时会导致痉挛而死亡。

食品中的镉主要来源于冶金、冶炼、陶瓷、电镀工业及化学工业(如电池、塑料添加剂、食品防腐剂、杀虫剂、颜料)等排出的三废。食品中的镉对人体的危害主要是由血液输送并蓄积到肾脏和肝脏,通过抑制体内含巯基酶而造成慢性镉中毒,特别是损害肾小管上皮细胞,减弱重吸收功能,使钙及其他成分从尿中排出,导致骨钙析出,骨质疏松。主要症状为腰酸背疼、膝关节痛或全身骨痛,严重时咳嗽、打喷嚏都会引起骨折,甚至在骨疼痛衰弱中死亡。动物实验有致癌、致畸性报道。

食品中铅的来源很多,包括马口铁罐头食品、搪瓷或陶瓷食具、饮水管道、土壤中的铅,由空气沉积到谷物上的铅以及流入农田中的含铅污水等。食用被铅污染的食品,可引起神经系统、造血器官和肾脏等发生明显的病变。慢性铅中毒常见症状有食欲不振、胃肠炎、失眠、头昏、关节肌肉酸痛、腹痛、贫血等,严重者可发生休克或死亡。铅吸收后90%沉积在骨骼中。膳食中蛋白质、钙、磷、铁、铬、硒、维生素 E、维生素 C 等可降低铅的毒性作用。

食品中的砷主要来自土壤中的自然本底。工业三废以及施用含砷肥料、农药,可以造成砷对食品的污染。砷对人体的危害是破坏体内酶活性而引起代谢紊乱,从而导致神经系统、微血管及其他系统和组织病变。主要症状为多发性神经炎,皮肤的触觉和痛觉减退,四肢无力,眼帘水肿,表皮角质化和消化道疼痛等,严重时会引起呼吸困难,循环衰退、虚脱而导致死亡。

我国的《食品安全国家标准 食品中污染物限量》(GB 2762—2012)对各类主要食品中的汞、镉、铅、砷的限量规定分别如表 3 – 13、3 – 14、3 – 15、3 – 16 所示:

表 3 –13　主要食品中汞限量指标

食品类别/名称	汞限量(MLs)/(mg/kg)	
	总汞(以 Hg 计)	甲基汞
水产品(食肉鱼类除外)	—	0.5(鲜重计)
食肉鱼类(如鲨鱼、金枪鱼及其他)	—	1.0(鲜重计)
谷类	0.02	—
蔬菜	0.01	—
肉及肉制品	0.05	—
乳及乳制品		
液态乳(生乳、巴氏杀菌乳、灭菌乳、调制乳、发酵乳等)	0.01	—

食品类别/名称	汞限量(MLs)/(mg/kg)	
	总汞(以 Hg 计)	甲基汞
蛋及蛋制品	0.05	—
饮料类		
矿泉水	0.001 mg/L	—

表 3-14　主要食品中镉限量指标

食品类别/名称	镉限量(MLs)/(mg/kg)
谷类及其制品(稻谷、大米除外)	0.1
稻谷、大米	0.2
蔬菜(叶菜蔬菜、豆类蔬菜、根茎类蔬菜除外)	0.05
叶菜蔬菜	0.2
豆类蔬菜、根茎类蔬菜(芹菜除外)	0.1
芹菜	0.2
水果	0.05
肉及肉制品(肝脏、肾脏除外)	0.1
肝脏	0.5
肾脏	1.0
水产品及其制品	
鱼类及其制品(鱼罐头除外)	0.1
鱼罐头	0.2
甲壳类	0.5
贝类及头足类	2.0
蛋及蛋制品	0.05

表 3-15　主要食品铅限量指标

食品类别/名称	铅限量(MLs)/(mg/kg)
谷类及其制品(麦片、淀粉类制品、面筋除外)	0.2
麦片、淀粉类制品、面筋	0.5
蔬菜及其制品	
蔬菜(球茎蔬菜、叶菜蔬菜、豆类蔬菜除外)	0.1
球茎蔬菜、叶菜蔬菜	0.3
豆类蔬菜	0.2

食品类别/名称	铅限量（MLs）/（mg/kg）
蔬菜制品	1.0
水果及其制品	
水果（浆果、葡萄除外）	0.1
浆果、葡萄	0.2
水果制品	1.0
肉及肉制品	
肉类	0.2
肉制品	0.5
内脏及其制品	0.5
水产品及其制品	
鱼类、甲壳类	0.5
贝类、头足类及其他水产品	1.0
水产品制品（干制海蜇、干制贝类除外）	1.0
干制海蜇、干制贝类	2.0
乳及乳制品	
液态乳（生乳、巴氏杀菌乳、灭菌乳、发酵乳、调制乳等）、奶油	0.05
乳粉、非脱盐乳清粉	0.5
其他乳制品	0.3
蛋及蛋制品（皮蛋除外）	0.2
皮蛋	2.0
脂肪、油和乳化脂肪制品	0.1

表 3-16　主要食品中砷限量指标

食品类别/名称	砷限量（MLs）/（mg/kg）	
	总砷	无机砷
谷类及其制品（稻谷、大米除外）	0.2	—
稻谷、大米	—	0.2
水产品		
鱼类	—	0.1（鲜重计）
贝类、甲壳类、头足类及其他水产品	—	0.5（鲜重计）
蔬菜	0.5	—
肉及肉制品	0.5	—

食品类别/名称	砷限量（MLs）/（mg/kg）	
	总砷	无机砷
乳及乳制品		
液态乳（生乳、巴氏杀菌乳、灭菌乳、调制乳、发酵乳等）	0.1	—
乳粉	0.5	—
脂肪、油和乳化脂肪制品	0.1	—

5.食品添加剂使用不当产生的安全问题

食品添加剂是指为改善食品品质和色、香、味以及为防腐、保鲜和加工工艺的需要而加入食品中的人工合成或天然物质。营养强化剂、食品用香料、胶基糖果中基础剂物质和食品工业用加工助剂也包括在内。食品工业用加工助剂是指为保证食品加工能顺利进行的各种物质，与食品本身无关。如助滤、澄清、吸附、脱模、脱色、脱皮、提取溶剂、发酵用营养物质等。

我国的食品添加剂分为23个大类：酸度调节剂、抗结剂、消泡剂、抗氧化剂、漂白剂、膨松剂、着色剂、护色剂、乳化剂、酶制剂、增味剂、面粉处理剂、被膜剂、水分保持剂、营养强化剂、防腐剂、稳定和凝固剂、甜味剂、增稠剂、香料、胶姆糖基础剂、咸味剂和其他。

国家标准《食品添加剂使用标准》（GB 2760—2011）规定了食品添加剂的使用原则、允许使用的食品添加剂品种、使用范围及最大使用量或残留量。食品添加剂的使用原则，包括以下四项：第一，食品添加剂使用时应符合以下基本要求：①不应对人体产生任何健康危害；②不应掩盖食品腐败变质；③不应掩盖食品本身或加工过程中的质量缺陷或以掺杂、掺假、伪造为目的而使用食品添加剂；④不应降低食品本身的营养价值；⑤在达到预期目的的前提下尽可能降低在食品中的使用量。第二，在下列情况下可使用食品添加剂：①保持或提高食品本身的营养价值；②作为某些特殊膳食用食品的必要配料或成分；③提高食品的质量和稳定性，改进其感官特性；④便于食品的生产、加工、包装、运输或者贮藏。第三，食品添加剂质量标准：按照GB 2760—2011使用的食品添加剂应当符合相应的质量规格要求。第四，带入原则，它规定在下列情况下食品添加剂可以通过食品配料（含食品添加剂）带入食品中：①根据GB 2760—2011，食品配料中允许使用该食品添加剂；②食品配料中该添加剂的用量不应超过允许的最大使用量；③应在正常生产工艺条件下使用这些配料，并且食品中该添加剂的含量不应超过由配料带入的水平；④由配料带入食品中的该添加剂的含量应明显低于直接将其添加到该食品中通常所需要的水平。

如果按照上述国家标准规定的品种、使用范围、使用剂量及使用原则来使用食品添加剂，通常认为该食品是相对安全的。由于食品添加剂是在食品加工过程中加入，并随着食品进入人体内，如果食品添加剂使用不当或不合理，就必然会不同程度地危害人体健康。我国食品添加剂使用不当造成的不安全问题主要有:使用国家不允许使用的非食品添加剂、超范围使用食品添加剂、超限量使用食品添加剂、使用劣质或者过期的食品添加剂等。

使用国家不允许使用的非食品添加剂,是指在食品中滥用国家禁用的非食品用的化学物质或化工原料作为添加剂,结果会造成食用者生病、致癌甚至死亡的食品安全事故。如在某些食品中添加苏丹红和酸性橙等致癌性化工染料;在婴幼儿奶粉中添加可导致婴幼儿患肾结石或可诱发膀胱癌的三聚氰胺化工原料;等等。

超范围使用食品添加剂,是指添加剂的使用超出了强制性国家标准《食品添加剂使用标准》所规定的某种食品中可以使用的食品添加剂的种类和范围。例如,国家标准(GB 2760)规定白油(液状石蜡)的使用范围是在鲜蛋或除胶基糖果以外的其他糖果中作为被膜剂(用于覆盖在食品表面形成薄膜,以使其外表明亮、美观且保质、保鲜)使用,但某些企业则将其应用于瓜子上光;根据国家标准,防腐剂苯甲酸及其钠盐的使用范围不包括肉制品,但在抽查 19 家商场、超市销售的 40 种熟肉制品中,发现有 7 种产品含有苯甲酸;又如,一些小企业将二氧化钛作为白色素用于乳制品(甜奶、乳饮料等),起增白、乳浊的效果,以达到减少鲜奶(或奶粉)比例的目的,而 GB 2760 中规定的二氧化钛使用范围中没有乳制品。

超限量使用食品添加剂,就是指在食品生产加工过程中所使用的食品添加剂的剂量超出了国家标准《食品添加剂使用标准》所规定的能够使用的最大剂量。企业滥用、超剂量使用添加剂的现象非常普遍,成为食品添加剂使用的主要安全问题。超量使用的食品添加剂品种主要是面粉改良剂、防腐剂、甜味剂。例如,面粉中的过氧化苯甲酰、溴酸钾的超量使用;蜜饯类产品中的甜味剂、防腐剂、色素的超量使用;乳饮料中的甜味剂、防腐剂的超量使用;冷饮、果冻中的甜蜜素的超量使用;酱菜中的苯甲酸的超量使用。

使用劣质的食品添加剂,不仅产品起不到应有的功效,还会将含有铅、汞、砷等重金属的杂质带进食品。食品添加剂也是一种产品,也有一定的保质期限,保质期内才具有一定的功效。因此使用劣质或者过期的食品添加剂将会影响到食品的质量,甚至可能危害食用者的身体健康。

6. 转基因食品的安全性

转基因食品(英文简称 GMF),是指利用基因工程技术改变基因组构成的动物、植物和微生物生产的食品,包括:转基因动植物、微生物产品;转基因动植物、微生物直接加工品;以转基因动植物、微生物或者其直接加工品为原料生产的食品。

20 世纪 80 年代初,美国最早进行转基因食品的研究。1983 年,烟草和马铃薯的转基因作物首先问世。现在,转基因技术已经用在其他多种作物上,如水稻、小麦、玉米、黑麦、棉花、大豆、豌豆、甘薯、向日葵、甜菜、番茄、苜蓿、甜椒、胡萝卜、卷心菜、黄瓜、茄子、莴苣、苹果、梨、葡萄以及矮牵牛、兰花和康乃馨,等等。国际农业生物技术应用服务组织(ISAAA)近期发布报告称,全球转基因作物商业化种植面积增加了 100 倍以上,2013 年达到 1.75 亿公顷。目前,美国仍是全球转基因作物的领先生产者,种植面积达到 7 010 万公顷,占全球种植面积的 40%。

转基因食品在节省成本、防治病虫害、增加作物抵抗力、改良作物营养成分、解决粮食短缺及改善全球生态环境等方面,无疑具有很多传统食品不具备的优点。具体体现在:①可以改良品种;②可以延长食品保存时间和增加营养成分;③通过给作物加入防虫、防菌等抗性基因,可使作物本身产生抵抗病虫害侵袭的能力,因而可减少农药的使用量,有利于环境保护;④转基因技术可以较大幅度地提高粮食产量,有助于解决世界范围内的粮食短缺危机。

20 世纪 80 年代后期,随着转基因作物/食品的商品化生产,食品安全性越来越受到广泛的关注。尽管多数科学家认为,现代生物技术生产的食品本身的安全性并不比传统食品低,但这项技术还是面临着各种争论,争论的焦点主要集中在食品安全性和环境安全性两个方面。

转基因食品在人体内是否会导致基因突变而有害人体健康,是人们对其安全性产生怀疑的主要原因。安全性涉及以下几个问题:①转基因食品的直接影响,包括营养成分(如营养促进或缺乏、抗营养因子的改变)、毒性(如免疫毒性、神经毒性、致癌性、繁殖毒性)或增加食物过敏物质(是否为过敏源)的可能;②转基因食品的间接影响,例如基因片段导入后,引发基因突变或改变代谢途径,致使其最终产物可能含有新的成分或改变现有成分的含量所造成的间接影响;③植物里导入了具有抗除草剂或毒杀虫功能的基因后,是否会像其他有害物质那样能通过食物链进入人体;④转基因食品经由胃肠道的吸收而将基因转移至肠道微生物中,从而对人体健康造成影响。

环境安全性的问题主要是指转基因植物被释放到田间后,是否会将基因转移到野生植物中,是否会破坏自然生态环境,打破原有生物种群的动态平衡。包括:①转基因作物对农业和生态环境的影响;②产生超级杂草的可能;③种植抗虫转基因植物后,可能使害虫产生免疫并遗传,从而产生更加难以消灭的"超级害虫";④转基因向非目标生物转移的可能性;⑤其他生物吃了转基因食品后是否会产生畸变或灭绝;⑥转基因生物是否会破坏生物的多样性。

鉴于现代科学技术水平还难以完全准确地预测到外源基因在受体生物遗传背景中的全部表现,人们对于转基因食品的潜在危险性和安全性还缺乏足够的预见能力。因此,有关的国际组织和世界各国必须采取一系列严格措施对转基因食品从实验研究到商品化生产进行全程安全性评价和监控管理,以保障人类和环境的安全。

我国由于转基因技术发展比美、欧晚,在转基因食品安全法规和管理上起步也晚于发达国家。为了加强农业转基因生物安全管理,保障人体健康和动植物、微生物安全,保护生态环境,促进农业转基因生物技术研究,国务院于 2001 年颁布实施了《农业转基因生物安全管理条例》(以下简称"条例"),对转基因食品的科学试验、生产经营、进出口贸易作出了规定。2002 年 1 月,农业部公布了《农业转基因生物安全评价管理办法》、《农业转基因生物进口安全管理办法》、《农业转基因生物标识管理办法》三个配套的规章,规定我国对转基因作物实行安全评价审批和标识申报制度。随后,农业部又颁布了《农业转基因生物安全评价管理程序》、《农业转基因生物进口安全管理程序》、《农业转基因生物标识审查认可程序》三个管理程序。条例、三个配套规章以及有关管理程序的发布,标志着我国对农业转基因生物的研究、试验、生产、加工、经营和进出口活动开始实施全面管理。

为了进一步加强对转基因食品的监督管理,保障消费者的健康权和知情权,根据《食品卫生法》和《农业转基因生物安全管理条例》,我国卫生部于 2002 年 4 月发布《转基因食品卫生管理办法》(第 28 号令)。该办法要求对生产和进口转基因食品实施申报和审批制度,并要求被列入目录的转基因食品在标签上进行标识,可标注为"转基因××食品"或"以转基因××食品为原料"。我国第一批列入目录的农业转基因生物有:大豆种子、大豆、大豆粉、大豆油、豆粕、玉米种子、玉米、玉米油、玉米粉、油菜种子、油菜籽、油菜籽油、油菜籽粕、棉花种子、番茄种子、鲜番茄、番茄酱等。消费者在购买这些食品时可以仔细阅览产品说明,以辨别是否含有转基因成分。

2011 年 9 月,农业部发布第 1643 号公告《转基因棉花种子生产经营许可规定》。2013 年 5 月,农业部办公厅印发《农业转基因生物安全委员会工作规则》。2014 年 5 月,农业部发布《关于进一步加强转基因生物安全监管工作的通知》,要求进一步强化试验、品种审定、生产经营销售、标识、研发等重点环节,落实转基因生物安全监管责任(农业行政主管部门责任、"第一责任人"责任),完善转基因生物安全监管保障机制。

(一)英、法、德、美、日五国的食品安全管理

1.英国

英国是较早重视食品安全并制定相关法律的国家之一,其体系完善,法律责任严格,监管职责明确,措施具体,形成了立法与监管齐下的管理体系。英国从 1984 年开始分别制定了《食品法》、《食品安全法》、《食品标准法》和《食品卫生法》等,同时还出台许多专门规定,如《甜品规定》、《食品标签规定》、《肉类制品规定》、《饲料卫生规定》和《食品添加剂规定》等。在英国,责任主体违法,不仅要承担对受害者的民事赔偿责任,还要根据违法程度和具体情况承受相应的行政处罚乃至刑事制裁。例如,根据《食品安全法》,一般违法行为根据具体情节处以 5 000 英镑的罚款或 3 个月以内的监禁;销售不符合质量标准要求的食品或提供食品致人健康损

害的,处以最高2万英镑的罚款或6个月监禁;违法情节和造成后果十分严重的,对违法者最高处以无上限罚款或两年监禁。食品安全监管由联邦政府、地方主管当局以及多个组织共同承担。例如,食品安全质量由卫生部等机构负责;肉类的安全、屠宰场的卫生及巡查由肉类卫生服务局管理;超市、餐馆及食品零售店的检查则由地方管理当局管辖。

为强化监管,英国政府于1997年成立了食品标准局。该局是不隶属于任何政府部门的独立监督机构,负责食品安全总体事务和制定各种标准,实行卫生大臣负责制,每年向国会提交年度报告。食品标准局还设立了特别工作组,由该局首席执行官挂帅,加强对食品链各环节的监控。

英国法律授权监管机关可对食品的生产、加工和销售场所进行检查,并规定检查人员有权检查、复制和扣押有关记录,取样分析。食品卫生官员经常对餐馆、外卖店、超市、食品批发市场进行不定期检查。在英国,屠宰场是重点监控场所,为保障食品的安全,政府对各屠宰场实行全程监督;大型肉制品和水产品批发市场也是检查重点,食品卫生检查官员每天在这些场所进行仔细的抽样检查,确保出售的商品来源渠道合法并符合卫生标准。

在英国食品安全监管方面,一个重要特征是执行食品追溯和召回制度。食品追溯制度是为了实现对食品从农田到餐桌整个过程的有效控制、保证食品质量安全而实施的对食品质量的全程监控制度。监管机关如发现食品存在问题,可以通过电脑记录很快查到食品的来源。一旦发生重大食品安全事故,地方主管部门可立即调查并确定可能受事故影响的范围、对健康造成危害的程度,通知公众并紧急收回已流通的食品,同时将有关资料送交国家卫生部,以便在全国范围内统筹安排工作,控制事态,最大限度地保护消费者权益。

为追查食物中毒事件,英国政府还建立了食品危害报警系统、食物中毒通知系统、化验所汇报系统和流行病学通信及咨询网络系统。严格的法律和系统的监管有效地控制了有害食品在英国市场流通,消费者权益在相当程度上得到了保护。

2. 法国

在法国,保障食品安全的两个重点工作是打击舞弊行为和畜牧业监督,与之相对应的两个部门也应运而生。其中,直接由法国农业部管辖的食品总局主要负责保证动植物及其产品的卫生安全、监督质量体系管理等。竞争、消费和打击舞弊总局则要负责检查包括食品标签、添加剂在内的各项指标。法国农民也已经意识到,消费者越来越关注食品安全乃至食品产地和生产过程的卫生标准以及对环境的影响。所谓理性农业,是指通盘考虑生产者经济利益、消费者需求和环境保护的具有竞争力的农业。其目的是保障农民收入、提高农产品质量和有利于环境保护。法国媒体认为,这种农业可持续发展形式具有强大的生命力,同时还大大提高了食品安全性。

在销售环节,实现信息透明是保证食品安全的重要措施。除了每种商品都要标明生产日期、保质期、成分等必需内容外,凡是涉及转基因的食品,不论是种植时使用了转基因种子,还是加工时使用了转基因添加剂等,都须在标签上标明。此外,法国规定,食品中所有的添加剂必须详细列出。由于"疯牛病"的影响,从2000年9月1日起,欧盟各国对出售的肉类实施一种专门的标签系统,要求标签上必须标明批号、屠宰所在国家和屠宰场许可号、加工所在国家和加工车间号。从2002年1月开始,又增加了动物出生国和饲养国两项内容。有了标准,重在执行。新华社巴黎分社附近有一家叫做卡西诺的超市,每天晚上8点多,超市工作人员都会把第二天将要过期的食品类商品扔到垃圾桶内,包括蔬菜、水果、肉类、禽蛋等。他们告诉记者:判断食品是否过期的唯一标准就是看标签上的保质期,而一旦店内有过期食品被检查部门发现,那么结果就是导致商店关门。位于巴黎郊区的兰吉斯超级食品批发市场是欧洲最大的食品批发集散地,也是巴黎市的"菜篮子",这里的商品品种丰富、价格便宜。为了保证食品质量,法国农业部设有专门人员,每天24小时不断抽查各种产品。

1996年英国发现了疯牛病;2000年初,法国发现一些肉类食品中含有致命的李斯特杆菌;2001年英国暴发口蹄疫。一味追求利润最大化导致欧盟区域内频现食品安全危机,这使得消费者在选择食品时更加谨慎,也促使食品安全问题愈发受到重视。

3. 德国

一直以来,德国政府实行的食品安全监管以及食品企业自查和报告制度,成为德国保护消费者健康的决定性机制。

德国的食品监督归各州负责,州政府相关部门制定监管方案,由各市县食品监督官员和兽医官员负责执行。联邦消费者保护和食品安全局(BVL)负责协调和指导工作。在德国,那些在食品、日用品和美容化妆用品领域从事生产、加工和销售的企业,都要定期接受各地区机构的检查。

食品生产企业都要在当地食品监督部门登记注册,并被归入风险列表中。监管部门按照风险的高低确定各企业抽样样品的数量。每年各州实验室要对大约40万个样本进行检验,检验内容包括样本成分、病菌类型及数量等。

食品往往离不开各种添加剂,添加剂直接关系到食品安全与否。在德国,添加剂只有在被证明安全可靠并且技术上有必要时,才能获得使用许可证明。德国《添加剂许可法规》对允许使用哪些添加剂、使用量、可以在哪些产品中使用都有具体规定。食品生产商必须在食品标签上将所使用的添加剂一一列出。

消费者自身加强保护意识也非常重要。例如,一旦发现食品企业存在食品安全检查不合格或者食品标签有误,可以通知当地食品监管部门。如果买回家的食品在规定的保质期内出现变质现象,也可以向食品监管部门举报。联邦消费者保护部开设有"我们吃什么"网站,提供多种有关食品安全的信息,帮助消费者加强自我保护能力。

值得一提的是,欧盟范围内已经初步形成了统一、有效的食品安全防范机制,即欧盟食品和饲料快速警报系统。德国新的《食品和饲料法典》和《添加剂许可法规》的一大特点就是与欧盟法律法规接轨。

如果某个州的食品监管部门确定某种食品或动物饲料对人体健康有害,将报告 BVL。该机构对汇总来的报告的完整性和正确性加以分析,并报告欧盟委员会。报告涉及产品种类、原产地、销售渠道、危险性以及采取的措施等内容。如果报告来自其他欧盟成员国,BVL 将从欧盟委员会接到报告,并继续传递给各州。如果 BVL 接到的报告中包含有对人体健康危害程度不明的信息,它将首先请求联邦风险评估机构进行毒理学分析,根据鉴定结果再决定是不是在快速警告系统中继续传递这一信息。

4. 美国

美国的食品安全监管体系遵循以下指导原则:只允许安全健康的食品上市;食品安全的监管决策必须有科学基础;政府承担执法责任;制造商、分销商、进口商和其他企业必须遵守法规,否则将受处罚;监管程序透明化,便于公众了解。

美国整个食品安全监管体系分为联邦、州和地区三个层次。以联邦为例,负责食品安全的机构主要有卫生与公众服务部下属的食品和药物管理局和疾病控制和预防中心,农业部下属的食品安全及检验局和动植物卫生检验局,以及环境保护局。

三级监管机构的许多部门都聘用流行病学专家、微生物学家和食品科研专家等人员,采取专业人员进驻食品加工厂、饲养场等方式,从原料采集、生产、流通、销售和售后等各个环节进行全方位监管,构成覆盖全国的立体监管网络。

与之相配套的是涵盖食品产业各环节的食品安全法律及产业标准,既有类似《联邦食品、药品和化妆品法》这样的综合性法律,也有《食品添加剂修正案》这样的具体法规。

一旦被查出食品安全有问题,食品供应商和销售商将面临严厉的处罚和数目惊人的巨额罚款。美国特别重视学生午餐之类的重要食品的安全性,通常由联邦政府直接控制,一旦发现问题,有关部门可以当场扣留这些食品。百密一疏,万一食品安全出现问题,召回制度就会发挥作用。

民间的消费者保护团体也是食品安全监管的重要力量。比如 2006 年 6 月,一个名为"公众利益科学中心"的团体就起诉肯德基使用反式脂肪含量高的烹调油。

在网络普及的美国,通过互联网发布食品安全信息十分普遍。联邦政府专门设立了一个"政府食品安全信息门户网站"。通过该网站,人们可以链接到与食品安全相关的各个站点,查找到准确、权威并更新及时的信息。

5. 日本

日本的食品安全体系相对来说较之以前完善了许多。早在 1947 年,日本就制定了《食品卫生法》,先后对《食品卫生法》进行了 10 多次修改。2006 年新修订的《食品卫生法》中规定,日本开始实施关于食品中残留农药的"肯定列表制度",将设定残留限量标准的对象从原先的 288 种增加到 799 种,而且必须定期对所有农药和动物药品残留量进行抽检。

为了让消费者放心,日本有关方面还建立了农产品生产履历管理系统,要求生产、流通等各部门采用电子标签,详细记载产品生产和流通过程的各种数据。日本还于 2003 年出台了《食品安全基本法》,并在内阁府增设了食品安全委员会,以便对涉及食品安全的事务进行管理,并对食品安全作出科学评估。另外,农林水产省设立了"食品安全危机管理小组",建立内部联络体制,负责应对突发性重大食品安全问题。

（二）转基因作物让北美农民吃够了苦头

转基因食品未经充分证明其安全性就上市了,在国际上引起了轩然大波,各国纷纷对转基因食品采取了与怀疑态度相一致的措施。究竟为什么各国对它的态度如此复杂呢? 我们且看转基因食品是如何把自己的"名声"变坏的。

"转基因作物代表着一次巨大的不可控制的试验,而其后果根本是不可预测。"——Barry Commoner,纽约城市大学生物学家。

据英国土壤协会对美国和加拿大种植转基因作物的农民的调查报告显示,北美的转基因作物的种植境况堪忧。农民们反映转基因作物的产量降低,对除草剂和杀虫剂的依赖性更强,市场遭受损失,在生物技术公司获得利益的同时,农民的利润反而下降了,导致食品生产业更脆弱。

那么,转基因食品到底有什么危害呢? 据对北美农民的调查,显示转基因作物的安全性是有待商榷的。

"如果农田中同时种植转基因和非转基因玉米,牛总是先吃非转基因玉米。"——Gale Lush,来自美国内布拉斯加州。

"我从一位农民那里看到一则广告,他当时正在寻找非 Bt 玉米(一种转基因玉米),因为吃 Bt 玉米的牛产奶量降低了。"——Tom Wiley,来自美国北达科他州。

"一个学生在一个老鼠出没的谷仓里摆放了两捆玉米,一捆是 Roundup Ready 玉米(一种转基因品种),另一捆是常规品种,显然,老鼠不吃 Roundup Ready 玉米。"——Roger Lansink,来自爱荷华州。

爱荷华州的养猪农民认为,他们遭遇到了 Bt 玉米所带来的严重问题,17 名农民报告说,在猪饲料中用了 Bt 玉米后,猪的产崽率(受孕率)急剧下降。

另外更重要的是,由于转基因作物对非转基因作物通过授粉、虫媒等方式对非转基因作物的污染,使从事非转基因作物种植的农民的产品卖不出去,而从事转基因作物种植的农民又由于国际上对转基因产品的拒绝而亏本,美国政府不得不拿出更多的资金来进行农业补贴。

转基因作物之所以被一些环保组织和人士所抵制,是因为它如果控制不好,会对环境和生物多样性产生威胁,人为地制造"优势物种",破坏生态平衡。

（三）农业部：中国已批准种植的转基因作物只有棉花和木瓜

2014 年 12 月 5 日国务院新闻办公室在其发布厅举行新闻发布会,请农业部总经济师、新闻发言人毕美家回答记者问。

金融时报记者:中国以后为了保持粮食的总量,会不会用转基因技术,如果有这个计划的话,能不能给我们解释一下?

毕美家:我们农业部对转基因问题的态度是一贯的,也是明确的。简单地讲是两条:一是在研究上要大胆,坚持自主创新;二是在推广上要慎重,做到确保安全。因为转基因是一项新技术,也是一个新产业,具有广阔发展前景,现在全球农业转基因的技术研发态势是非常强劲的,发达国家全力抢占技术制高点,发展中国家也要积极跟进。中国作为农业生产大国、农产品的消费大国,人多地少水缺,旱、涝、病虫害频繁发生,所以保证粮食等主要农产品长期有效供给的压力是很大的。

在转基因这项新技术上,我们更应有一席之地,抢占制高点。正因为如此,2008年的时候国务院批准设立了转基因的重大专项。专项设立以后,我们国家转基因的研发态势越来越好。尤其是我们在转基因抗虫棉这方面,目前95%的市场是我们自己研发的。在确保安全的方面,根据国家的法律法规完善了一整套制度,今天由于时间关系就不一一说了。

到目前为止,中国批准种植的转基因作物只有棉花和木瓜,没有批准任何转基因主粮的商业化生产。但是我们的态度是坚定的,今后我们将遵循这样一个线路:先是非食用,然后是间接食用,最后是食用——这样的步骤来稳步推进。首先发展非食用的经济作物,其次是饲料作物、加工原料作物,再次是一般食用作物,最后才是主粮作物。在这个过程当中,我们农业部一定会依法履职尽责,确保安全。

 **案例思考题**

转基因食品是通过基因技术加入了外来基因或去除原有基因的食品。在国际上,其安全问题一直是个很有争议的问题。目前,各国政府对转基因食品采取了不同的态度。由此可见,高新科技可以改变商品的自然属性,甚至创造新商品来不断满足人类的需要,但它也会给人类带来风险。你认为应当如何理智地看待和处理这个矛盾呢?

第二节 纺织品的成分与性质

一、纺织品的概念与分类

纺织品是以天然纤维和/或化学纤维为主要原料,经纺、织、染等加工工艺或再经缝制、复合等工艺而制成的产品,它是各类服装、机织物、针织物、非织造布、产业用布、线类、带类、绳类等纺织和服装工业产品的总称。这是广义的纺织品的概念。狭义的纺织品是指除服装以外的以机织物、针织物为主的其他纺织产品。本节所讨论的纺织品主要是指狭义的纺织品,这是因为它作为消费类商品的典型性比较强,同时也更符合学习本门课程的需要。

纺织品是人们生活和生产的必需品,通常根据其最终用途可以划分为服装用纺织品、装饰用纺织品和产业用纺织品三大类。

(一)服装用纺织品

服装用纺织品主要是指制作服装用的纺织面料、里料。纺织面料是服装的主要材料,常用的面料有机织物和针织物。机织物结实耐穿,外观挺括,多用作外衣和衬衣。针织物富有弹性,松软适体,可作内衣、运动衣,也可作外衣。

纺织里料是服装夹里的纺织材料,多选用平滑光亮、美观大方的机织物,既可以增加服装厚度、保暖性,又能使服装穿脱方便,还能遮盖、保护衬布和装饰美化服装。

(二)装饰用纺织品

装饰用纺织品是起美化作用的纺织品,它在品种结构、织纹图案和色彩搭配等方面较其他纺织品具有更突出的特点。装饰用纺织品可分为床上用品、铺饰用品、卫生用品和户外用品四类。床上用品有床单、被面、被罩、床罩、毛毯、绒毯、线毯、毛巾被、枕套等。铺饰用品有地毯、壁毯、台布、茶巾、沙发套、椅套、窗帘、门帘、贴墙布等。卫生用品有毛巾、浴巾、手帕等。户外用品有遮阳伞、帐篷、人造草坪等。随着人们生活水平的提高,对装饰用纺织品的使用更加广泛,公用和交通设施如旅馆、饭店、影剧院、歌舞厅、汽车、轮船、飞机等,都需要相应配套的装饰用纺织品。对装饰用纺织品的要求除美化功能外,还包括阻燃功能、卫生功能和特别要求的实用功能等。

(三)产业用纺织品

产业用纺织品是用于农业、工业、建筑业等产业生产用的纺织品。有些直接用于生产,如农业用的防寒布、遮阳布、渔网,工业用的过滤布、筛网、毡制品、隔层材料、包装材料,道路、堤坝、桥涵、路基等建设用的土工织物等。有些作为基布与橡胶或塑料黏合而成为复合制品,如篷盖布、轮胎帘子布、传送带、水龙带、人造血管等。随着生产的发展,产业用纺织品的需求日益增长。它与服装用纺织品和装饰用纺织品一起形成纺织品的三个重要的使用领域。

二、纺织纤维

(一)纺织纤维及其分类

纤维是指直径一般为几微米到几十微米,而长度比直径大百倍、千倍以上的细长物质。纺织纤维是指可以经过纺织加工制成纺织品的纤维。

纺织纤维是纺织品的主要原材料。根据其来源和获得方法,纺织纤维通常分为两大类,即天然纤维和化学纤维。

天然纤维是自然界生长或形成并适合纺织加工的纤维的总称。按照其来源,天然纤维可分为植物纤维、动物纤维和矿物纤维三大类。

化学纤维是人们用化学和机械的方法制得的纺织纤维的总称。化学纤维分为人造纤维和合成纤维两类。

人造纤维是用天然的高分子物质,经过化学、机械加工等方法而制得的化学纤维。由于高分子化学成分不同,又分为人造纤维素纤维(亦称再生纤维素纤维)、人造蛋白质纤维和人造无机纤维三类。人造纤维素纤维是用天然纤维素(如棉短绒、木材等)为原料经过化学、机械加工而制得的纤维。人造蛋白质纤维是采用天然的蛋白质(如牛奶、大豆等)为原料经过化学、机械加工而制得的纤维。

合成纤维是将人工合成的并具有可溶(或可熔)性的线型高分子化合物,经纺丝成形和后处理加工而制得的纤维。这类纤维主要有涤纶、锦纶、腈纶、丙纶、氯纶、维纶、氨纶等。

纺织纤维分类体系详见表 3 - 17。

表 3 - 17　纺织纤维分类

类 别			品 种
天然纤维	植物纤维	种子纤维	棉、木棉等
		韧皮纤维	亚麻、苎麻、黄麻、大麻、槿麻、罗布麻等
		叶子纤维	剑麻、蕉麻、芦荟麻、马奎麻、针茅麻等
		果实纤维	椰子纤维等
		其他植物纤维	竹原纤维
	动物纤维	动物毛发	羊毛、山羊绒、马海毛、兔毛、骆驼绒(毛)、牦牛绒(毛)、羊驼绒(毛)、骆马绒(毛)、美洲驼绒(毛)等
		昆虫腺分泌物	桑蚕丝、柞蚕丝、蓖麻蚕丝、木薯蚕丝、樟蚕丝等
	矿物纤维	无机物类	石棉等
化学纤维	人造纤维	再生纤维素纤维	粘胶纤维、铜氨纤维、醋酯纤维、莱赛尔纤维、莫代尔纤维、竹纤维、海藻纤维、天丝等
		再生蛋白质纤维	大豆纤维、花生纤维、牛奶纤维等
		人造无机纤维	玻璃纤维、金属纤维、碳纤维、陶瓷纤维等
	合成纤维	聚烯烃类纤维	聚乙烯纤维(乙纶)、聚氯乙烯纤维(氯纶)、聚乙烯醇缩醛纤维(维纶)、聚丙烯纤维(丙纶)、聚丙烯腈纤维(腈纶)等
		聚酰胺类纤维	聚己内酰胺纤维,也称锦纶(尼龙)6;聚己二酰己内胺纤维,也称锦纶(尼龙)66 等
		聚酯类纤维	聚对苯二甲酸乙二酯纤维(涤纶)等
		其他类纤维	聚氨酯弹性纤维(氨纶)等

(二)纺织纤维的成分与性质

1.天然纤维的成分与性质

(1)棉纤维。棉纤维是一种种子纤维,主要成分是纤维素,约占纤维总量的94%左右,其他非纤维素成分是少量的蜡状物质、果胶质、含氮物、色素和灰分。非纤维素成分对纤维的润湿性、染色性、白度、手感影响较大,通常大部分要在染色、印花前去除。棉纤维一般呈白色或淡黄色,为细长、中空、多孔而较扁的管状,具有天然捻曲,纤维易抱合,可纺性好。棉纤维吸湿性、透气性和保暖性良好,对碱的抵抗力强,耐热性、耐晒性和耐燃性一般,但耐无机酸能力弱、抗霉性较差,缩水率较大。一般染料均可对其染色。

(2)麻纤维。麻纤维主要是指苎麻和亚麻纤维,它们都是植物干茎的韧皮纤维,主要成分是纤维素,其他还有半纤维素、果胶质和木质素等。苎麻、亚麻的纤维素含量分别为 65% ~ 75%、70% ~ 80%。苎麻纤维细而长,颜色较白,有绢丝般的光泽,其横截面呈腰圆形,纵向有节。苎麻纤维在天然纤维中是最具有质感的,拉伸断裂强力也是天然纤维中最强的,它的散热性、吸湿和散湿性很好,抗碱、抗霉和防蛀性较好,但不耐酸,且耐晒性和耐霉性较差。亚麻纤维粗而短,手感柔软与棉相同,颜色是亚麻特有黄(也叫亚麻色),白色光泽度次于苎麻。亚麻的横截面呈多角形,纵向有裂节。它的吸湿、散湿性和拉伸断裂强力仅次于苎麻,其他性质与苎麻相似。

(3)羊毛纤维。通常所说的羊毛是指绵羊毛。它的主要成分是角朊,含量占97%。此外含有少量的脂汗等杂质、色素和灰分。羊毛角朊大分子由 20 余种 α - 氨基酸的残基连接而成,排列较疏松,因此纤维较柔软。羊毛大多呈白色或乳白色,纤维呈细长柱体,有天然形成的波浪形卷曲,纤维外层有鳞片,截面为圆形或椭圆形。羊毛纤维具有较突出的耐酸性、耐燃性、缩绒性,良好的吸湿性、保暖性、弹性和蓬松性,但不耐碱、不耐含氯的氧化剂、易虫蛀。

羊绒是指克什米尔山羊或其他种山羊身上的动物纤维,是从山羊身上梳取下来的绒毛。羊绒有白、青、紫三种颜色,其中以白绒为最珍贵。羊绒横截面多为规则的圆形,吸湿性强,可充分地吸收染料,不易褪色。羊绒比绵羊毛细很多且自然卷曲度高,外层鳞片也比绵羊毛细密、光滑,因此,重量轻、手感滑糯、柔软,弹性好,保暖性是绵羊毛的 1.5 ~ 2 倍。羊绒对酸、碱、热的反应比细羊毛敏感,即使在较低的温度和较低浓度酸、碱液的条件下,纤维损伤也很显著,对含氯的氧化剂尤为敏感。

(4)蚕丝。蚕丝包括桑蚕丝和柞蚕丝,主要成分是丝朊(也称丝素),约为总量的 70% ~ 80%,另外还有少量的丝胶和其他成分等。丝朊和丝胶的大分子均是由多种 α - 氨基酸的残基以肽键连接而成,但因构成不同而性能差异较大,故生产中用此差异来脱胶。桑蚕丝多为白色,光泽独特而柔和,柔软且有弹性,吸湿性优于棉而不如羊毛,对人体无刺激性,是高级纺织原料。它强力和绝缘性良好,但不耐碱,耐日光性也较差,易脆化泛黄。柞蚕丝颜色淡黄,光泽柔和,断裂强力、弹性、吸湿性和耐酸碱性均优于桑蚕丝,耐热性强于其他纤维,但染色性较差。

(5)竹原纤维。竹原纤维是将天然的竹材锯成生产上所需要的长度,然后通过机械、物理的方法去除竹子中的木质素、多戊糖、竹粉、果胶等杂质,从竹材中直接分离出来的天然纤维。竹原纤维的化学成分主要是纤维素、半纤维素和木质素,它们的总量占纤维干质量的 90% 以上，其余成分是蛋白质、脂肪、果胶、单宁、色素、灰分等。竹原纤维有蚕丝般的光泽和手感，其纵向有横节，粗细分布很不均匀，纤维表面有无数微细凹槽；其横向为不规则的椭圆形、腰圆形等，内有中腔。竹原纤维具有良好的透气性、吸湿性，具有较强的强力、耐磨性和良好的回弹性、染色性，同时又具有天然抗菌、抑菌、除螨、防臭和抗紫外线功能。竹原纤维无任何化学添加成分，可以自然降解，是一种真正意义上的绿色环保型纤维。

2. 化学纤维的成分与性质

(1)粘胶纤维。粘胶纤维简称"粘纤"，它是以木材、植物茎秆或棉短绒等天然纤维为原料经加工成纺丝原液，再经湿法纺丝制成的人造再生纤维素纤维。粘胶纤维的颜色为白色或淡黄色，横截面呈锯齿形皮芯结构，纵向平直有沟横。粘胶纤维的基本成分是纤维素，组成与棉相似，故吸湿性、透气性好、耐碱而不耐酸，但粘胶纤维断裂强度、弹性和耐磨性较差，且下水后手感发硬，强力下降 50%，织物收缩率较大。

(2)莱赛尔(Lyocell)纤维。俗称天丝(Tencel)纤维。它是以针叶树为主的木浆、水和溶剂氧化胺混合，加热至完全溶解，经除杂而直接纺丝制成的第三代再生纤维素纤维，是 20 世纪 90 年代中期才问世的一种新型人造纤维。天丝纤维在泥土中能完全分解，对环境无污染；生产中所用的氧化胺溶剂对人体完全无害，能回收 99.7%，可反复使用；生产中原料浆粕所含的纤维素分子不起化学变化，无副产物，无废弃物排出厂外；因而被称为"21 世纪绿色纤维"。莱赛尔纤维圆形截面和纵向良好的外观使其织物具有丝绸般的光泽，手感滑润、柔软，悬垂感和飘逸感强。该纤维干、湿断裂强力高，吸湿性、透气性、硬挺性好。因此被称为具有"棉的舒适性，涤纶的强度，羊毛的豪华美感，真丝的独特触感和柔软垂坠"。

(3)莫代尔(Modal)纤维。莫代尔是由奥地利兰精(Lenzing)公司在 20 世纪 80 年代后期开发的第二代纤维素再生纤维。该纤维的原料采用欧洲的榉木，先将其制成木浆，再通过专门的纺丝工艺加工成纤维。由于莫代尔纤维的原料全部为天然材料，对人体无害，并能够自然分解，对环境无害，而且其整个生产过程中也没有任何污染，所以它也是一种新型环保纤维。莫代尔纤维色泽光亮，手感柔软，悬垂性和穿着舒适性好，其干态断裂强力接近于涤纶，湿态断裂强力要比普通粘胶纤维高出许多。莫代尔纤维还具有优于棉的吸湿性、染色性和染色牢度。

(4)竹浆纤维与竹炭纤维。竹浆纤维是一种将竹片做成浆，然后将浆做成浆粕再湿法纺丝制成纤维，属于人造纤维中的再生纤维素纤维，其制作加工过程基本与粘胶纤维相似。但在加工过程中竹子的天然特性遭到破坏，该纤维的除臭、抗菌、防紫外线功能相比于竹原纤维有明显下降。竹浆纤维的干湿断裂强力低于竹原纤维，但其刚性、挺括、韧性和耐磨性优于竹原纤维。竹炭纤维是将高温炭化技术烧制的竹炭，利用纳米技术微粉化，再通过熔融纺丝程序把竹炭次纳米级微粉均匀地加入化学纤维纺丝熔体中，最后经传统的化纤制备工艺纺丝成型制成竹炭纤维。竹炭纤维，每根纤维都呈现内外贯穿的蜂窝状微孔结构，这种结构使竹炭纤维具有超强的吸附力,并能发射远红外线,蓄热保暖,除湿干燥速度快,负离子发射浓度和矿物质含量高,因而具有一定的吸湿、保温、除异味、促进血液循环等功效。

(5)大豆蛋白纤维。大豆蛋白纤维是用脱去油脂的大豆豆粕作原料,提取植物球蛋白经合成后制成的新型再生蛋白质纤维。大豆蛋白纤维既具有天然蚕丝的优良特性,又具有合成纤维的机械性能。它的断裂强力比羊毛、棉、蚕丝都高,仅次于涤纶等高强度纤维。大豆蛋白纤维具有蚕丝般的柔和光泽,羊绒般的手感,羊毛般的保暖性。它的横截面呈不规则哑铃型、海岛结构,有细微孔隙,透气导湿性优良。大豆蛋白纤维的耐酸耐碱性、耐霉菌性和耐虫蛀性均优于羊毛、蚕丝。大豆蛋白纤维的织物抗皱性非常出色,且易洗、快干。

(6)锦纶。锦纶是聚酰胺纤维的商品名称。锦纶具有圆形的横截面和无特殊的纵向结构。它的断裂强力和耐磨性突出,其耐磨性是棉纤维和干态粘胶纤维的10倍,居所有纺织纤维之首,因而耐用性极佳。锦纶有良好的耐虫蛀性、耐腐蚀性,但耐热性、耐光性都不够好。锦纶的吸湿性在合成纤维中属较好品种,但与天然纤维和再生纤维素纤维相比,则属于较差品种。锦纶的回弹性较好,但外力下易变形,其织物在穿用过程中易变形皱折,易产生静电。

(7)涤纶。涤纶是聚对苯二甲酸乙二酯聚酯类纤维的商品名称。涤纶具有圆形的横截面和无特殊的纵向结构,其表面光滑,内部分子排列紧密,分子间缺少亲水基团,因此吸湿性差,易生静电,染色性也差。涤纶的断裂强力高,耐磨性仅次于锦纶,比其他天然纤维和合成纤维都好。涤纶弹性好,弹性接近羊毛,抗折皱性超过其他纤维。涤纶的耐热性和热稳定性是合成纤维中最好的。它的耐光性也好,仅次于腈纶。涤纶可耐漂白剂、氧化剂、烃类、酮类、石油产品及无机酸,同时也耐稀碱,不怕霉,但热碱可使其分解。

(8)腈纶。腈纶是聚丙烯腈纤维的商品名称。腈纶弹性较好,蓬松卷曲而柔软,保暖性比羊毛高15%,它的性能极似羊毛,有人造羊毛或合成羊毛之称。腈纶的断裂强力比羊毛高1~2.5倍,但吸湿差,染色难。腈纶耐日光性与耐气候性最好,露天曝晒一年,强力仅下降20%。腈纶能抗菌、耐虫蛀、耐酸、耐氧化剂和一般有机溶剂,但耐碱性较差。

(9)氨纶。俗称"莱卡"。氨纶是聚氨酯弹性纤维的商品名称。氨纶长丝的横截面大部分为狗骨形,也有一些长丝表面光滑或呈锯齿状。氨纶具有高度弹性,能够拉长6~7倍,但随张力的消失能迅速恢复到初始状态。氨纶的断裂强力在所有纺织纤维中是最低的,但比乳胶丝的强力大,也更耐磨。氨纶比乳胶丝更耐化学降解,具有中等的热稳定性,软化温度约在200℃以上。氨纶染色性能较优,可染成各种颜色,但吸湿性较小。氨纶具有较好的耐化学性,耐汗、耐海水并耐大多数的酸碱、化学药剂、有机溶剂、干洗剂和漂白剂,以及耐日晒和风雪,但不耐氧化物,因其易使纤维变黄与强度降低。氨纶一般不单独使用,而是少量地掺入织物中,广泛被用来制作弹性编织物,如袜口、家具罩、滑雪衣、运动服、医疗织物、带类、军需装备、宇航服的弹性部分等。

几种纺织纤维的纵向与横截面形态,如表 3 - 18 所示。

表 3 - 18　几种纺织纤维的纵向与横截面形态

纤维名称	纵向表面	横向截面	纤维名称	纵向表面	横向截面
棉			亚麻		
苎麻			蚕丝		
羊毛			羊绒		
涤纶			腈纶		
锦丝			粘胶纤维		

纤维名称	纵向表面	横向截面	纤维名称	纵向表面	横向截面
莫代尔			莱赛尔		
石棉			玻璃纤维		

3. 纺织纤维的使用性能

（1）吸湿性。纺织纤维的吸湿能力大小通常用回潮率表示。纤维的回潮率是用纤维试样所含水分重量占干燥试样重量的百分数表示。回潮率有实际回潮率和公定回潮率两种。

由于各种纤维的实际回潮率随其环境温湿度变化而改变，因而不同条件下其重量也不相同。为了消除因回潮率不同而引起的重量不同，满足纺织纤维贸易计重和核价的需要，国家必须对各种纺织纤维的回潮率作出统一规定并制定相应的标准，我们称之为公定回潮率。

表3-19列出了节选自国家标准《纺织材料公定回潮率》（GB 9994—2008）的各种常见纤维的公定回潮率。

（2）热学性能。热学性能指纺织纤维在热的作用下所表现出来的性能。各种纤维耐热情况是不同的，一般来说，棉纤维与粘胶纤维耐热性比亚麻和苎麻好，特别是粘胶纤维，加热到180℃时强度损失很少。羊毛耐热性比较差，加热到110℃时即变黄且强度下降。蚕丝比羊毛好些，短时加热到110℃时纤维强度没有显著变化。合成纤维中的涤纶和腈纶耐热性比较好，不仅熔点或分解点高，而且长时间受到较高温度作用时，强度损失也比较少。尤其是涤纶，在150℃左右加热168小时后，颜色不发生变化，强度损失不超过30%。锦纶耐热性比较差，维纶更差，若在沸水中煮沸，织物会变形或部分溶解。此外，不同纤维的燃烧性能、导热系数等也不同。例如，纤维素纤维和腈纶易燃烧且速度快；羊毛、蚕丝、锦纶、维纶等可燃烧但速度慢；氯纶与火焰接触时燃烧，离开火焰时自行熄灭。涤纶和锦纶的导热系数比棉和羊毛大,当其表面与热体接触时,热体的热量会很快地传导到织物的临近部分。

表3-19　各种常见纤维的公定回潮率

纤维种类	纺织材料		公定回潮率/%	纤维种类	纺织材料	公定回潮率/%
棉	棉纤维		8.5	化学纤维	粘胶纤维	13.0
毛	羊毛	洗净毛(异质毛)	15.0		莫代尔纤维	11.0
		洗净毛(同质毛)	16.0		莱赛尔纤维	10.0
	山羊绒	分梳山羊绒	17.0		锦纶	4.5
		兔毛	15.0		涤纶	0.4
		牦牛绒/毛	15.0		腈纶	2.0
		马海毛	14.0		丙纶	0.0
麻		苎麻	12.0		氯纶	0.0
		亚麻	12.0		氨纶	1.3
(蚕)丝		桑蚕丝	11.0	其他纤维	玻璃纤维	0.0
		柞蚕丝	11.0		金属纤维	0.0

（3）静电性能。纺织纤维会产生静电,是因为在纺织品使用过程中,纤维之间或纤维与外界物体发生摩擦或挤压时,纤维上电荷的产生速度大于散失速度,结果形成静电荷积累。纺织纤维的电绝缘性,通常用质量比电阻 ρ_m 表示。它是指长1厘米、重1克的纤维在长度方向所具有的电阻,单位是欧姆·克·平方厘米。比电阻越高,导电性越差,纤维上电荷的散失越困难,静电积累就越多,因而抗静电性就越差。一般吸湿性差的涤纶、腈纶、氯纶、丙纶等合成纤维,比电阻都在 10^{13} 欧姆·克·平方厘米以上,远高于天然纤维,容易形成静电危害。降低比电阻的方法,一是在纺织品中混入导电纤维,二是将抗静电剂加入合成纤维内部或固着在纤维表面。

三、织物的形成

（一）纺纱工程

把短纤维加工成纱线的过程称为纺纱工程。根据纺织纤维的不同,常分为棉纺工程、毛纺工程、麻纺工程等。蚕丝和化纤长丝有时需加捻,有时则直接用于织造。各种纤维的纺纱,虽然具有各自的特点,但其纺纱的基本原理则是一致的。现代纺纱工程主要分为开松、梳理、牵伸和加捻四个环节。

1.开松

开松是利用各种开松机械,通过撕、扯、弹、打,把压紧成包的大纤维块松解成小块或小束的过程。开松使纤维间的横向联系的规模和范围减小,为进一步松解成单根纤维状态创造条件,与此同时,开松过程中也清除掉了纤维中较重的杂质,如泥沙、棉籽等。

2.梳理

梳理是用密集梳针将纤维小块或小束松解成单根纤维状态的过程。梳理中,各根纤维间横向联系基本被破坏,但仍不彻底,因为纤维大多屈曲形成弯钩,一根纤维内部两段间或纤维的小段间还有一定的横向联系。梳理还进一步起着除去纤维中的叶屑、草屑、纤维结等细小杂质的作用。梳理后纤维成为网状,经喇叭口和压辊再收成条子,形成纤维间沿轴向取向的初级纵向联系。

3.牵伸

牵伸是将条子抽长拉细,借助纤维抽拔的相互摩擦作用,使纤维弯钩消除,逐步伸直,直至条子达到预定粗细的过程。牵伸彻底消除了纤维间残存的横向联系,为建立纤维间有规律的首尾衔接的纵向联系创造了条件。

4.加捻

加捻是利用回转运动使纤维细条绕其自身扭转,每转一周加上一个捻回,借纤维相互摩擦和外层纤维段在绕轴心回转而受拉伸时对内层纤维的压力,把纱条内纤维间的纵向联系固定下来。这样形成的连续细长条称为单纱,简称纱。将两根或两根以上的单纱并合后,再加一定捻合的加工过程,叫做捻线,其产品称为股线,简称线。纱线是纱和线的总称。

(二)织造工程

通过织机的机械作用,把纱线按一定规律交织或成圈串套形成织物的加工过程,称为织造工程。其中,用相互垂直排列的经纱(与布边平行)与纬纱(与布边垂直)两个系统在织机上交织形成的织物,叫做机织物或梭织物(见图3－2)。用一个系统纱线在针织机上成圈串套形成的织物,叫做针织物。纱线按横向成圈串套的织物,称为纬编针织物;按纵向成圈串套的织物,称为经编针织物。纱线在针织机上,除了可以织成平面或圆筒状的衣料外,还能直接织成贴合人体外形的成件商品如手套、袜子等。

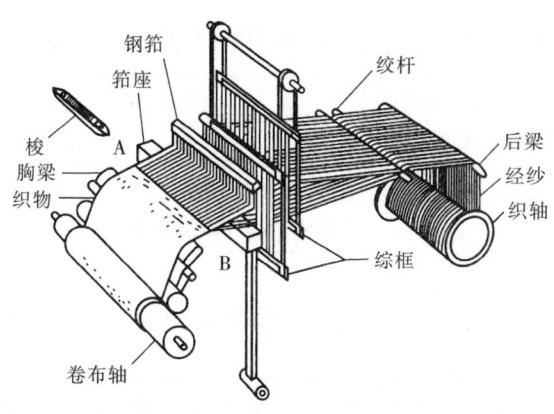

图3－2 机织物织造示意图

针织物与机织物的主要区别在于:针织用纱所用的纤维较长且含杂质少,加捻回数较少,故针织用纱洁净、细度均匀且柔软性好。而机织用纱尤其是经纱因织造中易受到较大张力和剧烈摩擦而要求加捻回数较多,强度较高。针织物编织密度较小,透气性良好,伸缩性和弹性大,柔软性较好,能随人体活动伸展自如,穿着方便、舒适,但在耐用、挺括等性能方面尚不及机织物。机织物通常交织密度较大,经纬纱相互约束,质地较紧密,弹性、延伸性和透气性均不如针织物,但其耐用性、挺括性、尺寸稳定性均优于针织物。

经编针织物比纬编针织物要紧密,纱线间结合较牢,不易产生线圈脱散、起球和勾丝等问题。

（三）染整工程

染整工程是对织物(包括纤维、纱线)进行物理或化学处理,赋予其色彩、形态、优良手感或特种性能的加工过程。染整工程包括前处理、染色、印花和整理四个环节。

1. 前处理

前处理是用化学、物理方法去除织物上一切有碍于染色、印花的物质,如纤维上的蜡质、果胶质、含氮物、丝胶、色素等天然杂质和加工中加入的油剂、浆料,加工运输中沾染的油污等杂质,使织物表面洁净,呈现本色光泽的加工过程。前处理既改善织物的外观,又为后来的染色、印花加工的顺利进行奠定了良好的基础。

2. 染色

染色是用物理和化学结合的方法,使染料与纤维结合,对织物(或纤维、纱线)全面上色,以达到美观要求的加工过程。常用的染料有直接染料、活性染料、还原染料、可溶性还原染料、硫化染料、不溶性偶氮染料、酸性染料、分散染料、阳离子染料等。各类染料的特点和适染范围如表3-20所示。

表3-20 各类染料的特点和适染范围

染料种类	优点	缺点	适染范围
直接染料	染色方便,价廉,色谱齐全	染品耐洗、耐晒等色牢度较差	棉针织品、粘胶纤维织物和丝绸等
活性染料	使用方便,染色均匀,色泽鲜艳,染品耐皂洗和摩擦,色牢度高	耐氯漂牢度较差	棉、麻、粘胶、丝、毛、锦纶等织物
还原染料	色谱齐全,色泽鲜艳,染品各项染色牢度都较高	染色过程复杂,价格较贵,黄、橙等色易发生光敏脆损现象	主要为棉、粘胶纤维及其混纺织物
可溶性还原染料	染色过程简单,染色均匀,色泽鲜艳	不能染深色,价格昂贵	高档棉织物如麻纱、府绸等,也可染毛、丝、粘胶纤维及其混纺织物
硫化染料	染法简便,价格低廉	色谱不全,缺鲜艳的红、紫色,染品不耐摩擦和氯漂	棉织物

续表

染料种类	优点	缺点	适染范围
不溶性偶氮染料	色泽鲜艳,价格低廉,染品耐皂洗、日晒	色谱不够齐全,主要染大红、绛红、棕、蓝等深色,染品不耐摩擦	棉织物
酸性染料	色谱齐全,色泽较鲜艳,染品耐日晒、皂洗牢度高	不耐强碱性洗涤剂,易褪色	羊毛、蚕丝织物及其混纺织物
分散染料	匀染性好,各项染色牢度都较高	染色困难	涤纶及其混纺织物
阳离子染料	染色简单,色泽鲜艳,染品耐日晒和皂洗	易染色不匀,需要严格控制条件	腈纶织物

3. 印花

用某种印花机,按预先设定的布局,使染料或涂料局部地与纤维结合,在织物上形成花纹图案的过程,称为印花。印花过程要比染色过程复杂得多。

4. 整理

整理是用物理、化学方法赋予织物以光洁、起绒、挺括等形态效果和防水、防火、防蛀、防菌、防皱、防缩等特殊实用效果的加工过程。改善纺织品的外观形态、特殊表面性质和手感,除调整纺织纤维品种和组织结构以外,主要靠整理加工来解决。

染整加工后的织物仍然只是半成品,要制成最终成品——服装,还需要进行设计—剪裁—缝纫—整熨等加工。

四、织物组织

机织物中,经纱和纬纱按一定规律相互浮沉交织所构成的织物表面花纹称为织物组织。它反映了机织物内部基本单元纱线连接和排列的空间结构特点。织物组织是决定织物质量和品种的重要因素。

(一)基本概念

1. 组织点

机织物中经纱与纬纱的交叉处,称为组织点。经纱浮于纬纱上面的组织点,称为经组织点;纬纱浮于经纱上面的组织点称为纬组织点。

2. 完全组织

织物中经纬组织点每重复一次所需要的最少纱线根数,称为一个组织循环或一个完全组织。构成一个完全组织的经纱或纬纱根数,称为完全组织的经纱或纬纱根数。当一个完全组织中,经组织点多于、少于或等于纬组织点时,分别将该组织称为经面组织、纬面组织或同面组织。

3. 飞数

在一个完全组织中,同一系统相邻两根纱线上相应经(纬)组织点间隔的组织点数,称为组织点飞数。沿经纱方向计算相邻两根经纱上相应两个组织点间隔的组织点数,称为经向飞数。沿纬纱方向计算相邻两根纬纱上相应两个组织点间隔的组织点数,称为纬向飞数。图 3 - 3 是飞数示意图,图中在最左边两根相邻的经纱上,经组织点 B 对于相应的经组织点 A 的飞数是 3;同理,在最下边两根相邻的纬纱上,经组织点 C 对于相当的经组织点 A 的飞数是 2。

4. 织物组织图

织物组织图是用印有小方格的意匠纸绘制而成的织物组织的最简单图形。组织图中多用"■"或"×"、"○"等作符号;纬组织点为空白格。纵行表示经纱,横行表示纬纱。组织图的绘制方法如图 3 - 4 所示。

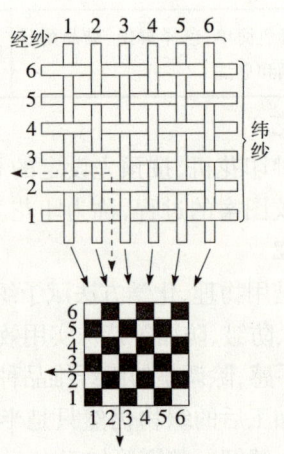

图 3 - 3 飞数示意图   图 3 - 4 织物组织图绘制示意

（二）织物组织的分类

织物组织可分为原组织、小花纹组织、复杂组织和大花纹组织四大类(见图 3 -5)。

织物的组织千变万化,但最基本的组织只有三种,即平纹组织、斜纹组织和缎纹组织,它们通称为三原组织。如果把这三种原组织加以变化应用,布面上可以构成小花纹,如人字形等,就称为"小花纹组织"。有的织物如灯芯绒、平绒、毛巾等组织结构比较复杂,称为"复杂组织"。至于大花纹组织相对地更为复杂,要用专门的提花机来织制。

原组织是各种织物组织中最基本的组织,包括平纹组织、斜纹组织和缎纹组织。

1. 平纹组织

平纹组织是最简单的一种织物组织。它的经纬纱的浮沉规律是一上一下,用 $\frac{1}{1}$ 表示。平纹组织是由两根经纱与两根纬纱组成一个完全组织,经、纬向飞数均为 1 (见图 3 -6)。平纹组织的织物由于经纬纱交叉次数多,浮在织物表面的经纬纱较短,所以织物的身骨挺括、紧密坚牢、布面平整、花纹简单。组织或布面无所谓正反。采用平纹组织的织物很多,如棉织物中的细布、市布、粗布、府绸等;毛织物中的凡立

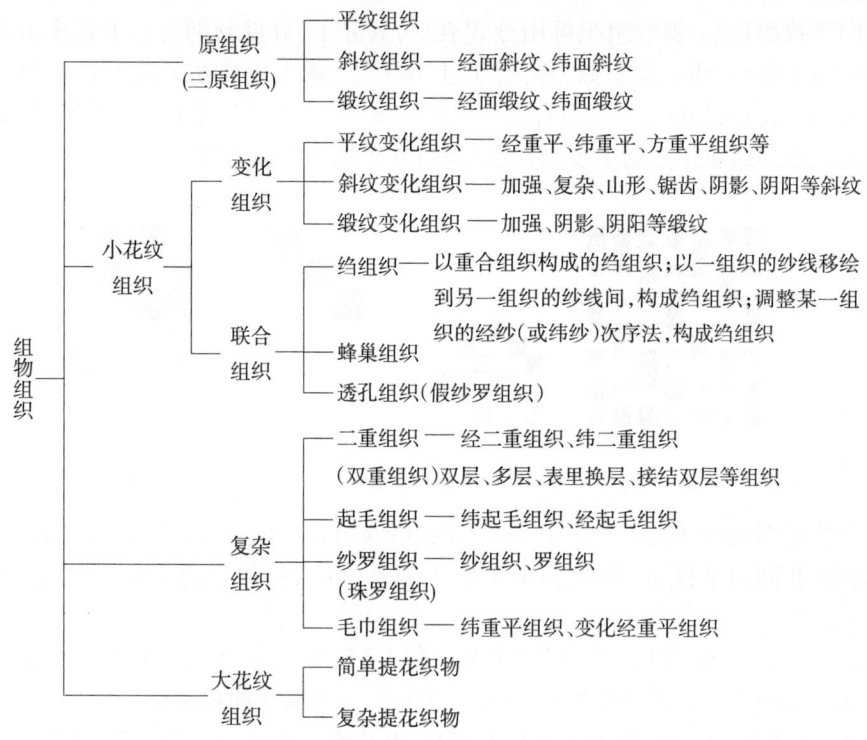

图 3 – 5　织物组织分类

丁、派力司、法兰绒等;丝织物中的塔夫绸、电力纺等;麻织物中的夏布、麻布等;化纤织物中的人棉平布、涤棉细布等。

以平纹组织为基础,延长组织点可以获得平纹变化组织。组织点沿经向延长的组织,称为经重平组织,见图 3 –7(1)。组织点沿纬向延长的组织,称为纬重平组织,见图 3 –7(2)。组织点同时沿经、纬方向延长的组织,称为方平组织,见图3 –7(3)。

用平纹变化组织可织制多种织物,如用纬重平组织可织制麻纱,用方平组织可织制板司呢等。

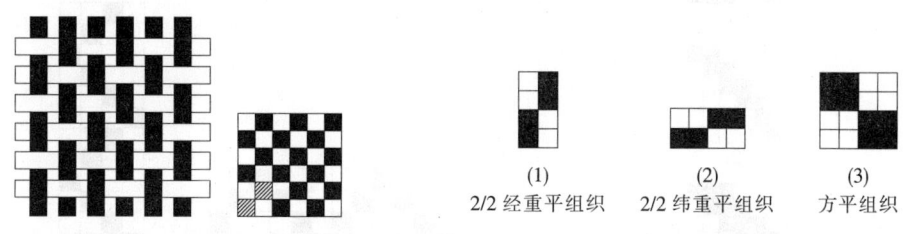

图 3 – 6　平纹组织　　　　图 3 – 7 平纹变化组织

2.斜纹组织

斜纹组织是相邻经(纬)纱上经(纬)组织点连续形成斜线,使织物呈现明显斜纹的组织,见图3-8。斜纹组织至少由三根经纱和三根纬纱组成一个完全组织,经纬向飞数都是1。斜纹组织可用分式表示,其分子、分母分别为一个完全组织中每根纱线上的经、纬组织点数,称为"几上几下"。通常还要在分式旁边再加上斜向箭头,表示斜纹斜向,"↗"为右斜纹(图3-8甲),"↖"为左斜纹(图3-8乙)。斜纹组织依经纬组织点的多少,分为经面斜纹组织和纬面斜纹组织。

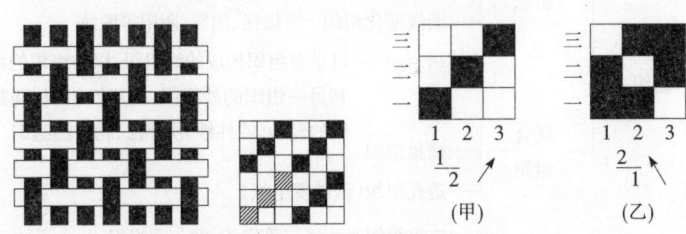

$$\frac{1}{2}\nearrow \qquad \frac{2}{1}\nwarrow$$

(甲) (乙)

图3-8 斜纹组织

斜纹组织的经纬交织点少于平纹组织,纱线活动余地较大,因此在经纬纱线细度和密度相同的条件下,其织物坚牢度不如平纹织物,但手感柔软,弹性和光泽较好。

斜纹变化组织是以斜纹组织为基础,采用延长组织点、改变飞数或其他变化方法而获得的组织。在斜纹原组织的组织点旁沿经向或纬向增加组织点,可得到加强斜纹,见图3-9。在斜纹原组织基础上,改变斜纹方向,则可形成山形斜纹,见图3-10。此外,利用变化还可以获得更为复杂的破斜纹组织、复合斜纹组织。加强斜纹组织中,应用最多的是$\frac{2}{2}$加强斜纹。这种组织的织物紧度较平纹为大,布身紧密厚实,适用于中厚型织物,如在棉织物中有哔叽、华达呢和卡其等;在精纺毛织物中有哔叽、华达呢、啥味呢等;在粗纺毛织物中有麦尔登、海军呢、制服呢、海力司等;在丝织物中有真丝绫、闪色绫、斜纹绸等等。

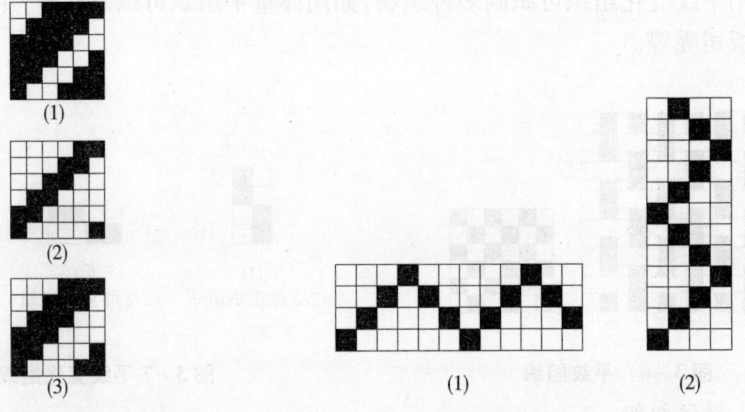

图3-9 加强斜纹组织   图3-10 山形斜纹组织

3. 缎纹组织

缎纹组织是原组织中最复杂的组织。其相邻两根经纱或纬纱上的单独组织点均匀分布但不连续，飞数大于1,而小于完全组织纱线数减1,见图3-11。同时,完全组织纱线数与飞数之间不能有公约数或成倍数关系。缎纹组织的完全组织最少是由五根经纱和五根纬纱构成。缎纹组织也用分式表示,以分子表示完全组织纱线数,简称枚数;分母表示飞数(经面缎纹用经向飞数,纬面缎纹用纬向飞数)。缎纹组织中单独组织点间距较远,在织物表面分布均匀且有规律,其单独组织点被两旁经纱或纬纱的长浮线所遮蔽,使织物正面几乎全由经组织点或纬组织点所组成。又因为缎纹组织的经纬交织次数最少,经纬纱浮线最长,所以织物表面光泽好,平滑匀整,质地柔软,但不如平纹和斜纹织物牢固,且表面容易发毛。

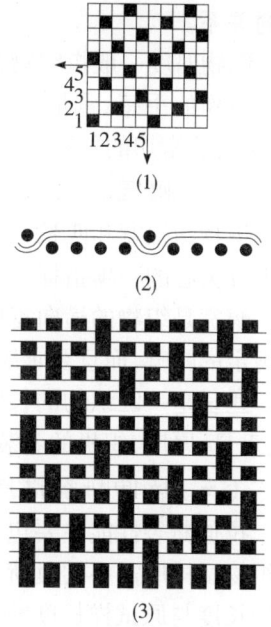

图3-11　缎纹组织

为提高缎纹织物的强度,在缎纹组织中沿经向或纬向在单个经(纬)组织点旁加一个经(纬)组织点,而成为加强缎纹组织,见图3-12。若在一个完全组织内,采用两种或两种以上的经向或纬向飞数,即不按正常缎纹组织规则而组成的缎纹组织,即为变则缎纹组织,见图3-13。延长经向或纬向组织点,还可构成重缎纹组织。

缎纹组织在日常生活中应用较广泛,通常称经面缎为直贡,纬面缎为横贡。如毛织物中的直贡呢、横贡呢等,棉织品中的直贡缎、横贡缎等,此外,缎纹组织还可与其他组织配合制成各种织物,如缎纹组织与平纹结合而成的缎条府绸等。

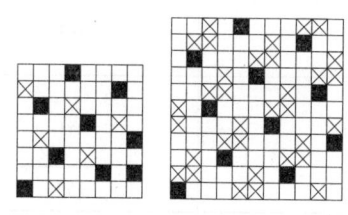

图3-12　加强缎纹组织

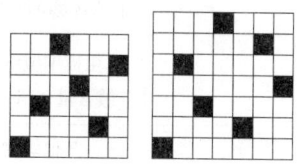

图3-13　变则缎纹组织

五、纺织品与服装的服用性能

(一)重量与厚度

织物的重量,主要是指织物的单位面积重量,通常用平方米重量(g/m²)表示。不同品种的织物重量在技术标准中都有明确规定。重量是考核织物品质好坏和对织物进行经济核算的主要指标,它与织物的服用性能和原材料消耗有密切的关系。

织物厚度一般指织物在一定压力下的厚薄程度,精确至 0.01 毫米。厚度的大小与织物的手感、重量、耐用性、抗皱性、透气性、舒适性、悬垂性以及缝纫加工性能,都有着密切的关系。

（二）幅宽和匹长

织物的幅宽和匹长,是反映织物有效使用面积的指标,是消费者和服装加工企业十分关心的一项指标。

幅宽是织物的横向宽度,以厘米为单位表示。优良的织物不仅要达到产品标准规定的幅宽,而且要求织物各部位宽窄一致。

匹长是一匹织物的长度,通常以米为计量单位。匹长的大小决定于织物的用途、重量、厚度、织机的卷装容量以及包装、运输、销售和进一步加工的需要。

（三）拉伸断裂性能

拉伸断裂性能主要包括断裂强力、断裂伸长率等。断裂强力是指拉断一定尺寸织物试样所需要的负荷,以 N(牛顿)为单位来表示;断裂伸长率是指试样被拉断时的长度与原试样长度的差占原试样长度的百分率。它们的大小间接反映了织物的耐穿用性能。

国家标准《服装理化性能的技术要求》(GB/T 21295—2007)对服装面料断裂强度的要求如表 3 - 21 所示。

表 3 - 21　我国对服装面料断裂强度的要求　　　　　　　单位:牛顿

产品分类		断裂强力≥
精梳毛织物及其混纺织物	单位面积重量低于 220g/ m²	147
	其他	196
粗梳毛织物及其混纺织物		157
精梳羊绒织物 (羊绒含量 5% 及以上)		147
粗梳羊绒织物 (羊绒含量 30% 及以上)		127
其他织物		150

（四）撕裂性能

撕裂性能用撕破强力表示,它是指一定尺寸织物试样按规定方法而撕破成一定长度裂缝所需要的最大负荷,以 N(牛顿)为表示单位。它用于评价织物的坚韧性。我国在 GB/T 21295—2007 中,对不同面料(织物)撕破强力提出如表 3 - 22 的技术要求。

表 3 - 22   我国对不同面料(织物)撕破强力的技术要求   单位:牛顿

产品分类	撕破强力 ≥
一般织物	10
蚕丝织物	7
纯棉织物单位面积重量低于 140g/m²	7

（五）耐磨性能

它用耐磨强度表示,是指织物抵抗摩擦坏损的能力。测试时,可以用标准磨料摩擦织物试样直至出现指定特征(如纱线断裂或出现破洞)所需的次数表示,也可以用试样承受一定摩擦次数后的某些性质变化率(如试验前后强度变化率、重量变化率等)来表示。织物的耐磨性能直接影响织物及其制品服装的耐穿用性,是织物的重要质量指标。

（六）刚柔性

它是指织物抵抗弯曲变形的能力,通常用硬挺度和悬垂系数来表示。前者用斜面悬臂法测试织物试样因自重而达到一定程度弯曲变形时所悬空的长度的半值来表示,其值越大,该织物越刚挺。后者用悬垂仪测定一定直径的圆形织物试样因其自重和刚柔性影响而下垂的投影面积与试样原面积的百分比表示,该值越小,其试样越柔软,悬垂性越好。织物的刚柔性与织物的手感、服装的成型性、保型性、舒适合体、视觉美感有着密切的关系。

（七）透气性和透湿性

织物能被空气透过的特性称为透气性,通常用透气率来表示。透气率是指织物试样的两面在规定的压力差下,规定时间内,垂直流过试样给定面积的气流流量。

织物能被水蒸气透过的特性称为透湿性或透水气性。透湿性通常用透湿量来表示。透湿量是指在织物试样两面分别存在恒定的水蒸气压的条件下,规定时间内通过单位面积织物试样的水蒸气的重,以该条件下的 $g/(m^2 \cdot d)$ 即用每天每平方米织物能透过的水蒸气的克数来表示。

透气性直接影响穿着时的舒适感,透湿性影响人体的汗液蒸发及散热。我国在 GB/T 21295—2007 中,规定有透气要求的纺织成品的透气率不小于 180mm/s(毫米/秒);有透湿要求的成品的透湿量不小于 2 500g/($m^2 \cdot d$)。

（八）抗起球性

织物在使用过程中经摩擦,其表层会呈现许多毛茸,称为"起毛";若这些毛茸在继续使用中不能及时脱落而相互缠绕在一起,便会形成许多球形小粒,即称为"起球"。抗起球性是指织物对穿用和洗涤中起毛起球现象的抵抗能力。通常用起球试验仪模拟上述起毛起球过程,作用于织物试样,再根据其起球严重程度与标准样对照,进行评级,分为 5 级,1 级起球最严重,5 级起球最轻。我国在 GB/T

21295—2007 中,规定如表 3 - 23 所示的成品起球允许程度。

表 3 - 23　我国规定的纺织成品合格的起球允许程度　　单位:级

项目	起球允许程度的合格品要求 ≥
精梳毛织物(绒面)	3
精梳毛织物(光面)	3.5
粗梳毛织物	3
其他织物	3.5

（九）尺寸变化率

它是指纺织成品水洗或干洗后的尺寸变化率,通常水洗或干洗后尺寸收缩变小,过去也称为缩水率。尺寸变化率、起球、色牢度,是消费者投诉最多的三大问题。

我国在 GB/T 21295—2007 中,对服装水洗、干洗后不同部位的尺寸变化率做出了分别如表 3 - 24、3 - 25 所示的规定。

表 3 - 24　我国对服装水洗后不同部位的尺寸变化率的技术要求

项目	水洗尺寸变化率的合格品要求 ≥
领大	-2.5
胸围	-3.0
衣长	-4.0
腰围	-2.0
裤(裙)长	-4.0

表 3 - 25　我国对服装干洗后不同部位的尺寸变化率的技术要求

项目	干洗尺寸变化率的合格品要求 ≥
领大	-1.0
胸围	-1.5
衣长	-1.5
腰围	-1.0
裤(裙)长	-1.5

（十）色牢度

它是指染色或印花的纺织成品在使用过程中,抵抗各种化学和物理机械作用,并能保持原来色泽的能力。染色牢度主要有耐光色牢度、耐洗色牢度、耐干洗色牢度、耐摩擦色牢度、耐酸汗渍色牢度、耐碱汗渍色牢度、耐水色牢度、耐唾液色牢度等。各种染色牢度是按标准试验方法在露天试验或实验室模拟试验,根据试样试验前后颜色变化的程度和贴衬织物试样的沾色程度评级。耐光色牢度和耐气候色牢度分为八级评定,一级最差,八级最好。其他染色牢度均分为五级评定,一级最差,五级最好。我国在 GB/T 21295—2007 中,对纺织成品色牢度允许程度做出如表 2 – 26 所示的技术要求。

表 3 – 26   我国对纺织成品色牢度允许程度的技术要求

项目		色牢度允许程度合格品要求 ≥		备注
		婴幼儿产品	其他成品	
耐洗色牢度		3 – 4	浅色 3 – 4,深色 3	
耐酸汗渍色牢度		3 – 4	3	
耐碱汗渍色牢度		3 – 4	3	
耐水色牢度		3 – 4	3	
耐摩擦色牢度	干	3 – 4	3	
	湿	3	浅色 3,深色 2 – 3	
耐唾液色牢度		4	–	
耐干洗色牢度(变色)		–	3 – 4	
耐光色牢度(变色)		3 – 4	3	里料不考核

注1:上表内未标注"变色"的各种色牢度是指其变色、沾色的两个级数要求完全相同;

2:缝纫线、装饰线及绣花线的耐洗沾色色牢度不小于 3 – 4 级。

(十一)保温性

织物的保温性是指织物能够阻止人体热量通过它向较冷的外界传递的性能,或者说是织物能保持被包覆体温度的性能,也称保暖性或隔热性。保暖性可以用平板式保温仪测定,其试验板温度恒定在 36℃,热量仅向上传递。实验时分别测试空板上无织物试样时保持试验板恒温所需要的热量(Q_{pb})、板上覆盖有织物试样时保持试验板恒温所需要的热量(Q)。保暖性通常用保暖率(Q_p)指标来表示:$Q_p(\%) = (Q_{pb} - Q)/Q_{pb}$。GB/T 21295—2007 规定:有保温要求的纺织成品的保温率不应小于 30% 。

衣着材料实质上可看做是一个由纤维材料、空气和水分组成的混合体。不同纤维材料的导热系数相差不大,但却是静止空气导热系数的 2 ~ 3 倍,水的导热系数大约是静止空气的 27 倍。因此,衣着材料的保温性主要取决于其内部所含的静止空气的量。一般材料厚且蓬松,则含气量大,保温性好;起绒、起毛的织物和毛皮含气量大,保温性也好。

(十二)甲醛含量

织物中的甲醛主要是来自于织物的后整理加工。含有甲醛的纺织成品在穿着使用过程中会逐渐释放出游离甲醛,通过对人体呼吸道及皮肤接触,对呼吸道黏膜和皮肤产生强烈的刺激,引发呼吸道炎症及皮肤炎。长期作用将引起肠胃炎、肝炎、手指及趾甲发痛。另外,甲醛对眼睛也有强烈的刺激。经临床证明,甲醛还是多种过敏症的显著诱发物,也可能会诱发癌症。

GB/T 21295—2007 规定:婴幼儿(2 岁及以下)产品的甲醛含量不大于 20mg/kg。直接接触皮肤产品的甲醛含量不大于 75mg/kg。非直接接触皮肤产品的甲醛含量不大于 300mg/kg。

(十三)pH 值

人体皮肤的表面呈弱酸性,这样有利于防止病菌的侵入,因此直接与皮肤接触的纺织品的 pH 值在弱酸性和中性之间,将不会引起皮肤的瘙痒,不会破坏皮肤表面的弱酸性环境。

GB/T 21295—2007 规定:婴幼儿用品的 pH 值限量为 4.0 ~ 7.5。直接接触皮肤产品的 pH 值限量为 4.0 ~ 7.5。非直接接触皮肤产品的 pH 值限量为 4.0 ~ 9.0。

(十四)可萃取重金属含量

使用金属络合染料是纺织品上重金属的重要来源,而天然植物纤维在生长加工过程中亦可能从土壤或空气中吸收重金属,此外,在染料加工和纺织品印染加工过程中也可能带入一部分重金属。重金属对人体的累积毒性是相当严重的。重金属一旦为人体所吸收,则会倾向累积于人体的骨骼和肾、肝脏,当受影响的器官中重金属积累到某一程度时,便会对健康造成一定的危害。这种情况对儿童更为严重,因为儿童对重金属的吸收能力远高于成人。

我国在 GB/T 21295—2007 中,对纺织成品可萃取重金属含量合格做出如表 3 - 27 所示的规定。

表 3 - 27 我国对纺织成品可萃取重金属含量合格的技术要求

项目	婴幼儿用品	直接接触皮肤产品	非直接接触皮肤产品
锑(Sb)≦(不大于)	30.0	30.0	30.0
砷(As)≦(不大于)	0.2	1.0	1.0
铅(Pb)≦(不大于)	0.2	1.0	1.0
镉(Cd)≦(不大于)	0.1	0.1	0.1
铬(Cr)≦(不大于)	1.0	2.0	2.0
钴(Co)≦(不大于)	1.0	4.0	4.0
铜(Cu)≦(不大于)	25.0	50.0	50.0
镍(Ni)≦(不大于)	1.0	4.0	4.0
汞(Hg)≦(不大于)	0.02	0.02	0.02

六、纺织品与服装的纤维含量标签

(一)纤维含量标签要求

国家推荐标准《纺织品纤维含量的标识》(GB/T 29862—2013)规定:①每件纺

织产品应附着纤维含量标签,标明产品中所含各组分纤维的名称及其含量。②每件纺织制成品(包括服装)应附着纤维含量的耐久性标签(能耐水洗、干洗、熨烫等)。③对于采用耐久性标签影响产品使用或不宜附着耐久性标签的产品(如面料、绒线、手套和袜子等),可以采用吊牌等其他形式的标签。④如果产品没有提供纤维含量标签,或者没有提供纤维含量耐久性标签,或者没有标明产品中应标识的各纤维的含量,或者纤维名称与产品中所含纤维不符,等等,则判定为纤维含量标识不合格。

（二）纤维含量表示方法及示例

（1）只有一种纤维组分的纺织产品,在纤维名称的前面或后面加"100%",或在纤维名称前面加"纯"或"全"字,见示例3-1。

示例3-1　a)　棉100%　　b)　纯棉　　c)　全棉

（2）两种及以上纤维组分的纺织产品,一般按纤维含量递减顺序列出每种纤维的名称,并在名称的前面或后面列出该纤维含量的百分比,见示例3-2;若产品中各种纤维含量相同时,纤维名称的顺序可任意排列,见示例3-3。

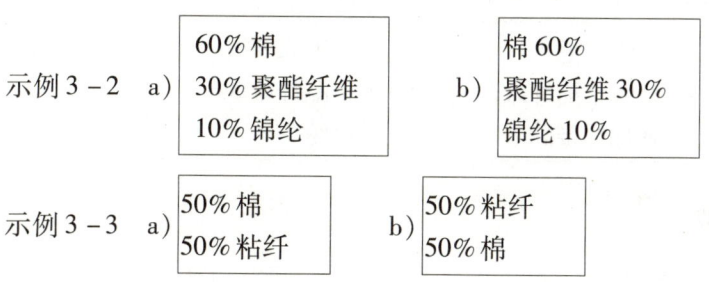

（3）含量≤5%的纤维,可列出该纤维的具体名称,也可用"其他纤维"来表示,见示例3-4;当产品中有两种及以上含量各≤5%的纤维且其总量≤15%时,可集中标为"其他纤维",见示例3-5。

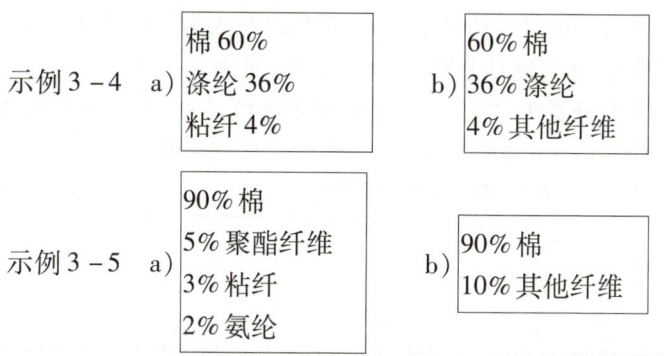

（4）含有填充物的产品应分别标明面料、里料和填充物的纤维名称及其含量,见示例3-7;羽绒填充物应标明羽绒的品名和含绒量,见示例3-8。

示例 3-8
> 面料：80%棉/20%锦纶
> 里料：100%涤纶
> 填充物：灰鸭绒（含绒量 80%）

（5）在产品中含有能判断为特性纤维（如弹性纤维、金属纤维等），或存在易于识的花纹/图案的装饰线，当其含量≦5%时，可表示为"××除外"，也可单独将其含量标出。如需要，可以标明特性纤维或装饰线的纤维成分及其占总量的百分比（见示例 3-9、示例 3-10）。

示例 3-9
a)
> 80%羊毛
> 20%涤纶
> 装饰线除外

b)
> 羊毛 80%
> 涤纶 20%
> 装饰线 100%聚酯薄膜纤维

c)
> 77%羊毛
> 19%涤纶
> 4%聚酯薄膜纤维

示例 3-10
a)
> 65%羊毛
> 35%聚酯纤维
> 弹性纤维除外

b)
> 羊毛 63%
> 聚酯纤维 34%
> 氨纶 3%

七、服装号型

（一）服装的号型

我国服装号型分为"号"、"型"和"体型分类代号"三个部分。

"号"是指人体的身高，以厘米（cm）为单位表示，是设计和选购服装长短的依据。"型"是指人体的上体胸围或下体腰围，以厘米（cm）为单位表示，是设计和选购服装肥瘦的依据。"体型"是以人体的胸围与腰围的差数为依据来划分的人体体型。"体型"划分为四类，分类代号分别为 Y，A，B，C（见表 3-28）。儿童没有划分体型。由表可见，在体型分类中，"Y"属于宽肩细腰体型，"A"为一般正常体型，"B"属于腹部略突出的体型，"C"为肥胖体型（其腰围尺寸接近胸围尺寸）。

表 3-28　体型分类代号　　　　　　　　　　单位：cm

体型	Y	A	B	C
男子胸围与腰围的差数	17~22	12~16	7~11	2~6
女子胸围与腰围的差数	19~24	14~18	9~13	4~8

（二）服装号型的表示方法

服装号型的表示方法为："号"与"型"用斜线分开，后接"体型分类代号"。根据男子、女子和儿童的身高及形体差异，将服装号型分成三部分。男子和女子服装号型的表示方法相同,儿童的表示方法略有差别。上下装应分别标明号型。例如,男上装号型为170/88 A,其中"170"代表"号",表示"身高";"88"代表"型",表示"胸围";"A"是"体型分类代号",胸腰落差为16～12cm。男下装号型为170/74 A,其中"170"代表"号",表示"身高";"74"代表"型",表示"腰围";"A"是"体型分类代号",胸腰落差为16～12cm。男子和女子的号型身高均以5cm分档组成系列,如:160,165,170,175等。胸围以4cm分档组成系列,如:80,84,88,92等。腰围以4cm、2cm分档组成系列,如:56,60,64,68等;64,66,68,70等。儿童的服装号型适用于婴幼儿和儿童,分为3个适用范围:①身高52～80cm的婴儿,身高以7cm分档,胸围以4cm分档,腰围以3cm分档。②身高80～130cm的儿童,身高以10cm分档,胸围以4cm分档,腰围以3cm分档。③身高135～155cm的女童、135～160cm的男童,身高以5cm分档,胸围以4cm分档,腰围以3cm分档。例如,上装:150/68;下装:150/60。其中"150"代表"号","68"、"60"代表"型"。儿童没有划分体型。

　　由于服装号型的分档不可能过细,每个人的身体尺寸与服装号型的档次不一定很吻合,因此,选购服装时要向上或向下靠档。挑选服装号型示例,见表3-29。

表3-29　挑选服装号型示例　　　　单位:cm

项目	身体尺寸			胸腰落差	体型分类	建议选择的号型	
	身高	胸围	腰围			上装类	下装类
某男	177	94	79	15	A	175/96A	175/80A
某女	164	90	80	10	B	165/92B	165/80B
某儿童	104	58	52	6	—	110/60	110/53
某男	170	98	100	-2	—	不属于号型系列范围,需定做	

八、纺织品与服装的安全

　　纺织品和服装在其生产加工的各个阶段几乎都要涉及化学品的使用。据不完全统计,纺织品和服装产品从纤维生产、织物织造、染整加工、成品制造到产品使用,整个生命周期中要使用大约8 000多种化学品,且呈现不断增加的趋势。这些化学品有些是产品生产必备;有些是为了改善产品的使用性能;有些大大简化了生产流程,提高了劳动生产率。但是,部分化学品的使用会对人类健康和生态环境产生严重的危害。

　　20世纪90年代以来,欧盟、日本、美国等发达国家非常重视纺织品和服装对人体健康与生态环境的影响,并进行了纺织生态学的研究。纺织生态学可以从下面三个方面来理解:①生产生态学,它是指纤维、纺织品、服装的生产和制造过程应该有利于环境保护。同时,对于空气纯度的保持、水纯度的保持、废物的处理及无噪声的保护都能满足合理的条件。②人类生态学,它是以纺织品和服装对使用者及其周围环境的影响为基础的,它要求纺织品和服装在正常使用时,对人体健康和环境的有害影响应降至最低。③处理生态学,它是以纺织品和服装的处理为基础的,包括它的再循环、分解时不释放有害物质、不危害生态环境。

　　Oeko - Tex Standard 100（生态纺织品标准）是 1992 年由国际环保纺织协会的成员机构——德国海恩斯坦研究院和奥地利纺织研究院共同制定的，是用来检测纺织品和成衣制品在影响人体健康安全方面的技术标准。Oeko - Tex Standard 100 规定了在纺织品和服装产品上禁止和限制使用的有害物质，包括：pH 值、甲醛、可萃取的重金属、含氯苯酚、杀虫剂/除草剂、有机锡化物、禁用偶氮染料、致敏染料、氯苯和氯甲苯、色牢度等，标准还规定了上述的有害物质的限量和测试项目。Oeko - Tex Standard 100 将纺织品与服装产品分为以下四个级别：①一类产品是婴儿用品，它是指除了皮革服装以外，一切用来制作婴儿及两岁以下儿童服装的织物、原材料和附件。②二类产品是与皮肤直接接触的产品，这类产品是指穿用时大部分材料直接和皮肤接触的纺织服装产品，如床上用品、内衣、衬衫及宽松的上衣等等。③三类产品是不直接接触皮肤的产品，这类产品主要指穿用时只有一小部分直接和皮肤接触的产品，如外衣（男女套装、外套）和填充物、衬里等。④四类产品，主要是指那些用于装饰的产品，包括最初的原料和副料，如桌布、墙壁覆盖物、家具用布、窗帘、装潢用布、地板遮盖物和床垫等。纺织品和服装产品按其级别经过国际环保纺织协会的纺织检定机构的测试和认证，符合 Oeko - Tex Standard 100 的规定，生产厂商就可获得授权，在其生产的产品上悬挂"信心纺织品、通过有害物质检验"的 Oeko - Tex Standard 100 纺织品生态标志（见图 3 - 14）。Oeko - Tex Standard 100 是世界上影响最广的纺织品生态标签。Oeko - Tex Standard 100 从 2008 年到 2012 年，每年修订一次标准，多年以来，在预防有害化学物质的危害方面为消费者提供了有效的保护，并成功地被应用于诸如纺织服装业及其零售和分销系统的有害物质控制和质量管理体系中。

图 3 - 14　Oeko - Tex Standard 100 纺织品生态标志

　　2000 年 10 月，我国国家环保总局推出了第一个与国际接轨的 HJBZ30 - 2000《环境标志产品技术要求　生态纺织品》标准。该标准对生态纺织品的技术要求是：产品不得经过有氯漂白处理；产品不得进行防霉蛀整理和阻燃整理；产品中不得添加五氯苯酚和四氯苯酚；产品不得有霉味、汽油味及有毒的芳香气味;产品不得使用可分解有毒芳香胺的偶氮染料、可致癌的染料和可能引起过敏的染料;产品中甲醛、可提取重金属含量、浸出液 pH 值、色牢度及杀虫剂残留量均应符合对人体健康无毒无害或少毒少害的要求。

2002 年,我国国家质检总局发布了推荐性国家标准 GB/T 18885—2002《生态纺织品技术要求》。该标准根据最终用途将产品分为四类,即婴幼儿用品、直接接触皮肤用品、不直接接触皮肤用品和装饰材料。生态纺织品的技术要求中对四类产品的 pH 值、甲醛、可萃取重金属、杀虫剂、含氯酚、有机氯载体、PVC 增塑剂、有机锡化合物、有害染料、抗菌整理、阻燃整理、色牢度、挥发性物质释放和气味 14 大类项目分别规定了禁用或限量指标。该标准的分类方法、考核项目、限量值和试验方法与 Oeko – Tex Standard 100(2002 年版)基本一致。

2003 年 11 月我国国家质检总局又发布了强制性国家标准 GB 18401—2003《国家纺织品基本安全技术规范》,它是纺织品和服装产品进入市场的必要条件,是为了保证纺织品和服装产品对人体健康无害而提出的最基本的安全技术要求(见表 3 – 16),它对于纺织品和服装的生产、销售、使用和监督都有着非常重要的作用。该技术规范将纺织品和服装产品安全标准分为三类,其中婴幼儿用品如宝宝穿的衣服必须达到 A 类,一些直接接触皮肤的品类如内衣,袜子必须要达到 B 类,而非直接接触皮肤的品类如外衣外套必须要达到 C 类。

2008 年 4 月,国家发改委颁布了我国首部专门针对 2 岁及以下的婴幼儿服装安全的行业标准——FZ/T 81014—2008《婴幼儿服装》。该标准强制性地规定:婴幼儿服装产品标识上注明不可干洗;最受家长们关注的甲醛含量不得超过每千克 20 毫克;产品中砷含量不得超过每千克 0.2 毫克,铜含量不得超过每千克 25 毫克;产品中禁用可分解芳香胺染料;服装的 pH 值限定在 4.0 至 7.5 之间;不得存在异味;等等。除上述强制性规定外,该标准还提出了一些具体的推荐性要求,例如套头衫最大领围不小于 52 厘米;金属附件不得有毛刺、锐利边缘和尖端,拉链的拉头不可脱卸;服装上绳带的外露长度不得超过 14cm 等。

2011 年 8 月我国开始实施的新的强制性国家标准 GB 18401—2010《国家纺织品基本安全技术规范》,相比于老标准 GB 18401—2003,新标准将婴幼儿年龄由 24 个月改为 36 个月,并将产品方案 A,B,C 类代号改为直接以文字描述分类,将产品按最终用途分为以下三种类型,并给出了三种类型产品的典型示例:①婴幼儿纺织产品,如尿布、内衣、围嘴、睡衣、手套、袜子、外衣、帽子、床上用品等;②直接接触皮肤的纺织产品,如内衣、衬衣、裙子、裤子、袜子、床单、被套、毛巾、泳衣、帽子等;③非直接接触皮肤的纺织产品:如外衣、裙子、裤子、窗帘、床罩、墙布等。

新标准还将老标准安全技术要求(表 3 – 30)中的 B 类的 pH 值由 4.0 ~

7.5 改为 4.0~8.5,将还原条件下染料中不允许分解出的芳香胺由 23 种增加
到 24 种(增加了 4 - 氨基偶氮苯),并在表的脚注里将致癌芳香胺的限量值规
定为 ≤20mg/kg。

表 3 - 30　GB 18401—2003 的纺织产品基本安全技术要求

项　目		A 类	B 类	C 类
甲醛含量/(mg/kg) ≤ (不大于)		20	75	300
pH 值[a]		4.0~7.5	4.0~7.5	4.0~9.0
色牢度[b]/级 ≥	耐水	3 - 4	3	3
	耐酸汗渍	3 - 4	3	3
	耐碱汗渍	3 - 4	3	3
	耐干摩擦	4	3	3
	耐唾液	4	-	-
异味		无		
可分解芳香胺染料		禁用		

a 后续加工工艺中必须要经过湿处理的产品,pH 值可放宽至 4.0~10.5 之间。
b 洗涤褪色型产品不要求。

2010 版新标准覆盖面更广,对有毒有害物质控制更加严格,充分体现了国
家对纺织品和服装产品安全的重视。它的执行将更加有效地保护我国消费者
的安全和健康。

第三节　食品与非食品产品安全风险评估

一、食品安全风险评估

(一)食品中的危险物与风险

食品中所有可能危害人体健康的物质叫做危险物,例如:有害的微生物,
天然生成的有毒、致癌的物质,烹饪产生的致癌的物质,环境带来的污染物,还
有有害、有毒的添加剂和杀虫剂等。我们把食品中的危险物对人体健康产生
的不良影响的可能性称为风险。食品之中任何一种危险物都可能对健康产生
不良作用,其风险有高低之分。在确定食品是否安全时,必须衡量食品给我们
健康带来的益处与受到食品危害的风险大小。

我们把食品中可能具有的对人体健康产生不良后果的因素称为食源性危
害。目前,食源性危害大致可以分为生物性、化学性以及物理性危害因素。生
物性危害是指生物本身及其代谢过程、代谢产物对食品原料、加工过程和产品
的污染,它包括细菌性危害(细菌及其毒素)、真菌性危害(真菌及其毒素和毒
蘑菇危害)、病毒和立克次氏体危害(甲肝病毒、诺瓦克病毒等危害)、寄生虫

危害(原生动物、绦虫等危害)等。食源性疾病中95%以上是生物性危害所造成的,而细菌性危害又是主要的生物性危害。化学性危害是指食品中天然存在和外来添加或污染的有毒化学物质,它包括天然存在于动植物和微生物中的有毒化学物质、有意加入食品的化学合成或者天然物质、外来污染的化学物质(农药残留、兽药残留、工业废水污染物、运输污染物、加工污染物等)等。物理性危害是指食品中发现的不正常的潜在有害异物及其存在状态,如金属、玻璃、石子、碎骨等。对于这三类危害特征的划分,我国卫生主管部门在有关卫生标准中有所规定。危害特征的划分是风险分析中风险评估的主要内容,是实施风险管理措施(如 HACCP,即危害分析和关键控制点)的主要依据。

(二)食品安全性评价

食品安全性评价是风险分析的基础。食品安全性评价的主要目的是评价某种食品是否可以安全食用,具体来说就是评价食品中有关危害成分或者危害物质的毒性以及相应的风险程度,需要利用足够的毒理学资料确认这些成分或物质的安全剂量。食品安全性评价中采用的毒理学评价适用于评价食品生产、加工、保藏、运输和销售过程中使用的化学和生物物质以及在上述过程中产生的和污染的有害物质,也适用于评价食品中其他有害物质。我国食品卫生标准中对有害化学物质的确定过程通常是:动物毒性试验;确定动物最大无作用剂量;确定人体每日允许摄入量;确定一日食物中的总允许量;确定该物质在每种食品中的最高允许量;制定食品中的允许标准。对微生物指标的制定程序基本相同。食品安全性评价在食品安全性研究、监控和管理方面具有重要的意义。

近年来,我国新的食品种类(主要为方便食品和保健食品)大量增加。很多新型食品在没有经过危险性评估的前提下,已经在市场上大量销售。方便食品和保健食品行业的发展在给国民经济带来新的增长点的同时,也增加了食品风险。方便食品中,食品添加剂、包装材料与保鲜剂等化学品的使用是比较多的。保健食品中不少传统药用成分并未经过系统的毒理学评价,长期食用,其安全性也值得关注。另外,转基因技术的应用一方面给食品行业的发展带来良好的机遇,另一方面,也增加食品安全的不确定因素。判断转基因食品是否安全必须以风险分析为基础。目前,受管理、商业、社会、政治、学术诸多方面的限制,科学的统计数据很难获得,对转基因食品进行风险分析非常困难,这给食品安全带来了前所未有的挑战。

为提升食品安全整体水平,我国在"十一五"初期开始重点开展食品安全风险评估研究等五个方面的科技攻关,旨在为保护我国食品行业核心竞争力和国民健康的膳食水平提供核心技术支撑,保障我国食品进出口贸易利益,基本形成食品危害物检测技术体系、溯源和预警体系,提高食品安全应急处理能力,最终全面实现食品安全保障从被动应付型向主动保障型的战略转变。

(三)食品安全风险评估与风险管理

运用风险分析原理,根据风险程度采取相应的风险管理措施可以控制或者降低风险。进行食品安全风险分析过程中要进行风险评估,由于食品情况多样,各自的生产、加工过程不同,要分别评估能够引起风险存在的不同风险因素,并确定这些因素属于哪一类的危害物。食品安全风险评估在各种情况下是确定食品中化学物质安全与否的必不可少的办法。如果没有风险评估,就无法发现更多的食品危险物。

食品安全风险评估是目前国际通行的食品安全防范方式,在美国、欧盟、日本等国家和地区食品、农产品质量安全管理中得到广泛应用。目前,我国食品安全风险评估刚刚起步。风险评估是风险分析的重要组成部分。

关贸总协定(GATT)(即现在的世界贸易组织 WTO)在 1986~1994 年的乌拉圭回合多边贸易谈判中通过的《实施卫生和动植物检疫措施协议》(SPS),确定了成员国政府有权采取适当的措施来保护人类与动植物的健康,确保人畜食物免遭污染物、毒素、添加剂影响,确保人类健康免遭进口动植物携带疾病而造成的伤害。SPS 协定第一次以国际贸易协定的形式明确承认:为了在国际贸易中建立合理的、协调的食品规则和标准,需要有一个严格的科学方法。

SPS 所描述的风险评估就是评价食品中存在的添加剂、污染物、毒素或致病有机体对人类、动物或植物的生命或健康产生的潜在不利影响。SPS 认为,在进行风险评估时应考虑由有关国际组织制定的风险评估技术,考虑现有的科学依据,有关的工序和生产方法,有关的检验、抽样和测试方法,有关的生态和环境条件,以及检疫或其他处理方法。

1991—1998 年,联合国粮农组织(FAO)、世界卫生组织(WHO)以及所属的食品法典委员会(CAC)对风险分析进行了不断地研究和磋商,根据 SPS 协定中的基本精神提出一个科学框架,将有关术语进行重新界定;研究将风险分析的概念应用到具体工作程序;完成的报告《风险管理与食品安全》中规定了风险管理的框架和基本原理;对风险情况交流的要素和原则进行了规定等。

CAC 提出的风险分析与 SPS 的风险评估基本上是同一概念,其主要区别在于应用范围方面,CAC 的风险分析主要是针对食品,SPS 的风险评估覆盖范围较大,适用于所有与人类和动植物的卫生措施和检疫措施;在名词术语使用方面,CAC 把 SPS 的风险评估改为风险分析,而 CAC 中定义的风险评估则是整个风险分析中一个组成部分。

风险分析通常包括风险评估、风险管理和风险情况交流三部分,其中风险评估是整个风险分析体系的核心和基础。风险评估是指通过使用毒理数据、污染物残留数据分析、统计手段、暴露量及相关参数的评估等系统科学的步骤,决定某种食品有害物质的风险。通常包含危害确认、危害特征描述、暴露量评估、风险描述四个基本步骤。危害确认,是指确认可能产生健康不良效果并且可能存在于某种或某类特别食品中的生物、化学和物理因素;危害特征描述,是指对与食品中可能存在的生物、化学和物理因素有关的健康不良效果的性质的定性和/或定量评价;暴露量评估,是指对于通过食品的可能摄入和其他有关途径接触的生物、化学和物理因素的定性和/或定量评价;风险描述,是指根据危害确认、危害特征描述和暴露量评估,对某一给定人群的已知或潜在健康不良效果的发生可能性和严重程度进行定性或定量的估计,其中包括伴随的不确定性。危害确认一般采用定性方法,其他三个步骤可以采用定性方法,但最好采用定量方法。

风险管理是根据风险评估的结果,选择和实施适当的管理措施,尽可能有效地控制食品风险,从而保障公众健康。风险管理可以分为四个部分:风险评价、风险管理选择评价、执行风险管理决定、监控和回顾。风险评价,包括:①确认食品安全性问题;②描述风险概况;③就风险评估和风险管理的优先性对危害进行排序;④为进行风险评估制定风险评估政策;⑤进行风险评估;⑥风险评估结果的审议。风险管理选择评价,包括:①确定现有的管理选项;②选择最佳的管理选项(包括考虑一个合适的安全标准);③最终的管理决定。监控和回顾,包括:①对实施措施的有效性进行评估;②在必要时对风险管理和/或评估进行回顾。

为了作出风险管理决定,风险评价过程的结果应当与现有风险管理选项的评价相结合。保护人的健康是考虑的首要因素,同时可适当考虑如经济费用、效益、技术可行性、对风险的认知程度等因素,可以进行费用－效益分析。执行管理决定之后,应当对控制措施的有效性以及对暴露消费者人群的风险的影响进行监控,以确保食品安全目标的实现。

食品安全风险管理的一般原则包括:①风险评估政策的决定应当作为一个特殊的组成部分包括在风险管理中。风险评估政策是为价值判断和政策选择制定准则,这些准则将在风险评估的特定决定点上应用,因此最好在风险评估之前,与风险评估人员共同制定。从某种意义上讲,决定风险评估政策往往成为进行风险分析实际工作的第一步。②保持风险管理和风险评估两者功能分离,以确保风险评估过程的科学完整性。风险管理和风险评估的功能性分离,目的在于确保风险评估过程的科学完整性,减少风险评估和风险管理之间的利益冲突。但同时风险分析是一个循环反复的过程,风险管理人员和风险评估人员之间的相互作用在实际应用中是至关重要的。③风险管理决策应当考虑风险评估结果的不确定性。如有可能,风险的估计应包括将不确定性量化,并且以易于理解的形式提交给风险管理人员,以便他们在决策时能充分考虑不确定性的范围。如果风险的估计很不确定,风险管理决策将更加保守。④在风险管理过程中都应当与消费者和其他有关团体进行明白的交流。在所有有关团体之间进行持续的相互交流是风险管理过程的一个组成部分。风险情况交流不仅仅是信息的传播,而更重要的功能是将对有效进行风险管理至关重要的信息和意见并入决策的过程。⑤风险管理应当是一个考虑在风险管理决策的评价和审查中所有新产生资料的连续过程。在应用风险管理决定之后,为确定其在实现食品安全目标方面的有效性,应对决定进行定期评价。

危害分析和关键控制点(HACCP)和良好作业规范(GMP)是用于食品生产过程中的预防性的食品安全性质量控制措施,即风险管理的实际应用。

HACCP是一套通过对整个食品链,包括原辅材料的生产、食品加工、流通乃至消费的每一环节中的物理性、化学性和生物性危害进行分析、控制以及控制效果验证的完整系统。HACCP实际上是一种包含风险评估和风险管理的控制程序。CAC认为,

HACCP 是迄今为止控制食源性危害的最经济、最有效的手段。在国际食品贸易中,部分进口商除了要求食品生产企业通过 ISO9000 认证,也要求出口商实施 HACCP 认证。

GMP 于 1969 年由美国 FDA 发布,其规定了在食品的加工、贮藏和分配等各个工序中所要求的操作、管理和控制规范,并逐渐形成以基础条件,实施加工、贮藏,分配操作,卫生和食品安全,管理职责为主要内容的一般结构和应用准则。GMP 实际上也是一种风险管理的措施。

食品安全风险交流是食品安全风险分析框架的重要组成部分,关系到政府、学术界、食品行业、媒体和消费者之间对食品安全信息的及时、准确、透明地相互沟通。

2003 年,中国农科院质量标准与检测技术研究所成立时设立了风险分析研究室;2006 年颁布的《中华人民共和国农产品质量安全法》中规定对农产品质量安全的潜在危害进行风险分析和评估。2007 年 5 月,农业部成立了国家农产品质量安全风险评估委员会。

2009 年 2 月 28 日,全国人大常委会通过了《中华人民共和国食品安全法》(以下简称《食品安全法》)。《食品安全法》规定,国家建立食品安全风险监测和评估制度,对食源性疾病、食品污染以及食品中的有害因素进行监测,对食品、食品添加剂中生物性、化学性和物理性危害进行风险评估。

从 2010 年起,我国全面实施国家食品安全风险监测计划,初步建立了覆盖全国的食品安全风险监测体系,成立了国家食品安全风险评估专家委员会和食品安全国家标准审评委员会,制定实施了风险监测评估相关制度,完成了一系列应急和常规风险评估任务。

2011 年 10 月份,国家食品安全风险评估中心成立,主要任务是:承担食品安全风险评估相关科学数据、技术信息、检验结果的收集、处理、分析等任务,向国家食品安全风险评估专家委员会提交风险评估分析结果;承担风险监测相关技术工作,参与研究提出监测计划,汇总分析监测信息;研究分析食品安全风险趋势和规律,向有关部门提出风险预警建议;开展食品安全风险监测、评估和预警相关科学研究工作,组织开展全国食品安全风险监测、评估和预警相关培训工作;开展食品安全知识的宣传普及工作,做好与媒体和公众的沟通交流。

二、非食品产品安全风险评估

(一)非食品产品及其安全问题

非食品产品(以下简称"产品"),通常是指经过加工、制作,用于销售的消费品,具体是指除食品、药品、烟草、军工产品以及专用于生产的产品之外的供消费者在家庭、学校、娱乐场所、办公场所等个人使用的商品,包括家用产品、儿童产品、体育与娱乐用品、汽车及相关产品等。

目前,因设计、生产和流通等原因产生的产品不安全因素给消费者健康和财产造成的损害日渐增多,同时也带来了社会问题和安全问题,这些已不容忽视。据统计,在欧洲,与产品有关的死亡人数为 1.5 万~3 万人/年,受伤人数为 400 万~500

万人/年;在美国,伤亡人数为 1.5 万人/年,直接经济损失达 7 000 亿美元/年。图 3 – 15 是 2001—2005 年美国受玩具伤害儿童人数的统计。根据欧盟非食品类消费产品快速预警系统(RAPEX)报告,欧盟委员会确认的危险消费品通报总数从 2004 年的 468 起急剧增加到 2007 年的 1 605 起,增幅达 3 倍多,如图 3 – 16 所示。占危险消费品通报总数份额最大的前五类产品为:玩具(31%)、机动车(15%)、电器用品(12%)、照明设备(6%)和化妆品(6%),上述产品的通报数约占所有被通报总数的 70%,如图 3 – 17 所示。仅 2004 年,我国因家用电器安全隐患造成的触电死亡事故就超过 3 000 人,因玩具造成伤害的人数也达数万人。我国因设计、生产失误而产生的"缺陷产品"给消费者人身、财产造成的损害也日益增多。

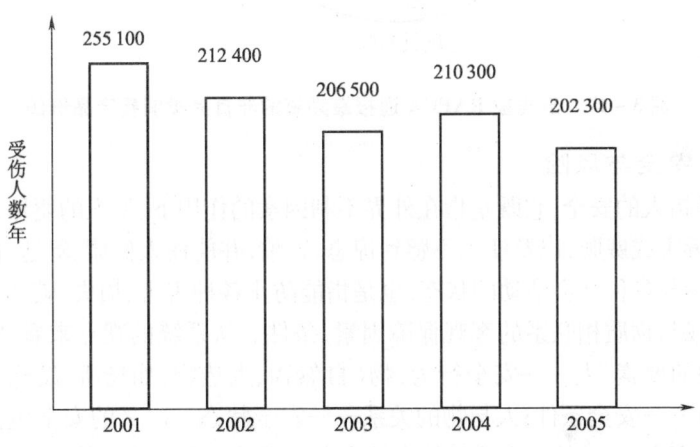

图 3 – 15 2001—2005 年美国受玩具伤害儿童人数统计

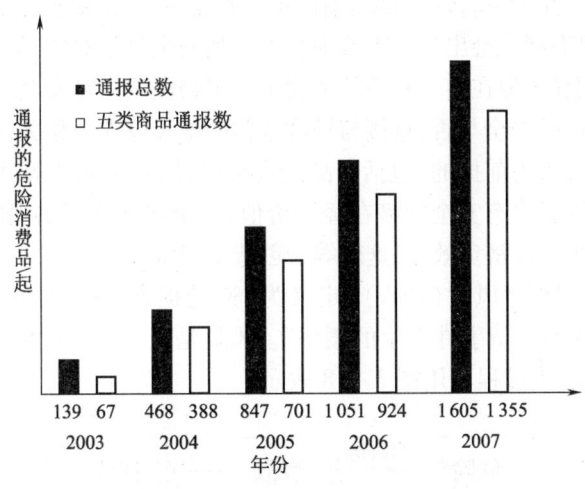

图 3 – 16 RAPEX 通报的危险消费品呈现增长趋势

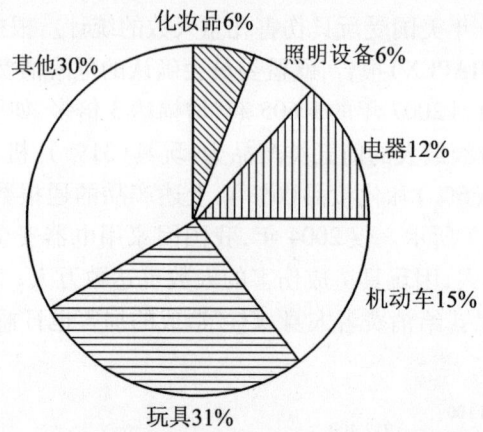

图 3 - 17　五类被 RAPEX 通报最频繁的非食品类消费产品份额

（二）安全与风险

安全是指人的安全,它既是指在外界不利因素的作用下,使人的躯体及生理功能免受损伤、毒害或威胁,以及使人不感到惊恐、害怕,并能使人健康、舒适、高效率地工作和生活,参与各种社会活动的状态,也是指能防止各种灾害、损失、破坏发生的物质的、精神的或与物质相联系的客观保障因素、条件。从系统的观点来看,安全包含三个不可或缺的要素:人——安全行为;物(自然物、人造物,如场所、设施、设备、原材料、产品等)——安全条件;人与物的关系——安全状态。广义的安全包括社会性安全和技术性安全,狭义的安全只是技术性安全。产品安全是狭义的安全,它是指产品在使用、储运、销售等过程中,能保障人体健康和人身、财产安全。客观的产品安全由明显和潜隐两种安全因素组成,它包括能识别、感知和控制的安全和无把握控制的模糊性安全。缺陷产品的危害性大都是潜隐的。产品安全取决于人、产品和人与产品的关系协调,如果失调就会出现危害或损害。产品安全是相对的,某一安全性在某种条件下认为是安全的,但在另一种条件下就不一定会被认为是安全的了,甚至可能被认为是危险的。产品安全与否,直接与经济效益的增长或损失相关,产品安全的实现是以必要的经济投入为前提的,包括产品的安全设计、安全制造等,而产品本身的安全性能及其可靠性就含有安全的潜在经济价值,安全保障所不出现的危险伤害和损坏的本身就是减少了经济负效益,这就等于创造了经济效益。

目前,多数学者将"风险(Risk)"定义为"遭受损害、损失的可能性"。或者定义为"不良结果或不期望事件发生的概率"。风险是通过事故现象和损失事件表现出来的。事故的形成过程可用图 3 - 18 表示。

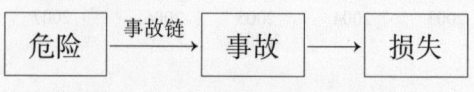

图 3 - 18　事故的形成过程

危险是事物所处的一种不安全状态,在这种状态下,将可能导致某种事故或一系列的损害或损失事件。危险的出现概率、发生何种事故及其发生概率、导致何种损失及其概率都是不确定的。这种事故形成过程中的不确定性,就是广义的风险,可写为: $R = F(H, P, L)$,式中, R 为风险, H 为危险, P 为危险发生的概率, L 为危险发生导致的损失。

在实际的风险分析工作中,人们主要关心事故造成的损失,并把这种不确定的损失的期望值叫做风险,这就是狭义的风险,也可写成: $R = E(L)$,式中, L 为危险发生导致的损失。

风险与危险的可能性有关,它表示产生某件事故的概率。

(三)产品缺陷与产品召回制度

产品缺陷是产品内在的主要不安全因素。产品缺陷,通常是指产品因设计、生产、指示、提供(包括运输、维修)等原因在某一批次、型号或者类别中存在具有同一性的、危及人体健康和生命安全的不合理危险。产品存在缺陷是构成产品责任的一个必备条件,也是承担产品责任的基础。产品责任依其构成,需具备以下条件:①有缺陷的产品;②有人身、财产的损害事实;③有因果关系,即产品的缺陷与受害人的损害事实之间存在着引起与被引起的关系。

产品缺陷依其特征可分为制造缺陷、设计缺陷和经营缺陷三类。制造缺陷,是指产品在制造过程中,因原材料、配件、工艺程序等方面存在错误,导致最终的产品具有不合理的危险性,例如,生产出有锐角的金属玩具,可能导致儿童受伤害;设计缺陷,是指产品在设计时在产品结构、配方等方面存在不合理的危险;经营缺陷,是指产品在经营过程中存在的不合理危险,例如,销售产品没有适当的警告与说明。

对于缺陷产品的处理,国际通行的较为先进的产品安全管理方式之一是产品召回制度。"召回",是指按照法律法规的程序和要求,对缺陷产品,由生产者通过警示、补充或者修正消费说明、撤回、退货、换货、修理等方式,有效预防、控制和消除缺陷产品可能导致损害的活动。缺陷产品召回是指按规定程序,由缺陷产品制造商(包括进口商,下同)选择修理、更换、收回等方式消除其产品可能引起人身伤害、财产损失的缺陷的过程。

自 20 世纪 60 年代以来,世界上有许多国家,如美国、日本、加拿大、英国、澳大利亚和韩国等,都陆续建立了产品召回制度,每年都要从市场和消费者手中招回大量的各种各样存在缺陷的、同批次的产品,使消费者免受缺陷产品可能带来的危害,有力地保障了消费者的合法权益。美国是世界上最早实施产品召回制度的国家。美国消费品召回的一般步骤包括:缺陷报告或投诉、初步危害评估、产品缺陷鉴定、召回确认和召回计划的制订、召回信息发布、召回实施、验收和召回终结等。根据美国法律,产品召回措施分为两种:①自愿召回(或主动召回);②强制召回(或指令召回)。

目前,我国还没有真正意义上的产品召回制度立法。在现有的法律法规体系中,与产品召回相关的制度仅散见于《产品质量法》、《消费者权益保护法》、消费者权益保护的地方性立法(如 2002 年上海市通过的《上海市消费者权益保护条例》)和国家在特定行业制定和实施的《缺陷汽车产品召回管理规定》(2004 年 10 月 1 日)、《儿童玩具召回管理规定》(2007 年 8 月 27 日)、《食品召回管理规定》(2007 年 8 月 27 日)、《药品召回管理办法》(2007 年 12 月 10 日)、《农业机械安全监督管理条例》(2009 年 9 月 24 日,规定了农业机械生产者应当及时召回存在设计、制造等缺陷的农业机械)等。

(四)风险评估

风险评估,是指在风险事件发生之前或之后(但还没有结束),对该事件给人们的生活、生命、财产等各个方面造成的影响和损失的可能性进行量化评估的工作。也就是说,风险评估就是量化测评某一事件或事物带来的影响或损失的可能程度。

风险评估的目的在于事先给出分析对象的风险预报。

国内外各领域内的风险评估都是遵从相同的评估程序的,即将风险评估分为危害辨识、风险估计和风险估价三个步骤,其中危害辨识和风险估计又称为风险分析。

1. 危害辨识

危害辨识是指对产品所有可能发生的危害的识别并确定其性质,然后找出可能导致危害的因素的过程。这一过程在不同领域的风险评估中有不同的方法。例如,农药等危险化学品的风险评估是对一些特定的指标参数进行识别。以农药为例具体有:农药急性毒性、农药用量、"三致"(致畸、致突变、致癌作用)、每日允许摄入量、农药对天敌等有益生物的毒性、对眼睛和皮肤的刺激作用、农药在作物或环境介质中的稳定性、农药的次级代谢转化和代谢物的安全性、农药的挥发、吸附、淋溶、水解、光解和生物蓄积等、农药对后茬作物的安全性等。而食品安全领域的危害识别则采用动物和体外试验的资料作为依据,动物试验包括急性和慢性毒性试验,但这些试验都要遵循一定的标准化的试验程序以及实验室规范(GLP)和标准化的质量保证/质量控制(QA/QC)程序。

2. 风险估计

在危害辨识之后需要对产品进行风险估计,利用已找出的可能导致危害的因素,运用科学的方法来确定风险值。在不同的领域内,风险评估的具体方法也不尽相同。例如,农药等危险化学品,其风险估计主要是在单因素评价的基础上,对其安全性进行综合评估,并最终得出风险值。农药综合评估有几种常见模式,即特菲尔专家评估法、农药参数加权法、农药毒性负荷加权法和农药急性毒性加权法。而在食品安全领域内,主要通过对膳食的调查以及食品中所含的某种化学物质暴露于人的水平和由毒理试验所得结果外推到人来计算得出某食品对人的风险。

3. 风险估价

风险估价是根据所确定出的风险值,判断此风险是否可被接受的过程。例如,农药等危险化学品的风险判断,主要是根据相关标准对其具体的指标进行判断,最终确定此风险是否可被接受。而在食品安全领域内,其风险判断与农药等的风险判断相似,其人体的每日允许摄入量(ADI 值)、每日推荐摄入量(RDI 值)等指标在国际上都有一定的标准对其进行规范限制,在通过相关试验得出人对某食品的 ADI、RDI 等值后,只要对照标准即可判断出是否可被接受。

产品风险常处于产品生命周期中的使用阶段。事实上,任何产品都会存在不同程度的危险。因此产品安全管理需要有对风险水平进行判断、分析的方法和技术手段。产品安全问题的识别和判断、危险性和伤害可能性分析、危险的消除等都建立在风险评估的基础之上。

产品的种类复杂繁多,大至汽车,小至儿童玩具,包含各种不同材质、不同用途的产品,每种产品对应的主要伤害模式和评价指标都会有不同程度的差异。但是要将产品一一进行分类再进行风险评估,几乎是不可能的。这就需要找出不同种类产品在进行风险评估时的共同点。

研究表明,各种类别的不同产品对人体造成的伤害模式却可以很容易地归纳为化学类伤害、机械类伤害和烧伤/烫伤三大类。其中又可以根据对人体伤害显现的时间长短,将机械性伤害和烧伤/烫伤归为直接伤害,将化学类伤害归为间接伤害。

（五）产品直接伤害的风险评估

直接伤害作用在人体的时间比较短暂,即时就会导致人体的伤害,这种伤害可以通过信息收集或是模拟试验等手段得到一个比较具体的严重程度,和一个量化的伤害发生概率。再通过一定的风险评估方法,可将伤害的严重程度半定量化,最终得到该产品导致某种直接伤害的风险水平。

根据这些重要特征可将产品缺陷直接伤害的风险评估程序简单分为:风险识别、风险评估、风险控制三个步骤。风险识别是指对产品缺陷导致的事故类型、影响因素以及事故发生的机制的判断识别。风险评估则是指通过选择合适的评估方法、评估分级对具体的风险水平进行评估。在风险评估之后,通过指定预防措施和应急预案或者改进自控系统等方式来进行风险控制,从而完成风险评估过程。参见图 3 - 19。

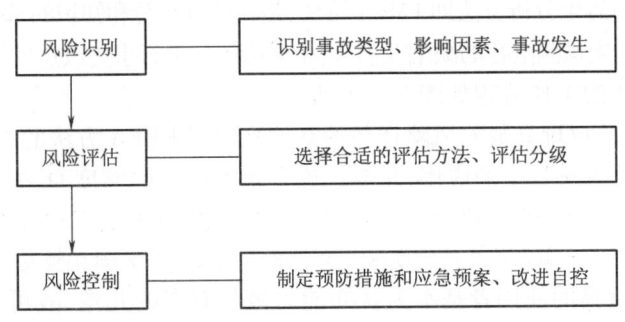

图 3 - 19　产品直接伤害缺陷风险评估步骤

直接伤害的产品风险评估程序如图 3 - 20 所示:

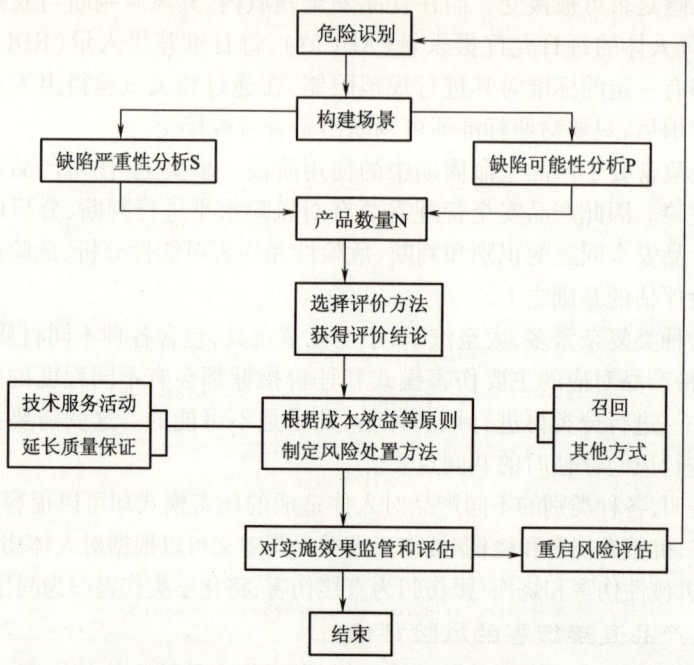

图 3 – 20　直接伤害的产品风险评估程序

目前,在产品缺陷风险评估中可供选择的评估方法有:专家评议法、FMEA 方法、风险矩阵方法、诺模图方法。在选择时可根据所收到的信息以及需要考虑的因素等来选择适当的方法。

根据直接伤害的特征,欧美等国家在直接伤害产品风险评估中,主要选择 FMEA 方法、风险矩阵方法、诺模图方法等评估方法。

1. FMEA 方法

FMEA 是"失效模式与后果分析"(Failure Modes And Effects Analysis)的英文简称。FMEA 方法在风险评估中占重要地位,是一种非常有用的方法。

失效模式与后果分析方法即 FMEA 方法,是在已有经验和知识的基础上,系统地应用质量管理技术来预测潜在的缺陷及后果,采取措施以进行事先改进的技术与方法。

FMEA 方法的工作流程如图 3 – 21 所示。

下面通过儿童玩具缺陷风险评估的案例来说明 FMEA 方法的应用。

FMEA 在儿童玩具中的应用,是要先确定缺陷产生的频度 O、失效严重度 S 以及缺陷被发现的概率 D,最终通过计算风险序数 RPN 得出评价结果:

风险序数(RPN) = 缺陷产生的频度(O) × 失效严重度(S) × 缺陷被发现的概率(D)

但因儿童玩具的使用者基本为认知能力极其有限的儿童,故可将缺陷被发现的概率这一要素忽略,不予考虑,即只考虑 S、O,D 则固定记为 10,然后来计算 RPN。

另外,考虑到儿童玩具是一简单系统,其各种伤害类型所导致的结果相对来讲

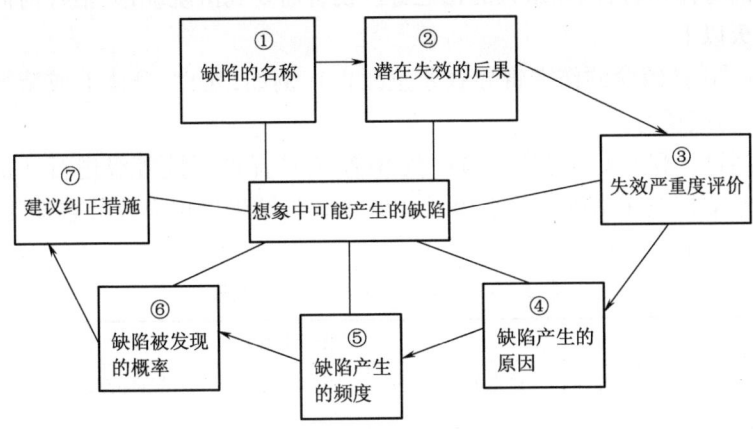

图 3 - 21　FMEA 方法流程示意图

比较稳定,所以对其 S、O 的分级可以参考产品健康与安全国际组织(ICPHSO)对 FMEA 在产品领域的应用,对其的具体分级如表 3 - 31,表 3 - 32 所示。

表 3 - 31　ICPHSO 对失效严重度(S)的分级

等级	失效严重度	严重度的影响
1	最小的	可忽略的有害影响
2	轻微的	轻微的有害影响
3	中等的	中等的有害影响
4	严重的	大的有害影响
5	致命的	最大的有害影响

表 3 - 32　缺陷产生频度(O)分级表

等级	缺陷产生的频度	危险发生的可能性
1	不大可能发生	≤1/10000000
2	很少发生	1/1000000
3	偶然会发生	1/100000
4	经常发生	≥1/1000

(1)最小的(几乎可忽略的有害影响,没有伤害):事故不需要治疗,例如,在儿童胳膊上的只感到疼痛,或短时间不适的划伤。

(2)轻微的(危害可能对儿童产生轻微伤害的或者疾病):伤害治疗在家里就很容易处理。例如包括挫伤、擦伤、碰伤或者轻微的(一级的)烧/烫伤(指表面的烧/烫伤)。

(3)中等的(危害可能对儿童产生中等的伤害或者疾病):伤害发生后需要外出就医,在家中已无法处理,需要到诊所就诊。

(4)严重的(危害可能会产生严重的伤害、疾病,或者若干损害):伤害会导致不可逆转的身体伤害,例如永久的伤疤等。伤害需要到医院就诊,治疗时间达到一天或者一天以上。

(5)致命的(致命的伤害将导致儿童死亡):例如,死亡、身体上或精神上的残疾、失去听力或视力。

最终通过计算 S×O 得到风险序数 RPN,对产品的风险等级进行评价。高的RPN 值要求立即改正措施。对于相同 RPN 的评价结果根据失效严重程度来判断,如表 3-33 所示。

表 3-33　风险序数 RPN 的对照表

缺陷产生频度	严重度等级				
	灾难性的(5)	严重的/关键(4)	中等的(3)	轻微的(2)	很轻微的(1)
不可能(1)	50	30	30	20	10
很少的(2)	100	80	60	30	20
偶然的(3)	150	120	90	60	30
经常的(4)	200	160	120	80	30

其中将 20 级的 RPN 分为四级:RPN 的分值在 10～20 的被认为是可以接受的;在 30～40 的被认为是轻度的风险;在 50～80 的被认为是中度风险;在 90～200 的被认为是高度风险。

参考 ICPHSO 的用法,将 FMEA 应用在儿童产品中,只需确定某儿童玩具可能引起的伤害类型,进一步确定此伤害发生的频率(O)以及所产生的伤害的严重度(S),即可根据上面所列表格对其风险序数 RPN 进行计算,最终评价其风险程度。

2. 风险矩阵方法

风险矩阵方法是通过对产品缺陷所导致的伤害的严重度、可能性、人群分类以及缺陷的发生是否明显,是否有预警和保护措施等因素进行评价的。

风险矩阵方法在评价之前同样也需要对严重度、可能性进行分级。根据不同的分级依据,其具体分级如下所示。

(1)在风险矩阵方法中对伤害严重度的分级如表 3-34 所示。

表 3-34　伤害严重度分级表

轻微	严重	很严重
伤害通常并非不可逆转,而且通常不需要到医院治疗	伤害通常不可逆转,而且通常需要到医院治疗	伤害不可逆转,并且需要到医院治疗
例如:轻微的切伤、很轻的骨折、轻微的烧伤、扭伤等	例如:严重的切伤、骨折、失去手指或脚趾、损伤视力、损伤听力、中等烧伤、中等残疾等	例如:死亡、严重的内脏伤害、失去四肢、失去视力、失去听力、严重的永久残疾、严重的精神异常或长时间的昏迷等

(2)在风险矩阵方法中对伤害可能性的分级如表 3-35 所示。

表 3 – 35　伤害可能性分级表

与危险产品在常规接触情况下发生伤害的可能性	产品出现缺陷的可能性		
	1%	10%	100%
危害总是出现并且在常规使用情况下伤害很可能发生	中等	高	很高
危害间歇发生并且伤害很可能发生	低	中等	高
危害间歇发生并且伤害可能发生	很低	低	中等
危害偶尔发生并且/或者伤害不太可能发生	极低	很低	低

将伤害可能性分为六个等级:极低、很低、低、中等、高、很高。

伤害可能性的划分是根据产品出现缺陷的概率和常规情况下与危险产品接触每年发生伤害的可能性来决定的。

将产品出现缺陷的概率分为:1%、10%、100% 三个等级。

将常规情况下与危险产品接触每年发生伤害的可能性分为:危害总是出现并且在常规使用情况下伤害很可能发生;危害间歇发生并且伤害很可能发生;危害间歇发生并且伤害可能发生;危害偶尔发生并且/或者伤害不太可能发生。

(3)在风险矩阵方法中对易受伤人群的分级如表 3 – 36 所示。

表 3 – 36　易受伤人群划分表

非常易受伤	易受伤
盲人	部分失去视力的人
严重残疾的人	部分残疾的人
很老以及很虚弱的人	老人和身体、精神上有缺陷的人
儿童(5 岁以下)	小孩(5 ~ 11 岁)

将易受伤人群分为非常易受伤和易受伤两个等级:

①非常易受伤人群包括:盲人、严重残疾的人、很老以及很虚弱的人、儿童(5 岁以下)。

②易受伤人群包括:部分失明的人、部分残疾的人、老人和身体、精神上有缺陷的人、小孩(5 ~ 11 岁)。

(4)根据以上各种因素综合考虑得出风险矩阵方法风险水平的总体评价图如表 3 – 37 所示。

3. 诺模图方法

一般来说,我们都可以根据伤亡事故的统计指标评价系统的危险性,但是,这种评价属于对过去的安全状态的评价。安全工作最关心的是在事故出现之前预测到发生伤亡事故的危险性。应用危险性评价"诺模图"正是为了减少危害,使危险性最小。如果在早期设计阶段不能根除危害,则通过这种评价,可以使人们认识到危险程度,先行采取预防措施,降低威海的可能性。

诺模图方法在欧洲的产品风险评估中应用很广。诺模图方法使用便捷,通过图示的方法,简便、直观地体现评价过程及结果。诺模图的评价方法如图3-22所示。

表3-37 风险矩阵方法总体评价图

	伤害严重度			风险水平	易受伤人群		正常成人			
	轻微	严重	很严重	很高	极易受伤	易受伤	无预警无保护	有预警无保护	无预警有保护	有预警有保护
伤害可能性		很高	高	高	严重	严重	严重	严重	严重	严重
	很高	高	中	中	严重	严重	严重	严重	严重	中等
	高	中	低	低	严重	严重	严重	中等	中等	中等
	中等	低	很低	很低	严重	中等	中等	中等	中等	低
	低	很低		很低	中等	中等	中等	低	低	低
	很低				中等	低	低	低	低	低

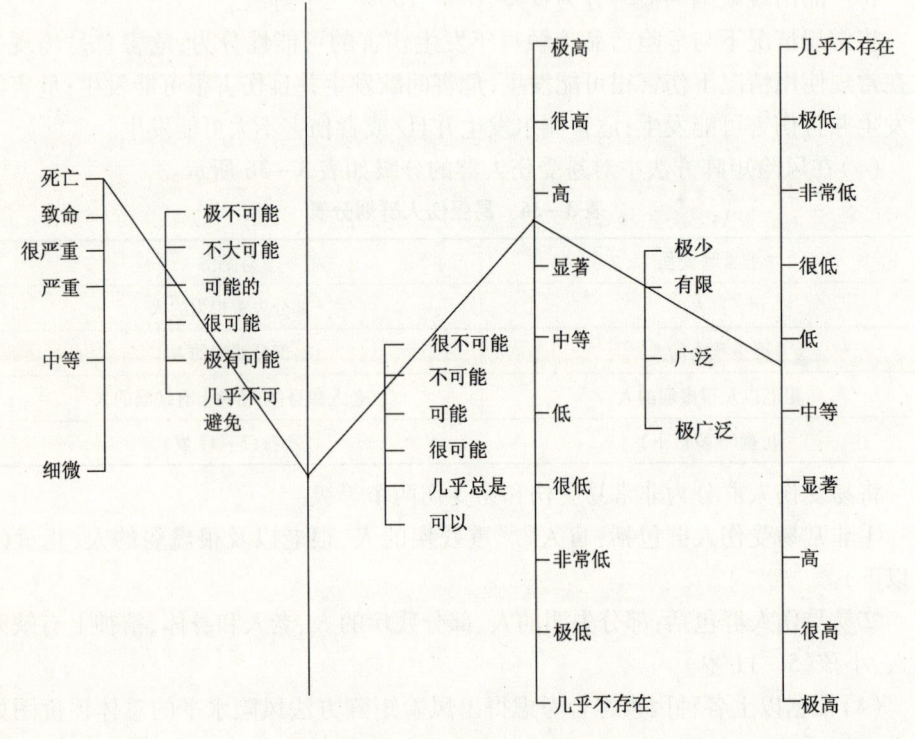

图3-22 诺模图评价方法示意图

图中第一列为伤害的严重度等级,由上而下依次为:死亡、致命、很严重、严重、中等、细微六个等级;第二列为伤害的可能性等级,由上而下依次为:极不可能、不太可能、可能的、很可能、极有可能、几乎不可避免六个等级;第三列为辅助线;第四列为危害的可识别等级,由上而下依次为:很不可能、不可能、可能、很可能、几乎总是可以五个等级;第五列为风险等级,由上而下依次为:极高、很高、高、显著、中等、低、很低、非常低、极低、几乎不存在十个等级;第六列为产品的使用广度,由上而下依次为:极少、有限、广泛、极广泛四个等级;第七列为最终风险等级,由上而下依次为:几乎不存在、极低、非常低、很低、低、中等、显著、高、很高、极高。

这样,通过确定某一产品伤害的严重度、可能性、危害可识别以及产品的应用范围就可以迅速确定出此伤害的最终风险等级。

（六）产品间接伤害的风险评估

自从石油化学工业发展以来,人类的生活中便充斥着各种各样的化学制品,从衣服鞋帽到餐具、洗涤剂、化妆品,从桌布、床罩到各式装潢、小孩玩具、公交车辆,几乎一切人们接触的产品,多少总与合成化学品有关。以应用广泛的塑料为例,聚氯乙烯塑料因可能含有致癌的氯乙烯,而不能用作食品包装;聚苯乙烯塑料因所含的有机物在水中会溶出,所以不能用来存放湿性食物;儿童喜欢啃咬手中的东西,因而不能用含毒塑料制作儿童玩具。还有一些重金属、有机物等有毒有害物质,广泛存在于一般消费品中,例如纺织品在其生产过程中,除了原料纤维在其种植或饲养中可能会有农药残留外,为了改善纺织品各种性能,通常在加工中要加入会分解致癌芳香胺的某些染料、可能释放有害游离甲醛的反应剂、有毒的重金属物质或含氯染色载体等,这些有毒有害物质会通过皮肤、口腔及呼吸器官进入人体,从而产生不同程度的伤害。含有有毒有害物质的产品,除了纺织品外,还有轻工业品、家具、玩具等。近年来,美国CPSC以及欧盟RAPEX对缺陷产品频频发出召回或通告,对儿童玩具的召回或通告占了很大一部分,其中由于玩具中含有有毒有害化学物质占据了一定比例。

1. 间接伤害的特点

有害有毒物质进入人体的途径有三个:经呼吸进入、经口腔进入和经皮肤进入,即主要通过呼吸道、消化道和皮肤进入人体。所以对产品中有害有毒物质对人类健康影响评估也需要从这三个方面来考虑。

化学物质具有选择毒性的性质,即对人体的伤害也具有选择性。化学物质被吸收后随血液分布到全身各个组织器官,但其直接发挥毒性作用的部位往往只限于一个或几个组织器官,即所谓的靶器官。许多化学物质有特定的靶器官,另有一些则作用于同一个或同几个靶器官。

化学伤害不同于机械伤害,化学伤害作用于人体时,根据其剂量的大小,导致的伤害严重程度是不同的,而且伤害往往不会即时表现出来,需要通过一定时间,在一定的生命活动过程中,才会表现出相应的伤害症状。在人们使用轻纺产品的过程中,产品中有毒有害物质的伤害,会随着皮肤、口腔、呼吸等途径进入人体,或者其他的和人体食物链有关的生物体中,进而随着食物链进行传递并可能在生物体内富集,达到一定浓度后对人体产生伤害。

此外,产品中一般都不止含有一种有害有毒物质,而是同时含有多种有毒有害物质,因此所造成的伤害也是多种有毒有害物质共同作用导致的。这就要求在进行轻纺产品的有毒有害物质风险评估时,不能只评估一种有毒有害物质,而是要对轻纺产品中所含的所有有毒有害物质进行风险评估。

2. 间接伤害的风险评估程序

对于产品的有毒有害物质的风险评估,就是对产品中各种有毒有害物质可能对人体造成的伤害或危害的风险水平进行评估,也就是对产品可能造成的人体健康风险进行评估。

根据产品中有毒有害物质的伤害特点以及产品风险评估的特点,并结合机械、生产、食品等相关领域风险评估的方法特点,可将产品可能影响人体健康的风险评估分为以下三个步骤:

(1)影响评估,包含:Ⅰ.危险识别:辨识出某化学品固有的、可能导致的不良影响;Ⅱ.剂量(浓度) - 反应(影响)评估:评估剂量,或者暴露到某种物质的水平,和发生率以及影响的严重度的关系。

(2)暴露评估:评估对于人群(例如,工人、消费者和那些直接通过环境暴露的人)或者环境(水环境、陆地环境和大气环境)可能暴露的浓度/剂量。

(3)风险特征描述:对由于现实的或者可预见的对于某物质的暴露,可能发生在人群中或者环境中不良影响的发生率和严重度的评估。可能会包含“风险判断”,例如,对可能性的量化。

通过上面这三个大的步骤,即可完成对产品中有毒有害物质的风险评估,在风险评估结果的基础上,确定出此风险是否可被接受,如果不能被接受,则确定出相应的风险控制措施,使其风险降低到能够被接受的水平,从而完成产品中有毒有害物质的风险管理。具体的风险管理程序如图 3 - 23 所示。

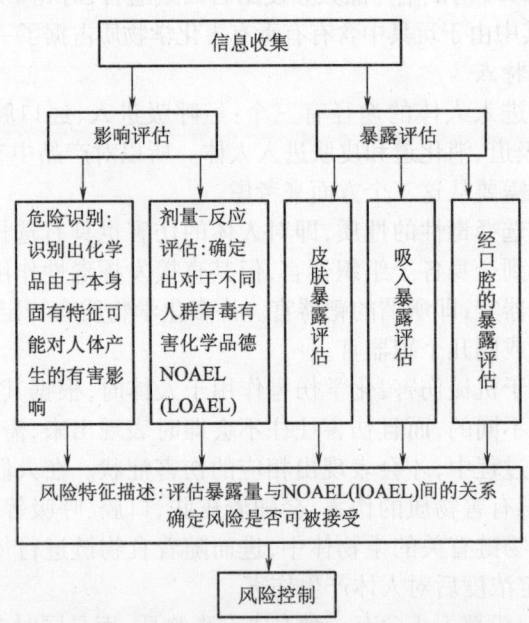

图 3 - 23　产品有毒有害物质风险评估程序

注:NOAEL——No Observed Adverse Effect Level 的英文简称,意即“无可见有害作用水平”,它是指“在规定的试验条件下,用现有的技术手段或检测指标未观察到任何与受试样品有关的毒性作用的最大染毒剂量或浓度”。

LOAEL——Lowest Observed Adverse Effect Level 的英文简称,意即“最低可见有害作用水平”,它是指在规定的试验条件下,受试样品引起实验动物形态、功能、生长发育等发生有害改变的最低染毒剂量或浓度。

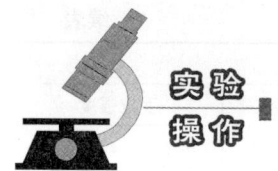

纺织纤维的鉴别

一、实验目的

通过实验,了解各种纺织纤维的特点及三种常用的鉴别纤维方法;同时了解普通生物显微镜和哈氏切片器的构造及使用方法。

二、实验用具、仪器和试剂

显微镜、盖玻片、载玻片、液状石蜡或甘油、火棉胶、酒精灯或煤气灯、镊子、火柴、Y172 型纤维切片器(哈氏切片器)、刀片。

三、实验用样品

纤维材料:棉、毛、麻、丝、粘胶、涤纶、锦纶、腈纶、维纶、丙纶、氯纶。

四、实验方法

(一)手感目测法

1. 原理

根据纺织纤维的外观、形态、色泽、手感、手拉强度(干/湿)可定性地鉴别出纺织纤维的类型。

2. 各种纤维的特点及鉴别

(1)天然纤维(棉、毛、麻、丝)

棉纤维:手感细软,纤维短,含杂质,色泽为黄色。

麻纤维:手感粗硬,有小胶束,色泽为土黄色。

羊毛纤维:手感柔软,富有弹性,纤维长,卷曲,色泽为奶白色。

蚕丝(生丝):手感柔软,有触感,纤维细长,有光泽,色泽为象牙白。

(2)化学纤维(涤纶、锦纶、腈纶、维纶、丙纶、氯纶)

长度整齐,色泽洁白。

(3)合成纤维(粘胶)

长度整齐,色泽较白。

3. 实验结果

将上述鉴别结果用文字描述的方式填写在表 3 – 38 中。

表 3 – 38　手感目测法鉴别纤维结果

纤维种类	鉴别项目				
	外观	形态	色泽	手感	手拉强度
棉					

纤维种类	鉴别项目				
	外观	形态	色泽	手感	手拉强度
麻					
羊毛					
桑蚕丝					
人造丝					
涤纶长丝					
锦纶长丝					
腈纶					

(二)显微镜观察法

1.原理

利用生物显微镜的放大作用,通过观察各种纤维的纵向及横断面形态结构特征来鉴别纤维的种类。

2.各种纤维的纵向及横断面的形态结构特征

(1)棉纤维。棉纤维纵向呈扁平带状,具有天然的转曲。横断面为不规则的腰圆形,有中腔。

(2)麻纤维。苎麻和亚麻的单纤维纵向粗细不匀,带有竹状横节和长型条纹。其横断面为多角形或不规则的椭圆。

(3)羊毛。绵羊毛纵向表面粗糙,有细密的鳞片包覆在纤维表面。细毛的横断面为圆形,粗毛的横断面为椭圆形。

(4)蚕丝。蚕丝纵向平直、透明、滑润,断面形状近似三角形。

(5)粘胶纤维。粘胶纤维纵向有条纹,断面为锯齿形,有皮层痕迹。

(6)各种化学纤维(涤纶、锦纶、腈纶、丙纶)。其纵向光滑、平直、丰满。其中,涤纶、锦纶、湿纺腈纶、丙纶的横截面为圆形;干纺腈纶横断面为哑铃形。各种纤维的形态结构见图3-24。

3.操作步骤和方法

(1)纤维纵向的形态结构观察。取少量纤维,用手扯法理直,排列在载玻片上,加一小滴液状石蜡(或甘油),盖上盖玻片,排除空气泡,显微镜下观察。

(2)纤维横截面形态结构观察。首先要制作纤维切片。纤维切片是将纤维沿直径方向切成薄片,在显微镜下观察其横断面形态及结构特征。

纤维是细长、柔软的物体,宽度只有几十微米,只有当切下的长度比直径还小时,才可避免纤维倒伏现象,这样才能清楚地观察到它的横断面形态及结构特征。

常用的纤维切片器叫哈氏切片器。见图3-25。

哈氏切片器的操作方法如下:①取Y172型纤维切片器,松开螺丝4,取下销子5,将螺座6取下,抽出金属板1。②取一束纤维,用手扯法整理平直,把一定量的纤维放入金属板2的凹槽中,将金属板1插入,压紧纤维,纤维数量以轻拉纤维束时

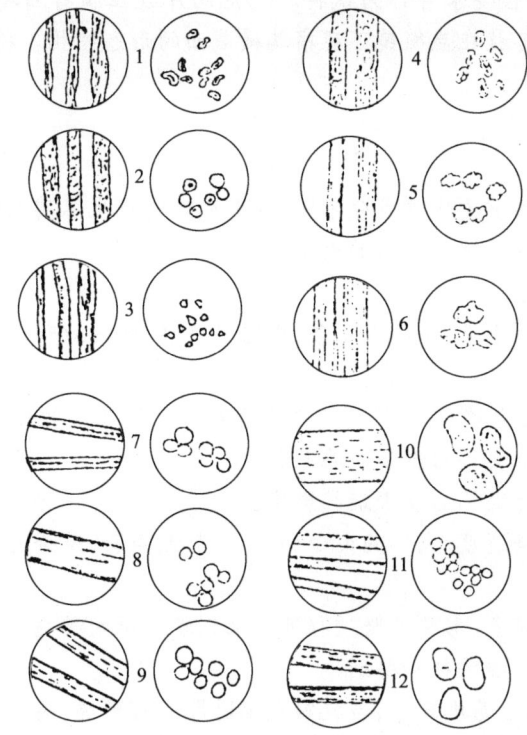

1—棉　2—羊毛　3—蚕丝　4—亚麻　5—粘胶纤维　6—醋酯纤维　7—涤纶
8—锦纶　9—腈纶（Nachs 法）　10—维纶　11—丙纶　12—氯纶（湿法）

图 3 - 24　各种纤维的形态结构

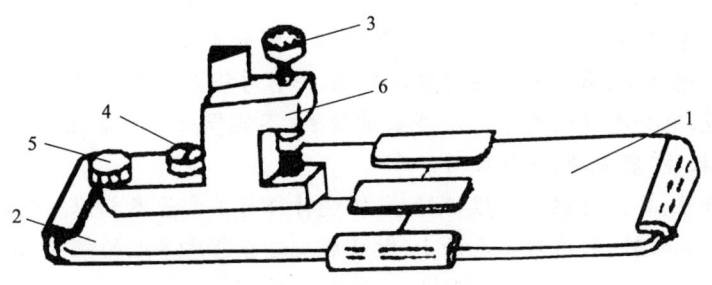

1—金属板　2—金属板　3—精密螺丝　4—螺丝　5—销子　6—螺座

图 3 - 25　Y172 型纤维切片器（哈氏切片器）

稍有移动为宜。③用锋利刀片切去露在金属板正反面外的纤维。④将螺座 6 放在工作位置上，销子 5 定位，旋紧螺丝 4，此时精密螺丝 3 的下端推杆应对准纤维束上方。⑤旋转精密螺丝 3，使纤维束稍伸出金属板表面，然后在露出的纤维上涂一薄层火棉胶。⑥待火棉胶干燥后，用锋利刀片沿金属板表面切下第一片试样，由于第一片厚度无法控制，一般舍去不用，然后由精密螺丝 3 控制切片厚度，重新进行数次切片,从中选出符合要求者作为试样。⑦把切片放在滴有石蜡或甘油的载玻片上,盖上盖玻片,即可放在显微镜下观察其横截面的形态结构。将观察到的物象描绘在实验报告纸上。

（三）燃烧法

1. 原理

各种纺织纤维的主要化学成分不同,在燃烧时会产生不同的燃烧现象,通过观察纤维的燃烧特征可以确定纤维的大类。

2. 操作步骤和方法

取少许纤维各一小束,手捻成小条,用镊子夹住,缓慢地移近酒精灯火焰,仔细观察燃烧情况:

①先将纤维靠近火焰,观察纤维受热后的变化情况,有无软化、收缩及熔解现象;

②观察纤维接触火焰后燃烧的难易程度;

③观察纤维离开火焰后能否继续燃烧;

④观察纤维燃烧速度、火焰的大小和颜色,有无声音,是否冒烟及烟的颜色、烟量及气味等;

⑤观察灰烬的颜色、形状及坚硬程度等来判断纤维的种类。

3. 各种纤维的燃烧特征和鉴别

棉纤维:棉纤维是易燃纤维,当接触火焰时即引起燃烧,离开火焰后继续燃烧,燃烧速度快并产生橙黄色火焰,稍有灰白色烟及燃烧气味,燃烧后能保持原绒状态,灰烬松软、易碎,呈灰白色,纤维的烧焦部分为黑褐色。

麻纤维:麻是易燃纤维,燃烧特征与棉相似,灰烬颜色稍浅。

粘胶纤维:它是极易燃纤维,燃烧特征基本与棉相似,但粘胶纤维燃烧速度非常快,灰烬少,有时不易保持原绒状态。

羊毛纤维:羊毛纤维是可燃纤维,当接触火焰时不立即燃烧,先卷缩,后冒烟,然后纤维起泡燃烧,离开火焰能够继续燃烧,但有时熄灭。燃烧时,火焰呈橘黄色,燃烧速度慢,有烧毛发的臭味。灰烬数量较多,不能保持原绒状态,呈黑褐色不定形或球状,松脆,有光泽,一压即碎。

蚕丝纤维:蚕丝纤维是可燃性纤维,燃烧特征与羊毛基本相似。燃烧后烧毛发的臭味较羊毛略轻,起泡较羊毛的小,燃烧后灰烬颜色比羊毛的稍浅,呈深褐色,为松脆的小球。

涤纶纤维:涤纶纤维是可燃烧纤维。当纤维接近火焰时,产生软化收缩,与火焰接触时,一边熔融一边燃烧。离开火焰可以继续延燃,但有时会熄灭,燃烧时有熔融物滴落,火焰呈黄色且明亮,焰边蓝色,火焰顶端有黑烟,燃烧速度慢,略有芳香气味,灰烬为黑褐色硬块,不易压碎。

锦纶纤维:锦纶纤维是可燃烧纤维。当接近火焰时,纤维软化收缩,与火焰接触时,一边熔融一边燃烧。离开火焰可以继续延燃,但有时会熄灭,燃烧时有熔融物滴落,其透明的胶状熔融物可拉成细丝。火焰微弱呈黄色且明亮,边缘呈蓝色或无火焰,有烧火漆味。燃后灰烬呈褐色硬块,坚硬不易压碎。

腈纶纤维:腈纶纤维是易燃纤维。当接近火焰时,纤维软化收缩,与火焰接触时引起燃烧,离开火焰可继续延燃,火焰呈黄色并有闪光,燃烧速度快,并发出类似煤焦油的鱼腥味。灰烬呈不规则的黑褐色块状,易压碎。

丙纶纤维:丙纶纤维是可燃性纤维。当接近火焰时,纤维软化收缩,与火焰接触时一边熔融一边燃烧,离开火焰可以继续延燃,但有时会熄灭。燃烧时有胶状熔融物滴落,并有类似烧石蜡的气味。燃后灰烬呈不定形硬块,略透明,似蜡状,不易压碎。

4. 实验结果

将上述实验结果记录在表 3 - 39 中,并讨论实验中的情况。

表 3 - 39 各种纤维燃烧时的实验结果

纤维名称	燃烧情况和气味				
	近火焰	触火焰	离火焰	灰烬	气味
棉					
麻					
羊毛					
蚕丝					
粘胶纤维					
涤纶					
锦纶					
腈纶					
丙纶					

一般情况下,采用一种方法通常不能准确地鉴别纤维的种类,须采用几种方法进行综合分析,才能作出准确地判断。上述方法中比较简便易行又经常使用的是燃烧法、手感目测法和显微镜观察法。

实验思考题

1. 手感目测法对区分哪类纤维是有效的?
2. 如何从纤维的物理形态结构探讨其性能。
3. 燃烧法适用于哪些纺织产品的鉴别?为什么?
4. 通过纤维横截面形态结构的观察能鉴别纺织纤维的品种吗?

思考练习题

1. 糖类、蛋白质和脂肪各有哪些营养功能?食用时应注意哪些问题?

2. 什么叫水分活性? 它与食品的安全储存有何关系?

3. 维生素缺乏或过量摄入可能产生哪些问题?

4. 简述食品微生物污染的途径和防治办法。

5. 农药残留问题对我国食品出口带来哪些不利影响?

6. 试分析天然纤维和合成纤维各自的优缺点。

7. 解释下列名词:缩水率,完全组织,保温性,染色牢度。

8. 我国服装号型的组成及其意义。

9. 试综合比较平纹织物、斜纹织物和缎纹织物的优缺点。

10. 如何提高纺织品的抗静电性?

11. 解释下列名词术语:食品卫生、食品安全、每日允许摄入量(ADI)、食品添加剂、转基因食品、纺织生态学、食源性危害、产品缺陷、缺陷产品召回、风险评估。

12. 食品添加剂使用时应符合哪些基本要求?

13. 试分析食品安全、食品质量和食品卫生三者之间的关系。

第四章

商品质量与质量管理

第一节　质量与商品质量

一、质量的概念

人们对质量（Quality）的认识是随着科学技术、经济和社会的发展而不断深化的。从不同的实践角度来观察和体验质量的本质及其内涵，人们对质量这一术语有着不同的解释和理解。归纳起来，关于质量的定义主要有以下几种类型。

（一）质量是"符合规格"

美国著名质量管理专家克劳斯比（P. B. Crosby）认为，质量并不意味着好、卓越、优秀等，质量就意味着对于规范或要求的符合（Conformance to Requirement）。谈论质量只有相对于特定的规范或要求才是有意义的，合乎规范或要求就意味着具有质量；反之，不合格就意味着缺乏质量。这种定义很实用，很有市场，但其局限性也非常突出。因为作为规范的标准或技术要求有先进和落后之别，用落后标准衡量的"合格"甚至"百分之百合格"，并不能说明其质量优秀，另外，标准或技术要求也很难反映顾客的全部需要和要求，尤其是潜在的要求和变化着的要求。

（二）质量是"适用性"

世界著名质量管理专家朱兰（J. M. Juranl）从用户的角度出发，提出了"质量即适用性（Fitness for Use）"的著名观点。他这样解释"适用性"："所谓适用性是指产品在使用期间能够满足用户的需要。"他认为，适用性普遍适用于一切产品或服务，是由用户所要求的产品或服务特性决定的，适用性的评价也是由用户做出的，而不是由产品制造商或者服务提供商做出的。朱兰的质量定义体现了质量最终决定于产品或服务的消费过程以及用户的使用感受、期望和利益的本质，成为用户型质量观的一种代表性理论，得到了世界的普遍认同。

（三）质量是"用户和社会损失"

日本著名质量管理专家田口玄一认为，质量是产品上市后给予用户和社会的损失大小，但是功能本身所产生的损失除外。他将质量所定义的"损失"限定为

"功能波动损失"和"弊害项目损失"两种。例如,洗衣机在使用时出现的转速不稳属于"功能波动损失",而洗衣机在使用时出现的振动和噪声大则属于"弊害项目损失"。又如,酒能醉人是它的一种功能,因酗酒而蒙受的损失属于由功能本身产生的损失,不属于酒本身的质量问题,应属于酗酒者饮用不当的问题。至于社会允许何种功能的商品,那是文化问题,是法律问题,而不是技术问题。田口的质量定义仍然属于用户型质量观的理论描述,但从逆向的损失角度来描述质量概念无疑是一种创新,它为质量的定量化提供了方便。

(四)质量是"各种特性的综合体"

世界著名质量管理专家菲根鲍姆(A. V. Feigenbaum)在《全面质量管理》中提出:"产品或服务质量可以定义为:产品或服务在营销、设计、制造、维修中各种特性的综合体,借助于这一综合体,产品或服务在使用中就能满足顾客的期望。衡量质量的主要目的就在于,确定和评价产品或服务接近于这一综合体的程度或水平。有时也使用其他的术语(如可靠性、售后服务能力、可维修性等)来定义产品质量。显然,这些术语只是构成产品或服务质量的个别特性。

正确认识这一点很重要,因为在确定某一产品的'质量'的关键要求时,需要在经济上综合平衡,即权衡各种个别质量特性的得失。比如说,某一种产品在其预期的寿命周期中,在预定的使用环境和条件下必须随时执行指定的功能。对这种产品的质量的关键要求当然是要有高的可靠性。然而,生产必须安全又具有压倒一切的重要意义。同时,产品在其寿命周期中必须要有足够的售后服务能力和可维修性。产品要有适合于顾客要求的外观,所以它又必须具有吸引力。当综合平衡了所有这些特性之后,'恰到好处'的质量也就组成为综合体。它为预期的产品功能提供了最大的综合经济效益,除此之外,它还考虑到产品废弃和服务过后的情况,这就是关于以全面满足消费者要求为主的'质量'的概念。"

根据菲根鲍姆对质量的定义,质量是由顾客来判断的,而不是由设计师、工程师、营销部门或管理部门来确定的。顾客根据其对某种产品或某项服务的实际经验同他的需要对比而做出判断。

(五)质量的标准定义

质量的概念所描述的对象早期仅限于有形产品,以后延伸到无形产品,又扩展到了过程、活动、组织以及它们的组合,反映了质量概念的广泛包容的发展趋势。国家标准 GB/T 19000—2008/国际标准 ISO9000:2005《质量管理体系 基础和术语》对质量的定义是:"一组固有特性满足要求的程度。"

质量的标准定义综合了上述各种质量定义的研究成果,并加以抽象、概括,以便具有广泛的适应性,因而给我们的理解带来一定的困难。为了准确地理解该定义,应该注意以下要点:

1.质量标准定义的广泛包容性

质量的标准定义并未明确界定质量的载体,这是为了使质量定义体现广泛的适应性和包容性,因而其载体可以泛指一切可单独描述和研究的事物。质量的载体既可以是产品或服务,也可以是过程、组织乃至它们的部分或组合。

2."固有特性"与"赋予特性"的区别

特性一般是指可区分的特征,诸如物质的(理化的)特性(机械的、电学的、热学的、光学的、化学的或生物学的特性等)、感官的特性(因嗅觉而产生的气味、因听觉而产生的声音、因视觉而产生的色彩、因触觉而产生的感觉等)、行为的特性(礼貌、诚实、守信等)、时间的特性(准时性、可靠性、可用性等)、人体工效的特性(生理的特性或有关人身安全的特性)和功能的特性(如洗衣机洗净度、飞机的最高速度)等。

(1)特性可以是固有的,也可以是赋予的。"固有的"就是指某事物中本来就有的,尤其是那种永久的特性,如螺栓的直径、冷暖空调的制冷/制暖特性、洗涤剂的去污特性等物质特性或功能特性等。

"赋予的"意味着不是"固有的",不是某事物中本来就有的,而是产品制成后因不同的要求或需要而对产品人为地增加的特性,如产品的价格、产品的分类代码、产品的供货时间和运输要求(如运输方式)、售后服务要求(如保修时间)等特性。

(2)产品的固有特性与赋予特性是相对的,某些产品的赋予特性可能是另一些产品的固有特性。例如:交货期及价格对有形产品而言,属于赋予特性;但对无形的运输服务而言,就属于固有特性。

(3)特性可以是定性的或定量的。固有特性的要求大多是可测量的,它们满足要求的程度才反映为质量的好坏。赋予的特性并非是产品或过程的固有特性,不反映在质量范畴中。

3.定义中"要求"的内涵

"要求"是指"明示的"、"通常隐含的"或"必须履行的"需求或期望。

(1)"明示的"要求可理解为规定的要求。例如,在合同中阐明的要求或顾客明确提出的要求。

(2)"通常隐含的"要求,是指组织、顾客和其他相关方的不言自明的惯例或习惯做法。

所谓"组织"是指公有的或私有的公司、集团、商行、代理商、事业单位、研究机构、社团等的部分或组合;"顾客"是指接受产品或服务的组织或个人,如消费者、最终用户、零售商、采购方、委托人等;"相关方"是指与组织的业绩或成就有利益关系的个人或团体(由一个组织或其一部分或多个组织构成),例如顾客、公司员工和股东、供方、银行、工会、合作伙伴和社会等。

(3)"必须履行的"要求,是指法律法规要求的或强制性标准要求的。如食品安全法或强制性国家标准《音频、视频及类似电子设备　安全要求》(GB 8898—2011)的相关要求,组织在食品或音频、视频及类似电子设备的生产、流通过程中必须执行。

(4)要求可由不同的相关方提出,不同的相关方对同一产品的要求可能是不同的。如对汽车来说,顾客要求美观、舒适、轻便、省油,但社会要求对环境不产生污染。组织在确定产品要求时,应兼顾各相关方的要求。

4.质量具有广义性、时效性和相对性

从上述质量的定义及其阐释中,我们可以知道:质量的内涵是由其载体的一组固有特性组成,并且这些固有特性具有不同程度地满足顾客及其他相关方要求的能力。随着科技进步和社会经济发展,质量载体和固有特性的内涵都会随着顾客及其他相关方要求的变化而发生变化,因而质量不是静态的,而是动态的。

质量具有广义性、时效性和相对性。质量的广义性表现为,组织的相关方对组织的产品、过程或服务都可能提出要求,而产品、过程和服务又都具有固有特性,因此,质量不仅是指产品质量,也可指过程和服务的质量;质量的时效性表现为,组织的顾客和其他相关方对组织及其产品、过程和服务的需求和期望是不断变化的,因此组织应定期对质量进行评审,不断地调整对质量的要求,相应地改进产品、过程和服务的质量,才能持续地满足顾客和其他相关方的要求;质量的相对性表现为,组织的顾客和其他相关方可能对同一产品的功能提出不同的需求,也可能对同一产品的同一功能提出不同的需求,需求不同,质量要求也就不同,只有满足要求的产品才会被认为是质量好的产品。

二、商品质量

商品质量是商品学研究的中心内容,也是经济管理工作永恒的主题。

(一)商品质量的概念

商品质量,是指产品(有形商品)或服务(无形商品)的一组固有特性满足要求的程度。在这里,明示的、必须履行的要求是指在法律、法规、标准、规范、图样、技术要求和其他文件中已经做出的规定,如相关的国际条约或法律、国内的法律与行政法规、产品或服务的质量标准或规范、买卖双方的合同等方面的明确规定。而隐含的要求是指顾客包括其他相关方对产品或服务的期望以及他们公认的、不言而喻的、不必明确的要求。

在评价商品质量的优劣时,我们不能仅仅考虑商品所能满足顾客要求的那些固有特性,还必须考虑能满足其他相关方要求即涉及他人的社会整体利益的法律、法规、环境保护、社会伦理道德等要求的那些固有特性。商品要想能够符合规定和隐含要求,只靠一、两个固有特性是无法满足这些复杂要求的,要靠一组固有特性才能满足这些要求。

通常我们所说的商品质量是指产品(有形商品)的质量,这是狭义的商品质量。广义的商品质量既包括产品(有形商品)质量,也包括服务(无形商品)质量。商品学对于商品质量的研究正逐步从狭义的商品质量向广义的商品质量过渡。

(二)现代的商品质量观

随着科学技术的进步,经济的发展,促使商品交换逐渐从卖方市场转变为买方市场,供不应求转化为供大于求,市场竞争从价格竞争转向质量竞争特别是服务质量竞争。人们不再仅仅满足于基本的物质需要,开始追求更高层次的精神文化需要的满足,追求与人们根本利益相一致的社会需要(如节约资源和保护环境的需要)的满足。现代的商品质量观不仅考虑商品的内在质量和个体性质量,并且越来越注重商品的外观质量、服务质量和社会质量。商品的外观质量是人们通过感觉器官(视觉、嗅觉、听觉、触觉等器官)而能直接感受或识别的商品质量。商品的内在质量是人们无法直接感受或识别的商品质量,需要经过实际使用或通过仪器测量才能间接地识别和判断。商品的服务质量是指顾客购买商品前后所能享受到实物质量、劳务质量、设备设施质量或场所环境质量的部分或综合。商品的社会质量是指商品从生产、流通直到消费及废弃阶段,应具有满足全社会利益所必需的特性,如不污染自然环境、节约有限的能源或其他资源、不违背现行法律和社会伦理道德等。

三、商品的质量特性

(一)商品质量特性的概念

商品的质量特性是指商品与用户要求及其他相关方要求有关的固有特性。

测量商品的质量特性所得到的数据,称为商品的质量特性值。

商品的质量特性是从用户、设计人员、制造人员、其他相关方或社会等多视角、多层次地认识、度量与最终确立商品质量要求的定量或定性的结果,是考核、检验、评价商品质量的主要依据,是商品能够满足人们与社会的需要和要求的基础。商品的质量特性是商品能够满足人们与社会的需要和要求的基础。商品质量是商品质量特性的综合体,是经过调研、设计、制造、检验、运输、储存、销售、使用等一系列环节由质量特性综合平衡、选择和转换的结果。一般来说,为了满足人们和社会某种需要或要求,仅靠商品的一个质量特性是无法完成的,要靠几个、十几个,甚至更多个质量特性即一组质量特性才能完成。该组中的每个质量特性对商品质量的形成都有贡献,但其贡献大小或者说重要程度却不相同,并且因使用目的和用途不同而发生变化。如果我们在评价和管理商品质量时不区分众多质量特性的重要程度,就无法抓住关键,甚至顾轻忽重,导致错误的质量评价和管理决策。

按照质量特性的重要程度,商品质量特性可分为:关键质量特性、重要质量特性和次要质量特性。关键质量特性是指若达不到规定的该特性值要求,会直接影响商品安全性或商品整体功能丧失的质量特性。重要质量特性是指若达不到规定的该特性值要求,将造成商品部分功能丧失的质量特性。次要质量特性是指若达不到规定的该特性值要求,暂时不影响商品功能,但可能会导致商品功能的逐渐丧失的质量特性。

衡量商品质量的好坏,主要看质量特性满足用户需要的程度。我们把直接反映用户期望和要求的质量特性,称为真正质量特性,例如纺织材料的保暖(保温)性。保暖性像其他真正质量特性一样,依据现有测量技术很难直接测出和定量表示,因而人们只能设计出平板式保温仪转而测试纺织材料对于热传递的阻抗(即保温率指标),这是因为纺织材料对于热量传递的阻抗越大,就越不容易散热,从而保暖性就好。我们把这种根据真正质量特性相应确定一些可直接测量并间接反映真正质量特性的技术经济参数,称为代用质量特性。把反映商品质量特性的技术经济参数明确规定下来,形成技术文件,这就是商品质量标准或称技术标准。

商品质量特性又可概括为产品(有形商品)质量特性和服务(无形商品)质量特性两大类。

(二)产品质量特性

1.性能

性能是指为实现预定使用目的或规定用途,产品必须具备的基本性质和功能,它是构成产品使用价值的基本条件。

性能包括内在质量特性和外在质量特性。内在质量特性包括成分、结构、尺寸、重量、精度、功率、强度、材质、物理性能、化学性能等。外在质量特性包括外观、形状、颜色、光泽、气味、味道、手感等。例如,精梳羊绒织品(FZ/T 24009 – 2010)的内在质量特性包括幅宽偏差、平方米重量允差、尺寸变化率、起球、断裂强力、撕破强力、色牢度和纤维含量等;其外在质量特性包括局部性疵点、散布性疵点、呢面、手感和光泽等。又如"分割鲜、冻猪瘦肉"(GB/T 9959.2—2008)的内在质量特性包括汞、镉、铅、砷等重金属的允许限量,农药六六六、滴滴涕、敌敌畏等和兽药金霉素、四环素、土霉素、氯霉素、磺胺类、克伦特罗等的最大残留限量,以及大肠杆菌、沙门氏菌等致病菌的限量等;其外在质量特性包括色泽、气味和手触目测的组织状态等。

2.安全性

安全性是指产品在使用以及储运过程中,不会发生因产品质量问题而导致人员伤亡、财产损失和环境污染的能力。例如,家用电器必须要有良好的绝缘性和触电防护装置,以免造成触电和伤人事故;食品必须符合食品安全国家标准的要求,其成分中对人体健康有害物质和致病微生物含量不会超过规定限度;化妆品中铅、砷、汞等有害重金属和有害微生物的含量应在规定限量以下。

3.使用寿命

使用寿命是指产品在规定的使用条件下,保持正常使用性能的工作总时间。如灯泡在规定电压和亮度条件下的使用小时数,电器开关的开启次数等。产品的使用寿命主要是由其设计寿命决定的。彩色电视机的使用寿命为 10 ~ 15 年,这主要是由目前彩色显示器的制作工艺水平和所能达到的使用期限决定的。而电冰箱的使用寿命为 12 年左右,这又是由其关键部件——压缩机的寿命决定的。此外,产品的使用寿命还要受到实际使用环境和使用方式的影响,一般来讲,恶劣的使用环境和使用操作上的不正确,都会影响到产品的局部或整体使用寿命。

4.可靠性

可靠性是指产品在规定条件下和规定时间内,完成规定功能的能力。它是与产品在使用过程中的稳定性和无故障性联系在一起的质量特性,是评价机电类产品质量的重要指标之一。

可靠性通常包括耐用性、可维修性和设计可靠性三个要素。耐用性是产品能在规定的使用期限内保证规定功能而不出故障或寿命较长的质量特性。它是评价高档耐用产品的一个重要质量特性。为了避免使用者因操作的过失和在规定的环境条件以外使用等用法错误导致产品出故障的可能性,一方面要求提高产品的易操作度,使出现人为过失的可能性尽量减少;另一方面,即使因为人为过失或环境改变引起了故障,也要把可能遭受的损害控制在最低限度。设计上这两方面的要求就是设计可靠性。

可维修性是指产品在发生故障后能被迅速修好,恢复其功能的能力。产品是否容易维修与产品设计有关,设计中应尽量采用组合式或组件式产品结构,所用零部件要标准化、通用化、系列化,以便拆卸更换,此外还应该容易通过仪表式专用检具迅速诊断出故障部位。

5. 环境友好性

环境友好性是指产品在生产、流通、消费、废弃的整个生命周期内对人体健康和自然生态环境的危害尽可能减少或避免的质量特性。如生产、流通中的清洁程度即废物排放少、污染轻、对职业人员安全无害,消费过程中对消费者的健康和环境无害,废弃后的产品可循环使用、可拆卸回收、易降解清除等。

6. 信息性

信息性是指依据有关的质量法规或强制性标准,产品生产者、经销者有责任和义务通过其产品或包装的规定标识以及包装内必备的有关文件,向消费者提供有用的质量信息。产品或其包装上的规定标识及文件主要有:中文标明的产品名称,生产者的名称和地址,产品的规格与型号,产品主要技术指标或所用原料的成分名称及其含量,产品运输、储存、安装、使用与维护的方法和注意事项以及安全警告,需限期使用的产品应按年、月、日顺序标明生产日期和有效使用期(保质期),标明该产品所执行的国家标准、行业标准或企业标准的编号,产品的质量等级,产品质量检验合格证明(合格证书、合格标签和合格印章),商标以及生产许可证、卫生许可证的编号、批准日期和有效期限,产品质量认证标志、安全认证标志或其他认证标志等。通常裸装的食品和其他根据产品特点难以标识的裸装产品,可以不附加上述标识。此外,在产品或其包装上,使用不当而容易造成产品本身损坏或者可能危及人身、财产安全的产品,要有警示标识或者中文警示说明;对于耐用性产品尤其是电器产品来说,除其包装内必备的使用说明书外,还应有原理图、线路图、维修手册以及保修单等。

7. 可追溯性

可追溯性是指根据记载的标识,追踪产品的原材料和零部件以及产品实体、产品的加工历史、产品的应用情况、产品出厂后的分布和位置等的能力。为适应国际食品质量安全追溯的要求,国际物品编码协会开发的 GS1 全球统一标识系统,在 21 世纪初开始实现了对食品、饮料、牛肉产品、水产品、葡萄酒、水果和蔬菜的跟踪与追溯。食品质量安全可追溯性工作在我国也越来越受到关注和重视,被认为是管理和控制食品安全问题的有效手段之一。例如,我国在蔬菜水果方面,已建立了"山东蔬菜可追溯信息系统""山东深加工食品安全监管追溯系统""新疆吐鲁番哈密瓜追溯信息系统""江西脐橙产品溯源信息系统"等,对农产品的种植、管理、采收、包装、运输、销售等供应链各环节建立有效标识,大大提高了农产品的质量控制和流通效率,使消费者通过追溯终端系统能实时准确地查询到农产品的品牌、种植地、等级、田间管理、生产周期、检测、营养成分等信息。

8. 经济性

经济性是指产品从设计、制造到整个产品使用寿命周期的成本大小。它包括生产成本(设计成本与制造成本之和)和使用成本。产品经济性表现在两个方面:一方面是产品自身的经济性,即与产品自身特性如结构、性能等有关的生产成本,由生产者负担。另一方面,表现为产品使用过程的经济性,即产品使用过程中的费用成本,主要由使用者负担。使用费用主要包括:修理费用、使用时的能源和资源耗费、因故障停修所造成的损失等。因此,在购买产品时,不仅要注意价格的高低,即产品自身的经济性,还要考虑使用费用.即产品使用过程中的经济性。只有生产和使用的总成本最小时,产品的经济性才最佳。

(三)服务质量特性

服务质量特性表现为以下几方面:

1. 功能性

功能性是指某项服务所产生的效用或作用。能否使顾客得到这些功能是对所有服务的基本要求,因此功能性是服务质量中最基本的特性。例如,企业的销售和售后服务的功能是使顾客满意地得到所需的商品;运输服务的功能是运送旅客或货物到达目的地;电信服务的功能是为顾客及时、准确地传达信息。

2. 时间性

时间性是指服务在时间上能满足顾客要求的能力。它体现在三个方面:及时、准时和省时。及时是指当顾客需要时能及时提供该项服务,准时是指服务提供的时间应该准确,省时是指顾客得到服务所耗用的时间较少。顾客得到某项服务的等待时间,是关系到顾客满意度和服务企业形象的重要因素。

3. 安全性

安全性是指保证顾客在接受服务过程中没有受到生命威胁、健康和精神以及财产损害的能力。如医疗、乘坐交通工具、住宿等的安全可靠它取决于服务人员安全意识与责任感、防火和防盗的保证措施、服务设施的维修保养、人员和环境的清洁卫生等因素。

4. 舒适性

舒适性是指在满足功能性、时间性、安全性、经济性等特性的基础上,服务过程(设施完备、适用、方便、舒服,环境美观、整洁、卫生等)的舒适程度。显然,舒适性与服务的等级密切相关。

5．文明性

文明性不仅仅是指对顾客要笑脸相迎，还包括对顾客的谦逊、尊重、信任、理解、体谅和与顾客有效的沟通，是满足顾客精神需求的程度。这是服务质量中最难把握但却非常重要的质量特性。

6．经济性

经济性是指顾客为得到相应的服务全过程所需费用的合理程度。经济性是相对于所得到的服务满足不同等级需要来说的，它是每个顾客在接受服务时都要考虑的质量特性。

四、商品质量的产生、形成和实现

（一）产品质量的产生、形成与实现

1．朱兰质量螺旋

产品(有形商品)都要历经设计、制造和使用的过程，产品质量也有一个从产生、形成到实现的过程。该过程的每个活动环节都直接或间接地影响到产品的质量。世界著名质量管理专家朱兰用质量螺旋模型来表示产品质量形成的这种规律性，被称为朱兰质量螺旋。

朱兰质量螺旋，是一条螺旋式上升的曲线，它把产品全过程的各个环节按逻辑顺序串联起来，反映了产品质量形成的整个过程及其规律性(见图4－1)。朱兰质量螺旋是质量管理的理论基础。

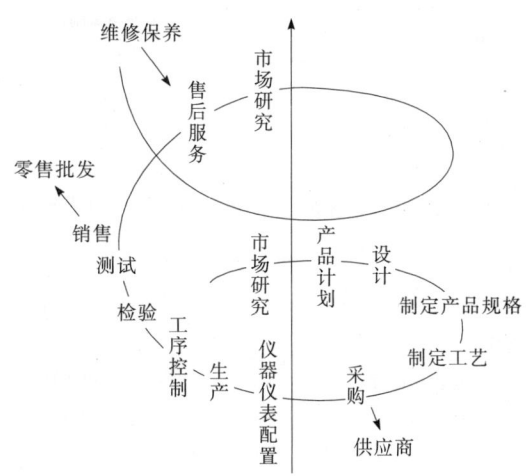

图 4－1　朱兰质量螺旋

朱兰质量螺旋深刻而形象地揭示了产品质量形成和实现的下述客观规律：

(1)产品质量形成全过程包括一系列环节。这些环节构成一个系统，系统目标的实现取决于每个环节质量工作的落实和各环节之间的协调。因此，必须对质

量形成全过程进行计划、组织和控制。

（2）产品质量的形成和发展是一个循序渐进的螺旋上升过程。这些环节构成一轮循环，每经过一轮循环，产品质量就有所提高。产品质量在一轮又一轮的循环中，总是在原有基础上有所改进、有所突破。

（3）质量系统是一个开放系统，与外部环境有密切联系。既有直接的联系（螺旋中箭头所指处），也有间接的联系。例如，采购环节与物料供应商、销售环节与零售批发商、售后服务与顾客，都有直接的联系。此外，系统中几乎所有环节都离不开人力资源，而人力资源要靠社会来提供和培养，等等。所以，产品质量的形成和改进并不只是企业内部行为的结果，需要考虑各种外部因素的影响。

（4）产品质量形成全过程中的每个环节都要依靠人去完成，人的素质及对人的管理是过程质量及工作质量的基本保证。因此，人是产品质量形成全过程中最重要、最具能动性的因素。

2. 质量环

与朱兰质量螺旋相似的，还有 ISO 9000 族标准的产品质量环模型（见图4－2）。质量环（Quality Loop）是指"从识别需要到评定这些需要是否得到满足的各阶段中，影响质量的相互作用活动的概念模式"。质量环起始于市场营销和市场调研（对市场的需求进行识别，根据市场的需要进行产品的开发和设计），同样也终了于市场营销和市场调研（根据市场对其产品的反馈信息，评价市场的需要是否已得到满足）。因此，质量环反映的是一个连续不断、周而复始的过程，通过不断地循环，实现持续的质量改进。

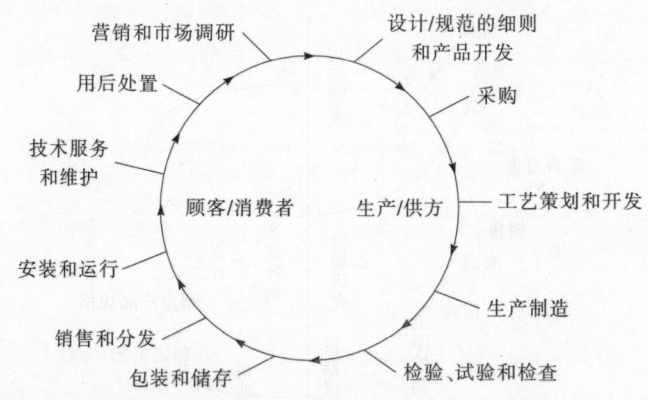

图4－2　产品质量环

（二）服务质量的产生、形成和实现

服务质量的产生、形成和实现过程，可以用服务质量环进行表示（见图4－3）。服务质量环把服务质量的全过程分为服务的市场开发、设计、提供、业绩分析与改进等四个主要的关联环节。

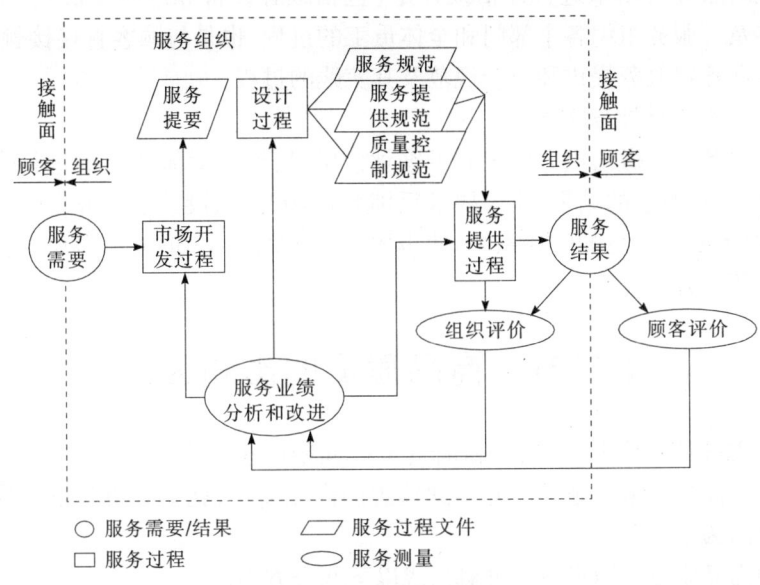

○ 服务需要/结果　　◇ 服务过程文件
□ 服务过程　　　　　⬭ 服务测量

图 4 - 3　服务质量环

1. 服务的市场开发

服务的市场开发是从服务组织与顾客接触面来考虑问题的。首先,组织要从顾客和社会出发,了解、识别和确定顾客对服务的需要;然后要结合该组织在人、财、物方面的条件和组织经营管理的经验,调查、研究和开发这个服务市场;最后提出一个完整的服务提要,服务提要应包括服务需要、要开发的服务类型、服务规模、服务档次、服务质量、服务承诺、服务基本方式等方面的内容。

2. 服务的设计

服务的设计是在服务市场开发的基础上解决如何进行服务的问题。这一环节要制定出服务过程中所使用的服务规范、服务提供规范和服务质量控制规范,还要对服务设施、服务环境、服务方式和方法进行设计,并把它们反映在下述三种规范中。

(1)服务规范。服务规范应规定服务要达到的水准和要求,也就是服务质量标准。

(2)服务提供规范。它规定在服务提供过程中应达到的水准和要求,也就是怎样达到服务设计中制定的服务规范的水准和要求。依据服务规范来制定服务提供规范。服务提供规范应明确每一项服务活动怎样做才能保证服务规范的实现,也就是要实现服务过程的程序化和服务方法的规范化。

(3)服务质量控制规范。这个规范规定了怎样去控制服务的全过程,即怎样去控制服务质量环的各个阶段的质量,特别是服务提供过程的质量。

3. 服务的提供

服务的提供是依据服务设计所制定的三种规范向顾客提供服务。当服务提供结束后应对服务的结果进行评估或评定(包括顾客评价和组织评价)。服务提供过程是涉及了服务组织各个部门和全体员工的过程,也是与顾客直接接触的过程,还是考察和评定服务提供和三个规范及其实践的过程。

4.服务业绩分析与改进

在对服务结果做出供方评定和顾客评定的基础上,对服务业绩进行分析和改进,并将分析和改进的结果、建议要求反馈到市场开发、设计和服务提供等过程中去,形成服务质量信息的闭环系统,使得服务质量的产生、形成和实现过程成为一个不断循环上升的过程。

第二节 商品质量的影响因素

商品质量是商品生产、流通和消费全过程中诸多因素共同作用影响的产物。为了能够对商品质量实施控制并得到预想的商品质量,就要分析和掌握这些影响商品质量的因素。

影响商品质量的因素主要可概括成以下八个方面。

一、人的因素

在影响商品质量的诸多因素中,人的因素是最基本、最重要的因素,其他因素都要通过人的因素才能起作用。生产和经营符合一定质量要求的商品,通常都要经过许多道工作程序,如有形商品的市场调研、开发设计、原材料和零配件采购、工艺准备、生产设备运转维护及更新改造、生产过程控制、检验规范和检验设备控制、不合格品处置、储存和运输、安装和包装、售后服务,等等,它们无一不是在人的控制下完成的。即使是服务质量也是在服务提供者与顾客互动的过程中形成的。

人的因素包括人的质量意识、责任感、事业心、文化修养、技术水平和质量管理水平等。其中,人的质量意识,技术水平和质量管理水平对商品质量的影响更为重要。

(一)质量意识是决定商品质量的关键因素

质量意识既是产品质量、服务质量等在人们头脑中的反映,又是人的思想意识和专业素质的具体体现。人的任何自觉的行动都是在一定的思想意识支配下进行的,没有思想意识的支配就不会有任何自觉的行动。改革开放以来,我国的商品质量已经有了明显的提高,但从总体上看,商品质量问题依然是严重的。问题的原因是多方面的,但这些原因都是由质量意识薄弱这一根本原因引发出来的。产生质量意识薄弱的原因也是多方面的,既有历史原因,也有现实原因;既有主观原因,也有客观原因。质量意识薄弱是我国较长时期形成的一种社会现象,具有长期性、普遍性和复杂性,所以增强质量意识必然是一项长期、艰巨和复杂的工作。

1.增强质量意识

首先要大力开展质量教育,通过质量教育解决什么是质量,为什么要提高质量和怎样提高质量等基本认识问题,要使企业员工尤其是主要领导真正重视和关心质量,把"质量第一"的思想提高到决定企业生存和发展的战略高度去认识,并且在实际工作中自觉贯彻执行。

2. 要推行严格的质量责任制

把企业员工的工资、奖金、晋级、福利等都与产品或服务质量的好坏挂钩,建立"激励"机制,只有真正做到奖优罚劣和奖罚分明,才能促进企业员工质量意识的增强。

3. 要加强精神文明建设和质量法制建设

质量意识属于思想范畴,涉及人的职业道德、思想品质、精神风貌和知识修养等精神文化因素,所以,开展精神文明建设,发扬爱国主义精神、对工作精益求精和对人民极端负责的精神,鼓励员工努力学习和掌握新的专业知识和技能,是增强质量意识的重要环节。此外,加强质量法制建设也是增强质量意识必不可少的环节。

（二）坚持经常开展质量教育

企业员工的技术水平(专业知识和技能)和质量管理水平(质量管理知识、方法和组织能力)是保证和提高商品质量的必要前提。否则,即使有了新材料、新设备、新技术等,也仍然生产不出优质商品。进行反复的、经常的质量教育是提高企业员工两个水平的好办法。质量教育应该把对领导干部的重点教育,技术和管理人员的系统教育以及工人的普及教育有机地结合起来。

二、生产过程中影响商品质量的因素

来自农业、林业、牧业、渔业等产业的天然产品,其质量主要取决于品种选择、栽培或饲养方法、生长的自然环境和收获季节及方法等因素。对于工业产品和服务来说,其市场调研、设计、原材料质量、生产工艺和设备、质量检验等环节都会影响它们的质量。

（一）市场调研

市场调研或市场开发是产品或服务设计的基础。在设计产品或服务之前,首先要充分研究人们的消费需求,因为满足消费需求是产品或服务质量的出发点和归宿;其次还要研究影响这些消费需求的因素,以使产品或服务的设计具有前瞻性;最后必须收集、分析与比较国内外同行业不同生产者或服务提供者的质量、品种信息,总结以往成功和失败的经验教训,通过市场预测以确定何种质量、规格的产品或服务才能适应目标市场的需要。

（二）产品或服务设计

在产品或服务质量形成的过程中,设计质量具有决定性的意义。例如,电风扇的风量、空调机的制冷量、洗衣机的使用寿命等,特别是服务规范的水准和要求的制定,都是由其设计质量所决定的。

（三）原材料质量

原材料(包括元器件或零部件)质量是决定产品或服务质量的重要因素。原材料质量的优劣会直接影响半成品或产成品的质量。例如,含硅量高的石英砂可以制成透明度和色泽俱佳的玻璃制品,而含铁量高的硅砂只能制出透明度和色泽较差的玻璃制品。以细嫩鲜叶原料制成的绿茶、红茶,有效成分含量高,色、香、味、形俱佳,而以老叶制成的绿茶、红茶质量差、档次低。即使对于无形商品的服务来说,它也离不开有形资源的支持,原材料是构成其有形资源的基础,例如:餐饮服务提供各种主副食所需的面粉、大米、蔬菜、肉类、蛋类、水产品等;运输服务所需的燃料油和汽车的零部件;超市服务所需的货架、冷藏设备和收银机设备的零部件以及打印纸等。原材料质量也同样会影响服务质量。

我们在选购原材料时,必须研究原材料的质量对产品或服务质量的影响,以确定选择原材料的标准,把好原材料质量验收关。

(四)生产工艺和设备

生产工艺对产品或服务质量也具有决定性作用。同样的原材料在不同的工艺路线下可形成不同的产品或服务品种和质量。例如:机器压制玻璃杯和人工吹制玻璃杯在厚度、透明度、耐温急变性等方面都不同;在棉布生产工艺中增加精梳工序可以使成品外观和内在质量有明显改善;茶树鲜叶以不同工艺可以制成红茶、绿茶、青茶、黄茶、黑茶、白茶等不同种类的茶叶。洗染服务业采用干洗或湿洗工艺可形成不同的洗衣质量。不同的理发服务工艺,也会导致理发质量的差异。

设备质量也是决定产品或服务质量的一个因素。设备的故障常常是出现不合格产品或服务的重要原因之一。设备的自动化、省力化、高速化和复杂化又使故障发生的概率有所增加,故障影响的波及范围变广。因此,加强设备管理与设备保养工作,防止故障发生和降低故障发生率,保持设备加工精度,是保证产品或服务质量的必要条件。

(五)质量检验

产品或服务的质量检验是保证产品或服务质量的主要手段之一。检验总是对既定成果而言的,因而它有事后把关的意义。但在质量的形成和实现的过程中,每个环节的检验对于下一个环节又是事前的控制,因而它又具有事前预防的意义。质量检验的质量好坏决定于检验或考核的方法质量和检验或考核手段的质量。提供准确、真实可靠的检验数据,对于人们掌握产品或服务的质量状况和变化规律,进而改进设计、加强管理、提高质量具有重要作用。

三、流通过程中影响商品质量的因素

(一)运输装卸

产品进入流通领域,运输是产品流转的必要条件。运输对产品质量的影响与运程的远近、时间的长短、运输的气候条件、运输路线、运输方式、运输工具、装卸工具等因素有关。

产品在铁路、公路、水路、航空运输过程中,会受到温度、湿度、风吹、日晒、雨淋等气候条件的影响。产品在装卸过程中还会发生碰撞、跌落、破碎、散失等现象,这不但会增加产品损耗,也会降低产品质量。

(二)仓库储存

产品储存是指产品脱离生产领域,尚未进入消费领域之前的存放。仓库储存是商业企业储存待销产品的必要环节。产品储存期间的质量变化与产品的耐储存性、仓库内外环境条件、储存场所的适宜性、养护技术与措施、储存期的长短等因素有关。

产品本身的性质是产品质量发生变化的内因,仓储环境条件(日光、温度、湿度、氧气、水分、臭氧、尘土、微生物、害虫等)是产品储存期间发生质量变化的外因。通过采取一系列保养和维护仓储产品质量的技术与措施,有效地控制适宜产品储存的环境因素,可以减少或减缓外界因素对仓储产品质量的不良影响。

(三)销售服务

销售服务过程中的进货验收、入库短期存放、产品陈列、提货搬运、装配调试、包装服务、送货服务、技术咨询、维修和退换服务等项工作的质量都是最终影响消费者所购产品质量的因素。产品销售服务中的技术咨询是指导消费者对复杂、耐用性产品和新产品进行正确安装、使用和维护的有效措施。许多产品的质量问题不是产品自身固有的,而往往是由于使用者缺乏产品知识或未遵照产品使用说明书的要求,进行了错误操作或不当操作所引起的。产品良好的售前、售中、售后服务质量已逐渐被消费者视为产品质量的重要组成部分。

四、使用过程中影响商品质量的因素

(一)使用范围和条件

产品都有其一定的使用范围和使用条件,使用中只有遵从其使用范围和条件,才能发挥产品的正常功能。例如,家用电器的电源要区别交、直流和所需要的电压值,否则不但不能正常运转,还会损坏产品;若使用条件要求安装地线保护则必须按要求安装,否则会留下安全隐患,甚至可能发生触电身亡的恶性事故。

(二)使用方法和维修保护

为了保证产品质量和延长产品使用寿命,使用中消费者应在了解该种产品结构、性能特点的基础上,掌握正确的使用方法,具备一定的日常维修保养知识。例如,皮革服装穿用时要避免被锐利之物划破或重度摩擦,且不能接触油污、酸性或碱性物质以及雨雪。收藏保管时宜放于干燥处,悬挂起来,切勿用皮鞋油揩擦,以防止生霉、压瘪起皱以及泛色等。

(三)废弃处理

产品使用完以后,其残体和包装作为废弃物被排放到自然环境中,有些可回收利用;有些则不能或不值得回收利用,也不易被自然环境和微生物破坏分解,成为垃圾充斥于自然界的各个角落;还有些废弃物会对自然环境造成污染,破坏生态平衡,如含磷洗涤剂、废弃的干电池等。

产品废弃物无法回收利用和对环境的污染是产品环境质量不佳的主要表现之一。对于产品废弃物首先应分门别类尽量加以回收利用;其次要积极开展综合利用、变废为宝的处理工作;最后应逐步限制和严格禁止可能产生公害的产品生产,努力寻找无害的替代产品,以保护人类的生存环境。

第三节 商品质量管理

产品或服务质量是企业各项工作的综合反映。为了保证与提高产品或服务质量,必须把影响质量的各种因素,全面系统地管理起来。质量管理就是适应这一需要而发展起来的。

一、质量管理的发展阶段

质量管理的发展,同科学技术、生产力水平以及管理科学化和现代化的发展密不可分。从工业发达国家解决产品或服务质量问题所涉及的理论和所使用的技术与方法的发展变化来看,质量管理的发展大体经历了以下三个阶段。

(一)质量检验管理阶段

从 20 世纪初期到 20 世纪 40 年代,执行质量管理的责任先是由操作者转移给工长,随着生产发展和企业规模扩大,质量管理职能又由工长转移给专职的检验机构及其人员。这阶段通过专业化的严格的质量检验来控制和保证转入下一道工序或出厂的产品质量。但这种事后把关的质量管理存在以下三个问题:一是出现质量问题容易推诿、扯皮;二是这种事后检验,无法在生产过程中起到预防和控制的作用,发现废品,则已是既成事实;三是它要求对成品进行百分之百的检验,不仅会因检验费用增加和交货期延长而造成经济上的不合理,也会因许多检验具有破坏性而造成技术上也无法实现。

(二)统计质量控制阶段

从 20 世纪 40 年代到 50 年代末,这个阶段的手段是运用数理统计方法,在从设计到制造的生产工序间进行质量控制,预防产生不合格产品,其控制对象包括产品质量和各生产工序。这个阶段的管理者是由专职检验人员转过来的专业质量控制师和技术人员来担任。统计质量控制是一种预防型(事先监控型)管理,依靠生产过程中的质量控制,把质量问题解决在生产过程中。这种质量管理如果过分强调数理统计方法,忽视组织管理工作和生产者的能动作用,就会使人误解为"质量管理就是数理统计方法",从而觉得高不可攀,不利于推广。

(三)全面质量管理阶段

从 20 世纪 60 年代至今,世界各国积极推行全面质量管理。全面质量管理是以质量为中心,企业全体职员和有关部门积极参与,把专业技术、经济管理、数理统计和思想教育结合起来,建立起产品的研究、设计、生产、服务等全过程的质量体系,从而有效地利用人力、物力、财力和信息等资源,以最经济的手段生产出顾客满意、企业及其全体成员及社会都得到好处的产品,从而使企业获得长期成功和发展。

与传统的质量管理相比较,全面质量管理的特点是,把满足顾客需要放在第一位,运用以数理统计方法为主的现代化综合管理手段和方法,对产品开发、设计、生产、流通、使用、售后服务及用后处置的全过程进行全面管理。它既管产品质量,又管工作质量、工序质量、服务质量;不仅保证产品或服务质量,还要做到成本低廉,供货及时,服务周到;依靠与质量形成和实现有关的所有部门和人员来参与质量管理;实行严格标准化,不仅贯彻成套技术标准,而且要求管理业务、管理技术、管理方法的标准化。

全面质量管理是一种全面、全过程、全员参与的积极进取型管理,强调调动人的一切积极因素,根据系统论的观点把管理对象看成一个整体,分析系统各要素之间相互联系、相互作用的相关性,采取相应对策,使产品的设计、开发、生产、流通和消费的全过程均处于监控状态,从而保证产品或服务质量符合顾客需要。

二、质量管理的概念

(一)朱兰的定义

朱兰认为:任何组织的基本任务就是提供能满足用户要求的产品("产品"包括货物和劳务)。这样的产品既能给生产该产品的组织带来收益,又不会对社会造成损害。满足用户要求的这一基本任务,给我们提供了质量管理的基本定义:"质量就是适用性的管理,市场化的管理。"

(二)菲根鲍姆的定义

菲根鲍姆认为,质量管理是"为了能够在最经济的水平上并考虑到充分满足顾客要求的条件下进行市场研究、设计、制造和售后服务,把企业内各部门的研制质量、维持质量和提高质量的活动构成为一体的一种有效的体系"。这就是全面质量管理的概念。

(三)国际标准和国家标准的定义

根据国际标准 ISO9000:2005 和国家标准 GB/T 19000—2008 的定义,质量管理是"在质量方面指挥和控制组织的协调的活动"。在质量方面的指挥和控制活动,通常包括制定质量方针和质量目标,以及质量策划、质量控制、质量保证和质量改进。

质量方针是指由组织的最高管理者正式提出的该组织总的质量宗旨和方向,它应该与组织的总方针和总的发展方向保持一致。质量目标是指组织在质量方面所追求的目的,是根据质量方针的要求组织应该在一定期间内所要达到的量化的可测量目标。

质量策划就是设定具体质量目标,确定达到目标的途径或过程以及所需要的相关资源,以实现质量目标。质量控制是为了确保产品(或服务)质量能满足要求,在它们质量形成全过程各个环节而采取的技术控制措施和管理控制措施的活动。质量保证是指为使人们确信产品(或服务)能满足要求而在质量管理体系中实施并根据需要进行证实的全部有计划的活动。质量改进是组织为更好地满足用户不断变化的需要和期望,而改善产品(或服务)的质量特性或提高生产和交付产品(或服务)过程有效性和效率的活动。

三、质量管理的方法

(一)戴明循环(PDCA 循环)

戴明循环,又称 PDCA 循环,是由美国质量管理专家戴明首先提出的。戴明循环将质量管理分为四个阶段,即计划(Plan)、实施(Do)、检查(Check)、处理(Action)。它是指在质量管理活动中,首先对各项工作做出计划,再按照计划实施,然后检查实施效果,最后将成功的纳入标准,不成功的留待下一循环去解决的工作方法。戴明循环是质量管理的一种基本方法,也是企业管理各项工作的一般规律。

戴明循环可分为四个阶段,八个步骤,如图 4-4 所示。

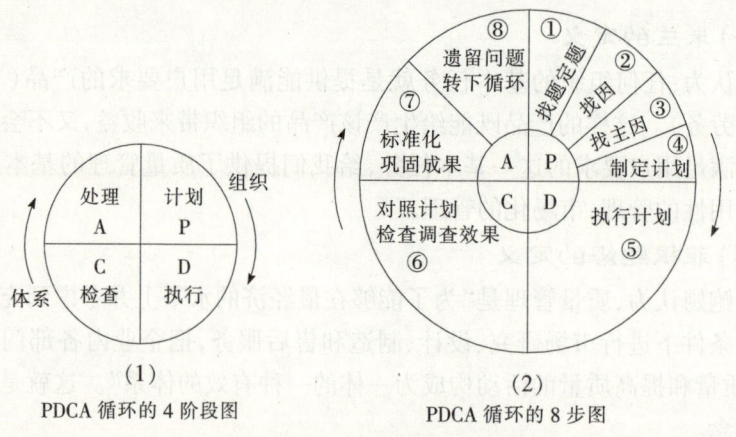

(1)
PDCA 循环的 4 阶段图

(2)
PDCA 循环的 8 步图

图 4-4 PDCA 循环示意图

1. 计划阶段

计划阶段的主要任务是制订计划。根据存在的问题或用户提出的质量要求,找出问题存在的原因和影响产品质量的主要原因,以此为依据制订计划,确定质量方针、质量目标,制订出具体的活动计划和措施,并明确管理事项。

计划分四个步骤:

(1)分析现状,找出所存在的质量问题。针对找到的问题,再提出以下三个问题:

● 此问题可不可以解决?

● 此问题可不可以和其他工作结合起来解决?

●此问题能不能用最简单的方法解决而又能达到预期的效果？

（2）找出产生问题的原因或影响因素。

（3）找出原因中的主要原因或影响因素中的主要影响因素。

（4）针对主要原因制定解决问题的措施计划。措施计划要明确采取该措施的原因（Why），执行措施预期达到的目的（What），在哪里执行措施（Where），由谁来执行（Who），何时开始执行和何时完成（When）以及如何执行（How）。

2. 执行阶段

这阶段的任务是执行计划，落实具体措施。

3. 检查阶段

检查阶段的任务是检查计划的执行情况，调查计划执行的效果，将工作结果和计划对比，总结经验，找出问题。

4. 处理阶段

此阶段的任务是把执行的结果进行处理总结。把成功的经验加以肯定，纳入标准或规程，形成制度，以便今后照办；对失败的教训加以总结，防止发生类似的问题；遗留问题转入下一个戴明循环。

戴明循环具有以下特点：

第一，环环相扣，互相促进。如果把整个企业的质量改进看作是一个 PDCA 的大循环，目标分解到各个部门则会形成各自的 PDCA 的中循环，目标再分解，依次又有 PDCA 的小循环，直至具体落实到每个班组、每个人，可以形成 PDCA 的更小循环。上一级的 PDCA 循环是下一级 PDCA 循环的根据，下一级的 PDCA 循环是上一级 PDCA 循环的贯彻落实和具体体现。通过循环，把企业的各项工作有机地联系起来，彼此协同，相互促进。

第二，如爬楼梯，螺旋上升。PDCA 循环每循环一次，产品质量就提高一步。四个阶段要周而复始地运转，而每一次运转都应有新的目标和内容，因而就意味着每运转一次就前进了一步。在质量管理上，经过了一次循环，就解决了一批问题，质量水平也就有了新的提高。

（二）朱兰的质量管理三部曲

朱兰认为，产品中的质量问题 80% 是由于管理不善引起的，要提高产品质量，就应破除传统观念，抓住质量策划、质量控制、质量改进三个环节。人们把它称为"质量管理三部曲"。

质量管理三部曲的具体内容是：

1. 质量策划

质量策划就是明确质量目标，并为实现质量目标而进行计划部署。其主要内容为：

（1）确定顾客的需求；

（2）开发可以满足顾客需求的产品；

（3）制定能满足顾客需求的质量目标，并以最低综合成本来实现；

(4)开发出能生产所需产品的生产程序;

(5)验证这个程序的能力,证明它在实施中能达到质量目标。

2. 质量控制

质量控制是在生产经营中达到质量目标的过程,最终结果是按照质量策划进行生产,并作相应控制。主要内容有:

(1)选择控制对象;

(2)规定测量标准和方法;

(3)测定实际质量特性,通过实际与标准的比较找出差异;

(4)根据差异采取措施并监控其效果。

3. 质量改进

质量改进是一个突破计划并达到前所未有水平的过程,最终结果是以明显优于原来计划的质量水平进行经营活动。质量改进的内容包括:

(1)确定改进对象,组织诊断,寻找改进机会;

(2)提出改进方法和预防措施;

(3)实施改进,并对这些改进项目加以指导和控制;

(4)证明这些方法有效,并在质量管理体系文件中体现;

(5)提供控制手段,以保持其有效性。

在上述质量管理三部曲中,质量策划是质量管理的基础,质量控制是实现质量策划的需要,质量改进则是质量策划的一种飞跃。

朱兰还认为,美国当时存在质量危机的根源之一,就是忽视"质量改进"而一味强调"质量控制",使一些公司的质量目标固定在原有的基础上。

质量管理三部曲作为一种通用的提高质量的方法,为质量目标的实现提供了一条有效的途径。

四、商品质量管理

商品质量管理是指企业通过建立质量管理体系,对商品生产、流通和使用消费的全过程,即对商品质量产生、形成的实现过程的各环节和质量管理的诸多因素所进行的计划、控制和改进的各项活动。商品质量管理可分为商品生产质量管理和商品流通质量管理。

(一)商品生产质量管理

企业要生产出消费者和用户满意的商品,必须建立质量管理体系。对质量形成的各个环节,即从市场调研到商品计划、设计开发、制造、销售、售后服务等进行预防性管理。

1. 市场调研质量管理

市场调研是商品设计开发的基础。企业能否及时获得消费者和市场需求信息,调整商品结构和提高市场竞争力,生产出适销对路的商品,首先取决于市场调研的质量。为了保证市场调研质量,应注意做好以下三项市场工作,并制定相应的程序。

（1）准确地确定市场对商品的要求。在开发一项新商品之前,首先要预测市场对这种新商品是否需要。经市场预测,表明对拟开发的商品确有需要后,应进一步调查,准确地确定拟销售的市场和地区。通过合同审查和市场调查,明确顾客对商品质量的具体要求。

（2）提出商品设想报告。市场调研后,应向企业领导提交正式的商品要求说明或提纲,如商品构想或产品建议书,把顾客和市场的要求和期望转化成一套初始规范,作为领导决策下一步计划的基础。初始的商品规范可包括以下要求:性能特性、感官特征、安装布局或配合、适用的标准和法规、包装、质量保证等。

（3）顾客信息反馈。企业应建立一个连续的信息监控和反馈系统,制定商品质量信息收集、分析、归类和传递的程序。这些信息有助于确定商品质量问题的性质和程度,为改进设计和采取适当的管理措施提供线索。

2. 设计质量管理

在整个商品质量的形成过程中,设计质量对保证商品满足顾客要求具有决定意义。如果设计质量不能满足顾客的要求,就会给商品质量带来先天不足的问题,在以后的制造阶段是无法补救的。设计和规范的职能就是将所确定的市场和顾客的要求转化为材料、外构件、工艺的技术规范,并提出商品设计图样和技术标准,进行样品(样机)试制以及小批量商品试制,通过设计评审进一步改进和完善设计,最终完成商品定型。设计出的商品必须保证满足顾客要求和环保要求,力求使其价格既能让顾客接受,又能确保企业获得满意的效益,并做到技术先进,使用可靠,易于生产、验证和控制。为保证和提高设计质量,应控制以下环节,并制定相应的程序。

（1）编制设计计划和制定设计质量目标。应周密进行设计策划,明确目标,以便充分利用现有资源,在尽可能短的周期内,经济合理地设计出适销对路的商品。在编制设计计划和制定设计质量目标时,应考虑安排以下工作:明确规定各部门所承担的设计职责;准确地提供所需的技术资料;制定设计进度计划;按商品性质划分阶段进度,并依实际需要适时对设计进行评审或评价;明确规定商品适用性要求,包括预期寿命期内的可靠性、可维修性和耐用性等;除了考虑顾客需求外,还应考虑安全、环保和其他要求。

（2）制定商品的测试规范。应规定在设计和制造阶段用于评价商品和过程质量的测试方法、试验方法和验收准则。

（3）组织设计评审。设计评审就是指由具有资格的各方面专家组成的评审小组对设计所作的正式、全面、系统、严格的审查,并将评审结果形成文件。在每一设计研制阶段结束后要进行设计审评,以便尽早发现和弥补设计缺陷,保证最终设计满足消费者和用户的要求,安全可靠,易于制造,经济合理。

（4）设计的鉴定和确认。在设计过程中,应按照设计程序的规定进行鉴定或确认。鉴定是要证实设计是否能满足规定的要求。确认是通过检查和提供客观证据来表明一些针对某一特定预期用途的要求已经得到满足的认可。设计确认是要确保商品符合目标使用者的需求,通常是在规定的使用条件下对最终商品进行检验和评价,在商品完成前的阶段也可以进行。如果有几种不同的预期用途,也可以进行多次确认。

(5)最终设计定型和投产。应对最终的设计进行评审,以便最终设计定型。依据最终设计的评审结果而确定的商品技术规范和图样形成商品的设计基线。所谓基线,是指在商品生命周期内某一特定的阶段,正式指定和规定的技术状态标志的文件,包括商品的技术规范和图样、初始试制的样机(样品)的说明以及在试制过程中为弥补不足所作的修改的说明。正式的技术规范、图样和其他设计文件经相应级别的管理者批准后,才能交付生产使用。

(6)销售准备状态评审。对新设计和改进设计的商品,在投放市场前或正式批量生产前,企业应对其生产能力和技术服务(现场保障)能力进行考评,以保证做好充分的销售准备和维护生产的工作。

(7)控制设计更改。由于各种原因而需要对设计进行更改时,企业应对设计更改进行充分论证并实施有效的控制,以确保设计更改合理可行,并达到设计和规定的质量。

(8)设计复审。为确保设计持续有效,符合各项规定的要求,主要是质量要求,应定期对商品进行评价。评价的内容包括根据现场经验和使用情况的调研或新技术和新工艺的应用情况,对消费者和用户的需要和技术规范进行复审。评价时还应考虑到设计、生产制造过程的变更。

3. 采购质量管理

为进行正常的生产和经营活动,企业必须采购所需的原材料、元件、零部件等物资。这些采购品是本企业产品的组成部分,并直接影响商品质量。因此,企业应对全部采购活动进行计划和控制。

为了保证采购质量,必须对影响采购质量的因素加以控制,制定适当的控制措施和管理办法,形成文件,坚决贯彻执行。采购质量管理的内容包括:

(1)根据原材料、外构件、外协件的质量要求,编制采购计划;

(2)选择合格的外购物资供应单位(分供方或分承包方),并签订质量保证协议、验证方法协议;

(3)制定进货检验程序;

(4)做好进货质量记录;

(5)根据生产和资金周转情况制定原材料储备定额;

(6)建立原材料的仓库管理制度等。

4. 工艺(过程)质量管理

科学的工艺是指导加工操作、编制生产计划、进行质量检验的依据。工艺质量主要是指过程的技术准备的质量。它是根据设计和有关技术要求,以及企业现有的资源配置情况,对生产、安装、服务等过程进行过程控制策划、过程能力验证、过程保障能力研究等,以使商品质量形成的各个有关过程处于受控状态。

工艺质量管理的内容包括:

（1）审查商品设计；

（2）制定工艺方案；

（3）选择加工过程和工序，安排需要的设备和工具；

（4）编制工艺规程，提供正确、清晰的工艺条件和技术标准等。

5. 生产过程质量管理

生产过程质量管理是指从原材料入厂到制成成品的整个制造过程的质量控制，即按照图纸、设计和工艺技术文件的规定，控制影响制造质量的各个因素，保证制造质量符合设计质量的要求。其内容主要包括：

（1）根据工艺要求进行工序组织和控制；

（2）控制制造过程；

（3）对进入过程的材料和物品进行验收；

（4）在过程中确定产品（包括在制品）的特性；

（5）保证过程设备和基本材料的一致性；

（6）控制检测过程的适宜性，加强技术检验和不合格品的控制；

（7）保持稳定的环境条件，进行适当的人员培训等。

（二）商品流通质量管理

商品流通质量管理，实际上就是商业经营各环节中的商品质量管理，因此也可称为商品经营质量管理。商品流通质量管理要素有市场调研质量、采购质量、运输质量、储存质量、销售质量、售后服务质量等。

1. 市场调研质量管理

市场调研能有效地减少企业经营活动中的盲目性，有助于企业科学地制定购销计划，组织适销对路的商品；同时，也可为促进工业企业产品更新换代、结构调整，改进和提高商品质量提供可靠依据。

市场调研质量管理的内容主要包括：消费者调查、确定经营商品的质量要求以及经营特色和经营管理范围等。

2. 采购质量管理

严格把好进货关，防止不合格品和伪劣假冒商品进入流通领域，是商业企业搞好商品质量管理的重要环节，也是流通质量管理的基础。采购质量管理的内容包括：

（1）建立商品进货管理制度；

（2）编制采购计划；

（3）选择合格的供货单位（供应商和供货厂家）并签订商品质量合同；

（4）建立商品验收、检验制度和商品检验机构，培训检验人员；

（5）对经销商品进行分类管理等。

3. 运输质量管理

商品运输是生产过程在流通领域的继续。保证运输质量是商品质量管理在流通领域的重要环节。商品运输质量管理要遵循"及时、准确、安全、经济"的原则。运输质量管理的内容包括：

(1)制定科学的运输计划;

(2)选择合理的运输路线;

(3)确定适宜的运输条件和运输工具;

(4)建立商品交接验收制度;

(5)采用先进合理的运输方法;

(6)科学堆码、文明装卸等。

4. 储存质量管理

商品储存是商品流通过程中不可缺少的环节。商品储存质量管理应贯彻"以防为主"的原则,最大限度地减少商品在储存期间的质量变化和损失。储存质量管理的内容包括:

(1)制定商品储存计划;

(2)建立商品出入库验收制度和仓库管理制度;

(3)选择适当的储存条件和科学的储存养护方法;

(4)认真管理仓库温湿度,做好防霉、防虫、防污染等工作;

(5)认真做好商品的在库检查,及时发现和处理商品质量问题;

(6)加快商品进出库速度,提高经济效益等。

5. 销售质量管理

通过销售,把商品及时送到消费者手中,是实现社会生产目的及使社会再生产顺利进行的重要条件。销售质量直接影响商业企业的信誉和消费者利益。销售质量管理的主要内容包括:

(1)编制商品销售计划;

(2)制定合格营业员的要求条件;

(3)规定销售过程及其质量要求;

(4)培训营业员,提高服务质量等。

6. 售后服务质量管理

商业企业应提高直接或间接的售后服务水平,给消费者提供质量保证,为生产企业收集质量信息。售后服务质量管理的内容包括:制定和实行三包(包修、包换、包退)规定;开展质量咨询和质量信息反馈等。

案例精选

（一）英国马狮百货公司的质量经营

马狮百货公司自1884年创立以来,长期被公认为英国乃至世界最成功的企业之一。

马狮公司凭借其在社会公众中的良好形象,始终位居英国零售业之王的宝座。其良好形象不仅缘于公司卓越的经营质量理念,而且在于公司始终认认真真地贯彻落实该理念。

马狮公司是个零售业集团,可它不是到供应商那里去找商品,它认为顾客所需要的许多商品根本就不存在。因此,公司定下规则:"一定要找到这些商品。如果有需要,就把它们创造出来。"同其他零售商不同,马狮公司是自己决定生产什么,然后才同制造商合作进行设计和生产。这样,马狮公司就真正能够实现顾客需要什么,就卖什么。所以,有人说马狮公司不是零售商,而是一个没有工厂的制造商。

马狮公司对商品质量的高标准、严要求是有口皆碑的。公司从商品设计到生产,一直到商品卖到顾客手里,始终严把质量关。公司拥有自己的一流技术队伍,既具有技术开发能力,又懂得市场营销,他们不仅在控制产品质量方面担当重要角色,而且在促进产品创新,促进供应商采用新技术方面也扮演着重要角色。他们与供应商的技术人员一起从事产品设计,然后,马狮公司的技术人员与供应商一起制定出产品生产的规格。这些规格十分详细,标准也十分严格。公司要求供应商必须按规格进行生产,而且还派出技术人员进行督察。人们说马狮公司的技术人员比供应商自己的生产顾问还厉害。

马狮公司坚信先进科技的应用会给供应商和零售商带来巨大利益,因为这会加速生产成本的下降,从而有助于商品售价的下降,同时有助于提高市场竞争力和商品质量。马狮公司本身对技术发展的现状、趋势十分了解,能不断迫使供应商采用先进的、高效率的技术。公司还对供应商采用新技术提供技术援助,也提供资金援助。公司把采用新技术所得的高额回报中的很大部分,用来支持供应商改进技术。这就使马狮公司不仅在产品创新方面居于领先地位,而且产品售价低、产品质量优良且稳定。

案例思考题

1. 马狮公司成功的质量经营理念是什么?
2. 它的质量管理有何特色? 对你有哪些启发?

(二)惠普公司全面服务顾客的模式

传统公司的宗旨是"以产品为中心",认为只要有了卓越的产品,顾客自然就会源源不断。但是,这种观念在今天业已过时。

美国一家著名的咨询公司在对全世界 197 家跨国公司进行了问卷调查后发现,这 197 家公司中的大部分,还是以产品为中心来设计它们的组织结构和工作流程。这种组织模式实质上是以公司自身控制管理的方便性为出发点,并未真正以顾客为中心。

以惠普公司为例,惠普在美国有80多个事业部,在中国有6个。每个事业部都有销售、市场、服务、渠道、研发、制造等部门,每个产品事业部的销售部门都直接面对顾客。一个顾客如果既要买电脑,又要买打印机的话,他就要和不同的部门打交道。顾客与公司相比,到底谁是中心呢? 答案是不言而喻的。

惠普公司原总裁卡莉·菲奥莉娜上任后,从1999年4月份开始推动了惠普公司自身的"以顾客为中心"的改革。这个模式被称为"全面顾客体验服务模式",目的是要让顾客感受到惠普公司提供给他们的服务是很完善地集成在一起的。为此,惠普做了公司组织结构的调整和管理理念的调整。调整以前的惠普公司是按照产品线来划分部门的。调整以后,改变了过去分散化经营的模式,将十几大类的产品事业部打散后重新整合,按照顾客的种类和需求进行划分。现在如果顾客既买电脑又买打印机的话,他不再需要和不同的部门打交道,只需和销售部门的人员打交道就行了。

这种"以顾客为中心"的转变对惠普管理上的挑战是显而易见的,如业务流程的重组、难度更高的运作协调、员工观念的转变等,但是这种改变对未来是极具战略意义的。惠普中国公司总经理孙振耀说:"一旦惠普全面服务顾客的模式建立成功,就会改变市场的游戏规则。"

案例思考题

1. "以产品为中心"与"以顾客为中心"的商业模式有何根本区别?
2. 运用本章所学知识,分析"全面顾客体验服务模式"的理论依据。

(三)美乐公司脱颖而出的奥秘

1985年10月,在北京举办的全国食品和包装机械展销会上爆出冷门,一家"挤"进来的乡镇公司,出人意料地签订了大额产销合同,占大会成交总额的25%,在强手如林的食品机械行业中鹤立鸡群,这家公司就是陕西省三原县的美乐公司。在全国生产奶粉和食品机械的众多厂家中,美乐这一乡办公司如何会取得如此引人注目的成果? 这是因为该公司一贯秉承"用户第一"的经营方针,不但产品质量好,而且服务质量也十分出色,并且能根据市场和顾客环境的改变而提供适宜的服务,不断地实现服务创新。美乐公司的具体做法是:

首先为用户提供配套的产品服务。当时,很多公司还没有真正成为市场的主体,因此服务创新意识并不强,但美乐公司率先从这种境况中走了出来,适时进行服务创新,把"用户至上"真正落实到行动中,从签订合同到生产出合格产品,提供

"一条龙"式的服务。实行"四保"：保制造、保安装、保培训、保生产,使用户放心。

国内有许多乳品厂,不仅机器是美乐公司制造的,而且连厂房设计和设备安装也都是美乐公司一手承包的,建成投产后各项经济技术指标都达到优秀。"美乐公司的机械是第一流的,他们的服务也是第一流的,他们为用户着想的精神特别值得学习。"这是很多用户对美乐公司服务创新的由衷感受。

其次是根据用户需要提供产供销"一条龙"服务。他们为农村养羊户实行了"一条龙"服务。为了发展奶粉生产,美乐公司从良种选育、疫病防治直至饲养技术辅导,每年都要花费大笔资金。美乐公司生产的奶粉获奖以后,国家决定实行优质优价,美乐公司把这份好处也分给了农民,适当提高了羊奶的收购价格。因此,在别处羊只普遍减少的情况下,该公司四周的乡镇饲养的奶羊数仍稳步上升。为了扩大奶源,他们又以贴息的形式帮助农民扩大生产规模。

美乐公司对顾客的要求认真对待,对顾客的服务不断创新,提供最优质、最完美的服务。20世纪80年代中期,正当美乐公司的产品供不应求时,西高市一位工人向该公司反映,他买的美乐牌奶粉有少量焦粒,询问是否可以食用。按说奶粉里含有少量焦粒是正常现象,并不影响食用,回信解释一下也就可以了。但公司领导没有这样做,他们十分重视顾客反映的情况,公司一位副经理很快赶到那位工人家里,除了说明情况,用新奶粉换回原来的奶粉外,他们还认真地研究了工艺流程,并作了相应的改进,使产品里的焦粒减少到不易见的程度,从而使其产品的销售形势更加红火。

从美乐公司成功的例子我们可以看到,在很多公司还没有意识到服务的重要性时,美乐公司早就意识到了,并且不断适时地做到了服务创新,从而使产品的市场日益巩固和扩大,使公司得到持续不断的发展。

案例思考题

1. 产品质量与其配套的服务质量之间存在着什么关系?
2. 运用所学知识解释美乐公司成功的经验。

（四）怎样走出质量与质量管理的认识误区?

一、高质量不等于高价位

美国博士伦(Contac)隐形眼镜是美国的名牌产品,以高质量为广大顾客所钟爱。但公司为了吸引不同层次的顾客,事实上,长期将同样的隐形眼镜用相差甚多的三种价格销售。没有不漏风的墙,还有人为此把博士伦公司告上了法庭。

100元人民币一套的吉利刮脸刀具质量很好,而10元人民币一套的一次性吉利刮脸刀具质量也是很好。二者很好地服务于不同消费档次的顾客,如果交换二者的目标消费顾客,他们可能都不会再买了;如果任何一个刮脸刀具不好用,顾客就会转向购买其他牌子的刀具产品。

二、质量不等于高新技术

经理们有时把高质量和新技术混为一谈,认为新技术的采用就自然能带来高质量。航天飞机集中了大量高科技,但也有发射失败的时候。美国的许多品牌的汽车的性能和功能一点都不比丰田车差,只有故障率、耐用性,尤其是汽车寿命等质量不如丰田车好。

麦当劳的汉堡包制作技术谈不上是什么高科技,但它能每年销售10亿个汉堡包,就是因为麦当劳的汉堡包有质量的保证,再加上它的服务质量,使麦当劳成为商界巨人。

三、质量要符合规格,更要被不断改进

传统的质量定义大多是以生产厂家的规格为标准,有关质量管理的观念是依靠检查和审计的方法,检查产品是否符合规格来确定。更有一些观念认为,一个公司产品质量控制的好坏,要看质量检查人员占整个员工数量的比例。在这种质量观念下,一旦产品质量符合了规格,就会停止任何改进质量的努力。没有兴趣改进质量,因为质量给公司带来的效益难以被测量,甚至无法测量,资金被投入到似乎更能为公司产生更多短期利润的地方。

传统的质量观念忽视了客户是生产线最重要的一部分的事实,忽视了对产品和服质量最敏感的客户需求,但这些客户却永远都能发现哪个产品和服务质量更好,而正是这些客户决定了一个公司的生死。只有高质量的产品和服务,才能保证客户以后再回来,才能提高公司的知名度和美誉度,才能增加市场份额。

在20世纪80年代早期,美国和欧洲的公司感兴趣的是质量成本和质量检查系统。但是,接受了戴明管理哲学的日本企业却更感兴趣致力于用戴明的方法改进质量,正如戴明告诉它们的那样,它们改进质量,同时也改进了生产效率。当时的欧美和日本企业对质量是两种完全不同的态度。

随着致力于改进质量的日本汽车和家用电器进入美国市场,美国消费者很快发现,日本的产品质量好于美国的产品,两种对质量不同的态度,在市场上很快决出了胜负,结果美国的家电行业几乎消失了,汽车工业失去半壁河山。美国人变得虚心了,开始了学习戴明和日本管理方法的历程,今天,美国人仍在学习日本的管理经验,在美国已分不清什么是美国式或日本式的管理方法,更多的是美国在日本管理的基础上有了创新,日本的东西有了美国名字。日本和美国都是十分善于学习的国家。20年后的今天,美国人又重新站了起来,恢复了自信。

❓ 案例思考题

1. 你认为上述三个小案例反映的是人们关于质量及其管理的一些认识误区吗? 你对它们反映出来的问题过去和现在怎样认识?

2. 你认为在质量和质量管理上人们还有哪些认识误区？试结合所学知识进行理论分析。

思考练习题

1. 什么是质量？什么是商品质量？

2. 现代的商品质量观主要有哪些内容？

3. 简述有形商品质量特性和服务质量特性的基本内容。

4. 戴明循环对质量管理有何作用？比较 PDCA 循环和朱兰三部曲的联系与区别。

5. 什么叫全面质量管理，其特点是什么？

6. 以你熟悉的某个有形商品为例，说明其质量应该用哪些质量特性来表示？简述理由。

7. 以你熟悉的某个服务类商品为例，说明它的质量应该用哪些质量特性来表示？简述理由。

8. 试分析影响有形商品质量的因素。

9. 试结合银行服务讨论影响其服务质量的因素有哪些？

10. 影响商品质量的因素有哪些？它们是如何影响的？

11. 商品流通质量管理的要素是什么？

12. 通过网络收集我国质量管理成功企业相关资料，试撰写"浅谈我国企业质量管理的成功之道"的小论文。

第五章

商品标准与认证

第一节　标准与标准化

一、标准及其分类

（一）标准的概念

"没有规矩，不成方圆。"没有统一的标准，我们对任何事物的评价判断或控制管理就失去了准则和依据。

关于标准的定义，人们说法不一。我国的国家标准《标准化工作指南 第1部分：标准化和相关活动的通用术语》（GB/T 20000.1—2014）中将"标准"定义为："通过标准化活动，按照规定的程序，经协商一致制定，为各种活动或其结果提供规则、指南或特性，供共同使用的和重复使用的一种文件。"同时还进一步注明："①标准宜以科学、技术和经验的综合成果为基础。②规定的程序指制定标准的机构颁布的标准制定程序。③诸如国际标准、区域标准、国家标准等，由于它们可以公开获得以及必要时通过修正或修订保持与最新技术水平同步，因此它们被视为构成了公认的技术规则。其他层次上通过的标准，诸如专业协（学）会标准、企业标准等，在地域上可影响几个国家。"

我们在理解"标准"概念时必须注意以下几点：

（1）标准是标准化活动的产物。它是一种规范性文件，即为各种活动（技术活动、经济活动和社会生活活动）或其结果提供规则、指南或特性的文件。

（2）事物或概念的重复性是制定标准的必要条件。只有作为标准制定对象的事物或概念具有重复出现的特征时，标准才能重复使用才有制定标准的必要。

（3）标准是科学技术进步和社会实践经验的综合成果。标准产生的基础是科学技术创新和实践经验积累。一方面，标准是新技术、新工艺、新材料等科学技术进步创新的结果；另一方面，标准又是人们在实践中不断总结和吸收带普遍性和规律性经验的结果。

（4）制定标准的机构有其既定的严格的标准制定程序，通常包括标准的立项、起草、征求意见、送审和报批。标准在形成过程中,首先须经有关各利益方(生产商、经销商、消费者和、政府以及其他相关方)共同协商一致,再由公认的标准化机构或团体批准,最后以特定的文件形式公开发布。

（二）标准的分级

标准按照其制定主体和适用及有效范围的不同,可分成不同的层次、级别。其目的是为了使标准适应不同区域范围、不同管理水平、不同经济水平以及不同技术水平要求。各国由于经济社会条件不同,有不同的分级方法。标准的分级是标准分类的一种特殊情况。

1. 我国的标准分级

根据《中华人民共和国标准化法》(以下简称《标准化法》),我国的标准划分为国家标准、行业标准、地方标准和企业标准四个层级。各层级之间有一定的依从关系和内在联系,形成一个覆盖全国又层次分明的标准体系。

（1）国家标准。国家标准是指由国家标准化主管机构批准发布,对国家经济、技术发展有重大意义,必须在全国范围内统一的标准。我国国家标准主要包括重要的工农业产品标准;重要的服务标准;基本原料、材料、燃料标准;通用的零件、部件、元件、器件、构件、配件和工具、量具标准;通用的试验和检验方法标准;产品或服务质量分等标准;广泛使用的基础标准;有关安全、卫生、健康和环境保护标准;有关互换、配合通用技术术语标准等。

国家标准在全国范围内适用,其他各级标准(行业标准、地方标准、企业标准)不得与国家标准相抵触。

国家标准分为强制性国家标准(代号为 GB)和推荐性国家标准(代号为 GB/T)。国家标准的编号由国家标准代号、标准发布顺序号和发布年代号组成,如强制性国家标准 GB 27951—2011《皮肤消毒剂卫生要求》、推荐性国家标准 GB/T 16868—2009《商品经营服务质量管理规范》。强制性、推荐性国家标准表示方法示例分别如图 5 – 1、图 5 – 2 所示。

国家实物标准(或称标准样品,简称标样),由国家标准化行政主管部门统一编号,编号方法为国家实物标准代号(GSB)加上《标准文献分类法》的一级类目、二级类目的代号与二级类目范围内的顺序号、四位数年代号相结合的办法,见图 5 – 3。

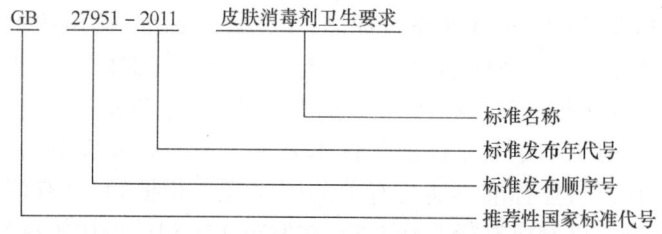

GB　27951 – 2011　皮肤消毒剂卫生要求

标准名称
标准发布年代号
标准发布顺序号
推荐性国家标准代号

图 5 – 1　强制性国家标准表示方法示例

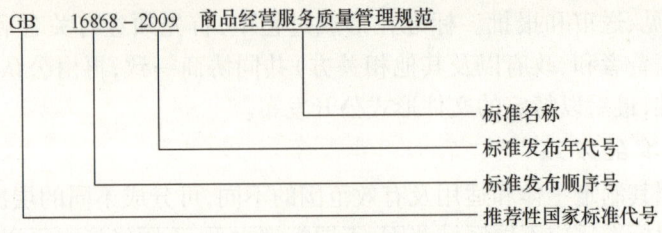

图 5 - 2　推荐性国家标准表示方法示例

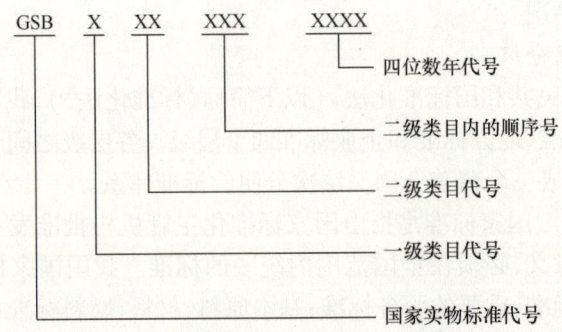

图 5 - 3　国家实物标准编号示例

为适应市场经济和国际贸易的需要,我国鼓励国家标准积极采用国际标准和国外先进标准。国外先进标准是指国际上有权威的区域性标准(如欧洲标准 EN 等)、世界上主要发达国家的国家标准(如美国国家标准 ANSI,英国国家标准 BS、德国国家标准 DIN、法国国家标准 NF、日本工业标准 JIS 等)和国际上通行的重要的团体标准(如美国材料与试验协会标准 ASTM 等)。

采用国际标准和国外先进标准,首先可以节省制定标准所耗费的大量的人力、物力和财力;其次有利于改进企业的技术和管理水平,提高我国商品的国际竞争力;此外也是因为 WTO/TBT 协定要求各成员国在制定技术法规和标准时要以国际标准为基础,有国际标准但未采用,要向世贸组织做出解释,说明没有采用的原因。

(2)行业标准。我国行业标准是指在没有国家标准的情况下,需要在行业范围内统一制定和实施的标准。行业标准包括行业范围内的主要产品标准;通用的零件、配件标准;设备、工具和原料标准;工艺规程标准;通用的术语、符号、规则、方法等基础标准。行业标准由国务院有关行政主管部门或专业标准化技术委员会或行业标准归口部门编制计划、草拟、审批、编号和发布,并报国家质检总局备案。我国约有 150 个专业标准化技术委员会参与行业标准的制定,修订和审查的组织工作。行业标准不能与有关的国家标准相抵触,已有国家标准的不再制定这类标准。已制定有行业标准的,在发布实施相应的国家标准后,该标准即行废止。

行业标准也分为强制性行业标准和推荐性行业标准。表 5 - 1 的我国行业标准代号实际是强制性行业标准的代号,推荐性行业标准的代号是在其强制性行业标准代号后面加"/T",例如农业行业的强制性标准代号是"NY",农业行业的推荐性标准代号就是"NY/T"。

表5-1 我国行业标准代号

序号	标准类别	标准代号	批准发布部门	标准组织制定部门
1	安全生产	AQ	国家安全生产管理局	
2	包装	BB	国家发改委	中国包装工业总公司
3	船舶	CB	国防科学工业委员会	中国船舶工业总公司
4	测绘	CH	国家测绘局	国家测绘局
5	城镇建设	CJ	建设部	建设部
6	新闻出版	CY	国家新闻出版总署	国家新闻出版总署
7	档案	DA	国家档案局	国家档案局
8	地震	DB	中国地震局	中国地震局
9	电力	DL	国家发改委	国家发改委
10	地质矿产	DZ	国土资源部	国土资源部
11	核工业	EJ	国防科学工业委员会	中国核工业总公司
12	纺织	FZ	国家发改委	中国纺织工业协会
13	公共安全	GA	公安部	公安部
14	供销	GH	中华全国供销合作总社	中华全国供销合作总社
15	国家军用标准	GJB		
16	广播电影电视	GY	国家广播电影电视总局	国家广播电影电视总局
17	航空	HB	国防科学工业委员会	中国航空工业总公司
18	化工	HG	国家发改委	中国石油和化学工业协会
19	环境保护	HJ	国家环境保护总局	国家环境保护总局
20	海关	HS	海关总署	海关总署
21	海洋	HY	国家海洋局	国家海洋局
22	机械	JB	国家发改委	中国机械工业联合会
23	建材	JC	国家发改委	中国建筑材料工业协会
24	建筑工业	JG	建设部	建设部
25	金融	JR	中国人民银行	中国人民银行
26	交通	JT	交通部	交通部
27	教育	JY	教育部	教育部
28	旅游	LB	国家旅游局	国家旅游局

序号	标准类别	标准代号	批准发布部门	标准组织制定部门
29	劳动和劳动安全	LD	劳动和社会保障部	劳动和社会保障部
30	粮食	LS	国家粮食局	国家粮食局
31	林业	LY	国家林业局	国家林业局
32	民用航空	MH	中国民航管理总局	中国民航管理总局
33	煤炭	MT	国家发改委	中国煤炭工业协会
34	民政	MZ	民政部	民政部
35	农业	NY	农业部	农业部
36	轻工	QB	国家发改委	中国轻工业联合会
37	汽车	QC	国家发改委	中国机械工业联合会
38	航天	QJ	国防科学工业委员会	中国航天工业总公司
39	气象	QX	中国气象局	中国气象局
40	国内贸易	SB	商务部	商务部
41	水产	SC	农业部	农业部
42	石油化工	SH	国家发改委	中国石油和化学工业协会
43	电子	SJ	信息产业部	信息产业部
44	水利	SL	水利部	水利部
45	商检	SN	国家质量监督检验检疫总局	国家认证认可监督管理委员会
46	石油天然气	SY	国家发改委	中国石油和化学工业协会
47	海洋石油天然气	SY(10000 号以后)	国家发改委	中国海洋石油总公司
48	铁道	TB	铁道部	铁道部
49	土地管理	TD	国土资源部	国土资源部
50	铁道交通	TJ	铁道部标准所	
51	体育	TY	国家体育总局	国家体育总局
52	物资管理	WB	国家发改委	中国物流与采购联合会
53	文化	WH	文化部	文化部
54	兵工民品	WJ	国防科学工业委员会	中国兵器工业总公司
55	卫生	WS	卫生部	卫生部
56	文物保护	WW	国家文物局	

续表

序号	标准类别	标准代号	批准发布部门	标准组织制定部门
57	稀土	XB	国家发改委稀土办公室	国家发改委会稀土办公室
58	黑色冶金	YB	国家发改委	中国钢铁工业协会
59	烟草	YC	国家烟草专卖局	国家烟草专卖局
60	通信	YD	信息产业部	信息产业部
61	有色冶金	YS	国家发改委	中国有色金属工业协会
62	医药	YY	国家食品药品监督管理局	国家食品药品监督管理局
63	邮政	YZ	国家邮政局	国家邮政局
64	中医药	ZY	国家中医药管理局	国家中医药管理局

（3）地方标准。我国地方标准是指在没有国家标准和行业标准的情况下,需要在省、自治区、直辖市地区内统一制定和使用的标准。地方标准需要在省、自治区、直辖市内统一下列要求:工业产品安全、卫生要求;药品、兽药、食品卫生、环境保护、节约能源、种子等法律、法规规定的要求;其他法律、法规规定的要求。建立地方标准的目的主要是考虑到我国各地经济发展的不平衡并促进地方经济的发展,但不能形成市场分割和贸易保护。

地方标准由省、自治区、直辖市质检部门制定、审批和发布,并报国家质检总局和国务院有关行政主管部门备案,在公布和实施相应的国家标准和行业标准之后,该项地方标准即行废止。

强制性地方标准的代号由"DB"和省、自治区、直辖市行政区域代码前两位数字再加斜线组成,例如天津市强制性地方标准的代号为"DB 12/",其标准《无公害蔬菜质量标准》编号为"DB 12/ 112—1999";在上述代号斜线后再加"T",组成推荐性地方标准代号,例如天津市推荐性标准的代号是"DB 12/T",其推荐标准《无公害叶菜蔬菜生产技术规程》编号为"DB 12/T 114—1999"。

（4）企业标准。我国企业标准是指由企业制定发布,在该企业范围内需要协调、统一的技术要求、管理要求和工作要求所指定使用的标准。企业生产的产品没有国家标准和行业标准时,应当制定企业标准,作为企业组织生产、经营活动的依据。已有国家标准和行业标准的,企业也可以制定严于国家标准或行业标准的内控企业标准,以提高产品质量水平,保证产品质量超过国家标准或行业标准甚至国际标准的要求。

企业标准原则上由企业自行组织制定、批准和发布实施,报当地政府标准化行政主管部门质检部门和有关行政主管部门备案。

企业标准代号为"Q/";各省、自治区、直辖市颁布的企业标准应在"Q"前加本省、自治区、直辖市的汉字简称,如北京市为"京Q/",湖南省为"湘Q/";斜线后为企业代号和编号(顺序号—发布年代号)。中央所属企业由国务院有关行政主管部门规定企业代号;地方企业由省、自治区、直辖市政府标准化行政主管部门规定企业代号。

企业标准的编号由企业标准代号、标准发布顺序号和标准发布年代号组成。例如麦当劳企业的某个标准的编号为 Q/MDL 024—2005，其中 MDL 是麦当劳企业代号，一般用企业名称的汉语拼音缩写字母表示，024 是该企业内标准的顺序号，2005 是发布年代号。

2.世界范围的标准分级

从世界范围来说，标准通常被分为国际标准、区域标准、国家标准、行业或专业团体标准以及公司(企业)标准。

(1)国际标准。国际标准是指由国际标准化组织(ISO)、国际电工委员会(IEC)、国际电信联盟(ITU)所制定的标准，以及经国际标准化组织确认并公布的其他国际组织所制定的标准。它们已为大多数国家承认和不同程度地采用。

国际标准化组织确认并公布的其他国际组织是：国际计量局(BIPM)、国际人造纤维标准化局(BISF)、食品法典委员会(CAC)、关税合作理事会(CCC)、国际电报电话咨询委员会(CCITT)、国际电气设备合格认证委员会(CEE)、国际照明委员会(CIE)、国际内燃机学会(CIMAC)、国际无线电咨询委员会(CCIR)、国际无线电干扰特别委员会(CISPR)、世界牙科联盟(FDI)、国际文献联合会(FID)、国际制酪业联合会(FIL)、国际原子能机构(IAEA)、国际航空运输协会(IATA)、国际民航组织(ICAO)、国际谷类加工食品科学技术协会(ICC)、国际排灌研究委员会(ICID)、国际辐射防护委员会(ICRP)、国际辐射单位与测量委员会(ICRU)、国际乳品联合会(IDF)、万维网工程特别工作组(IETF)、国际图书馆协会联合会(IFLA)、国际有机农业运动联合会(IFOAM)、国际煤气工业联合会(IGU)、国际制冷学会(IIR)、国际劳工组织(ILO)、国际海事组织(IMO)、国际橄榄油委员会(IOOC)、国际种子检验协会(ISTA)、国际理论与应用化学联合会(IUPAC)、国际毛纺组织(IWTO)、国际法制计量组织(OIML)、国际葡萄与葡萄酒局(OIV)、材料与结构研究实验所国际联合会(RILEM)、贸易信息交流促进委员会(TarFIX)、国际铁路联盟(UIC)、经营交易和运输程序和实施促进中心(UN/CEFACT)、联合国教科文组织(UNESCO)、世界海关组织(WCO)、世界卫生组织(WHO)、世界知识产权组织(WIPO)、世界气象组织(WMO)等。

国际标准采用标准代号(如 ISO,IEC)、编号(标准序号：发布年代号)以及标准名称来表示。(见图 5-4)

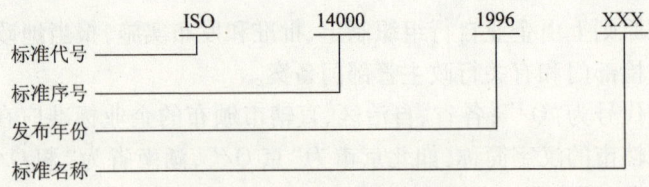

图 5-4 国际标准的示例

（2）区域标准。区域标准是指由世界某一地理、政治或经济区域的各国有关机构以成员资格参与组成的区域性标准化组织制定的标准。区域标准的目的在于促进区域性标准化组织或该组织的成员国进行贸易,便于该地区的技术合作和技术交流,协调该地区与国际标准化组织的关系。国际上较为常见的区域标准有,欧洲标准化委员会（CEN）制定的欧洲标准（EN）、欧洲电信标准学会（ETSI）制定的欧洲电信标准（ETS）、泛美技术标准委员会（COPANT）制定的泛美标准（PAS）、非洲地区标准化组织（ARSO）制定的非洲地区标准（ARS）、阿拉伯标准化与计量组织（ASMO）制定的阿拉伯标准（ASMO）以及亚洲标准咨询委员会（ASAC）制定的标准、欧洲电工标准化委员会（CENELEC）制定的标准等。

（3）国家标准。它是由国家的官方标准机构或国家政府授权的有关机构批准、发布并在全国范围内统一和使用的标准。如美国国家标准 ANSI、英国国家标准 BS、德国国家标准 DIN、法国国家标准 NF、俄罗斯国家标准 GOST（ГОСТ）、泰国国家标准 TIS、韩国国家标准 KS、澳大利亚国家标准 AS 等。

（4）行业或专业团体标准。它是由发达国家的专业或行业团体（学会、协会或其他民间团体）制定、发布的标准,为行业提供了很好的技术规范并被各国广泛采用。例如,美国试验与材料协会（ASTM）、美国石油学会（API）、美国电气与电子工程师协会（IEEE）、美国保险商实验室（UL）、英国劳式船级社（LR）、德国电气工程师协会（VDE）、挪威电气设备检验与认证委员会（NEMKO）等颁布的技术标准。

（三）标准的种类

1. 按标准的专业性质分类

（1）技术标准。它是对标准化领域中需要协调统一的技术事项所制定的标准。它是从事生产、建设以及商品流通等工作的一种共同的技术依据。凡正式生产的工业产品、主要的农产品、各类工程建设、环境保护、安全和卫生条件以及其他应当统一的技术要求,都必须制定技术标准。它主要包括:基础标准、产品（商品）标准、方法标准、安全标准、卫生标准、环境保护标准。

（2）管理标准。它是对标准化领域中需要协调统一的管理事项所制定的标准,一般包括管理基础标准、技术管理标准、生产安全管理标准、经济质量管理标准、设备能源行政管理标准和劳动组织业务管理标准等。

（3）工作标准。它是按工作岗位制定的有关工作质量的标准,是对工作的范围、构成、程序、要求、效果、检查方法等所做的规定。通常包括专项管理业务工作标准、现场作业标准、工作程序标准等三种。

（4）服务标准。服务标准是指规定服务应满足的要求以确保其适用性的标准。服务标准可以在诸如洗衣、租赁、交通运输、仓储、邮政、信息传输、批发、零售、住宿、餐饮、银行、保险、房地产、教育、卫生、文化、体育、娱乐、社会保障、居民服务、电力燃气和水的供应等领域内编制。

按标准的内容和性质,服务标准可分为:服务基础标准;服务质量标准;服务资质标准;服务设施标准;服务信息标准;服务安全、卫生标准;服务环境保护标准等。

2. 按标准的约束力强弱分类

按照标准的约束力强弱,国家标准和行业标准可分为强制性标准、推荐性标准和指导性技术文件三种。这是我国特殊的标准种类划分法。在完全实行市场经济体制的国家,标准一般是自愿性的。

(1)强制性标准。它是指根据普遍性法律规定或法规中的唯一性引用加以强制应用的标准。《中华人民共和国标准化法》第七条规定"保障人体健康,人身、财产安全的标准和法律、行政法规规定强制执行的标准是强制性标准"。

2000 年 2 月原国家质量技术监督局发布了《关于强制性标准实行条文强制的规定》,它明确指出强制性标准的范围主要是:A. 保障人体健康、人身和设备安全的标准,以及产品的生产、储运和使用中安全、卫生标准;B. 环境保护、电磁干扰标准;C. 直接关系到安全、卫生的符号、代号等通用技术语言标准;D. 对互换互联有严格要求必须强行统一的接口和互换配合标准;E. 根据有关法律、行政法规或规定强制执行的标准。

另外,我国各省、自治区、直辖市标准化行政主管部门制定的工业产品的安全、卫生要求的地方标准,在本行政区域内是强制性标准。

强制性标准一经发布,凡从事科研、生产、经营的单位和个人,都必须严格执行,不符合强制性标准要求的产品,禁止生产、销售和进口。

(2)推荐性标准。在强制性标准范围以外的标准,都是推荐性标准。推荐性标准是在生产、交换、使用等方面,通过经济手段调节而自愿采用的一类标准,又称为自愿性标准或非强制性标准。

这类标准,任何单位有权决定是否采用,违反这类标准不构成经济或法律方面的责任。但是,这类标准一经接受并采用,或各方商定同意纳入商品、经济合同之中,就成为共同遵守的技术依据,具有法律上的约束性,各方必须严格遵照执行。由于推荐性标准具有采用和执行的灵活性特性,所以它随着市场经济的发展越来越受到重视。国家还可以通过质量认证制度、商品质量等级评定、商品质量监督抽查等手段,来促进部分推荐性标准贯彻实施。

(3)指导性技术文件。指导性技术文件是一种推荐性标准化文件。它是为给仍处于技术发展过程中(如变化快的技术领域)的标准化工作提供指南或信息,供科研、设计、生产、使用和管理等有关人员参考使用而制定的标准文件。它与发布的标准有区别。

通常,国家标准化指导性技术文件涵盖两种项目,一种是采用 ISO、IEC 及其他国际组织(包括区域性国际组织)的技术报告的项目;另一种是技术尚在发展中,需要有相应的规范性文件引导其发展或具有标准化价值尚不能制定为标准的项目。实践证明,我国标准化工作的发展需要这样一类标准文件。

3. 标准的其他分类

按标准的成熟程度,标准可分为正式标准和试行标准。按标准的保密程度,标准可分为公开标准和内部标准。按照标准的表现形式,标准还可以分为文件标准和实物标准。

二、标准化

(一)标准化的概念

国家标准 GB/T 20000.1—2014 对"标准化"的定义是:"为了在一既定范围内获得最佳秩序,促进共同效益,对现实问题或潜在问题制定确立共同使用和重复使用的条款以及编制、发布和应用文件的活动。"同时在该定义后注明:①标准化活动确立的条款,可形成标准化文件,包括标准和其他标准化文件。②标准化的主要效益在于为了产品、过程或服务的预期目的改进它们的适用性,并促进贸易、交流以及技术合作。

"标准化"的上述定义同时也是国际标准化组织对"标准化"给出的确切定义。由此我们可归纳出标准化的三个要义:第一,标准化实质是一种个编制、发布、实施和修订标准或其他标准化文件的活动和或过程。第二,标准化涉及的现实问题或潜在问题范围非常宽广,除了生产、流通、消费等经济活动以外,还包括科学、技术、管理等多种活动。第三,标准化的主要作用,除了为达到预期目的改进产品、过程或服务的适用性以外,还包括防止贸易技术壁垒、促进技术合作等。

(二)标准化的作用

标准化的重要作用已被人们普遍认识和认可。可以从以下三个方面来阐述:标准化与经济建设和社会生活的关系、标准化与科学技术的关系、标准化与国际贸易的关系。

1. 标准化有利于促进经济建设和社会生活的协调发展

经济建设发展越迅速,生活水平提高得越快,人们对标准化的要求也就越高,尤其是在安全、健康和环境保护等方面。标准化活动要讲经济效益,但当经济效益与社会效益发生冲突时,前者必须服从后者。因此,国内外的标准化活动在安全、健康和环境保护标准化等方面都是严格遵循这项原则的。标准化的重要作用就在于,一方面能够促进经济建设的有序发展,另一方面又能控制和最大限度地降低经济活动所带给社会的负面作用(如生态破坏、环境污染等),由此促进两者的协调发展。

2. 标准化有利于科学技术的进步和发展

科学技术的高速发展推动了标准化活动的开展,而标准化的广泛应用又促进了科学技术的发展。信息技术的标准化就是一个突出的实例,它促进了世界信息技术的一体化,推动了各国之间的信息技术交流和成果共享,从而有利于科技的发展和进步。标准化是积累实践经验,推广应用高新技术,促进技术进步的桥梁。

3. 标准化有利于消除"贸易壁垒",促进国际贸易的发展

影响国际自由贸易的主要有两种障碍:一是关税壁垒,它是进出口商品经过一个国家的关界时,由海关向进出口商征收较高关税的一种贸易壁垒;二是非关税壁

垒,是指除关税以外的一切限制进口的贸易壁垒。非关税壁垒分为两类:一是进口国直接对进口商品的数量或金额加以限制,如进口配额制、进口许可证制、外汇管制等;二是技术壁垒,是指由各种技术标准和法规等技术要求形成的贸易壁垒。各国为解决进出口贸易的不平衡,保护本国或本地区的利益,纷纷由明显不得人心的关税壁垒转向实行隐蔽而又合法的技术壁垒。

目前,各国主要是发达国家,为实行贸易保护主义,实施贸易进口管制,通过颁布较严厉的法律、法令、条例和规定,建立更严格的进口产品技术标准、卫生检疫标准、商品包装和标签标准、环境保护标准等,从而增加进口难度,最终达到限制进口的目的。

贸易技术壁垒的主要表现形式和内容有以下五个方面。

(1)各种技术法规。技术法规是指包含或引用有关技术标准的法规,其内容主要涉及劳动安全、环境保护、卫生与健康、交通规则、无线电干扰、节约能源与材料、消费者保护等。发达国家颁布的技术法规种类繁多,如涉及食品、药品及化妆品的各种法规;消费产品安全法;易燃织物法;水果蔬菜进口检验法;欧洲玩具安全指令等。

(2)严格的技术标准。随着国际贸易竞争的激烈,许多国家有意识地把强制性标准或标准中的技术差别作为贸易保护主义的措施,特别是在保证食品卫生、保护环境和人身健康安全方面,许多国家和地区都制定了严格的技术标准。例如,粮食卫生标准;食品安全标准;餐具中的铅、锑、砷、汞等含量标准;食品机械设备卫生标准;劳动环境卫生标准;防疫检疫标准等。自然环境是人类生活劳动的场所,它若遭到破坏将影响人身健康乃至生命,因此各国都非常重视环境标准,如废气、废水、废渣、粉尘、放射性物质等有害物质的排放标准;汽车、机床、风机、水泵等噪声标准;电冰箱、洗衣机、电风扇、空调器等家用电器产品的节能和噪声标准。有关产品使用安全的标准,尤其是儿童用品安全始终是国际贸易中关注的问题。

(3)商品及其包装的特殊要求和规定。各国因所处的地理环境不同,消费水平和消费结构不同,对进口商品的品种、规格、花色、款式或其他外观以及商品包装和标签提出了限制条件。进口的商品必须符合这些规定,否则不准进口或禁止上市销售。

(4)工业产权、知识产权的技术保护。随着贸易国际化、自由化以及国际技术文化交流日益频繁,工业产权和知识产权这类无形财产权在国际贸易中的纠纷案越来越多,有关国际组织和国家相继制定了这方面的国际公约或本国的法规,以保护本国的技术经济利益。例如,世界知识产权组织制定了《国际保护工业产权公约》《商标国际注册马德里协定》《保护原产地名称国际注册里斯本协定》《工业外观设计国际备案海牙协定》等。

(5)质量认证和认可制度、物品编码系统、计量单位、标志等。在国际贸易中,不仅标准能构成贸易的技术壁垒,而且质量认证和认可制度、物品编码、标志、计量单位等也往往成为制造技术壁垒的手段。国际贸易对商品的质量认证、认可制度尤为重视,有些国家甚至限制没有经过认证的商品进入本国市场。

采用国际标准,有利于打破贸易技术壁垒。由于国际标准是大多数国家所能接受的,在国际贸易中,以国际标准作为交易双方的技术依据,使双方都处于平等的地位,不会因标准的差异而产生技术壁垒,因而可以消除国际贸易中的技术壁垒。为此,国际标准化组织有针对性、有计划地加快了有关国际标准,如 ISO 9000 质量管理和质量保证系列标准、ISO 14000 环境管理系列标准等的制定工作。积极采用国际标准和国外先进标准也是我国突破国际贸易技术壁垒的一项重大的技术经济政策。

目前,我国采用国际标准的程度分为等同采用(IDT)和修改采用(MOD)两种。凡已有国际标准的,应当以其为基础制定我国的标准;对国际标准中的安全标准、卫生标准、环境保护标准和贸易需要的标准应当优先采用。企业开发新产品应积极采用国际标准和国外先进标准,引进生产线生产的商品必须达到采用国际标准和国外先进标准的要求;企业生产的产品,凡是有能力、有条件采用国际标准和国外先进标准的,都应采用相应的标准;暂时没有采用国际标准的重要产品,要限期采用。在进口和出口商品时,必须优先采用国际标准和国外先进标准。我国对采用国际标准生产的商品实行采用国际标准产品标志制度,其标志见图 5 - 5。

图 5 - 5　采用国际标准产品标志

(三)标准化的形式与方法

标准化的形式是标准化内容的存在方式,也就是标准化过程的表现形态。标准化有多种形式,每种形式都表现不同的标准化内容,针对不同的标准化内容和任务,采用不同的方法,可达到不同的目的。

标准化的形式是由标准化的内容决定的,并随标准化内容的发展而变化,但标准化的形式又有其相对的独立性和自身的继承性,并反作用于内容,影响内容。标准化过程就是标准化的内容和形式的辩证统一过程。

标准化形式和方法主要有:简化、统一化、系列化、通用化、组合化。

1. 简化

简化是在一定范围内缩减商品的类型数目,使之在既定时间内满足全面需要的商品标准化形式。简化是商品标准化的初级形式,也是实践中应用较广泛的一种形式,它是控制复杂性、防止多样性自由泛滥的一种手段。由于需求的增长、科学技术的进步以及企业之间的竞争,商品的种类、品种等有急剧增多的趋势,如果不控制和引导,就会导致生产混乱,浪费社会财富。

简化一般是事后进行的,也就是商品的多样化已经发展到一定规模以后,才对商品的类型数目加以缩减,这种缩减是在一定时间和空间范围内进行的,其结果必须保证在既定的时间内满足需要。在现代化大生产中,人们通常所说的简化指的是品种规格的合理简化,主要有以下几种类型:商品品种规格的简化,原材料品种规格的简化,工艺装备品种规格的简化,零部件品种规格的简化。

简化的基本方法是在科学的基础上,通过合理的简化,去掉不必要的商品类型以及同类商品中多余的、重复的和低功能的品种,使商品的功能增加,性能提高,品种构成合理,趋于优化和形成系列,从而为新的商品类型、品种、规格的出现扫清障碍,为商品多样化的发展和满足社会的多样化需求创造条件。因此,简化是商品系统发展的外在动力,是对商品类型、品种进行有意识控制的一种有效形式。

2. 统一化

统一化是把同类商品两种以上的表现形式归并为一种或限定在一定范围内的商品标准化形式。它是商品标准化活动中内容最广泛、开展最普遍的一种形式。统一化的目的是为消除由于不必要的多样化而造成的混乱,为人类的正常活动建立共同遵循的秩序。统一化的实质是使商品的形式、功效或其他技术特征具有一致性,并把这种一致性通过标准以定量化的方式确定下来。统一化与简化有密切联系,但也有区别,前者着眼于取得一致性,后者着眼于精练。在统一化活动中,要运用预测技术和经济效果分析等方法,正确地确定统一的时机;通过调查研究,合理地规定商品的哪些指标该统一,哪些指标不应统一,哪些指标要严格统一,哪些指标应灵活;正确规定指标的水平和灵活度。

统一化有两类,一类是绝对的统一,它不允许有任何灵活性,如各种编码、代号、标志、名称、单位等;另一类是相对的统一,它的出发点或总趋势是统一,但在统一中还有灵活性,可根据情况区别对待。在商品统一化工作中,概念、符号、代号、术语、标志、产品质量指标、检验方法、操作规程、包装、储运条件、质量管理等都需要统一。随着社会生产的日益发展,生产经营过程之间的联系日益复杂,尤其在国际经济、技术交流日益扩大的情况下,需要统一的对象越来越多,统一的范围也越来越广。

3. 系列化

系列化是对同一类商品中的一组商品同时进行标准化的一种形式。它是标准化的高级形式。通过对同一类商品发展规律的分析研究,国内外产需发展趋势的预测,结合我国生产技术条件,经过全面的技术经济比较,将商品的主要参数、型号、尺寸、基本结构等做出合理的安排与规划,以协调同类商品和配套商品之间的关系。因此可以说,系列化是使某一类商品系统的结构优化、功能最佳的标准化形式。

商品系列化一般包括制定商品基本参数系列、编制商品系列型谱和进行系列设计等三方面内容。商品的基本参数是商品基本性能或基本技术特性的标志,是选择或确定商品功能范围、规格尺寸的基本依据。商品基本参数系列是将商品的基本参数按一定的规律排列形成的数列,是指导生产企业发展品种、指导用户选用商品的最基本依据。基本参数系列确定得是否合理,不仅关系到这种商品与相关商品之间的配套协调,而且在很大程度上影响企业的经济效益以及社会效益。制定基本参数系列包括选择基本参数和主参数、确定主参数和基本参数的上下限、确定参数系列等步骤。主参数是各项参数中起主导作用的参数,它应是商品中最稳定的、能反映商品基本特性的参数。

商品系列型谱是工业主管部门根据国民经济发展和市场的需要,对国内外同类商品生产发展和需求状况进行分析后,对基本参数系列所限定的商品进行型式规划,把基型商品和变型商品的关系以及品种发展的总趋势,用图表反映出来,形成一个简明的品种系列表。一种商品的系列型谱,是该商品品种发展规划的一种表现形式。它不仅为选择商品发展方向、制定商品技术发展规划、合理安排商品生产以及整顿现有商品、发展变型商品等提供依据,而且还可防止企业盲目设计没有发展前途的品种。系列型谱的形式和内容不尽一致,有的较简单,有的较复杂,要根据具体情况而定。有时,型谱还将商品发展方向、设计试制状况、生产情况、近期和远期发展的重点等带有方向性的问题用醒目的符号标志出来,以指导设计和生产。

系列设计是以基型为基础,对整个系列商品进行的技术设计或施工设计。具体做法如下:

(1)在系列内选择基型。基型应该是系列内最有代表性、规格适中、用量最大、生产较普遍、结构较先进并经过长时期生产和使用考验,较为理想又很有发展前途的型号。

(2)在充分考虑系列内商品之间以及变型商品之间的通用化的基础上,对基型商品进行设计。

(3)横向扩展,设计全系列的各种规格。这时要充分利用结构典型化和零件通用化等方法,扩大通用化程度。

(4)纵向扩展。设计变型商品或变型系列,并使变型与基型最大限度地通用,尽量做到只增加少数专用件,就可以发展一个变型商品或变型系列。

系列设计是有效的统一化,能有效地防止全国范围内同类商品型式、规格的杂乱;能集中研究和设计优势,既可保证设计的先进性,又可防止各企业平行设计同一商品,做到最大限度地节约设计力量。系列设计的商品基础件通用性好,易于根据市场动向和顾客(或用户)的特殊要求,机动灵活地发展新品种,也便于组织专业化协作生产和配套维修。

4.通用化

在相互独立的系统中,选择和确定具有功能互换性或尺寸互换性的子系统或功能单元的标准化形式称通用化。通用化要以互换性为前提。

对于具有功能互换性的复杂商品来说,通用化的程度越高,生产的机动性越大,对市场的适应性也越强,商品的销路就越广。提高商品的通用化水平,对防止不必要的多样化、增强企业竞争能力、组织专业化生产、提高国民经济效益都有明显作用。

通用化的一般方法是:在商品系列设计时要全面分析商品的基本系列和变型系列中零部件的共性与个性,从中选择具有共性的零部件定为通用件或标准件;在单独设计某一商品时,尽量采用已有的通用件;新设计零部件时,充分考虑到能为以后的新商品所采用,逐渐发展为通用件或标准件;对现有商品进行革新改造时,可根据生产、使用、维修过程中积累的经验,将可以通用的零部件经过分析、试验达到通用,这也是对老商品革新改造的一项内容。

5.组合化

组合化是按照标准化的原则,设计并制造出一系列通用性较强的单元(标准单元),根据需要组合成不同用途的商品的一种标准化形式。

组合化是建立在系统的分解与组合理论的基础上的。把一个具有某种功能的商品看作一个可以分解为若干功能单元的系统,由于某些功能单元不仅具备特定的功能,而且可以与其他系统的某些功能单元通用、互换,于是这类功能单元便可以分离出来,以通用单元或标准单元的形式存在,这就是分解。为了满足一定的要求,把若干准备好的标准单元、通用单元和个别的专用单元按新系统的要求有机地结合起来,组成一个具有新功能的新系统,这就是组合。

在商品设计、生产和使用过程中,都可以运用组合化的方法。组合化的内容,主要是选择和设计标准单元和通用单元,又称"标准组合元"。确定组合元的程序是:先确定其应用范围,然后划分组合元,编排组合型谱(即由一定数量的组合元组成商品的各种可能型式)。检验组合元是否能完成各种预定的组合,最后设计组合元件并制定相应的标准。根据标准预先制造和储存一定数量的标准组合元,根据需要组装成不同用途的商品。组合化的原理和方法,已广泛应用于机械类商品和仪器仪表的制造、家具和工艺装备的制造与使用、建筑业等,取得了明显的效益。

第二节 商品标准

一、商品标准概述

(一)商品标准的概念

商品标准是产品标准和服务标准的总称。

GB/T 20000.1—2014 将"产品标准"定义为"规定产品需要满足的要求以保证

其适用性的标准",同时注明:①产品标准除了包括适用性的要求外,也可直接包括或以引用包括诸如术语、取样、检测、包装和标签等方面的要求,有时还可包括工艺要求;②产品标准根据其规定的是全部的还是部分的必要要求,可区分为完整的标准和非完整的标准,由此,产品标准又可区分为不同类别的标准,例如尺寸类、材料类和交货技术通则类产品标准。

GB/T 20000.1—2014 还将"服务标准"定义为"规定服务需要满足的要求以保证其适用性的标准"。同时也注明:服务标准可以在诸如洗衣、饭店管理、运输、汽车维护、远程通信、保险、银行、贸易等领域内编制。

商品标准是商品生产、质量验收、监督检验、贸易洽谈、储存运输等活动的依据和准则,也是对商品质量争议做出仲裁的依据,对保证和提高商品质量,提高生产、流通和使用的经济效益,维护用户的合法权益等都具有重要作用。

(二)商品标准的表现形式

按照表现形式,商品标准可分为文件标准和实物标准两种形式。

文件标准是通过特定格式,用文字(包括表格、图样等)表述商品的品种规格、质量要求、检验规则与方法、储运与包装规定等有关技术内容的统一规定。商品标准中绝大多数都是文件标准。文件标准在其开本、封面、格式、字体、字号等方面都有明确的规定。

实物标准是指对难以用文字准确表达的质量要求如色、香、味、手感、质感等,由标准化机构或指定部门用实物制成与文件标准规定的质量要求完全或部分相同的标准样(标样),按一定程序颁布,作为文件标准的补充,用以鉴别商品质量和评定商品等级。实物标准分为全国基本标准和地方仿制标准,实物标准每年更新,以保持各等级标样的稳定。例如,粮食、茶叶、棉花、羊毛、蚕茧等农副产品以及和田玉等都需要有区分品级或颜色级的实物标准,以在生产、检验、贸易洽谈、收购定级定价时,作为评定其品质和等级的技术依据。

二、商品标准的制定原则

商品标准制定的好坏,关系到标准贯彻后的技术经济效果。没有高水平的标准,就不会有高质量的商品。只有制定先进合理的标准,并通过标准的贯彻实施,才能给国家、企业和人民带来利益,从而获得全面的社会效益。

制定商品标准是一项技术复杂、政策性很强的工作,必须遵循以下原则。

(一)贯彻国家的有关方针、政策、法津、法规

各项商品标准及其具体内容,都应在我国有关方针、政策、法律、法规的指导下,依据标准化原理和方法来制定,以保证制定的商品标准符合国家在一定历史时期内经济建设的需要。

(二)充分考虑消费需求和社会需求

在社会主义市场经济条件下,企业必须面向市场,按用户/顾客的要求组织商

品生产和经营,只有这样才能拥有市场。商品标准是指导企业进行商品设计、生产和销售以及保证商品市场适用性的技术依据。因此,制定商品标准时,首先要从市场和社会需要出发,广泛听取生产者、经营者、物流业者、用户/顾客以及政府有关部门等方面的意见,充分考虑用户/顾客的使用要求以及实现这些要求的可能性,千方百计地满足用户/顾客需要和社会需要。所谓使用要求,是指用户/顾客对商品的质量要求。而社会需要则包括道德、法律和环保等方面的社会共同需要。在规定商品质量指标时,要考虑商品的用途和实际使用条件。

（三）有利于保障安全和人民的身体健康

人体健康和人身、财产安全是广大群众最根本的切身利益。因此,在制定商品标准时,必须充分考虑商品生产、运输、储存和使用中的安全、卫生、可靠性等要求。凡涉及安全、健康、卫生等方面的内容,在标准中应做出严格规定,并以法律作为保障。

（四）技术先进,经济合理

商品标准中规定的各项质量指标和要求应当适应国家技术经济发展的水平以及满足

赶超世界先进水平和国际市场竞争的需要,力求反映科学、技术和生产的先进成果,有利于发展生产,促进企业技术的发展以及商品质量和经济效益的不断提高。因此,在制定商品标准时,不仅要考虑技术上先进,而且要通过全面技术经济分析和论证,寻求经济上的合理性,把提高商品标准水平、商品质量与取得最佳经济效益统一起来。

（五）有利于合理开发和利用国家资源,保护自然资源和生态环境

资源是一个国家发展经济最基本的物质基础,一些自然资源是不能再生的,过度开发自然资源会破坏生态平衡。因此,在制定商品标准时,一方面要密切结合我国的自然条件,合理开发和利用自然资源,努力提高资源的利用率,充分节约原材料,努力开发新材料,尽可能采用代用品,大力回收利用废旧物资;另一方面必须考虑资源保护、生态环境保护和最大限度地减少环境污染等问题。

（六）积极采用国际标准和国外先进标准,充分考虑对外经济技术合作和贸易的需要

当前,采用国际标准是世界各国技术经济和对外贸易发展的普遍趋势,采用国际标准,不仅可以提高本国的标准水平和商品在国际市场上的竞争力,给本国技术、经济的发展带来巨大利益,而且可以消除国际贸易中的技术壁垒,扩大商品贸易。

因此,制定商品标准时,要积极采用国际标准和国外先进标准。为了促进采用国际标准和国外先进标准工作的开展,我国于 1994 年发布实施了《采用国际标准和国外先进标准管理办法》和《采用国际标准产品标志管理办法》。

（七）协调统一,完整配套,军民通用

标准化是一项系统工程。一项孤立的商品标准,并不能完全实现标准化的目

的。制定商品标准时,必须考虑相关的一系列标准,如原材料标准、零部件标准、包装标准、生产工艺标准等,做到完整配套,建立起完善的标准体系,同时要与我国现行的法律、法规和有关的国际通用标准、国家标准、行业标准等协调一致。此外,还要注意商品标准内部的各项技术内容和指标与其他相关商品之间的相互衔接,以充分发挥标准化的系统效益。在满足使用要求的前提下,凡能军民通用的商品标准都应军民通用,以促进军转民的商品生产和技术开发。

（八）掌握制定商品标准的时机,并根据科技发展和经济建设的需要适时修订

商品标准一般宜在商品定型、准备正式投产前进行制定。商品标准制定后应保持相对稳定,使企业在一定的技术发展水平上有一段稳定的生产经营时期。商品标准的技术内容和质量指标也要适应当前科学技术发展的水平。当标准的水平落后于当前科学技术水平,企业的技术水平比标准所代表的技术水平高时,就应该根据科学技术发展和经济建设需要适时修订现行商品标准,否则会阻碍企业的生存和发展。

三、商品标准的结构与基本内容

根据标准 GB/T 1.1—2009《标准化工作导则第 1 部分标准的结构和编写》,我国商品标准的结构主要由以下四种要素类型构成(参见图 5 - 6)。

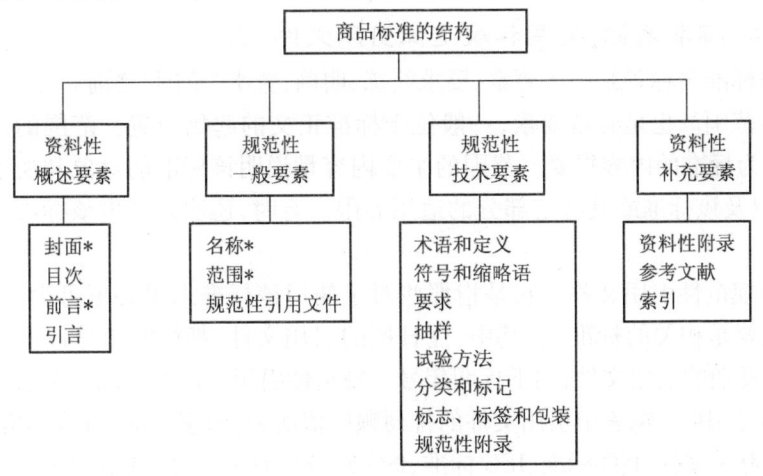

图 5 - 6　商品(产品)标准的结构

[注]:①资料性要素是指标识标准、介绍标准和提供标准的附加信息的要素,分为概述要素和补充要素;②概述要素是标识标准,介绍其内容、背景、制定情况以及该标准与其他标准的关系的要素;③补充要素是提供附加信息,以帮助理解或使用标准的要素;④规范性要素是指要声明符合标准而应遵守的条款的要素,分为一般要素和技术要素;⑤标有 * 者为必备要素(标准中必须存在的要素),其他无标记者为可选要素(在标准中不是必须存在的要素,其存在与否视标准条款的具体需求而定);⑥一项标准不需要包括图 5 - 6 中的所有要素,但可以包括图中所示之外的其他要素。

商品(产品)标准的基本内容,大致可归纳为以下九个方面:

（一）封面和前言

(1)每项商品标准均有封面。以国家标准为例,封面的内容有:"中华人民共和国国家标准"字样和标准的"GB"标志、标准的中文名称与英文名称、国际标准分类号(ICS 号)、中国标准文献分类号、标准编号、代替标准编号、发布日期、实施日期、标准的发布部门等。若该标准有对应的国际标准,则在封面上标明一致性程度的标识,一致性程度的标识由对应的国际标准编号、国际标准英文名称、一致性程度代号[IDT(等同)、MOD(修改)、NEQ(非等效)]等内容组成。如果标准的英文名称与国际标准名称相同时,则通常不标出国际标准名称。

(2)每项商品标准均有前言。前言由特定部分和基本部分组成。在特定部分中,要说明标准代替或废除的全部或部分其他文件(标准);说明与标准前一版本相比的重大技术变化;说明标准与其他标准或文件的关系;说明标准中的附录哪些是规范性附录,哪些是资料性附录。在基本部分中,一般视情况依次给出以下信息:①标准的提出单位;②标准的批准部门(适用于非国务院标准化行政主管部门批准的国家标准);③标准的归口管理的标准化组织;④标准的起草单位(需要时,可指明负责起草单位和参加起草单位);⑤标准的主要起草人;⑥标准所代替标准的历次版本发布情况等。

（二）标准名称、范围和规范性引用文件

(1)标准名称。是必备要素,要求简练、明确,置于"范围"之前。

(2)范围。也是必备要素,一般位于标准正文的起始位置。范围的文字应简洁,可视为标准的内容提要。范围的主要内容是说明该标准的对象和所涉及的各个方面以及该标准或其特定部分的适用界限。有时,还明确指出该标准不适用的界限。

(3)规范性引用文件。它是指那些对于使用该标准来说必不可少的、相关的文件(主要是相关的标准)。其中,注日期的引用文件,都标明年号以及完整的名称;不注日期的引用文件,则不标明年号。规范性引用文件通常以一览表的形式列在标准正文中,一览表中引用文件的排列顺序依次为:国家标准、行业标准、地方标准、国内有关文件、ISO 标准、IEC 标准、ISO 或 IEC 有关文件、其他国际标准以及其他国际有关文件。其中,国家标准、ISO 标准、IEC 标准按标准顺序号排列;行业标准、地方标准、其他国际标准先按标准代号的拉丁字母顺序排列,再按标准顺序号排列。规范性引用文件中的国家标准或行业标准如果有对应的国际标准,还要注明与国际标准的一致性程度。

（三）术语和定义、符号和缩略语

(1)术语和定义。是可选要素,它仅给出为理解标准中某些术语所必需的定义。

(2)符号和缩略语。也是可选要素,它仅给出为理解标准所必需的符号和缩略语的一览表。有的标准还将术语和定义、符号和缩略语加以合并,或者再并入单位,如"术语、定义、符号、单位和缩略语"。

（四）分类、标记和编码

分类、标记和编码是为符合规定要求的商品建立一个分类、标记和（或）编码体系。它是商品标准的技术要素的重要组成部分。

商品的"分类、标记、编码"一般包括下列内容:①商品品种、型式（或型号）和规格的划分及其系列;②商品的代号或标记或编码。

商品"分类和标记"要符合下列基本要求:①应满足使用的需要;②应优先采用国际通行的品种、型式（或型号）和规格;③系列商品应尽可能采用优先数和优先数系或模数制。此外,商品的命名应符合国家或行业有关标准的规定。

有时为了方便,在标准中,要素"分类和标记"也可并入要素"要求"。

（五）要求

"要求"是可选要素,却是商品标准的技术要素的重要组成部分,过去常常称作商品的"技术要求"或"质量要求"。"要求"是指导商品生产、流通、消费以及进行质量监督与质量检验和判定质量等级的主要技术依据。

作为商品标准和规范性技术要素的核心的"要求",应考虑有形产品和无形服务的区别,从而分别来阐述"产品要求"、"服务要求"。

1. 产品要求

（1）使用性能要求。产品的使用性能是指产品为满足一定的使用要求所应具备的性质与功能。应根据产品的具体情况,选择直接反映产品使用性能的指标或者间接反映其使用性能的代用指标。使用性能包括几何性能（几何形状、角度、相互位置、尺寸、厚度等）、人体工效学特性（产品结构要与人体尺寸和体型及各个部分相适应,产品要与人的视、听、触、嗅、味觉以及速度能力和信息再处理能力相适应）、物理性能（密度、黏度、粒度、熔点、燃点、沸点、力学性能、电学性能、光学性能、热学性能、声学性能等）、化学性能（成分、纯度、耐酸性、耐碱性、耐氧化性、耐还原性、耐老化性,耐腐蚀性、热稳定性等）、微生物学特性等。

（2）稳定性要求。当使用性能规定的内容不能保证产品符合使用要求的稳定性时,应在标准中明确做出规定,如产品对气候、酸碱、水、热、光、磁等影响的稳定性。

（3）健康、安全和环境保护要求。在规定产品性能时,必须考虑到是否会涉及健康、安全和环境保护等因素,并遵守有关的法规和强制性标准。应将有关内容纳入标准,如防爆、防火、防电击、防污染、防辐射的要求,对产品运转部分的平衡要求,噪声限制,食品中有害成分的限制,对产品污染环境以及耗能、耗费资源（耗电、耗油、耗煤、耗水等）的限制等。在规定这些指标时,必须同时规定其极限值。

（4）外观和感官要求。产品有外观和感官要求时,应对外观和感官要求做出规定,例如,表面缺陷限定、颜色以及味觉、嗅觉、视觉、手感等要求。

（5）材料要求、工艺要求和其他要求。为了保证产品质量和安全要求,必须规定并列入产品标准的材料要求、工艺要求和其他要求。

2.服务要求

（1）服务规范要求。它包括功能性、经济性、安全性、舒适性、时间性、文明性等六个方面的要求。

（2）服务提供规范要求。它包括服务流程要求、职责和权限要求、事件预防性措施要求和与顾客沟通的要求。

（3）人员资质要求。它包括教育与培训要求、技能与经验要求、健康与素养要求。

（4）运行管理要求。它包括目标管理、信息管理、沟通管理、财务管理、人力资源管理、能源管理、市场营销管理、合同管理、采购管理、评价和持续改进等方面的要求。

（5）安全要求。它包括安全保障措施、服务场所的安全、服务用品使用的安全要求、服务设施的安全要求、服务从业人员的安全要求等。

（6）环境要求。它包括环境条件（服务所需温度、湿度、光线、空气质量、卫生、噪声等）要求、环境因素的识别和评价要求、对环境因素实施控制要求（如废物处理、减少资源和能源的消耗、减少噪声和视觉污染）和环境意识要求。

（7）设施、设备及用品要求。它包括设施、设备及用品的种类、数量、等级及安全要求、它们的购置、验收、使用、存放、维护保养和报废处置等方面的要求。

产品要求或服务要求的上述内容并不是任何产品标准或服务标准都需要全部包括的，可根据产品或服务的特点和使用需要进行选择。需要分等分级而又能分等分级的质量要求，应根据不同需要做出合理的分等分级规定。

（六）抽样

抽样为可选要素。当商品不宜进行逐个检验时，标准中可列入抽样要素。其内容包括抽样（取样、采样）的条件和方法，以及样品保存方法等技术性内容。抽样要素也可置于试验方法要素的起始位置。当商品标准不选择抽样要素时，各行业可根据需要选择"质量评定程序"或"检验规则"作为标题。质量评定程序或检验规则的内容主要包括：检验分类、每类检验所包含的检验项目、组批规则、抽样方案、抽样或取样方法、判定规则及复验规则。

（七）试验方法

试验方法通常给出与下列程序有关的所有细节：测定特性值、检查是否符合要求以及保证结果的再现性。如果适合还应指明试验是型式（定型）试验、常规试验还是抽样试验等。适合的情况下，有关试验方法的细节可按下列顺序给出：①原理；②试剂或材料；③装置；④试样和试件的制备和保存；⑤程序；⑥结果的表述，包括计算方法以及测试方法的精密度；⑦试验报告。

（八）标志、标签和使用说明书

商品标准，应根据相关的国家标准（如 GB/T 1.1—2000，GB 5296.1～6，GB

9969.1,GB 7718,GB 13432 等)、有关的包装标志的国家标准(如 GB 190,GB 191,GB 6388 等)以及其他有关标准,来规定相应的标志、标签、使用说明书以及包装标志。

商品的标志、标签、使用说明书需要标明的内容有:①商品名称、商品执行的标准编号、商标;②生产企业名称、详细地址、产品原产地;③根据商品特点和使用要求,所标明的商品的种类、规格、型号、等级、主要成分及含量、主要参数;④对限期使用的商品,还要标明商品的保质期或失效日期(或截止日期);⑤当使用不当而容易危及人身、商品、设备安全或损坏商品、设备或污染环境时,要规定警示标志或警示说明;⑥其他需要标明的事项(如当需要时应标出许可证号)。

包装标志的基本内容包括:商品包装材料外表上的收发货标志、包装储运图示标志、危险货物包装标志及其他标志。

(九)包装、运输和贮存

当需要时,商品标准中应规定商品的包装、运输和贮存等内容。剧毒、危险、易碎、防潮、防磁、防辐射、防环境污染、不能倒置以及有其他类似要求的商品,应对其包装、运输、贮存要求做出相应规定。

1.包装

需要包装的商品均应在其标准中规定包装要求或引用有关的包装标准。包装的基本内容包括:①包装技术与方法;②包装材料与要求;③对内装物的要求;④包装试验;⑤包装检验规则。

必要时,在此部分还可规定商品随带文件,如商品合格证、商品使用说明书、装箱单、随机备附件清单、安装图、其他有关的技术资料。

2.运输

当需要时,应规定运输要求。对有特殊要求的商品的运输要求主要包括:①运输方式(运输工具等);②运输条件(运输时的要求,如遮篷、密封、保温等);③运输中的注意事项(装、卸、运方面的特殊要求,以及运输危险物品的防护条件等)。

3.贮存

必要时应规定贮存要求。特别是对有毒、易腐、易燃、易爆等类商品应规定各种相应的特殊要求。

贮存要求的内容主要包括:贮存场所(库存、露天、遮篷等);贮存条件(温度、湿度、通风、有害条件的影响等);贮存方式(单放、堆放等);贮存期限(规定的贮存期限、贮存期内定期维护的要求、贮存期内定期或不定期进行抽验的要求)。

四、商品标准的实施

商品标准的实施是整个标准化活动的一个重要环节。商品标准的贯彻与实施,要依靠质量监督检验检疫部门(以下简称质检部门)、产品归口部门、设计部门和企业等各方面相互配合,分工协作,共同努力。

商品标准一经批准发布,就成为商品生产、流通、消费领域的技术依据,各部门在贯彻执行中不得擅自更改或降低标准。从事科研、生产、经营的单位和个人,必须严格执行强制性标准。不符合强制性标准的商品,禁止生产、销售和进口。国家鼓励企业自愿采用推荐性标准,凡按国家标准、行业标准、地方标准或企业标准组织生产的企业,应在其产品或说明书、包装物上标注所执行标准的代号、编号和名称。企业研制开发新产品,改造老产品,进行技术改造,应当符合标准化要求,不允许没有标准依据的产品上市销售。质检部门要严格按照标准进行商品质量监督与认证,这是保证标准贯彻实施的重要手段。对因违反标准造成不良后果以至重大事故者,由质检部门或有关行政主管部门按照《标准化法》和实施条例的有关规定,根据不同情节进行处理。

在贯彻实施商品标准过程中,还要做好信息反馈、调查研究等工作,为将来的修订准备条件。

第三节　认证

一、认证的产生与发展

(一)认证的产生

随着商品交换和国际贸易的发展,商品(产品或服务)的买方(用户、消费者等)总是想要买到自己满意的商品。然而,面对越来越多的新商品,面对铺天盖地的卖方(制造商、批发商、零售商或服务提供者等)广告宣传,大多数不具备鉴定商品质量手段和知识的买方,为了避免上当受骗,迫切希望能有一个可信任的、公正的第三方(与卖方、买方均无利益关系的独立法人)出来证明该商品能符合买方要求或有关法律法规、标准或规范的要求等。于是,作为一种外部质量保证手段的商品认证制度开始在世界各国普及并发展起来。

(二)认证的发展

现代的第三方认证制度起源于英国,英国标准协会于1903年对该国铁轨进行了认证并授予世界第一个认证标志——风筝标志(或称BS标志)。此后,从20世纪30年代开始,认证得到了较快的发展,到20世纪50年代,基本上已普及到所有工业发达国家。20世纪60年代起,苏联和东欧国家陆续开展认证活动。

从20世纪70年代起,认证开始跨越国界,建立起若干区域认证制度和国际认证制度,如欧洲电子元器件认证制度、欧洲标准化委员会认证委员会的合格认证制度、国际电子元器件质量认证制度、国际电工产品的安全认证制度等,使产品认证成为国际贸易中消除非关税壁垒的一种手段,促进了国际贸易的发展。除印度等极少数发展中国家推行认证制度较早以外,其他发展中国家大多是从20世纪70年代起或80年代起实行认证制度的。实行产品认证制度已经是一种世界趋势,产品认证标志和证书已成为产品进入国际市场的"通行证"。

随着时间的推移,认证制度本身也有了较大的发展。起初,各认证机构仅对产品本身进行检验和试验,认证只能证明供方的产品符合规范的要求,并不能担保供方以后继续遵守技术规范。之后,认证机构增加了对供方质量保证能力的检查和评定,以及获证后的定期监督,从而证明供方生产的产品持续符合标准的要求。到20世纪70年代,产品认证制度又有了新的发展,出现了单独对供方质量管理体系进行评定的认证形式,即质量体系认证。

为了避免因各国采用的技术标准和实行的认证制度不同而形成新的贸易壁垒,为了适应国际质量认证的需要以及协调和推动质量认证工作,国际标准化组织(ISO)于1971年建立了认证委员会(CERTICO),1985年又更名为合格评定委员会(CASCO)。该委员会的主要任务是研究评定产品、过程、服务和质量体系符合适用标准或其他技术规范的方法;制定有关认证方面的国际指南;促进各国和各地区认证制度的相互承认。为避免国际贸易技术壁垒,国际标准化组织积极将认证制度从产品认证进一步扩展到质量体系认证。在20世纪70年代末,国际标准化组织建立ISO/TC176即"质量保证技术委员会",1987年又更名为"质量管理和质量保证技术委员会",并颁布了1987版的ISO9000族质量管理体系标准(第1版)。ISO/TC176在1990年第九届年会上提出的《90年代国际质量标准的实施策略》中,即确定了一个宏伟的目标:"要让全世界都接受和使用ISO9000族标准,为提高组织的运作能力提供有效的方法;增进国际贸易,促进全球的繁荣和发展;使任何机构和个人,可以有信心从世界各地得到任何期望的产品,以及将自己的产品顺利销往世界各地。"1994年、2000年、2008年,ISO分别修改并颁布了1994版(第2版)、2000版(第3版)、2008版(第4版)的ISO9000族质量管理体系标准。

1993年,ISO成立了ISO/TC207环境管理委员会。1996年,ISO/TC207颁布ISO14001《环境管理体系——规范及使用指南》标准,它是ISO14000系列标准中唯一用以环境管理体系认证的标准。开展环境管理体系认证有助于企业在较短的时间内提高环境管理水平和员工素质,并能帮助企业扩大市场份额,提高商品附加值,实现经济和环保可持续协调发展。2005年,ISO又发布了国际标准ISO22000《食品安全管理体系要求》,依据该国际标准的食品安全管理体系认证制度正在全球范围内得到重视和发展。

我国的认证工作起步较晚,1978年加入ISO以后才将认证的原则和实践引进国内,在少数地区开始试点和推行。1981年,成立了我国第一个认证委员会,即中国电子元器件认证委员会(QCCECC)。1988年12月公布和实施了《中华人民共和国标准化法》以后,我国认证工作开始纳入法制的轨道。我国于1991年发布实施了《中华人民共和国产品质量认证管理条例》,并相继发布了与之相配套的《产品质量认证管理条例实施办法》《产品质量认证委员会管理办法》《产品质量认证质量体系检查员和检验机构评审员管理办法》《产品质量认证证书和认证标志管理办法》《进出口商品认证管理办法》等法规，全面开展了产品质量认证和质量体系认证工作。

从2001年4月起，我国的认证认可工作由国家质量监督检验检疫总局（简称国家质检总局）及其管理的国家认证认可监督管理委员会（简称国家认监委）来承担的。国家认监委负责统一管理、监督和综合协调全国认证认可工作。认证认可是国际通行的产品、服务、管理体系的质量保证和管理手段。认可是认证的支持性活动，通过对认证机构、检验机构、检查机构和评定人员的认可，确保他们具有从事相关领域工作的能力，以保证认证结果的可信性。从此我国认证认可开始进入规范工作、全面发展、发挥作用的新阶段。

2003年，国务院发布《中华人民共和国认证认可条例》和《国务院办公厅关于加强认证认可工作的通知》，为建立健全全国统一、内外一致的认证认可工作体制提供了政策和法律保障。在全面清理认证认可相关的法规规章的基础上，国家认监委先后发布了70余件部门规章和规范性文件，从而确立了我国的认证认可法规体系。通过以省级质量技术监督部门和直属出入境检验检疫机构为依托，又进一步构建起省、市、县和口岸的地方认证监督管理组织体系。为了适应加入WTO的需要，我国全面推进了以CCC（China Compulsory Certification 的英文缩写）为标志的强制性产品认证制度。2004年6月，国家质检总局分别公布了《强制性产品认证机构、检查机构和实验室管理办法》《认证证书和认证标志管理办法》。2006年3月，中国合格评定国家认可委员会（CNAB）成立，它是国家认监委批准设立并授权的国家认可机构，统一负责对认证机构、实验室和检查机构等相关部门的认可工作。2009年7月，国家质检总局公布并实施《强制性产品认证管理规定》。

目前我国统一管理、共同实施的认证认可工作格局基本形成。在国家认监委与各有关部门之间交流和协调的基础上，我国广泛开展了产品强制性认证和自愿性认证、实验室认可、质量管理体系认证、环境管理体系认证、职业健康安全管理体系认证、有机食品认证、HACCP认证、良好农业规范（GAP）体系认证、计量认证认可、无公害农产品认证、信息安全产品认证和商品售后服务体系认证等认证认可工作。

我国在国际认证认可界的影响不断提高。我国的认证认可工作积极采用国际标准和导则，建立了自己的认证认可制度。我国的认可、认证结果已经为国际组织、区域合作组织普遍接受，认证认可监管模式得到大多数认证认可国际组织的认同，并为一些发展中国家吸收采纳。国际交流与合作频繁，我国已与24个国家和地区的34个政府、主管部门、合格评定机构签订了37个合作协议或备忘录，同时参加了20多个认证认可国际和区域组织。我国在认证认可国际、区域性组织的认证认可相关政策和技术规范制定过程中的话语权不断加强。

二、认证的概念与种类

（一）认证的概念

《中华人民共和国认证认可条例》（以下简称《认证认可条例》）对"认证"的定义是："由认证机构证明产品、服务、管理体系符合相关技术规范、相关技术规范的强制性要求或者标准的合格评定活动。"

国家标准《合格评定 词汇和通用原则》（GB/T 27000—2006）把"认证"定义为"与产品、过程、体系或人员有关的第三方证明。"

由上述定义可知，认证可以归纳为以下几个要点来理解。

（1）认证的主体是认证机构。认证机构是指具有可靠的执行认证制度的必要能力，并在认证过程中能够客观、公正、独立地从事认证活动的机构。这就要求认证机构应该独立于产品或服务的供应方和购买方（用户、消费者），是具有独立的法人资格的第三方机构。因此认证也称为第三方认证。认证实质是用户或消费者有关要求得到满足的第三方证实，这种证实是增强市场或监管部门对产品、服务的信心的一种手段。通过这种证实，产品或服务的供应方也可以减少对市场、监管部门甚至贸易壁垒的担心。在我国开展认证活动的认证机构必须经过国务院认证认可监督管理部门认可，才能从事批准范围内的认证活动。

（2）认证的对象是特定的产品或服务。所谓"特定"是指认证对象应列于"产品（服务）认证目录"内，而并非所有的产品或服务都能进行认证。从我国当前的商品质量认证实际情况来看，认证对象绝大多数都是有形的产品项目，而无形的服务项目较少。近些年来随着服务标准制定数目迅速增加，服务项目认证增速不断加大。

（3）认证的依据是相关的技术法规或标准。WTO/TBT 协议（世界贸易组织/贸易技术壁垒协议）将"技术法规"定义为"强制执行的规定产品特性或相应加工和生产方法的包括可适用的管理规定的文件。技术法规也可以包括专门规定用于产品、加工或生产方法的术语、符号、包装、标志或标签要求。"WTO/TBT 协议将"标准"定义为"为了通用或反复使用的目的，由公认机构批准的规定产品或相关加工和生产方法的规则、指南或特性的非强制执行的文件。标准也可以包括专门规定用于产品、加工或生产方法的术语、符号、包装标志或标签要求。"应该指出：上述定义中的"产品"是广义的说法，它包括产品、过程和服务。ISO/IEC Guide 2：1996 将"技术法规"定义为"规定技术要求的法规，它或者直接规定技术要求，或者通过引用标准、技术规范或规程来规定技术要求，或者将标准、技术规范或规程的内容纳入法规中。"我国《标准化法》将标准划分为强制性和推荐性两大类，根据WTO/TBT 协议的定义，我国的强制性标准应属于技术法规的范畴，而推荐性标准就成为自愿性的、非强制执行的标准。

（4）认证中的合格评定活动包括抽样、测试、检验、评价、验证、合格保证注册、批准等以及它们的组合。合格保证是为了使人们相信产品、过程或服务满足规定要求的声明所开展的活动。例如对产品而言,声明的形式可以是认证证书、认证标志或其他等效方式,它也可以印在有关产品的公告、产品目录或用户手册上。我国《认证证书和认证标志管理办法》中定义:认证证书是指产品、服务、管理体系通过认证所获得的证明性文件;认证标志是指证明产品、服务、管理体系通过认证的专有符号、图案或者符号、图案以及文字的组合。

(二)认证的种类

(1)按照认证的对象来划分,认证可分为产品认证、服务认证和管理体系认证三类。

产品认证是指依据产品的法律法规、标准以及相应技术要求,经认证机构按照一定程序规则确认并通过颁发认证证书和认证标志来证明某一产品符合相应法律法规、标准和技术要求的合格评定活动。

服务认证不同于服务业的管理体系认证,服务是一种无形的特殊产品。服务认证是认证机构按照一定程序规则证明服务符合相关的服务质量标准要求的合格评定活动。

管理体系认证是指认证机构依据指定的管理体系标准对相关组织(企业、机关等实体)的管理能力、管理过程进行审核(评价),并通过颁发认证证书证明其符合相应管理体系标准要求的合格评定活动。

(2)按照认证的性质或约束力来划分,认证可分为强制性认证和自愿性认证两类。

强制性认证是对涉及国家安全、人体健康或安全、动植物生命或健康以及环境保护的产品,依照法律、行政法规或强制性标准实施的一种产品合格评定活动,它要求产品必须符合对应的标准或法律法规。

自愿性认证是组织根据组织本身或其用户、相关方的要求,自愿委托第三方认证机构开展的合格评定活动。自愿性认证多是管理体系认证,也包括企业对未列入强制性产品认证(CCC)目录的产品所申请的认证。

三、产品认证和服务认证

(一)产品认证

产品认证,按认证的性质或约束力,可以分为强制性产品认证和自愿性产品认证(非强制性产品认证)两大类。我国产品认证实行强制性认证和自愿性认证相结合的制度。

1.强制性产品认证

强制性产品认证是为了保护国家安全、保护人体健康或安全、保护动植物生命或健康以及保护环境等目的而设立的市场准入制度。强制性产品认证,必须经过国家认监委指定认证机构的认证,通过实施强制性产品认证程序,对列入强制性认证产品目录中的产品实施强制性的检测和审核。凡列入强制性产品认证目录内的产品,没有获得指定认证机构的认证证书,没有按规定加施认证标志,一律不得进口、不得出厂销售和在经营服务场所使用。

在实行市场经济制度的国家,政府利用强制性产品认证制度作为产品市场准入的手段,正在成为国际通行的做法。我国的强制性产品认证(CCC 认证)和官方认证(市场准入性的行政许可)都属于这类认证。

CCC 认证是我国强制要求的对在中国大陆市场销售的产品实行的一种认证制度。CCC 认证制度的主要特点是,国家公布统一的目录,确定统一适用的国家标准、技术规则和实施程序,制定统一的标志标识,规定统一的收费标准。凡列入CCC 目录内的产品(132 种),必须经国家指定的认证机构认证合格,取得相关证书并加施认证标志后,方能出厂、进口、销售和在经营服务场所使用。CCC 认证,也称为"3C 认证"。

官方认证是国家行政机关依法对列入行政许可目录的项目所实施的许可管理,凡是需经官方认证的项目,必须获得行政许可方可准予生产、经营、仓储或销售。行政许可针对的是产品,但考核的是管理体系。行政许可包括内销产品(国内生产国内销售和国外进口国内销售)和外销产品(国内生产出口产品)。我国对生产重要工业产品的企业实行生产许可证制度以及对药品生产质量管理规范(GMP)实施的认证均属于官方认证。中国强制性产品认证(CCC)标志、重要工业产品生产许可证标志和中国药品品种 GMP 认证标志,如图 5 - 7 所示。

中国强制性产品认证标志　　重要工业产品生产许可证标志　　中国药品品种GMP认证标志
（CCC 标志）

图 5 - 7　中国强制性产品认证标志、重要工业产品生产许可证标志与
中国药品品种 GMP 认证标志

2. 自愿性产品认证

自愿性产品认证,也称为非强制性产品认证。它是企业根据自愿原则向认证机构提出产品认证申请,由认证机构依据认证基本规范、认证规则和技术标准进行的合格评定活动。自愿性产品认证的依据为国家标准、行业标准、国际标准、其他先进标准或认证机构的技术要求。经认证合格的,由认证机构颁发产品认证证书,准许企业在产品或者其包装上使用产品认证标志。我国的大多数产品认证都属于自愿性认证。例如我们国家推行的环境标志产品认证、无公害农产品认证、有机产品认证、饲料产品认证等。另外,还有一些认证机构自行推行的认证形式,如绿色食品认证、安全饮品认证、葡萄酒认证等。

3. 产品认证方式

为了适应产品认证的发展,尤其是为发展中国家的产品认证活动提供建议和指导,20 世纪 70 年代以来,国际标准化组织认证委员会(ISO/CERTLLO)组织编写了《认证的原则与实践》,第一次依据认证的要素总结了以下八种产品认证方式。

(1)型式试验。型式试验是按照规定的试验方法对产品的样品进行一次性试验,以证明样品是否符合指定的标准和技术规范。

(2)型式试验 + 认证后监督(市场抽样检验)。这是一种带有认证后监督措施的型式试验。监督的办法是在型式试验后再从市场购买样品或从批发商、零售商的仓库中随机抽样进行检验,以证明认证产品的质量持续符合标准和技术规范。

(3)型式试验 + 认证后监督(工厂抽样检验)。这种质量认证方式和第二种相似,只是监督的方式有所不同,不是从市场上抽样,而是从工厂发货前的产品中随机抽样进行检验。

(4)型式试验 + 认证后监督(工厂和市场抽样检验)。这种质量认证方式是上述第(2)、(3)两种认证方式的综合,监督检验所用的样品来自市场抽样和工厂随机抽样,因此要求比前两种更为严格。

(5)型式试验 + 工厂质量管理体系评定 + 认证后监督(质量管理体系复查 + 工厂和市场抽样检验)。这种认证方式的显著特点是,在批准认证的资格条件中增加了对工厂质量管理体系的检查和评定,在批准认证后的监督措施中也增加了对工厂质量管理体系的复查和产品质量的复查。质量管理体系也简称为质量体系。

(6)只对供方(工厂)质量管理体系进行评定和认可。这种认证方式已逐渐被国际上所接受。ISO 导则 48《供方质量体系的第三方评定和注册导则》规定,对供方质量体系作评定的依据是 ISO9000 族质量管理体系标准,但对供方质量体系的评定不能代替对产品的认证,因此通过体系评定的企业的产品不能使用合格标志,认证机构只给予与该产品有关的供方质量体系注册登记,发给注册号和注册证书,表明供方具有按既定标准或技术规范提供产品的质量保证能力。

(7)对产品进行批量检验。这是依据统计抽样试验的方法对某批产品进行抽样试验的认证。其目的在于帮助需方或买方判断该批产品是否符合标准或技术规范。这一认证形式,只有在供需双方协商一致后方能有效地执行。一般来说,这种方式的认证较少采用。

(8)百分之百检验。对每一件产品在出厂前都要依据标准或技术规范,经认可的独立检验机构进行检验。合格后发给认证证书,允许产品使用合格标志。

上述八种类型的认证方式所提供的信任程度也不相同,各有优缺点。具体的对比分析见表 5 - 2。由该表分析可见,就适用性和提供的产品质量信任程度综合而言,第五种是最全面、最典型的产品认证制度,第六种是质量体系认证制度。这两种是各国普遍采用的,也是 ISO 向各国推荐的认证制度,ISO 和 IEC 联合发布的所有有关认证工作的国际指南,都是以这两种认证制度为基础的。

表 5－2　八种认证方式的对比分析

认证类型	认证对象	认证方式					特点
		认证资格条件		认证后监督			
		型式试验	质量体系评定	市场抽样	工厂抽样	质量体系复查	
1	产品	·					1. 主要用于证实产品设计符合规范的要求,不证明以后生产的同样产品符合标准 2. 仅颁布合格证书,不使用认证标志 3. 提供的产品质量信任程度低
2	产品	·		·			1. 证实生产的产品持续符合标准 2. 使用产品认证标志 3. 提供的产品质量信任程度较高
3	产品	·			·		
4	产品	·		·	·		
5	产品	·		·	·	·	1. 证实生产的产品持续符合标准 2. 使用产品认证标志 3. 提供的产品质量信任程度高
6	质量体系		·			·	1. 证实生产厂具有按既定规范要求提供产品的质量保证能力 2. 注册公布,颁发合格证书,质量体系认证证书不能直接用于产品
7	产品			批量检验			1. 仅证实特定的某一批产品符合标准 2. 只对被检验的一批产品发给合格证明,不使用产品认证标志 3. 提供的产品质量信任程度很高
8	产品			100% 检验			证实每一件产品均符合标准,认证费用很高,提供的产品质量信任程度高

（二）服务认证

我国的服务认证,尚未普遍实施。目前已开展的服务认证有:商品售后服务评价体系认证、体育场所服务认证、汽车玻璃零配安装服务认证、信息安全服务资质认证、绿色市场认证、防爆电器设备修理服务认证等。下面以商品售后服务评价体系认证为例来介绍服务认证。

商品售后服务评价体系认证(以下简称售后服务认证)是目前服务认证涉及面最多最广的服务认证,凡在中华人民共和国境内注册的生产、贸易、服务型企业均可申请认证。北京五洲天宇认证中心,是国家批准的国内、外唯一从事售后服务认证的专业机构。售后服务认证所依据的是国家标准《商品售后服务评价体系》(GB/T 27922—2011)。售后服务认证是一种星级认证制度,采用的是评分制,获证结果除证书外,还有"售后服务星级认证标志"。

(1)售后服务星级认证标志。企业经售后服务认证以后,获得星级标志的使用权,用于产品、产品包装、宣传和广告资料上,以表明该企业的服务能力符合 GB/T 27922《商品售后服务评价体系》,并达到某一星级。获得认证的企业,在商品上及服务场所标识所获得的星级标志。

(2)售后服务评价体系。售后服务认证严格按照 GB/T 27922《商品售后服务评价体系》,对企业的服务体系、商品服务、顾客服务三大方面进行评价。售后服务认证是服务认证,与管理体系认证不是一个类别,它使用的 GB/T 27922《商品售后服务评价体系》是一个评价性质的标准,关键词是"评价体系",认证目的是评出优秀。认证的结果是证明企业按照标准实施了服务,并达到了某一个高度(星级)。

"售后服务评价"是广义范围,"评价"是结合规划、体系、资源、特性、数量、时间和活动、过程、效果等进行的判断,所以对"售后服务"的评价必然涵盖对整体服务系统的要求(包括售前需要准备的工作)。如商品知识和文化宣传,售前对顾客的告知和承诺,在商场、景区、机场、服务网点等建立的设施,以及组织为实现服务而进行的人员和资源配置方面、为商品提供的服务、为顾客提供的服务等。

四、管理体系认证

(一)质量管理体系认证

1.质量管理体系的概念

质量管理体系是"在质量方面指挥和控制组织的管理体系"(见 GB/T 19000—2008/ISO 9000:2005 质量管理体系基础和术语)。

质量管理体系认证是指由取得质量管理体系认证资格的第三方认证机构,依据正式发布的质量管理体系标准,对企业的质量管理体系实施评定,评定合格的由第三方机构颁发质量管理体系认证证书,并给予注册公布,以证明企业质量管理和质量保证能力符合相应标准或有能力按规定的质量要求提供产品的活动。

此概念概括了以下含义:

(1)认证的对象是供方(制造商、批发商、零售商或服务提供方)的质量管理体系,而不是他们提供的产品或服务。

(2)认证的依据是国家标准《质量管理体系要求》(GB/T 19001—2008/ISO9001:2008)。该标准是 ISO 9000 族质量管理体系标准的核心标准之一。它规定了质量管理体系要求,并将其视为对产品或服务要求的补充,用于证实企业或其他组织具有能力符合相应标准或有能力按规定的质量要求提供产品的活动。

（3）认证的机构是被中国合格评定国家认可委员会认可的质量管理体系认证机构。

（4）认证获准的标识是注册和发给证书。按规定程序申请认证的质量管理体系，当评定结果判为合格后，由认证机构对认证企业给予注册和发给证书，列入质量管理体系认证企业名录，并公开发布。获准认证的企业，可在宣传册、展销会和其他促销活动中使用注册标志，但不得将该标志直接用于产品或其包装上，以免与产品认证相混淆。

2. 产品（服务）认证与质量管理体系认证的比较

产品（服务）认证与质量管理体系认证的特点比较，见表 5 - 3。

表 5 - 3　产品（服务）认证和质量管理体系认证的特点比较

项目	产品（服务）认证	质量管理体系
对象	特定产品（或服务）	企业或其他组织的质量管理体系
认证依据	产品（或服务）标准或技术法规或其他技术规范	GB/T 19001《质量管理体系 要求》（等同采用国际标准 ISO 9001）
证明方式	产品（或服务）认证证书、认证标志	质量管理体系认证证书、认证标志
证明的使用	产品（或服务）认证证书可用于广告等宣传。产品（或服务）认证标志可标注于产品及其包装上（或悬挂于获得服务认证区域内）。	质量管理体系证书并不证明其产品或服务也通过认证。其认证标志可用于广告等宣传，但不允许标注在产品上，只有在注明获证企业（或其他获证组织）通过质量管理体系认证的情况下方可标注在产品的包装上。
性质	自愿性或强制性	自愿性
体系证实的范围	质量管理体系中特定产品（或服务）所涉及的有关部分	质量管理体系中申请注册的产品（或服务）范围内所涉及的有关部分
检验内容	产品（服务）质量检验和质量管理体系的审核，但体系检查注重于对特定产品（服务）的技术措施的落实和保证能力。	质量体系审核。着重注册产品范围内过程控制的有效性和效率。

3. 质量体系认证标志

我国的《认证证书和认证标志管理办法》第二十一条规定："获得管理体系认证的组织应当在广告等有关宣传中正确使用管理体系认证标志，不得在产品上标注管理体系认证标志，只有在注明获证组织通过相关管理体系认证的情况下方可在产品的包装上标注管理体系认证标志。"

质量管理体系认证标志的示例，见图 5 - 8。

CQC-ISO9001质量认证

CQC质量管理体系认证标志　　　　　CQM质量管理体系认证标志
（中国质量认证中心）　　　　　　　（方圆标志认证中心）

图 5 - 8　质量管理体系认证标志的示例

(二)环境管理体系认证

1.环境管理体系的概念

环境管理体系(EMS)是企业或其他组织的管理体系的一部分,用来制定和实施其环境方针,并管理其环境因素,包括为制定、实施、实现、评审和保持环境方针所需的组织机构、计划活动、职责、惯例、程序、过程和资源。环境方针是由最高管理者就企业或其他组织的环境绩效正式表述的总体意图和方向。环境因素是指企业或其他组织的活动、产品或服务中能与环境发生相互作用的要素(如噪音、废水废气以及固体废物排放、浪费能源、产品及其包装废弃后难以处理等)。环境绩效是企业或其他组织对其环境因素进行管理所取得的可测量结果。

2.环境管理体系认证

环境管理体系认证是指由第三方公证机构依据公开发布的环境管理体系标准(ISO 14000 环境管理系列标准),对供方(生产方)的环境管理体系实施评定,评定合格的由第三方机构颁发环境管理体系认证证书,并给予注册公布,证明供方具有按既定环境保护标准和法规要求提供产品或服务的环境保证能力。通过环境管理体系认证,可以证实生产厂使用的原材料、生产工艺、加工方法以及产品的使用和用后处置是否符合环境保护标准和法规的要求。

3. ISO 14000 环境管理系列标准与环境管理体系认证依据

ISO 14000 环境管理系列标准是国际标准化组织环境管理标准化技术委员会(ISO/TC 207)汇集全球环境管理及标准化方面的专家,在总结全世界环境管理科学经验基础上负责制定的一套环境管理国际标准。它是继 ISO 9000 质量管理系列标准之后的又一个管理系列标准,是同国际贸易和企业及其产品的竞争力密切相关的标准。ISO 14000 的管理原则和控制要素与 ISO 9000 基本相似,具有相容性,两个体系的很多程序和作业文件均可共用。

ISO 14000 系列标准共预留 100 个标准号。该系列标准共分 7 个系列(即由SC1 ~ SC6 共 6 个分技术委员会和直属工作组 WG1 分别制定),其标准号从 14001 ~14100,涉及环境管理体系、环境审核、环境标志、生命周期评价等国际环境管理领域内的各种焦点问题。ISO 14000 系列标准的标准号分配表如表 5 - 4 所示。

表5-4　ISO 14000 系列标准的标准号分配表

	名称	标准号
SC1	环境管理体系(EMS)	14001～14009
SC2	环境审核(EA)	14010～14019
SC3	环境标志(EL)	14020～14029
SC4	环境行为评价(EPE)	14030～14039
SC5	生命周期评价(LCA)	14040～14049
SC6	术语和定义(T&D)	14050～14059
WG1	产品标准中的环境指标	14060
	备用	14061～14100

在 ISO 14000 系列标准中,涉及环境管理体系的标准是 ISO 14001《环境管理体系要求及使用指南》和 ISO 14004《环境管理体系原则、体系和支持技术通用指南》。我国及时将它们等同采用为 GB/T 24001 和 GB/T 24004 国家标准。它们的最新版本是2004 版的 GB/T 24001—2004/ISO 14001:2004 和 GB/T 24004—2004/ISO 14004:2004 两个标准。

ISO14001 标准的基本思想是引导组织按照 PDCA 的模式建立环境管理的自我约束机制,从最高领导到每个职工都以主动、自觉的精神处理好自身发展与环境保护的关系,不断改善环境绩效,进行有效的污染预防,最终实现组织的良性发展。该标准适用于任何类型与规模的组织,并适用于各种地理、文化和社会环境。ISO 14001 标准是供组织自愿申请第三方认证所必需建立、实施和保持的环境管理体系的基本模式和要求,是环境管理体系认证机构进行认证的主要依据。

ISO 14004 不是用于环境管理体系认证的标准,而是对如何建立、实施和改进一个组织的环境管理体系提供帮助和指导的标准,它是供组织自愿使用的内部管理工具。

4. 环境管理体系认证证书与认证标志

与质量管理体系证书相似,环境管理体系证书也不能误导公众以为其产品或服务也通过认证。环境管理体系认证标志可用于广告等宣传,但不允许标注在产品上,只有在注明获证企业(或其他获证组织)通过环境管理体系认证的情况下方可标注在产品的包装上。图 5-9 是环境管理体系认证标志示例。

环境管理体系

(1)中国环境管理体系认证标志

SGS-ISO14001认证

(2)瑞士通用工证行的环境管理体系认证标志

图 5-9　环境管理体系认证标志示例

（三）HACCP 管理体系认证

1. HACCP 管理体系认证的概念及意义

HACCP 管理体系认证是指认证机构对申请认证的食品生产、加工企业（以下简称企业）所建立和实施的 HACCP 管理体系的符合性和运行的有效性进行评定的活动。

HACCP 管理体系认证的意义在于：能够有效地预防、消除、降低食品安全危害，提高食品安全管理水平；有利于消除贸易壁垒，使认证食品容易进入国际市场；可得到消费者的信任，提高认证食品的市场占有率。

我国 HACCP 管理体系认证的工作由国家认监委统一管理、监督和综合协调。从事 HACCP 管理体系认证的机构，应当获得国家认监委的批准，并按有关规定取得国家认可机构的资格认可。

2. HACCP 管理体系及其原理

HACCP 管理体系是指通过关键控制点（CCPs）控制相应食品安全危害的管理体系。所谓关键控制点是指能够施加控制，并且该控制对防止、消除某一食品安全危害或将其降低到可接受水平是必需的某一步骤或程序。

HACCP 是危害分析关键控制点（Hazard Analysis Critical Control Point）的英文缩写，是以科学为基础，通过系统地确定食品的具体危害及其控制措施，以保证食品安全性的系统。食品的具体危害主要集中在 4 个方面：①微生物危害；②农药和杀虫剂残留；③滥用食品添加剂；④化学危害，包括生物毒素。食品的危害还可以延伸到过敏原、兽药残留、在动物产品中为促进生长而添加激素等。HACCP 在国际上被认为是控制由食品引起疾病的最经济的方法，并就此获得国际食品法典委员会（CAC）的认同。它强调企业本身的作用，与一般传统的监督方法相比较，其重点在于预防而不是依赖于对最终产品的测试，它具有较高的经济效益和社会效益。

1960 年美国首次提出了 HACCP 体系的概念，专门用于控制航天食品生产过程中可能出现的危害。随后，HACCP 管理的思想逐渐被世界各国采用。在食品业界，HACCP 应用的越来越广泛，它逐渐从一种管理手段和方法演变为一种管理模式或者说管理体系。

HACCP 体系是一种简便易行、合理有效的食品安全保证体系、食品安全预防管理体系。其原理可概括为以下 7 项基本原则：①全过程的危害分析及危害程度评估，估计可能发生的危害及危害的严重性；②确定关键控制点，以使一个潜在的食品危害被预防、消除或减少到可接受水平；③确定关键限值 CL，即确保食品安全的界限或者说是区分可接受或不可接受的判定值；④建立关键控制点监控程序，通过一系列有计划的观察和措施，以评估关键控制点是否处于控制之下；⑤建立当监控表明某个关键控制点失控时应采取的恢复控制的纠偏措施；⑥保存一份书面的 HACCP 计划和计划运行记录，建立有效的记录程序对 HACCP 体系加以记录，建立所有程序的资料记录，并保存文件以利记录、跟踪；⑦建立验证 HACCP 体系正确运作的程序，以证明 HACCP 整体计划充分有效。

3. HACCP 管理体系建立和运行的基本要求

企业 HACCP 管理体系应当建立在符合国家有关食品安全卫生要求的基础上。为此,企业应首先建立、实施卫生标准操作程序(SSOP),以达到下述安全卫生要求:①接触食品(包括原料、半成品、成品)或与食品有接触的物品的水、冰应当符合安全、卫生要求;②接触食品的器具、手套和内外包装材料等必须清洁、卫生和安全;③确保食品免受交叉污染;④保证操作人员手的清洗消毒,保持洗手间设施的清洁;⑤防止润滑剂、燃料、清洗消毒用品、冷凝水及其他化学、物理和生物等污染物对食品造成安全危害;⑥正确标注、存放和使用各类有毒化学物质;⑦保证与食品接触的员工的身体健康和卫生;(8)清除和预防鼠害、虫害。

企业建立 HACCP 管理体系应当符合上述 HACCP 原理的 7 项基本原则。

企业实施 HACCP 管理体系时,必须由本企业接受过 HACCP 培训或者其工作能力等效于经过 HACCP 培训的人员承担相应工作。

企业负有执行职责的最高管理者负责批准 HACCP 计划。HACCP 管理体系的运行必须有效保证食品符合安全卫生要求。企业在执行中应当定期或者根据需要及时对 HACCP 计划进行内部审核和调整。

4. HACCP 管理体系认证与 ISO 9001 质量管理体系认证的异同

HACCP 认证与 ISO 9001 认证的异同,见表 5－5。

表 5－5　HACCP 认证与 ISO 9001 认证的异同

类别	相同点	不同点
ISO 9001	ISO 9001 与 HACCP 都是一种预防性的质量保证体系。	ISO 9001 适用于各种产业;强调质量能满足顾客要求;标准内容涵盖面广,涉及设计、开发、生产、安装和服务;自愿性认证。
HACCP		HACCP 只应用于食品行业;强调食品安全卫生,避免消费者受到危害;标准内容较窄,以生产过程的控制为主;由自愿逐步过渡到强制。

5. HACCP 管理体系认证的依据

HACCP 管理体系认证的依据是国家有关法律法规、国家标准或者行业标准和有关国际标准、准则或者规范等。例如《中华人民共和国食品安全法》、《中华人民共和国进出口商品检验法》、中国国家认证认可管理委员会 2002 年第 3 号公告《食品生产企业危害分析与关键控制点(HACCP)管理体系认证管理规定》、国际食品法典委员会(CAC)《危害分析和关键控制点(HACCP)体系及其应用准则》、国家标准 GB/T 19538—2004《危害分析与关键控制点(HACCP)体系及其应用指南》、GB/T 19080—2003《食品与饮料行业 GB/T 19001—2000 应用指南》(等同采用 ISO 15161:2001)等。

6. HACCP 管理体系认证的证书和标志

HACCP 认证机构在认证证书上应表明认证所依据的标准或规范性文件,认证范围通常表述为:场所＋产品类别和/或品种＋生产和/或提供过程＋HACCP 认证用标准和/或规范性文件。HACCP 管理体系认证标志示例,如图 5 - 10 所示。

挪威船级社(DNV)　　　　航星认证中心(HXQC)
HACCP认证标志　　　　　HACCP认证标志

图 5 - 10　HACCP 认证标志示例

(四)食品安全管理体系(FSMS)认证

HACCP 原理奠定了保障食品安全性的科学基础,但在其管理实践中发现也存在着诸多不足和缺陷。首先,HACCP 将太多的时间花费在完成任务和记录上,妨碍了企业员工去履行其他的重要任务;其次,维系 HACCP 的费用过高,尤其是在培训和运转方面,这些会影响到建立 HACCP 体系的有效性;最后,更重要的是 HAC-CP 强调在管理中进行事前危害分析,引入数据和对关键过程监控的同时,忽视了自身的持续改进,忽视了"从农田到餐桌"整个食品供应链上所有部分都应当联系在一起。这也就是说,HACCP 应置身于一个更加完善的、系统的和严密的管理体系中才能更好地发挥作用。这个任务只能交由国际标准化组织来完成。以 HAC-CP 原理为基础而制订的 ISO 22000 食品安全管理体系标准正是为了弥补以上的不足,广泛吸收了 ISO 9001 管理体系的基本原则和过程方法而产生的。它是对 HACCP 原理的丰富和完善。也可以说,ISO 22000 是 HACCP 在食品安全管理问题上由准则向体系标准的升级。

1. ISO 22000:2005《食品安全管理体系——食品链中各类组织的要求》标准

2006 年,我国发布实施了等同采用 ISO 22000:2005 的国家标准 GB/T 22000—2006/ISO 22000:2005《食品安全管理体系——食品链中各类组织的要求》。它是一个自愿采用的标准。

国家标准 GB/T 22000—2006/ISO 22000:2005 采用了 ISO 9001 标准体系结构,在食品危害风险识别、确认以及系统管理方面,参照了食品法典委员会颁布的《食品卫生通则》中有关 HACCP 体系和应用指南部分,从而加强了两者的兼容性。

GB/T 22000—2006/ISO 22000:2005 认为"食品链的任何环节均可能引入食品安全危害,必须对整个食品链进行充分的控制。因此,食品安全必须通过食品链中所有参与方的共同努力来保证。"

食品链中的组织包括:饲料生产者、初级生产者,以及食品生产制造者、运输和仓储经营者,零售分包商、餐饮服务与经营者(包括与其密切相关的其他组织,如设备、包装材料、清洁剂、添加剂和辅料的生产者)，也包括相关服务提供者等。互动沟通是确保在整个食品链的每个环节所有相关的食品安全危害得到确认和控制所必需的，它包括食品链中上游和下游组织的沟通。"组织"在食品链中的作用和所处的位置，如图 5 – 11 所示。

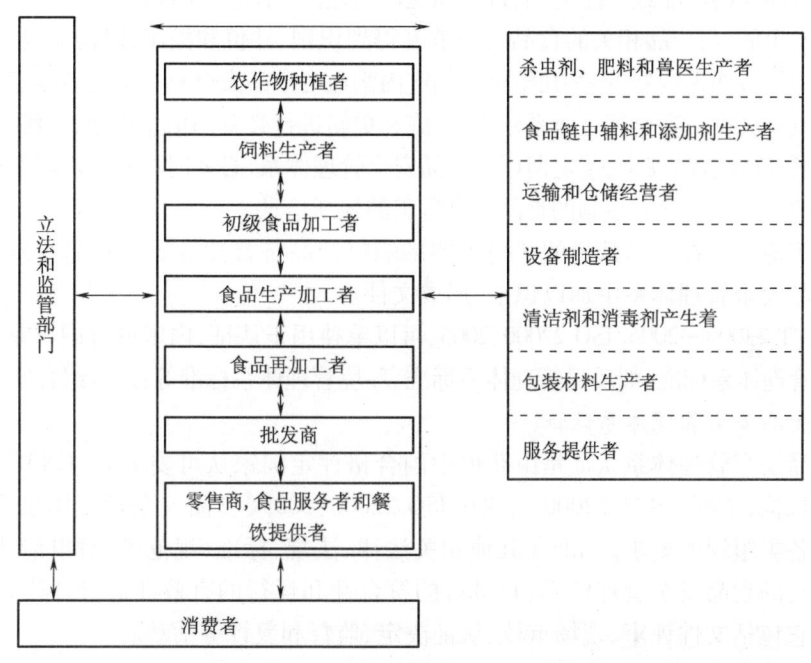

图 5 – 11　组织在食品链中的作用和所处的位置

GB/T 22000—2006/ISO 22000:2005 作为管理体系标准，将 HACCP 原理作为方法应用于整个体系；明确了危害分析作为安全食品实现策划的核心，并将国际食品法典委员会(CAC)所制定的预备步骤中的产品特性、预期用途、流程图、加工步骤和控制措施作为危害分析及其更新的输入；同时动态地将 HACCP 的原则及其应用与前提方案(PRP)整合了起来，用危害分析来确定要采取的策略以确保食品安全危害通过HACCP 和前提方案联合控制。所谓前提方案是指在整个食品链中为保持卫生环境所必需的基本条件，例如良好农业规范(GAP)、良好兽医操作规范(GVP)、良好操作规范(GMP)、良好卫生操作规范(GHP)、良好生产操作规范(GPP)、良好分销操作规范(GDP)、良好贸易规范(GTP)等，以适合生产、处理和提供安全终产品和人类消费的安全食品。前提方案决定于组织在食品链中的位置及类型。

GB/T 22000—2006/ISO 22000:2005 要求组织应确定各种产品和(或)过程种类的使用者和消费者，并应考虑消费群体中的易感人群，应识别非预期但可能出现和产品不正确的使用和操作方法。一方面通过事先对生产(经营)全过程的分析，运用风险评估方式，对确认的关键控制点进行有效的管理；另一方面将"应急预案及响应"和"产品召回程序"作为系统失效的后续补救手段，以减少食品安全事件对消费者的不良影响。

GB/T 22000—2006/ISO 22000:2005 提出建立食品安全管理体系的总要求:组织应按本标准的要求建立有效的食品安全管理体系,并形成文件,加以实施和保持,必要时进行更新。组织应确定食品安全管理体系的范围。该范围应规定食品安全管理体系中所涉及的产品或产品类别、过程和生产场地。组织应:①确保在体系范围内合理预期发生的、与产品相关的食品安全危害得到识别、计价和控制,以避免组织的产品直接或间接伤害消费者;②在整个食品链内沟通与产品安全有关的适宜信息;③在组织内就有关食品安全管理体系建立、实施和更新进行必要的信息沟通,以满足本标准的要求,确保食品安全;④定期评价食品安全管理体系,必要时更新,以确保体系反映组织的活动并包含需控制的食品安全危害的最新信息。

组织应确保控制所选择的任何可能影响终产品符合性且源于外部的过程,并应在食品安全管理体系中加以识别,形成文件。

GB/T 22000—2006/ISO 22000:2005,可以单独用于认证、内审或合同评审,也可与其他管理体系标准,如质量管理体系标准、环境管理体系标准等,进行组合实施。

2.食品安全管理体系认证

食品安全管理体系认证是由获得中国合格评定国家认可委员会(CNAS)认可的认证机构,依据 GB/T 22000—2006/ISO 22000:2005《食品安全管理体系——食品链中各类组织的要求》标准和其他相关法律、法规、标准、规范等,对申请认证组织所建立的食品安全管理体系(FSMS)的符合性和运行的有效性进行合格评定的活动。它包括文件评审、现场审核、认证决定、监督和复评等活动。

食品安全管理体系认证属于自愿性认证。

食品安全管理体系认证的申请组织的范围覆盖了整个食品供应链的各个环节,即种植业、养殖业、食品初级加工业、食品生产制造业、食品分销业与零售业,其中也包括餐饮业。另外,与食品生产经营密切相关的行业,如杀虫剂、兽药、食品添加剂、仓储和运输业、食品设备、食品清洁服务、食品包装材料等行业,也可以申请 FSMS 认证。

图 5-12 是我国东南认证中心(SEC)的食品安全管理体系认证标志。

图 5-12 食品安全管理体系认证标志示例

（一）食品标准怎样与国际接轨？

说到食品标准，人们谈得最多的是我们怎样与国际接轨，以促进食品出口。但有专家指出，我们同时应该注意根据自身市场特点，建立适应中国国情的标准体系，让世界与我们接轨。

据国家质检总局进出口食品安全局介绍，谁制定了标准谁就受益。目前，发达国家基本垄断了国际标准的制修订工作，并通过标准建立贸易技术壁垒。如面条标准是意大利制定的；矿泉水标准是法国制定的。一旦这些带有地域特点的标准进入食品法典中，在国际贸易中就成为准绳，对我们十分不利。一位著名的中国食品专家认为，我国是最大的食物生产国，更是全球最大的食物消费国，是全球最大的市场，许多国外企业都对中国市场虎视眈眈，我们理应根据我国的饮食消费特点，建立我们自己的标准，让我们的标准影响食品国际贸易标准的形成，让国外进口食品按照我们的标准生产。我国有许多独特的农产品和食品，例如豆浆、油条、馒头、腐乳等，应加快建立其规格标准。据悉，欧美等国为了加大向我国出口小麦，已经着手调查研究我国馒头品质和馒头用小麦的评价标准。所以，建立我国的标准体系是一项重要而紧迫的任务。

我国的标准与国际接轨虽然很重要，但一味强调和国际接轨并不可取，国外有些标准不一定是先进的，有的仅仅是习惯不同。例如果汁标准，欧美由于大量吃巧克力等甜食，因此在果汁标准中很强调酸度，国内一些食品专家由此开始呼吁，要适应国际市场，培育酸度高的果蔬品种，其实没有必要。日本在这方面就很清醒，强调做甜的果汁。当然不可否认，如果真要打入国外市场，就必须按照国际标准生产，适应外国人的口味和习惯，但切不能顾此失彼。

案例思考题

1. 通过本章所学知识，结合本案例，你认为我国食品标准为什么不能盲目与国际接轨？

2. 试调研我国食品标准体系建设目前存在哪些问题？应如何解决？

3. 如何利用我国有特色食品标准的建立和广袤的国内食品市场，让世界食品标准也能与我国接轨？

（二）贸易技术壁垒的几个案例

1.日本的汽车贸易技术壁垒。日本很多技术标准不同于国际标准,当外国产品进入日本市场时,不仅要求符合国际标准,还要求与日本标准相吻合,否则日本就以质量不达标为由将其拒之门外。在每个行业中,日本又有数项法规从不同方面同时规范,如汽车工业方面有《废气排放检验法》、《大气污染控制法》、《限制噪音法》等法规。日本实施的《节能修正法》规定,到2010年,在日本市场上销售的不同质量和用途的汽车,必须达到相应的节能标准,以减少汽车的废气排放。对于燃油汽车的废气排放标准更加严格。此外,日本还制定了名目繁多的汽车行业技术法规和标准,对机电产品的限制是 JIS(日本工业标准)规格,列为 JIS 对象的产品必须要有 JIS 标志。日本成熟的汽车行业保护措施严重阻碍了中国汽车的进入。

2.欧美对我国出口纺织品和童装的贸易技术壁垒。我国每年向欧盟、美国出口的纺织品服装的价值都在 100 亿美元以上。2009 年,欧盟通过非食品类快速预警系统(RAPEX)对中国除玩具外的其他轻纺产品共通报 373 起,通报数量比 2008 年的 201 起增长了 85.57%。美国消费品安全委员会(CPSC)发布涉及中国纺织品服装类产品通报 24 起,占 CPSC 对华召回通报的 11.27%,同比增长 4.35%。2010 年上半年,欧盟累计召回中国产纺织品服装类产品 133 项,同比增长 102%。同期,美国消费品安全委员会累计召回 41 项纺织品服装类产品,同比增长 86%,其中,中国产纺织品服装类产品召回数量为 29 项,占总数的 71%,同比增长 123%。

欧盟和美国召回通报的纺织品服装类产品均以儿童服装和鞋为主,但也包括一些运动服装和特殊用途服装。通报的主要原因有:存在勒颈窒息危险(儿童上衣和帽子的抽绳长度超标)、伤害危险(儿童服装的腰部抽绳长度超标)、化学危险(检出富马酸二甲酯、金属配件中镍含量超标、释放的苯超标等)、阻燃标准不符等,其中勒颈窒息危险和伤害危险通报数占安全风险通报总数的 90% 以上。

3.欧盟对我国出口洗衣机的贸易技术壁垒

2010 年 3 月,欧盟委员会通过 WTO 秘书处发出关于家用洗衣机产品能效标签和生态设计要求法规的第 319、320 号 TBT 通报,对滚筒、波轮和搅拌式洗衣机均规定了具体的能效计算方法和洗涤效率指数,这意味着我国的出口企业必须为产品的能效、性能检测及生态设计咨询支付高额费用,再加上设计改进、工艺优化等方面的投入,生产成本将大幅提高,企业将面临巨大的出口压力。

欧洲是中国洗衣机出口的第二大市场,2009 年,我国对欧出口洗衣机 244 万台、出口额 3.04 亿美元,占年出口总额的 17.79%。其中,出口洗衣机以波轮式为主。

中方专家对此规定进行了认真分析,指出该法规以60℃、40℃棉织物程序下满载和部分负载情况的用电量作为计算家用洗衣机能效系数的方法,是不适用于波轮式和搅拌式洗衣机的,因为二者没有加热功能。这一意见被欧盟采纳,欧盟明确了通报法规仅适用于滚筒洗衣机,并将重新设定无加热功能的波轮和搅拌式洗衣机的测试方法。

？案例思考题

1. 本案例中例一、例二、例三各自说明了哪些技术性问题? 我国应如何应对?

2. 请你再通过因特网或报刊的检索查询,收集更多的类似案例,进而研究我国在突破贸易技术壁垒方面存在哪些问题? 如何才能更好地得到解决?

思考练习题

1. 什么是商品标准? 什么是标准化?

2. 我国商品标准如何分级? 它们之间有何关系?

3. 商品标准制定应遵循哪些原则?

4. 商品标准内容中哪一部分才是判断商品质量的关键? 为什么?

5. 为什么说标准化有利于消除技术贸易壁垒?

6. 简述标准化的简化、统一化和通用化形式的主要内容。

7. 试上网查找收集有关服务的国家或行业标准,并总结我国服务标准的发展趋势。

8. 什么叫产品认证? 其认证的种类和方式有哪些?

9. 商品认证与质量管理体系认证有何区别与联系?

10. 商品认证标志对确保商品质量有何实际意义?

11. HACCP 是什么意思? 它如何保证食品安全?

12. 食品安全管理体系如何确保食品安全?

13. 试上网查询食品或药品 GMP 认证的内容及其认证标志。

第六章

商品检验与质量监督

第一节　商品检验概述

一、商品检验的概念与任务

（一）商品检验的概念

国家标准《质量管理体系——基础和术语》（GB/T 19000—2008/ISO 9000：2005）中规定，"检验"是指通过观察和判断，适当时结合测量、试验或估量所进行的符合性评价。

质量检验就是依据产品或服务标准或合同规定的一个或几个质量特性，通过物理的、化学的、感官的或其他科学技术手段与方法进行观察、试验、测量或估量，并将所得到的特性值与规定值进行比较，以判定产品或服务合格与否的技术性检查活动。

广义的商品检验是指商品的供货方、购货方或者第三方在一定条件下，借助某种科学技术手段和方法，按照合同、标准或国际、国家有关法律、法规、惯例，对商品的质量、规格、重量、数量以及包装等方面进行检验，做出合格/验收与否的判定或者为维护买卖双方合法权益以及避免或解决双方争议而出具各种有关证书的业务活动。

狭义的商品检验仅指商品的质量检验。

商品的质量检验是商品检验的中心内容，也是商品学研究的一个重要内容。本章中除涉及进出口商品检验外，一般所说的商品检验就是指这种商品质量检验。商品的质量检验曾经在早期的质量管理发展阶段发挥了保证商品质量的"把关"作用。事实上，即使在全面质量管理不断发展、完善的今天，由于预防和控制并非总是有效，商品质量检验仍然是商品质量管理工作的一项重要内容。

（二）商品检验的目的和任务

1. 商品检验的目的

维护用户或消费者利益，把好商品质量关，杜绝劣质原材料、半成品或制成品进入生产、流通领域,确保质量合格,最终实现商品的使用价值,这是商品检验的根本目的。

2. 商品检验的任务

(1)全面地研究商品的成分、结构、性质和外观,正确地评定商品的质量。商品的成分、结构、性质和外观等属性是构成商品使用价值的基础,这些属性综合反映在商品的质量上,所以不对这些属性进行全面的研究,就难以全面、正确地评定商品的质量。

(2)拟定商品的质量要求。商品的质量是由多方面因素确定的。为了评定商品质量的高低,在商品检验之前,应当根据商品的用途及其使用条件,提出对商品质量的基本要求,选择并规定若干具体质量特性,作为商品检验的项目。

(3)科学地规定商品检验方法。方法是检验的重要手段。采用何种仪器、使用何种方法、在什么样的条件下进行检验,都要做出科学的规定,以保证商品检验工作的正常进行,提高检验结果的可比性、可靠性和稳定性。

(4)确定商品包装、保管、运输的条件。根据商品性能、特点及其物理、化学性能,提出包装、运输、储藏的科学方法和条件。

二、商品检验的种类与形式

(一)商品检验的种类

1. 根据商品检验的不同目的分类

(1)生产检验,也称第一方检验。它是商品生产者为维护企业信誉,达到保证质量的目的,而对原材料、半成品和成品商品进行的检验活动,检验合格的各种商品应有"检验合格证"标志。

(2)验收检验,也称为第二方检验。它是商品的买方(如批发业、零售业和工业用户)为了维护自身及顾客的利益,保证其所购商品满足合同或标准要求所进行的检验活动。

(3)第三方检验。它是指处于买卖双方利益之外的第三方,以公正、权威的非当事人身份根据有关法律、合同或标准所进行的商品检验,其目的在于维护各方合法权益和国家权益,协调矛盾,促使商品交换活动的正常进行。第三方检验由于具有公正性、权威性,其检验结果被国内外所公认,因而具有法律效力。

2. 根据商品检验对象的流向分类

(1)进出口商品检验。进出口商品检验是指由国家设立的检验鉴定机构或向政府注册的独立机构,对进出口商品的品质、规格、重量、数量、安全卫生性能、包装以及装运技术和装运条件等项目实施检验和鉴定,以确定其是否与贸易合同、有关标准规定一致,是否符合进出口国有关法律和行政法规的规定,并出具证书的工作。它的目的是经过第三者证明,保障对外贸易各方的合法权益。

进出口商品检验业务,包括出口商品品质检验、出口商品包装检验、进口商品品质检验、进口商品残损检验、出口动物商品检疫、进出口食品卫生检疫、进出口商品重量鉴定、运输工具检验以及其他国家或商品用户要求实施的检验、检疫等。

根据《中华人民共和国进出口商品检验法》《中华人民共和国进出境动物植物检疫法》以及实施条例和其他相关规定,我国进出口商品检验工作分为三类,即法定检验、公证鉴定和监督管理。

法定检验是进出口检验鉴定机构根据国家的法律、行政法规的规定,对指定的重要进出口商品实施强制性的检验。按规定属于法定检验的出口商品,未经检验合格,不准出口;属于法定检验的进口商品,未经检验者,不准销售、使用。实施法定检验的商品范围是列入国家商检部门制定并公布实施的"必须实施检验的进出口商品目录"中的商品或其他法律法规(如《食品安全法》《认证认可条例》等)规定的须经进出口检验鉴定机构检验的其他进出口商品。

公证鉴定是应国际贸易关系人的申请,检验鉴定机构以公证人的身份,办理规定范围内的进出口商品的检验鉴定业务,出具证明,作为当事人办理有关事务的有效凭证。例如品质或数量证明,产地证明,兽医检验证明,卫生/健康证明,残损鉴定和海损鉴定,车、船、飞机和集装箱的运载鉴定,财产价值鉴定等。

监督管理是国家质检总局及其认可的进出口检验鉴定机构通过行政管理手段,对进出口商品有关企业的检验部门和检验人员进行监督管理;对生产企业的质量体系进行评审;对进出口商品进行抽查检验等,是我国质检部门对进出口商品执行检验把关的重要手段。

(2)非进出口商品检验。它是指国内的商品经营者(批发商、零售商)、工业用户及其质量管理机构与委托的检验机构或质量监督管理部门认可的检验机构,依据有关标准或合同要求对国内非进出口商品所进行的检验活动。

(二)商品检验的形式

商品检验根据不同的分类依据,其形式主要有两大类:

1. 破坏性检验和非破坏性检验

按检验有无破坏性,商品检验可分为破坏性检验和非破坏性检验两种形式。

(1)破坏性检验。它是指为取得必要的质量信息,经测定、试验后的商品遭到破坏的商品检验。

(2)非破坏性检验。它是指经测定、试验后的商品仍能使用的商品检验,也称无损检验。

2. 全数检验和抽样检验

按检验商品的相对数量,商品检验可分为全数检验和抽样检验两种形式。

(1)全数检验。这是指对被检的批量商品逐个(件)地进行检验,也称百分之百检验。这种检验可以提供较多的商品质量信息,给人以心理安全感,适用于批量小、质量特性少且质量不稳定、较贵重、非破坏性的商品检验,但应避免由于检验工作单调、检验人员疲劳所导致的漏检或错检现象。

(2)抽样检验。它是按照事先已确定的科学的抽样方案,从被检的批量商品中随机抽取少量样品,组成样本,再对样品逐一测试,并将测试结果与标准或合同技术要求进行比较,最后由样本质量状况统计推断受检的批量商品整体质量合格与否的检验。它检验的商品数量相对较少,节约检验费用,有利于及时交货,但提供的商品质量信息少,有可能误判,也不适用于质量差异程度大的商品检验。若能避免抽样时可能犯的错误,其可靠性甚至优于全数检验。抽样检验适用于批量较大、价值较低、质量特性多且质量较稳定或具有破坏性的商品检验。

三、商品检验的工作程序

(一)商品质量检验的一般程序

商品质量检验工作程序通常包括下述内容:定标→抽样→检查→比较→判定→处理。定标是指检验前应根据合同或标准明确技术要求,掌握检验手段和方法以及商品合格判定原则,制定商品检验计划。抽样是按合同或标准规定的抽样方案随机抽取一定数量的样品并组成样本,使样本对商品批的总体具有充分代表性(全数检验不存在抽样问题)。检查是在规定的环境条件下,用规定的试验设备和试验方法检测样品的质量特性。比较是将检查结果同技术要求比较,衡量其结果是否符合质量要求。判定是指依据比较的结果,判定样品合格数,进而由批合格判定原则判定商品批是否合格,并做出是否接收的结论。处理是对检验结果出具检验报告,反馈质量信息,并对不合格品及不合格批分别做出处理。

(二)进出口商品检验工作流程

进出口商品检验工作流程是指在执行某项进出口商品检验任务时,有关的检验单证从受理报验到制证结束的各环节中依次停留的工作过程,它实质上也是进出口商品检验的工作程序。各地商检机构的检验工作流程,由于专业化分工粗细和活动方式不同,检验商品种类及环境条件不同,因而实际检验流程也不同,但大致可简化为下述四个主要环节:受理报验→抽样制样→检验鉴定→签证放行。

商检机构受理报验时,外贸关系人需提交进口单据(外贸合同、国外发票、运单、提单、检验记录、进口到货情况通知单等)或出口单据(外贸合同、信用证、许可证等),报验范围为属于法定检验和公证鉴定业务范畴的商品。样品的抽取工作是进出口商品检验的基础,必须按规定方法,在规定场地,从整批完整的包件中或生产线上随机抽取,以保证样品的真实性和代表性,因为稍有不慎将导致检验工作的整体失误和不可挽回的损失。抽出的样品应妥善保管,以确保检验与复验的真实性。制样分别有物理制样、化学制样等方式,是为使用仪器设备检测做准备的。检验鉴定项目包括被检商品的外观和内在质量以及包装重量等,方法有感官检验(鉴定)、理化检验(鉴定)和生物学检验等。

第二节　商品的抽样与抽样检验

一、抽样概述

（一）抽样的概念

抽样是指根据合同或标准所确定的抽样检验方案,从被检验的批量商品(以下简称"受检批")中随机抽取一定数量有代表性的、用于检验的单位商品的过程,又称取样或拣样。抽样是商品检验的重要环节,绝大多数商品都采用抽样检验。

一般受检批应为同一来源、同质的商品,通常以一个订货合同作为一个受检批。如果同一个受检批商品的质量差异较大或定货量很大或连续交货,也可将其分为若干个受检批。

（二）抽样的其他基本术语

1.单位商品

单位商品是指组成商品受检批的基本单位。基本单位的划分有自然划分形式和按抽样检验需要人工划分形式两种。例如,单个(台或件)商品、一对(双)商品、一组(套、袋、桶、箱、垛、车、船等)商品、一定长度(面积、体积、重量)商品,等等。

2.批量

商品的一个受检批中所包含的单位商品的总数,叫做批量,通常用 N 表示。批量的大小应由商品特点和生产、流通条件决定。一般体积小、质量稳定的,批量可划分大些;反之,批量应划分小些。根据抽样检验要求,批量不宜太小或太大,太小则检验量大、费用高,失去抽样检验的优越性;太大,一方面易混淆不同来源、不同质量,另一方面若因不合格拒收,则再进行全数检验、返工或退货的工作量大,造成供货方损失增加。批量太大还会给抽样带来困难。

3.样品、样本和样本量

由受检批中抽取用于检验的单位商品,称为样品。从受检批中抽取的若干样品是商品检验的对象,因而它们必须能够正确代表或反映整批商品的质量。这就要求受检批中每个单位商品被抽去用做样品的机会或概率相等,也就是说每个单位商品都可能成为样品。样品的全体,被称为样本。样本中所包含的样品数量称为样本量或样本大小,通常用 n 表示。样本大小的取值决定于所确定的抽样检验方案和受检批的批量大小。

（三）抽样方法

抽样检验的目的在于用尽量小的样本所反映的质量状况来统计推断整批商品的质量,因此用什么方法抽样,对准确判定整批商品的平均质量,就显得十分重要了。

为保证样品和样本对整批商品质量状况的代表性,商品检验普遍采用随机抽样方法。所谓随机抽样,是指每次抽取样品时受检批中的每个单位产品被抽到的概率都相等的抽样方法。

常用的随机抽样方法有以下两种:

1. 简单随机抽样

这种方法是从批量为 N 的受检批中抽取 n 个单位商品组成样本,共有 C_N^n 种组合,对于每种组合,被抽取的概率都相同。一般情况下,受检批的批量较小时,将该批中各单位商品编号,利用随机数表抽样,这样可避免检验员的主观意识的影响。当受检批批量较大时,应该采用分层随机抽样。

2. 分层随机抽样

这种方法是把批量为 N 的受检批分成各为 N1 个、N2 个直至 Ni 个单位商品组成的 I 层,使每层内商品质量尽可能均匀整齐,N = N1 + N2 + ⋯ + Ni。然后在每层分别按简单随机抽样法取样,合在一起组成一个样本。这种方法尤其适用于批量较大且质量也可能波动较大的商品批,分层随机抽样的样本有很好的代表性,是目前使用最广、最多的一种抽样方法。

二、抽样检验

(一)抽样检验方法

为了适应各种不同情况的需要,目前已形成许多具有不同特色的抽样检验方法。

1. 计量抽样检验和计数抽样检验

商品质量特性值依其度量特性可分为计量值和计数值两类。通常把可以连续测量而得到的质量特性值称为计量值,如商品的尺寸、重量、容积、抗拉伸断裂强力、透气率、透湿量、保温率等特性值。但也有些质量特性值,它们是离散的,或者只能取整数或者只能定性地划分为两个或两个以上的级或类,如商品的外观疵点数、合格品数、品级以及纺织品的色牢度、抗起球程度等特性值,它们被称为计数值。按照商品质量特性的这种度量特性,商品的抽样检验方法可相应地分成计量抽样检验和计数抽样检验两类。

(1)计量抽样检验。它是从受检批中抽取一定数量的样品,组成样本,检验此样本中每个样品的质量,然后与规定的标准值或技术要求进行比较,再由此确定该批商品是否合格。这种方法具有样本较小、可充分利用质量信息等优点,但在管理上较麻烦,需进行适当的计算,因此适用于单项质量特性的抽样检验。国家标准 GB/T 6378.1—2008,GB/T 6378.4—2008,GB/T 8054—2008 都属于这类方法标准。

(2)计数抽样检验。它是从受检批中抽取一定数量的样品(样本),检验其中每个样品的质量,然后统计合格品数,再与规定的"合格判定数"比较,由此决定该批商品是否合格的方法。这种方法具有使用简便并能用于检验具有多项质量特性商品的优点;缺点是质量信息利用较差。国家标准 GB/T 2828.1—2003,GB/T

2828.2—2008,GB/T 2828.3—2008 等就是此类方法标准。

2.调整型抽样检验和非调整型抽样检验

抽样检验方法按照抽样检验的形式,也可分为调整型抽样检验和非调整型抽样检验两类。

(1)调整型抽样检验。它是由正常、加严、放宽等不同抽样检验方案与转移规则联系在一起而组成的一个完整的抽样检验体系。根据连续若干受检批的质量变化情况,按转移规则及时转换抽样检验方案,以维护买卖双方的利益。调整型抽样检验适合连续批商品的质量检验。

(2)非调整型抽样检验。其单个抽样检验方案不考虑商品批的质量历史,使用中也没有转移规则,因此它较容易为质检人员所掌握,但只对孤立批(不连续批)的质量检验较为适宜。

3.一次、二次和多次抽样检验方法

抽样检验方法按抽样检验的程序,又可分为一次、二次以及多次抽样检验方法。

(1)一次抽样检验方法。该法最简单,只需要抽样检验一个样本就可以做出该批商品是否合格的判断。

(2)二次抽样检验方法。先抽第一个样本进行检验,若据此可判断该批商品是否合格,则终止检验。否则,再抽第二个样本,再次检验后,用两次结果综合在一起判断该批商品合格与否。

(3)多次抽样检验。其原理与二次抽样检验方法相似,每次抽取样本大小相同,即 $n1 = n2 = n3 = \cdots = n$,但抽样检验次数多,合格判定数与不合格判定数也多。

一次抽样检验方法虽使用方便、应用广泛,但样本较大,抽样检验工作量较大。二次和多次抽样检验方法的平均检验样本小于一次抽样检验方法的样本,能节省检验费用,但管理较复杂,需专门培训质检人员,因而管理费用增加,不适于价值较低的商品。

(二)抽样检验方案

实施抽样检查,必须预先确定样本大小和接收或拒收受检批的判定规则——判定数组,这两者合称为抽检方案。

一次抽检方案是指由样本大小 n 和判定数组(Ac,Re)组成的抽检方案,Ac 为合格判定数,即判定批合格时,样本中所含不合格品数(d, $d \leq Ac$)的最大值;Re 为不合格判定数,即判定批不合格时,样本中所含不合格品数的最小值。

二次抽检方案是指由第一样本大小 n1,第二样本大小 n2 与判定数组(Ac1,Ac2,Re1,Re2)组成的抽检方案。五次抽检方案则是由第一到第五样本大小 n1,n2,n3,n4,n5 与判定数组(A1,A2,A3,A4,A5,R1,R2,R3,R4,R5)组成的抽检方案。

抽检方案的选择和确定必须考虑两个因素:一是要保证商品质量达到要求,促进质量水平的提高,降低成本,提高经济效益;二是要使买卖双方满意,即商品质量较好时,高概率接收,尽量减少将合格品误判为不合格品而拒收的可能性,以保护卖方的利益;而商品质量较差时,接收概率变小,尽可能减少将不合格批误判为合格批而接收的可能性,以保护买方的利益。

通常将合格批误判为不合格批而被买方拒收的概率 α,称为卖方风险,一般取 1%、5%、10%,以 5% 最为常见。将不合格批误判为合格批而被买方接收的概率 β,称为买方风险,通常取 5%、10%、20%,以 10% 使用最多。

一个抽检方案对质量高低辨别能力的程度,称为该方案的特性。该方案所描述的买方接收概率 L(p)(即批合格概率)与商品批质量 P 的关系曲线,称为抽检特性曲线,又称为 OC 曲线。抽检特性曲线反映了一个方案对各种质量水平的接收程度。

图 6 - 1 表示一次计数抽检方案的 OC 曲线。其中,P_0 为符合标准或合同要求时的商品批质量(即 d ≤ Ac),P_1 为不符合标准或合同要求的商品批质量(即 d ≥ Re)。当 P ≥ P_1(即批质量不合格)时,买方接收概率或者判定商品批合格概率 L(p) ≤ β,买方风险小。而当 P ≤ P_0(即批质量合格)时,买方接收概率或者判定商品批合格概率 L(p) ≥ 1 - α,买方接收或判定批合格概率高,卖方风险小。

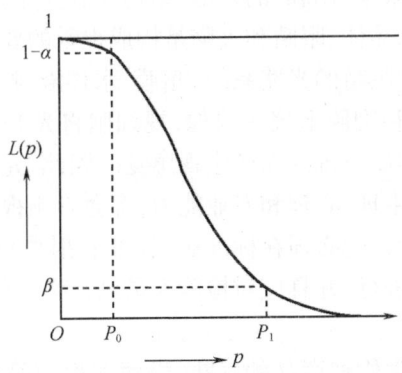

图6 - 1　一次计数抽检方案的 OC 曲线

第三节　商品质量检验方法

商品质量检验方法很多,根据其检验所用的器具、原理和条件,主要可分为感官检验法、理化检验法和生物学检验法三类。这些检验方法在实际工作中,是按照商品的不同质量特性进行选择和相互配合使用的。

一、感官检验法

感官检验,又称感官分析、感官检查或感官评价,它是用人的感觉器官作为检验工具,对商品的色、香、味、形、手感、音色等感官质量特性,在一定条件下做出判定或评价。感官检验法简便易行,快速灵活,成本较低,特别适用于目前还不能用仪器定量评价其感官指标的商品和不具备组织昂贵、复杂仪器检验的企业、部门及消费者。

近几十年发展、形成的现代感官检验技术和应用科学,已克服传统感官检验缺乏科学性、客观性和可比性的不足,从经验上升为理论。它具有一整套根据心理学原理设计,并利用统计学的方法分析和处理感官数据的基础方法,将不易确定的商品感官指标客观化、定量化,从而使感官检验更具有可靠性和可比性,成为与理化检验相互补充和印证、并行不悖的现代检验技术。

感官检验涉及绝大多数商品,其感官质量特性对评价商品质量意义重大。对感官检验有特殊要求的商品主要有食品、药品、纺织品及服装、化妆品、家用电器、化工商品等。

（一）感官检验的类别

按照人的感觉器官的不同,感官检验通常分为视觉检验、嗅觉检验、味觉检验、触觉检验和听觉检验。

1. 视觉检验

视觉检验是用视觉来检查商品的外形、结构、颜色、光泽以及表面状态、疵点等质量特性的方法。光、商品体、眼睛和大脑是构成视觉的要素。由于投射的光线被商品体改变,改变光经过眼睛的光路系统(角膜、水样液、虹膜和瞳孔、晶状体、玻璃体等),在感光系统——视网膜上聚焦成像,视细胞将光刺激接受并转化为神经冲动,经视神经传入大脑的皮质视区而产生视感觉。因此,光线的强弱、照射方向、背景对比以及检验人员的生理、心理和专业能力,都会影响视觉检验效果。为了提高视觉检验的可靠性,视觉检验必须在标准照明(非直射典型日光或标准人工光源)条件下和适宜的环境中进行,并且应对检验人员进行必要的挑选和专门的训练。

2. 嗅觉检验

嗅觉检验是通过嗅觉检查商品的气味,进而评价商品质量的一种方法。嗅觉虽然重要,但对人类来说可能是属于较退化的一种感觉机能。通常,由商品体发散于空气中的物质微粒作用于鼻腔上部嗅觉细胞,产生兴奋,再传入大脑皮层引起嗅觉。嗅觉与其他感觉特别是味觉经常联系在一起。

嗅觉检验目前广泛用于食品、药品、化妆品、家用化学制品和香精、香料等商品的质量检验,并且对于鉴别纺织纤维、塑料等燃烧后的气味差异也有重要意义。为了保证嗅觉检验工作的质量,必须对检验人员进行测试、严格选择和培训,在检验中还应避免检验人员的嗅觉器官长时间与强烈的挥发物质接触,并注意采取措施防止串味现象。

3. 味觉检验

味觉检验是利用人的味觉来检查有一定滋味要求的商品(如食品、药品等)的方法。

味觉是溶解于水或唾液中的化学物质作用于舌面和口腔黏膜上的味觉细胞

(味蕾)产生的兴奋,再传入大脑皮层而引起的感觉。基本味觉有甜、酸、苦、咸四种,其余都是混合的味觉。味觉常同其他感觉,特别是与嗅觉、肤觉相联系,如辣味觉就是热觉、痛觉和基本味觉的混合。视觉也对味觉检验有影响。人体的某些疾病还明显地干扰味觉。此外,味刺激的温度、时间等因素也对味觉的感受性有显著影响。为了顺利地进行味觉检验,一方面要求检验人员必须具有辨别基本味觉特征的能力,并且被检样品的温度要与对照样品温度一致;另一方面要采用正确的检验方法,遵循一定的规程。如检验时不能吞咽物质,应使其在口中慢慢移动;每次检验前后必须用水漱口等。

4. 触觉检验

触觉检验是利用人的触觉感受器(在有毛皮肤中是毛发感受器,在无毛皮肤中是迈斯纳触觉小体)对于被检商品轻轻作用的反应——触觉来评价商品质量的方法。触觉是皮肤受到机械刺激而引起的感觉,包括触压觉和触摸觉,是皮肤感觉的一种。皮肤感觉除触觉外,还有痛觉、热觉、冷觉等,它们也参与感官检验。实验证明,人的手指和头面部的触觉感受性较高,而躯干和四肢的感受性较低。这是由于手指和头面部在人们劳动和日常生活中的重要作用,使得这些部位在大脑皮质中央后回有着较大的投射区。触觉检验主要用于检查纸张、塑料、纺织品以及食品的表面特性、强度、厚度、弹性、紧密程度、软硬等质量特性。触觉检验时,应注意环境条件的稳定和保持手指皮肤处于正常状态,并加强对检验人员的专门培训。

5. 听觉检验

听觉检验是凭借听觉来检查商品质量的方法。如,检查玻璃制品、瓷器、金属制品有无裂缝或其他内在缺陷;评价以声音作为重要指标的乐器、收录音机、音响装置等商品以及要求无噪声的机电商品;评定食品的成熟度、新鲜度、冷冻程度等。听觉检验至今尚无法用仪器测定来替代,其重要原因之一就是人的耳朵灵敏度高且动作范围宽,如20岁左右的正常年轻人的耳朵,其最小可听值为0dB,动作范围为20dB。人的听觉因人、声音波长的不同而异。听觉检验与其他感官检验一样,也需要适宜的环境条件,应力求安静,避免外界因素对听觉灵敏度的影响。

(二)感官检验评价方法

感官检验评价方法,依其目的可分为分析型感官检验评价与偏爱型感官检验评价两类。

1. 分析型感官检验评价

分析型感官检验评价是以经过培训的评价员的感觉器官作为"仪器",来分析判断被测商品的质量特性或鉴别商品之间的差异等。例如,水果的新鲜度、织物的手感、纸的表面光泽和平滑度、声响设备的音质、洗衣机的噪声等质量特性的感官检验。这种检验要求评价员对商品做出客观评价,尽量避免人的主观意愿对评价结果的影响。为此,在进行试验时,必须保证以下三点:①评价尺度和评价基准物应统一、标准化;②试验条件应该规范化;③评价员在经过适当的选择和训练后,应维持在一定的水平。

2. 偏爱型感官检验评价

偏爱型感官检验评价是以未经训练的消费者对商品的感觉判断,来了解消费者对商品的偏爱程度,所以是一种主观评价方法。例如,在商品开发过程中对试制品的评价、市场调查中使用的感官检查等,都属于此类型。这种检验不像分析型检验那样需要统一的评价标准和条件,全凭评价者的生理、心理的综合感觉而定,即其感觉程度和主观判断起着决定性作用,因而评价结果往往因人、因时、因地而异,并且允许有相反判断。

二、理化检验法

理化检验法是在实验室的一定环境条件下,利用各种仪器、器具和试剂做手段,运用物理、化学的方法来测试商品质量的方法。它主要用于检验商品成分、结构、物理性质、化学性质、安全性、卫生性以及对环境的污染和破坏性等。理化检验的结果可用数据定量表示,较感官检验客观和精确,但对检验设备和检验条件要求严格,同时要求检验人员具备扎实的基础理论知识和熟练的操作技术。现代检测技术在检验仪器联用以及与计算机联用、实施自动控制和数据处理等方面的发展,促使理化检验走向快速、少损或无损以及自动化方向。

理化检验方法根据其原理可分为物理检验法和化学检验法两种。

(一)物理检验法

物理检验法因其检验商品的性质和要求不同,采用的测试仪器和具体方法也不相同,通常又分为一般物理检验法、光学检验法、热学检验法、力学检验法和电学检验法等。

1. 一般物理检验法

它是通过各种量具、量仪、天平、秤或专用仪器来测定商品的长度、细度、面积、体积、厚度、质量(物体中所含物质的多少)、密度、重量、粒度、表面光洁度等一般物理特性的检验方法。

2. 光学检验法

光学检验法是利用光学仪器(光学显微镜、折光仪、旋光仪等)来检验商品的方法。光学显微镜主要用来观察、测量商品的细微结构,并根据这些形态结构特性,进一步鉴定商品的种类和使用性能。折光仪用于测定液体的折光率,在中间产品的质量控制和成品的质量分析中有重要的作用,如鉴定植物油的掺假或变质。旋光仪通过对旋光性物质(分子中含有不对称碳原子的有机物,如蔗糖、葡萄糖、薄荷脑等)的对比旋光度进行测定,可鉴定旋光性物质的纯度。

3. 热学检验法

热学检验法是使用热学仪器测定商品的热学特性的方法。这些特性包括熔点、凝固点、沸点、耐热性等。玻璃和搪瓷制品、金属制品、化妆品、化工商品、塑料制品、橡胶制品以及皮革制品等,它们的热学性质都与商品的质量和品种有关。

4.力学检验法

力学检验法是通过各种力学(机械)仪器测定商品的力学(机械)性能的检验方法。这些性能包括商品的抗拉强度、抗压强度、抗剪切或弯曲强度、抗冲击强度、抗疲劳强度、耐磨强度、硬度、弹(塑)性等。商品的力学(机械)性能与其耐用性密切相关。

5.电学检验法

电学检验法是利用电学仪器测定商品的电学特性(电阻、电容、介电常数、电导率、静电电压半衰期等)的方法。通过对商品的某些电学特性如电阻、电容等的测量,还可以间接测定商品的其他质量特性如吸湿性、材质的不匀率等。

(二)化学检验法

化学检验法是用化学试剂和仪器对商品的化学成分及其含量进行测定,进而判定商品是否合格的方法。按照具体操作方法,它可分为化学分析法和仪器分析法两类。

1.化学分析法

化学分析法是根据已知的、能定量完成的化学反应进行分析的方法。依其所用的测定方法的不同,又分为重量分析法、容量分析法和气体分析法。重量分析法是一种较准确的分析法,它选择某种试剂与被测定成分反应,生成一种难溶的沉淀物,再通过过滤、洗涤、干燥、灼烧等过程,使沉淀与其他成分分离,然后根据这种沉淀物的重量计算被测成分的含量。容量分析法是在被测定成分溶液中,滴加一种已知准确浓度的试剂(标准溶液),根据它们反应完全时所消耗标准溶液的体积计算出被测成分的含量。容量分析法操作简便,并能达到一定的准确度,应用非常广泛。气体分析法是用适当的吸收剂吸收试样(混合气体)中的被测成分,从气体体积的变化来确定被测成分的含量。

2.仪器分析法

仪器分析法是一类通过检验试样的光学性质、电化学性质等而求出待测成分含量的化学检验法。它包括光学分析法、电化学分析法和色谱分析法。光学分析法是通过被测成分吸收或发射电磁辐射的特性差异来进行化学鉴定的,具体有比色法、分光光度法(原子吸收光谱、可见光谱和紫外光谱、红外光谱)、核磁共振波谱法、荧光光谱法、发射光谱法等。电化学分析法是利用被测物的化学组成与电物理量(电极电位、电流、电量或电导等)之间的定量关系来确定被测物的组成和含量,它包括伏安法、极谱法、电位滴定法、电导滴定法、电解分析法等。色谱分析法,是利用被测试样的不同组分在称之为色谱分离柱中的两相间的分配系数、吸附能力等亲和能力的不同来进行单一组分的分离。其中的一相固定不动,称为固定相;另一相是携带试样混合物流过此固定相的流体(气体或液体),称为流动相。流动相可以是气体,也可以是液体,由此可分为气相色谱法(GC)和液相色谱法(LC)。分离后各组分的检出,气相色谱和高效液相色谱可用接于色谱柱出口处的各种检测器检测。

仪器分析法适用于微量成分含量的分析,操作较简便、快捷,但对某些成分灵敏度较低,不如化学分析法准确,且样品处理费时,仪器价格较贵,对操作人员知识水平要求较高,从而使其应用有一定的局限性。

三、生物学检验法

生物学检验法是对食品类、医药类和日用工业品类商品等质量检验的常用方法之一,它包括微生物学检验法和生理学检验法。

(一)微生物学检验法

微生物学检验法利用显微镜观察法、培养法、分离法和形态观察法等,对商品中有害微生物存在与否及其存在数量进行检验,并判定其是否超过允许限度。这些有害微生物包括有害的细菌(如大肠杆菌、金黄色葡萄球菌等)、病毒、霉菌、放线菌等,它们直接危害人体健康或危及商品的安全储存。

(二)生理学检验法

生理学检验法用于检验食品商品的可消化率、发热量、维生素和矿物质对机体的作用以及食品和其他商品中某些成分的毒性,等等。该法多用活体动物进行试验。只有经过无毒害性试验后,视情况需要并经有关部门批准后,才能在人体上进行试验。

第四节　商品分级

一、商品分级

品级是依商品品质(质量)水平高低所确定的等级。根据商品质量标准(包括实物质量标准)和实际质量检验结果,将同种商品区分为若干品质(质量)等级的工作,称为商品分级。

商品分级通常用"等"或"级"的顺序来表示,其顺序反映商品品质(质量)水平的高低,例如我国的皮辊加工细绒棉根据棉花的成熟程度、色泽特征以及轧工质量,将品级分为七个级,即一至七级,作为表示棉花品质优劣的综合性指标,级数越大,品质越差。又如丝织被面产品按其内在质量和外观质量检验结果来评定质量等级,分为优等品、一等品和合格品三个等级。再如普洱散茶按其品质特征(外形的条索、整碎、色泽、净度;内质的香气、滋味、汤色、叶底),分为特级、一级至十级共十一个等级,等级越低,品质越好。

国家标准(GB/T 12707—91)《工业产品质量分等导则》中规定了我国境内生产和销售的工业产品质量等级的划分和评定原则。它将工业产品的实物质量原则上按照国际先进水平、国际一般水平和国内一般水平分成三个档次,相应地也将商品划分为优等品、一等品和合格品三个等级。这样有利于从整体上综合反映我国工业产品质量水平,有助于推动技术和管理进步,促进产品更新换代和质量提高。

商品种类不同,分等(级)的质量特性内容也不同。例如,精梳羊绒织品是按实物质量(织品的呢面、手感、光泽)、内在质量(尺寸变化率、起球/级、断裂强力、撕破强力、纤维含量等物理指标以及染色牢度)和外观质量(局部性外观疵点、散布性外观疵点)指标综合定等为优等品、一等品和二等品;浓香型铁观音茶叶按其感官指标(外形的条索、整碎、净度、色泽;内质的香气、滋味、汤色、叶底)分为特级、一至四级共五个等级;绵白糖按其感官指标、理化指标和卫生指标分为精制、优级、一级共三个等级;日用瓷器则主要依据白瓷白度、釉面光泽度、釉面色差和外观缺陷种类及其对质量影响程度等指标进行评级,分为优等品、一等品和合格品。对每种商品每一等级的具体要求和分级方法,通常在该商品标准中都已规定。

商品分级工作,既有利于促进生产部门加强管理,提高生产技术水平和产品质量,有利于贯彻优质优价政策,限制劣质商品进入流通领域,又便于消费者选购商品,还有利于物价管理和监督,促进社会主义商品市场健康发展。

二、商品分级方法

商品分级的方法很多,主要可归纳为百分制评级法和限定评级法两类。

(一)百分制评级法

百分制评级法是按商品的各项质量特性指标对整体品质(质量)影响的重要程度,分别规定为一定分数,其中重要的质量特性指标所占分数较高,次要的质量特性指标所占分数较低。各项质量特性指标完全符合标准规定的要求,其各项质量特性指标的分数总和为100分。如果某一项或几项质量特性指标达不到标准规定的要求,就相应扣分,其分数总和就要降低。分数总和达不到一定等级的分数线,则相应降低等级。这种方法在食品商品评级中被广泛采用。

例如:我国标准《黄羽肉鸡产品质量分级》(GB/T 19676—2005)就按照体型外貌、胴体性状、肌肉品质和感官评定四类质量特性指标将黄羽肉鸡产品分为一级、二级、三级共三个等级。它采用百分制评级法进行分级,各项指标标准和分数列于表6-1。

表6-1　黄羽肉鸡产品质量分级等级表

项　目	一级		二级		三级	
	标准	评分	标准	评分	标准	评分
体型外貌	羽毛紧凑完整,光泽度好,冠色红润	4	羽毛基本紧凑完整,光泽度较好,冠色较红润	3	羽毛有缺损,光泽度稍差,冠色稍差	2

项　目		一级		二级		三级	
		标准	评分	标准	评分	标准	评分
胴体性状	全净膛率/(%)	78	4	74	3	72	2
	胸肌率/(%)	10.0	4	9.0	3	8.0	2
	腿肌率/(%)	15.0	4	13.0	3	11.0	2
肌肉品质	系水力(保水率)/(%)	66	6	62	4	60	3
	嫩度/(kg/cm³)	4.5~5.0	10	3.5~4.5 和 5.0~5.5	8	3.5 以下和 5.5 以上	6
	肌纤维直径/μm	38	14	42	11	50	8
	肌苷酸含量/(mg/g)	2.30	14	1.90	11	1.60	8
	肌内脂肪含量/(%)	3.2	14	2.7	11	2.4	8
感官评定	生鲜肉评定:鸡胴体皮紧而有弹性,毛羽细小,肌肉丰满,皮肤黄,光滑滋润,尾部和背部布满皮下脂肪,胸部两侧有条形脂肪;肌肉外表微干或微湿润,不沾手,指压后的凹陷立即恢复,具有鲜鸡肉的正常气味。采用5分制	4.5	8	3.5	5	3.0	3
	品尝评定:煮熟后的鸡肉和肉汤,在气味、香味、多汁性、口感、嫩度各方面综合评定。采用5分制	4.5	18	3.5	14	3.0	10

注:表中所列标准均为下限值。

经过随机抽样并检测上述各指标做出分数判定后,将各指标的分数累加,通过查阅表6-2,即得该黄羽肉鸡产品的综合评定等级,60分以下为等外品。

表6-2　黄羽肉鸡产品综合评定等级分数表

等级	一级	二级	三级
分数	90分以上	75~89分	60~74分

(二)限定评级法

限定评级法是将商品的各种等级的质量缺陷(即质量特性值不符合质量标准)规定为一定的限量,其中又分为有限度累计评分法和限定缺陷评级法两种。

1. 有限度累计评分法

该法是将商品的各种质量缺陷规定为一定的分数,由缺陷分数的总和来确定商品的品级。商品缺陷越多,则分数的总和越高,商品的品级则越低,这种分级方法一般广泛用于工业品商品的分级。

例如,丝绸被面的外观疵点种类及其分数评定如表6-3所示。纺织行业标准《丝绸被面》(FZ/T 43007—2011)规定:每条被面的外观疵点总分数不超过4分的,则为优等品;5~8分的,为一等品;9~12分的,为合格品。

表6-3　丝绸被面的外观疵点评分

序号	疵点类别	程度	评分
1	经向疵点	普通	
		0.3cm~5cm	1
		5cm及以上~10cm	2
		明显	
		10cm及以下	4
2	纬向疵点	(1)0.3cm~5cm	1
		(2)5cm及以上~10cm及以下	2
		(3)10cm以上~半幅及以下	4
		(4)半幅以上	
		普通	8
		明显	12
3	破损性疵点	破洞、蛛网	不允许
4	污渍、油渍	0.5cm及以下	
		普通	4
		明显	8
		0.5cm以上~1cm	
		普通	8
		明显	不允许

2. 限定缺陷评级法

该法是在标准中规定商品的每个质量等级所限定的质量缺陷的种类、数量以及不允许有哪些质量缺陷,多用于工业品商品的分级。

例如,国家标准《日用瓷器》(GB/T 3532—2009)中,对瓷器外观质量的分级就采用了限定缺陷分级法。该标准规定了日用瓷器产品各等级的外观缺陷(因篇幅所限,表6-4仅列举了其中的部分内容),并同时还应符合以下要求:①优等品每件产品不得超过两种缺陷;②一等品每件产品不得超过四种缺陷;合格品每件产品不得超过六种缺陷。

表6-4　日用瓷器各等级的外观缺陷的部分规定

序号	缺陷名称	测量单位	产品规格	优等品	一等品	合格品
1	变形	高度 mm			盘碟类	
			小型	不大于0.5	不大于1.0	不大于2.5
			中型	不大于1.0	不大于2.0	不大于3.5
			大型	不大于1.5	不大于2.5	不大于4.5
			特型	不大于口径的0.7%	不大于口径的1.0%	不大于口径的2.0%
		口径 mm			碗类	
			小型	不大于0.5	不大于1.0	不大于2.5
			中型	不大于1.0	不大于2.0	不大于3.5
			大型	不大于1.5	不大于2.5	不大于4.5
			特型	不大于口径的0.7%	不大于口径的1.0%	不大于口径的2.0%
3	毛孔	直径 mm	小型	不允许	不大于0.5限2个	不大于1.0限4个
			中型	不允许	不大于0.5限3个	不大于1.0限6个
			大型	显见面不允许,非显见面不大于0.5,限2个	不大于0.5限5个	不大于1.0限8个
			特型	显见面不允许,非显见面不大于0.5,限3个	不大于0.5限7个	不大于1.0限10个
4	斑点	直径 mm	小型	不允许	不允许	不大于1.5限2个
			中型		不允许	不大于1.5限3个
			大型		不大于0.5限1个	不大于2.0限3个
			特型		不大于1.0限1个	不大于2.0限4个
5	色脏	面积 mm²	各型	不允许	显见面不大于3.0,非显见面不大于10.0	显见面不大于12.0,非显见面不大于24.0
6	溶洞	直径 mm	小型	不允许	显见面不允许,非显见面不大于0.5,限2个	不大于2.0限2个
			中型		显见面不允许,非显见面不大于1.5,限1个	不大于3.0限2个
			大型		显见面不允许,非显见面不大于2.0,限1个	不大于3.0限3个
			特型		显见面不允许,非显见面不大于2.0,限2个	不大于3.0限4个

序号	缺陷名称	测量单位	产品规格	优等品	一等品	合格品
8	疙瘩、坯泡	直径 mm	小型	不允许	不大于1.0限1个	不大于3.5限4个
			中型		不大于1.5限2个	不大于4.0限5个
			大型		不大于2.0限2个	不大于4.5限5个
			特型		不大于2.0限4个	不大于5.0限6个
13	裂纹	长度 mm	小型	不允许	显见面不允许,非显见面阴裂不大于3.0	阴裂不大于6.0
			中型		显见面不允许,非显见面阴裂不大于4.0	阴裂不大于8.0
			大型		显见面不允许,非显见面阴裂不大于5.0	阴裂不大于10.0
			特型		显见面不允许,非显见面阴裂不大于6.0	阴裂不大于12.0

第五节　商品质量监督

一、商品质量监督的概念

商品质量监督是指根据国家有关商品(产品或服务)质量的法律、行政法规和强制性标准等,由国务院和有关法律(如中华人民共和国产品质量法等)指定的商品质量监督部门以及其他各级行政有关部门,在各自职责范围内,对生产和流通领域的商品质量和质量保证体系进行监督管理的活动。

我国担负商品质量监督职责的政府部门有国家质检总局及其所属各级质量技术监督部门、国家工商总局及其所属各级工商行政管理部门和国家食品药品监督管理总局(以下简称国家食品药品监管总局)及其所属各级食品药品监督管理部门。

中华人民共和国消费者权益保护法第三十六条规定:"消费者协会和其他消费者组织是依法成立的对商品和服务进行社会监督的保护消费者合法权益的社会组织。"第六条规定:"国家鼓励、支持一切组织和个人对损害消费者合法权益的行为进行社会监督。"大众传播媒介应当做好维护消费者合法权益的宣传,对损害消费者合法权益的行为进行舆论监督。鉴于保证产品和服务质量是保护消费者权益的核心内容,因而消费者和消费者协会在质量监督中应该起着协助政府的社会监督作用,而大众传播媒介则在质量监督中应该起着协助政府的舆论监督作用。

商品质量监督是国家对商品质量进行宏观管理的手段。我国商品质量监督的根本任务是依据国家有关法律、行政法规和强制性技术标准等,对商品进行有效的监督管理和检验,保证商品满足质量要求,实现对商品质量的宏观控制,保护消费者和生产者的合法利益,维护国家利益不受损失。

二、商品质量监督的原则

商品质量监督工作应遵循以下原则:

(一)科学性和公正性

科学性是指对商品质量进行的检验和评价要科学,出自监督检验机构的各种数据要准确。公正性是指质量监督要站在国家和人民的立场上秉公执法,严格依照技术标准和检测数据对商品质量进行评价。因此,必须培养和建立一支公正、廉洁、技术熟练、认真负责的质量监督检验和管理队伍;必须配备符合要求的试验仪器设备;必须建立一套科学的、完整的管理制度;必须对商品质量检验机构进行测试能力的考核和认证;监督检验机构必须独立地对外开展质量检验活动,不受外界的干扰,使其一切活动处于国家、人民和法律的监督之下。

(二)统筹安排、分工协作、组织协调、服务监督

商品质量监督是政府机构管理经济的职能之一,要按照行政部门管理或行业管理的职能进行分级管理,合理分工,协调一致地进行质量监督工作。各专业性行政或行业管理部门也应对本部门或本行业的商品质量实行监督。此外,还要依靠社会组织和广大群众实行社会监督,依靠大众传播媒体实行舆论监督。因此,需要在统一的方针指导下,统筹安排,避免重复抽查、检验,从而减轻企业负担。在组织协调下,质量监督部门要同时做好服务和监督工作。

(三)监督与帮助、处罚与教育相结合

对生产和流通领域中的产品或服务进行质量监督检验后,对不合格和伪劣产品或服务,应根据国家的有关法律、法规、政策的规定,追究产品生产者或服务提供者、经营者的质量责任,及时进行经济的、行政的、以至法律的处理,以提高质量监督的有效性。在处理上述关系时,切勿忘记监督是主要职责,帮助、教育是辅助监督的手段。对于经营思想不端正,有意制造伪劣产品欺骗用户的企业和责任者,必须要绳之以法;对于那些认识不清或技术和管理水平一时上不去的企业,则应立足于帮助、教育,必要时也要给予一定的处罚。

三、商品质量监督的依据

商品质量监督的依据有商品质量法律、行政法规以及强制性技术标准等。质量法律是指经全国人民代表大会通过的有关商品质量方面的国家法律。质量法规是指国务院及其所属有关部门制定并发布的有关质量及其认证、监督方面的行政法令、条例、规章等。它们与强制性技术标准一起构成了商品质量监督的依据体系。

（一）产品质量法

《产品质量法》是《中华人民共和国产品质量法》的简称。《产品质量法》制定于 1993 年 2 月,为了适应社会主义市场经济的飞速发展,又分别于 2000 年 7 月、2009 年 8 月对其进行了第一、第二次修正。

《产品质量法》对产品质量的监督管理、生产者和销售者的产品质量责任与义务、损害赔偿、经济处罚和法律责任等,都做了明确规定。

1. 生产者的产品质量责任和义务

（1）产品质量应符合下列要求:①不存在危及人身、财产安全的不合理的危险;②具备产品应当具备的使用性能;③符合在产品或者其包装上注明采用的产品标准,符合以产品说明、实物样品等方式表明的质量状况。

（2）产品或者其包装上的标识必须真实,并符合下列要求:①有产品质量检验合格证明;②有中文标明的产品名称、生产厂厂名和厂址;③根据产品的特点和使用要求,需要标明产品规格、等级、所含主要成分的名称和含量的,用中文相应予以标明;需要事先让消费者知晓的,应当在外包装上标明,或者预先向消费者提供有关资料;④限期使用的产品,应当在显著位置清晰地标明生产日期和安全使用期或者失效日期;⑤使用不当,容易造成产品本身损坏或者可能危及人身、财产安全的产品,应当有警示标志或者中文警示说明。

（3）易碎、易燃、易爆、有毒、有腐蚀性、有放射性等危险物品以及储运中不能倒置和其他有特殊要求的产品,其包装质量必须符合相应要求,依照国家有关规定做出警示标志或者中文警示说明,标明储运注意事项。

（4）不得生产国家明令淘汰的产品。

（5）不得伪造产地,不得伪造或者冒用他人的厂名、厂址。

（6）不得伪造或者冒用认证标志等质量标志。

（7）不得掺杂、掺假,不得以假充真、以次充好,不得以不合格产品冒充合格产品。

2. 销售者的产品质量责任和义务

（1）应当建立并执行进货检查验收制度,验明产品合格证明和其他标识。

（2）应当采取措施,保持销售产品的质量。

（3）不得销售国家明令淘汰并停止销售的产品和失效、变质的产品。

（4）销售的产品的标识应当符合上述"生产者的产品质量责任和义务"中的第（2）②条。

（5）不得伪造产地,不得伪造或者冒用他人的厂名、厂址。

（6）不得伪造或者冒用认证标志等质量标志。

（7）销售产品不得在掺杂、掺假,不得以假充真、以次充好,不得以不合格产品冒充合格产品。

（二）消费者权益保护法

1993 年 10 月,我国发布和实施了《中华人民共和国消费者权益保护法》（以下简称《消费者权益保护法》),此后我国又分别于2009年8月、2013年10月先后两次修改此法。目前,新的《消费者权益保护法》共包括八章六十三条。

《消费者权益保护法》是国家维护消费者利益、保护消费者合法权益的专门立法和基本法律,是狭义的消费者权益保护法。广义的消费者权益保护法则是指所有涉及消费者保护的各种法律规范所组成的有机整体,即除了《消费者权益保护法》以外,还包括其他涉及消费者权益保护的法律、法规以及其他法律、法规中的有关条款或规定,例如《产品质量法》、《食品安全法》、《中华人民共和国民法通则》、《中华人民共和国合同法》、《中华人民共和国广告法》(以下简称《广告法》)、《中华人民共和国价格法》、《中华人民共和国药品管理法》(以下简称《药品管理法》)、《中华人民共和国反不正当竞争法》(以下简称《反不正当竞争法》)、《中华人民共和国商标法》(以下简称《商标法》)、《中华人民共和国计量法》(以下简称《计量法》)以及《欺诈消费者行为处理办法》、《食品标志管理规定》、《农业转基因生物标识管理办法》、《强制性产品认证管理规定》,等等。

《消费者权益保护法》是国家对基于消费者弱势地位而给予的特别保护,是维护真正的公平交易市场秩序的法律。表面上从法律地位看,消费者和经营者都属于平等的民事活动主体。可在实际的商品交易以及服务的过程中,消费者总是处于相对弱势的地位。这是因为:首先,经营者多数是有组织的经济实体,有些甚至是经济实力非常雄厚的集团化垄断性企业或跨国化大型企业,而消费者是分散的个体、经济能力相对较弱且缺乏专业的辨别产品或服务的技术知识,故最终消费者很难不被经营者所操纵。其次,现代市场经济简化商品交换程序和加速流通速度的客观要求,使消费合同具有了定式合同或者附从合同的特征,有关产品或服务的交易条件是由经营者事先规定的,消费者完全是处于单纯地接受合同内容的被动地位,无讨价还价、参与合同内容形成的自由,合同双方当事人的平等地位缺乏实质性保障。第三,经营者利己行为严重。现代市场经济中不正当竞争的加剧,使得有些商品供给者视损害消费者利益为获取利润的途径之一,他们置诚实、信用等商业道德原则于不顾,竞相采取不公平的商业行为或限制性商业行为,在质量、价格、计量、商标等各个方面竭尽各种欺诈手段,坑害消费者,其结果仍然是消费者遭受损害。

为此,《消费者权益保护法》在第二章中专门规定了消费者的九种权利:①在购买、使用商品和接受服务时享有人身、财产安全不受损害的权利;②知悉其购买、使用的商品或者接受的服务的真实情况的权利;③自主选择商品或者服务的权利;④在购买商品或者接受服务时,有权获得质量保障、价格合理、计量正确等公平交易条件,有权拒绝经营者的强制交易行为;⑤因购买、使用商品或者接受服务受到人身、财产损害的,享有依法获得赔偿的权利;⑥依法成立维护自身合法权益的社会组织的权利;⑦获得有关消费和消费者权益保护方面的知识的权利;⑧在购买、使用商品和接受服务时,享有人格尊严、民族风俗习惯得到尊重的权利,享有个人信息依法得到保护的权利;⑨对产品和服务以及保护消费者权益工作进行监督的权利。

与此同时,《消费者权益保护法》还站在消费者权益的立场上,在第三章对经营者设定了明确的义务：①听取消费者对其提供的产品或服务的意见，接受消费者的监督；②保证其提供的产品或服务符合保障人身、财产安全的要求；③发现其提供的产品或服务存在缺陷，有危及人身、财产安全危险的，应当立即向有关行政部门报告和告知消费者，并采取停止销售、警示、召回、无害化处理、销毁、停止生产或者服务等措施；④向消费者提供有关产品或服务的质量、性能、用途、有效期限等信息，应当真实、全面，不得作虚假或者引人误解的宣传；⑤应当标明其真实名称和标记；⑥提供产品或服务，应当按照国家有关规定或者商业惯例向消费者出具发票等购货凭证或者服务单据，消费者索要发票等购货凭证或者服务单据的，经营者必须出具；⑦应当保证在正常使用产品或接受服务的情况下其提供的产品或服务应当具有的质量、性能、用途和有效期限，但消费者在购买该产品或接受该服务前已经知道其存在瑕疵，且存在该瑕疵不违反法律强制性规定的除外。⑧提供的产品或服务不符合质量要求的，消费者可以依照国家规定、当事人约定退货，或者要求经营者履行更换、修理等义务；没有国家规定和当事人约定的，消费者可以自收到商品之日起七日内退货；七日后符合法定解除合同条件的，消费者可以及时退货，不符合法定解除合同条件的，可以要求经营者履行更换、修理等义务。⑨采用网络、电视、电话、邮购等方式销售商品，消费者有权自收到商品之日起七日内退货，且无须说明理由，但下列商品除外：消费者定做的；鲜活易腐的；在线下载或者消费者拆封的音像制品、计算机软件等数字化商品；交付的报纸、期刊；⑩不得以格式条款、通知、声明、店堂告示等方式，作出排除或者限制消费者权利、减轻或者免除经营者责任、加重消费者责任等对消费者不公平、不合理的规定，不得利用格式条款并借助技术手段强制交易；⑪不得对消费者进行侮辱、诽谤，不得搜查消费者的身体及其携带的物品，不得侵犯消费者的人身自由；⑫采用网络、电视、电话、邮购等方式提供产品或服务的经营者，以及提供证券、保险、银行等金融服务的经营者，应当向消费者提供经营地址、联系方式、商品或者服务的数量和质量、价款或者费用、履行期限和方式、安全注意事项和风险警示、售后服务、民事责任等信息；⑬经营者及其工作人员对收集的消费者个人信息必须严格保密，不得泄露、出售或者非法向他人提供；经营者应当采取技术措施和其他必要措施，确保信息安全，防止消费者个人信息泄露、丢失；在发生或者可能发生信息泄露、丢失的情况时，应当立即采取补救措施。

《消费者权益保护法》还规定了国家机关和消费者组织在保护消费者权益方面的职责，同时，在消费争议的解决、消费者权益受到损害的救济问题上，规定了一系列有利于消费者的程序和措施，对消费的权益给予了特别保护。

（三）其他有关健康安全的商品质量法律法规

1995 年，我国开始实施《中华人民共和国食品卫生法》。2009 年该法被废止，而随即开始实施《中华人民共和国食品安全法》（以下简称为《食品安全法》）。以后又于 2015 年 4 月对其进行了修正。新的食品安全法的特点是：①在行政处罚的基础上新增刑事处罚，大幅提高行政罚款额度，最高处罚货值的 30 倍；②突出"管"字，实行风险分级管理，完善复检制度，增设食品中有害物质的临时限量及临时检验方法制度、生产经营者自查制度和责任约谈制度;③突出"全社会协同共治"的大思路,除了强调经营者和行政部门的责任、职权,还非常重视社会组织、新闻媒体乃至消费者个人的作用;④对食品添加剂生产实行许可制度,不允许随便生产;⑤网购各方的法律责任更明确,消费者维权难度降低;⑥加大对保健食品监管力度,要求标签要写明成分含量;⑦婴幼儿奶粉实行与药品等同的管理制度;⑧禁止将剧毒、高毒农药用于蔬菜、瓜果、茶叶和中草药材等国家规定的农作物;⑨规定转基因食品应当按照规定显著标示。

2001 年 5 月国务院颁布《农业转基因生物安全管理条例》,2002 年 4 月卫生部发布《转基因食品卫生管理办法》,这两项法规对于加强农业转基因生物安全管理和转基因食品的监督管理,保障人体健康和动植物、微生物安全,保护生态环境,保障消费者的健康权和知情权具有重要作用。2007 年 12 月 1 日起,《转基因食品卫生管理办法》被废止,转为施行《新资源食品管理办法》。

2001 年 12 月我国还第一次修订了《中华人民共和国药品管理法》(以下简称"药品管理法"),2015 年 4 月再次对其修正。该法分别对药品生产企业管理、药品经营企业管理、医疗机构的药剂管理、药品管理、药品包装管理、药品价格和广告管理、药品监督以及法律责任做出明确规定。

2006 年 11 月我国又实施了《中华人民共和国农产品质量安全法》,它针对保障农产品质量安全的主要环节,确立了安全管理体制、安全标准的强制实施制度、农产品产地管理制度、包装和标识管理制度、监督检查制度、风险评估和信息发布制度、责任追究制度等七项制度。这七项基本制度具有很强的针对性和可操作性,建立了农产品从农田到市场全程监管体系,是完善农产品质量安全监管长效机制的制度保障。

(四)商品质量检验、认证、监督管理等方面的法律法规

为适应社会主义市场经济和对外贸易发展的需要,加强商品质量检验与监督管理工作,保证商品质量,我国相继发布和施行了《标准化法》、《中华人民共和国计量法》(2009 年、2013 年、2015 年三次修正)、《中华人民共和国反不正当竞争法》、《中华人民共和国广告法》、《产品质量法》、《消费者权益保护法》、《食品安全法》、《药品管理法》、《中华人民共和国进出口商品检验法》(2002 年、2013 年两次修正)以及《工业产品质量责任条例》、《产品质量监督试行办法》、《国家监督抽查产品质量的若干规定》、《全国产品质量仲裁检验暂行办法》、《进口商品安全质量许可证制度》、《中华人民共和国产品质量认证管理条例》、《产品免于质量监督检查工作实施细则》、《工业产品生产许可证试行条例》、《农药管理条例》、《兽药管理条例》、《国务院关于进一步加强质量工作的决定》、《查处食品标签违法行为规定》、《产品标识标注规定》、《国家监督抽查工作守则》、《产品质量申诉处理办法》、《产品质量仲裁检验及产品质量鉴定管理办法》、《产品质量监督检验机构检验测试工作管理办法》、《医疗器械监督管理条例》、《毛绒纤维质量监督管理办法》、《茧丝质量监督管理办法》、《金银饰品标识管理规定》、《农业转基因生物标识管理办法》、《食品标识管理规定》、《产品质量认证委员会管理办法》、《产品质量认证质量

体系检查员和检验机构评审员管理办法》、《产品质量认证证书和认证标志管理办法》、《进出口商品认证管理办法》、《中华人民共和国认证认可条例》、《强制性产品认证机构、检查机构和实验室管理办法》、《认证证书和认证标志管理办法》、《强制性产品认证管理规定》、《中华人民共和国工业产品生产许可证管理条例实施办法》等一系列法律、法规。根据这些法律法规,各行业和地方还制定了相应具体的法规。目前,我国已初步建立了产品质量认证制度、国家产品质量监督检验制度、生产许可证制度,这对于解决商品质量问题和促进对外贸易起到了重要作用。

四、商品质量监督的种类和形式

(一)商品质量监督的种类
我国的商品质量监督主要有国家的质量监督和社会的质量监督两种。

1. 国家的质量监督

国家的质量监督是指国家授权,指定专门机构以公正的立场对商品质量进行的监督检查。这种国家法定的质量监督,以政府行政的形式,对可能危及人体健康和人身、财产安全的产品或服务,影响国计民生的重要工业产品及用户、消费者组织反映有质量问题的产品或服务,实行定期或经常监督抽查和检验,公开公布商品质量抽查检验结果,并根据国家有关法规及时处理质量问题,以维护社会经济生活的正常秩序和保护消费者的合法权益。

国家质检总局主要负责组织实施国家产品质量监督抽查;拟订国家重点监督的国内产品目录并组织实施监督;组织实施 QS 标志制度;管理和协调产品质量的行业监督、地方监督与专业质量监督;管理质量仲裁的检验和鉴定工作;监督管理产品质量检验机构,管理国家产品质量监督抽查免检工作;管理工业产品生产许可证的工作;组织实施进出口食品和化妆品的安全、卫生、质量监督检验和监督管理;组织实施进出口商品法定检验和监督管理;依法监督管理质量检验机构。

国家工商总局主要负责市场监督管理和行政执法的有关工作,监督管理市场交易行为和网络商品交易及有关服务的行为;承担监督管理流通领域商品质量责任;组织开展有关服务领域消费维权工作;按分工查处假冒伪劣等违法行为;负责广告活动的监督管理工作。

国家食品药品监管总局负责起草食品(含食品添加剂、保健食品)安全、药品(含中药、民族药)、医疗器械、化妆品监督管理的法律法规草案,推动建立落实食品安全企业主体责任、地方人民政府负总责的机制,建立食品药品重大信息直报制度,并组织实施和监督检查;制定食品行政许可的实施办法并监督实施;组织制定、公布国家药典等药品和医疗器械标准、分类管理制度并监督实施;负责制定食品、药品、医疗器械、化妆品监督管理的稽查制度并组织实施,组织查处重大违法行为;建立问题产品召回和处置制度并监督实施。

2. 社会的质量监督

我国的社会质量监督有社会组织、新闻媒介和用户或消费者的质量监督三种类型。

(1)社会组织的质量监督。这方面比较有影响的社会组织有消费者协会、质量管理协会用户委员会、中国质量万里行组委会等。它们根据消费者或用户对商品质量的反映,积极开展监督流通领域内的商品质量的活动。例如,中国消费者协会依据《消费者权益保护法》,有责任参与有关行政部门对商品和服务的监督、检查;受理消费者的投诉,并对投诉事项进行调查、调解;投诉事项涉及商品和服务质量问题的,可以委托具备资格的鉴定人鉴定,鉴定人应当告知鉴定意见;就损害消费者合法权益的行为,支持受损害的消费者提起诉讼;对损害消费者合法权益的行为,通过大众传播媒介予以揭露、批评。社会组织利用法律赋予的权力,代表广大消费者的利益,在社会质量监督第一线发挥着不可替代的重要作用。

(2)新闻媒介的质量监督。它是社会监督、群众监督的媒介形式,是将个别企业的不良质量行为和现象通过报纸、电台、电视台、网络等舆论工具公之于众,由此形成一种强大的社会压力,促使被监督对象及主管部门积极迅速地解决问题。新闻的质量监督在经济生活中的地位日益重要,作用也越来越大,但由于它不具有强制性,其监督的力度受到一定的限制。

(3)用户或消费者的质量监督。例如,用户购买大型成套设备、装置时,可以按合同的规定,自己派人或者委托技术服务部门进驻承制单位,对设备或装置的制造全过程实行质量监督。发现制造单位违反合同规定而粗制滥造时,有权通知企业改正或暂停生产,及时把住质量关,以保证成套设备装置的质量。消费者也可以利用有关法律,通过交涉、投诉等合法手段,监督企业的质量行为,学会自我保护的方法。

（二）商品质量监督的形式

商品质量监督按其性质、目的、内容和处理方法不同可分为三种形式,即抽查型质量监督、评价型质量监督和仲裁型质量监督。

1. 抽查型质量监督

抽查型质量监督是指国家质量监督机构通过从市场、生产企业或仓库等地随机抽取的样品按照技术标准进行监督检验,判定其是否合格,从而采取强制措施,责成企业改进产品质量所进行的监督活动。抽查型质量监督的目的是摸清一个时期市场上产品或服务的质量情况,为国家加强对企业产品或服务质量的宏观控制和指导提供依据,同时促进企业提高产品或服务质量,以维持国家、企业和用户利益。抽查型质量监督包括季度质量监督抽查、日常质量监督抽查和市场商品质量监督抽查三种。监督抽查的对象是涉及人体健康和人身财产安全的商品,与人民群众衣、食、住、行密切相关的商品,影响国计民生的重要工业产品和生产资料,消费者或有关组织投诉和反映问题比较集中的商品。抽查型质量监督的特点是,它是一种强制性的质量监督形式;抽查产品采用的是地点不限,随机抽样检查的方式;抽查检测数据科学、准确,对产品质量的判断、评价公正;抽查产品的质量检验结果公开;对抽查检验不合格的产品的生产企业限期整改。

2. 评价型质量监督

评价型质量监督是指国家质量监督机构通过对企业的产品质量和质量保证体系进行检验和检查,考核合格后,以颁发产品质量证书、标志等方法确认和证明产品已经达到某一质量水平,并向社会提供质量评价信息的一种必要的质量监督活动。如新产品质量鉴定,生产许可证质量监督,质量认证监督和优质产品监督等,均属于这种质量监督形式。评价型质量监督是国家干预产品质量的手段之一,其目的是扶优限劣,鼓励生产企业生产更多的优质产品。它的特点是:按国家规定标准,对产品进行型式检验,以确定其质量水平;对生产产品企业的生产条件、质量体系进行严格审查和评定;由政府或政府主管部门颁发相应的证书;允许在产品上、包装上、出厂合格证和广告上使用、宣传相应的质量标志,如产品质量认证的方圆标志等;实行事后监督,使产品质量保持稳定和不断提高。

3. 仲裁型质量监督

仲裁型质量监督是对产品质量有争议,进行仲裁时使用的手段,是国家质量监督机构站在第三方的立场上,公正地处理质量争议中的问题,从而加强对质量不法行为的监督,促进产品质量提高的一种质量监督活动。仲裁型质量监督包括争议方委托的质量仲裁、司法机构和合同管理部门委托的仲裁检验和消费者质量投诉等。仲裁型质量监督的特点是:仲裁监督的对象是有争议的产品;具有较强的法制性;根据监督检验的数据和全面调查情况,由受理仲裁的质量监督部门进行调解和裁决,质量责任由被诉方承担。质量仲裁工作的一般程序为:申请仲裁;受理立案;调查研究;抽样;检验;做出质量判断;做出最终裁决(由司法部门执行)。

（一）冻鸭事件

我国某公司向海湾地区某国出口冻鸭700箱,共10吨。合同中规定:需中国伊斯兰教协会出证,证明该冻鸭是按伊斯兰教方法屠宰。我方在屠宰时,采用了科学的"钳杀法",即宰杀时从鸭的口中进行,将血管割断放尽血后再速冻,从而保证鸭子的外表是一个完整的躯体。随后,未经伊斯兰教协会实际察看,就由该协会出具了"按照穆斯林方法屠宰"的证明。货到国外后,经检验机构鉴定,对方拒收。我方最后以货物运回,承担往返运费并赔偿损失结案。除经济损失外,在政治上也产生了不好影响。

产品的外形及加工方法也是产品的重要品质标准之一。本例中合同已明确要求了鸭子的屠宰方法,但生产企业没有详细了解这是一种什么方法,而是想当然地采取了自认为对方会满意的"先进"方法,并出具不符合事实的证明,这在国际贸易中是不允许的。作为一个业务人员,不仅要及时了解国外市场变化情况,也应熟悉有关国家的规章法令、民情习俗,还应通晓商品的知识,才能做好外贸工作。

案例思考题

1. 你能从本案例中得到哪些启发?
2. 商品检验在本案例中起到了什么作用?

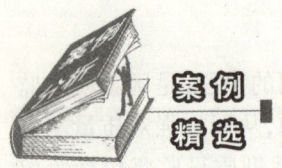

(二) 某些常见食品的感官鉴定方法

1. 肉类食品的感官鉴定方法

肉类食品的感官鉴定方法见表6-5,6-6,6-7所示。

表6-5　鲜猪肉的感官鉴定

鉴定项目	新鲜	鲜度较差	劣质(不能食用)
色泽	肌肉有光泽,鲜红色均匀,脂肪洁白或微红	肌肉色泽暗红,脂肪缺乏光泽	肌肉无光泽,脂肪灰绿色
弹性	手指按压后,凹陷立即复原	凹陷复原慢,且难以完全复原	凹陷不能复原,留有明显痕迹
黏性	外表微干或湿润,不黏手	外表潮湿,有黏性	外表很潮湿(或很干燥,呈灰色),很黏手
气味	具有鲜猪肉特有的气味	有发霉气味	腐败气味
腱	腱坚硬有弹力,色白,有绸缎光泽	腱略软,弹力小,呈灰色或浅灰色	腱弹力很小并发粘,呈脏灰色
关节	表面光滑、清洁、无黏液	表面覆有黏液,且浑浊	表面极黏,关节液呈血浆状
煮沸后肉汤	透明芳香,脂肪团聚于表面,有鲜味	混浊,脂肪呈小滴浮于表面,无香气,无鲜味	极浑浊,表面无油滴,有酸臭味

表6－6　鲜牛肉、鲜羊肉、鲜兔肉的感官鉴定

鉴定项目	新鲜	鲜度较差
色泽	肌肉有光泽,红色均匀,脂肪洁白或淡黄色	肌肉色稍暗,切面尚有光泽,脂肪缺乏光泽
弹性	指压后,凹陷立即恢复	凹陷回复慢,且不能完全复原
黏性	外表微干或有风干膜,不粘手	外表干燥或黏手,新切面湿润
气味	具有鲜(牛、羊、兔)肉正常的气味	稍有氨气味或酸味
煮沸后肉汤	透明澄清,脂肪团聚于表面,具有特有香味	稍有混浊,脂肪呈小滴浮于表面,香气差或无鲜味

表6－7　冻肉的感官鉴定

种类	鉴定项目	新鲜	鲜度较差
冻猪肉	色泽	肌肉有光泽,色红均匀,脂肪洁白,无霉点	肌肉色稍暗红,缺乏光泽,脂肪微黄或有少量霉点
	组织状态	肉质紧密,有紧实感	肉质软化或松弛
	黏度	外表及切面微湿润,不黏手	外表湿润,微黏手,切面有渗出液,不黏手
	气味	无异味	稍有氨气味或酸味
	煮沸后肉汤	澄清透明,脂肪团聚于表面,具有鲜猪肉固有的香味和鲜味	稍有混浊,脂肪呈小滴浮于表面,香味、鲜味较差
冻牛肉	色泽	肌肉色红均匀,有光泽,脂肪白色或微黄色	肉色稍暗,肉与脂肪缺乏光泽,但切面尚有光泽
	组织状态	肌肉结构紧密,有紧实感,肌纤维韧性强	肌肉组织松弛,肌纤维有韧性
	黏度	肌肉外表微干,或湿润,但不黏手	外表干燥或轻度黏手,切面湿润黏手
	气味	具有牛肉正常气味	稍有氨气味或酸味
	煮沸后肉汤	澄清透明,脂肪团聚于表面,具有鲜牛肉固有的香味和鲜味	稍有混浊,脂肪呈小滴浮于表面,香味、鲜味较差
冻羊肉	色泽	肌肉色鲜艳,有光泽,脂肪白色	肉色稍暗,肉与脂肪缺乏光泽,但切面尚有光泽,脂肪稍发黄
	组织状态	肌肉紧密,有紧实感,肌纤维韧性强	肌肉组织松弛,肌纤维有韧性
	黏度	外表微干或有风干膜,或湿润不黏手	外表干燥或轻度黏手,切面湿润黏手
	气味	具有鲜羊肉正常的气味	稍有氨气味或酸味
	煮沸后肉汤	透明澄清,脂肪团聚于表面,具有鲜羊肉固有的香味和鲜味	稍有混浊,脂肪呈小滴浮于表面,香味、鲜味较差

2. 水产类食品的感官鉴定方法

水产类食品的感官鉴定方法见表6-8,6-9所示。

表6-8 鲜鱼的感官鉴定

鉴定项目	新鲜	鲜度差
眼	眼球突出,透明,角膜有光泽和弹性	眼球凹陷,眼睛混浊,虹膜充血,角膜皱缩
鳃	鳃盖紧密,质坚,鳃内整洁,呈鲜红或洋红色,无异臭,无黏液	鳃盖松弛,表面污秽;鱼鳃呈灰、褐、暗红色,有污秽黏液和酸败异臭
外表	固有自然色泽,发亮,有光泽,黏液少,无色透明	色变暗,灰白色,无光泽,黏液多,呈黄、灰、绿色,有臭味
肉	肉质紧密,硬而有弹性,不易与骨头分离,无异味	肉软而松弛,残留手指凹痕,易与骨头分离,有异味
鳞	鱼鳞鲜明,鳞片有光泽,覆着牢固不易剥脱,无黏液或黏液透明无异味	鱼鳞暗淡无光泽,易与外皮脱落,纹理不清,有污秽黏液,有异味
腹部	腹部坚实,不膨胀,肛孔白色,凹陷	腹部松软,膨胀,肛孔逐渐鼓出
肛门	肛门呈白色或淡红色,不突出,不破	肛门呈褐色,肛孔破裂
脏	切开腹腔,脏器完整,色泽依旧,无腐败异味	色泽变暗,胆囊周围组织呈黄色,有腐败气味
鱼汤	透明且有亮光和愉快的口味	汤汁混浊,脂肪浮化,有不愉快气味和口味

表6-9 某些蟹类的感官鉴定

品种	优质	劣质
梭子蟹	外表花纹清晰,壳盖呈青褐色或青蓝色,腹部和中央沟两侧呈白色,有光泽;手指压膜面较坚实,眼光亮,蟹黄较固定,呈淡黄色;鳃清晰,呈青白或米白色;肉质紧密,有韧性,洁白,无异味	外表暗淡,无光泽,步足松懈,与背面呈垂直状态;脐前部有褐色或微绿色印迹;蟹黄发黑,或呈液状;鳃呈褐色;肉质黏糊,并有腐败味
河蟹	蟹壳纹理清晰,质地坚实,挟持蟹体时,足不下垂,肉质充实,蟹体较重	质地脆弱,挟持蟹体时,足下垂,甚至脱落,肉质空虚,流出液体,发出浓臭

3. 罐头食品的感官鉴定方法

罐头食品的感官鉴定方法见表6-10所示。

表 6 – 10　罐头食品的感官鉴定

类型	外表	组织	风味
肉禽类	色泽均匀,汤汁较清	内容物结构紧密,没有散碎现象,较为均匀一致,无霉斑和锈斑	有该肉禽的滋味和气味,无异味
蔬菜类	汁液清晰透明,无混浊,无杂物		
糖浆类	色泽均匀,不混浊		略有香味,味觉可口,无异味
糖水水果	汁液较澄清,无果肉碎屑		味甜,有原果的香味,无其他异味
果汁类	较为澄清,不分层		
果酱	颜色均匀一致,呈自然色泽	黏度适中,无流散和汁液分泌现象,无凝块	有原果的香味,酸味和甜味适合

？案例思考题

1. 请你结合本案例所列举的某种食品的感官检验方法,去附近超市进行实际体验,如有可能,应虚心向营业员请教,回来后尝试将自己的体会写成文章,与同学交流。

2. 注意在生活中体验和学习其他种类商品(如纯毛织品、酒类等)真伪的感官识别方法。

思考练习题

1. 何谓检验? 商品检验的种类和形式有哪些?

2. 简述进出口商品检验的内容和程序。

3. 感官检验有哪些特点?

4. 试比较分析型感官检验与偏爱型感官检验的主要区别。

5. 理化检验有哪些方法? 它们有何特点?

6. 商品抽样时应注意哪些问题? 抽样方法有哪些?

7. 什么是抽样检验? 一个抽样检验方案应具备哪些基本要素?

8. 什么是商品的品级? 如何对商品进行分级?

9. 何谓商品质量监督? 质量监督的基本形式有哪几种?

10. 我国商品质量监督有哪几类? 简述其内容并说明你在其中能发挥哪些作用?

11. 通过 Internet 查找我国商品检验和质量监督的成功案例,作为学习的补充材料。

12. 名词解释:①质量检验;②法定检验;③公正鉴定;④抽样;⑤合格判定数与不合格判定数;⑥计数值与计量值;⑦感官检验;⑧分析型感官检验评价;⑨偏爱型感官检验评价;⑩商品分级。

第七章

商品包装

第一节　商品包装概述

在现代社会,产品如果没有包装就很难进行运输和进入市场,也就不能成为商品。商品成为产品和包装的有机结合体。可靠、适用、美观和有魅力的异质包装在同质商品的激烈竞争中正发挥着越来越重要的作用。

一、商品包装的内涵

(一)包装的概念

国家标准《包装术语　第 1 部分:基础》(GB/T 4122.1—2008)将"包装"定义为:"为在流通过程中保护产品,方便储运,促进销售,按一定技术方法而采用的容器、材料及辅助物等的总体名称。也指为了达到上述目的而采用容器、材料和辅助物的过程中施加一定技术方法等的操作活动。"

显然,上述标准定义包含了包装的两重含义:一是指盛装商品的容器和/或其他包装物料,通常称作包装物,英文是 Package;二是指盛装或包扎商品的技术操作活动,英文为 Packaging。

商品包装既是商品的重要组成部分,是实现商品使用价值和价值的重要竞争手段;同时又是社会生产的一种特殊商品,其本身也具有使用价值和价值。商品包装的价值包含在商品的价值中,不但在出售商品时获得补偿,而且会因其特定功能而得到超额补偿。

(二)商品包装构成要素

商品包装是依据其内装物的产品特性、形态、数量以及物流、销售和消费的要求,采用特定包装材料和技术方法,按照流通和消费要求设计和创造出来的包装的造型、图案、色彩、文字以及标志相结合的实体,因而它具有技术和艺术的双重特性。

概括地说,包装材料、包装技术、包装装潢和包装标志是构成商品包装实体的四大要素。包装材料是商品包装的物质基础,是包装功能的物质承担者。包装技术是实现商品包装保护功能,保持内装物质量的关键要素。包装装潢是通过美丽的色彩、适当的图形和文字以及实用的造型来宣传和推介商品的主要手段。包装标志则向物流业者、销售者、消费者提供了商品在储存、运输、装卸、销售和消费等各环节中必要的信息。这四大要素的完美结合,构成了商品包装的物质和文化内容。

二、商品包装的基本功能

在商品从生产领域转入流通和消费领域的过程中,商品包装起着非常重要的作用。其基本功能主要有:容纳功能、保护功能、便利功能和促销功能。

(一)容纳功能

容纳功能是商品包装最基本的功能。有些商品本身没有一定的集合形态,如液体、气体或粉状商品,借助包装的容纳作用可使其聚集成特定的形态。如果没有包装,这些商品就无法运输、储存和销售。对于一般结构的商品,包装的容纳作用增强了对这类商品的保护,有利于商品抵御外界因素的侵害,从而保持其性能的稳定。对于食品、药品、化妆品、消毒品、卫生用品等商品来说,包装的容纳功能还能保证这些商品的卫生质量。对于结构复杂的商品,包装的容纳功能使其外形整齐划一,形成标准单元,便于组合成较大包装。对于质地疏松的商品,包装的容纳功能若结合标准化和合理压缩,可充分利用包装容积,节约包装费用,节省储运空间,实现效用最大化。包装的容纳功能不仅有利于商品流通和销售,而且还能提高商品的价值。

集合化功能是包装容纳功能的延伸,它能把许多个体或个别的包装物统一集合起来,化零为整,化分散为集中,这种集合的容纳不仅有利于商品运输,同时也可以减少流通费用。

(二)保护功能

保护功能是商品包装的最重要的功能。商品在运输、储存和销售中,会受到各种因素的影响,因而可能发生物理、化学、机械、生物等变化,造成商品损耗、损坏或变质。例如:由于运输、装卸过程中的颠簸、冲击、震动、碰撞、跌落以及储存过程中的堆码承重,可能造成包装破损和商品变形、损伤、失散等;在储运过程中外界温度、湿度、光线、气体等条件变化,可能造成商品干裂、脱水、潮解、溶化、腐烂、氧化、变色、老化、锈蚀等商品品质劣变现象;微生物、昆虫和鼠类的侵入会导致食品及其他商品的霉烂、变质、虫蛀、鼠咬等。因此,必须根据不同的商品形态、特征、运输环境、销售环境等因素,选择适当的包装材料,采用合理的包装容器和包装技术,充分赋予包装以保护功能,切实保护内装商品的安全。此外,对于危险货物还应采用特殊包装,注意防止它对周围环境及人和生物的伤害。

(三)方便功能

商品包装的方便功能是指包装应该能够为商品从生产领域向流通和消费领

域的转移提供一切方便。其内容主要包括:方便运输、方便装卸、方便储存、方便分发、方便销售、方便识别、方便携带、方便开启、方便使用等。方便装卸和储运是指包装容器的质量(重量)、尺寸和形态等要广泛地适应物流各环节要素(装卸设备和人员能力、运输工具、堆码形式等)的要求,从而使物流操作快捷、准确、可靠、便利。同时,包装提供的方便功能还应适合商品销售和消费的需要,如易于货架陈列和展示,采用喷雾包装、易拉罐包装、便携式包装,运用简明规范的文字或图示传达商品成分、性能、用法等信息,从而为销售者、消费者带来更多的方便。

(四)促销功能

销售包装,在国际上被称为"无声的推销员",在商品和消费者之间起着媒介作用。销售包装通过美化和宣传商品,使商品更具魅力和吸引力,刺激消费者的购买欲,从而在一定程度上促进商品的销售。包装的促销功能是由于包装具有传达信息功能、表现商品功能和美化商品功能的缘故。

传达信息功能主要通过包装上的各种标志和文字说明,向消费者介绍商品的名称、品牌、产地、特性、规格、用途、使用方法、价格、注意事项和认证担保等,起到广而告之、宣传商品、强化信任、指导消费的作用。

表现商品功能主要是依靠包装上的图案、照片及开窗包装、透明包装所显露的商品实物,把商品的外貌传达给消费者,使消费者在感性认识的基础上加深对商品的了解程度,刺激其购买欲望,并诱发其购买行为。

包装的造型装潢等艺术性内容对商品起到醒目、渲染、美化、宣传的作用。造型独特别致的容器,印刷精美的装饰,不但能促进商品销售,同时还可以作为艺术鉴赏品收藏。有些包装还具有潜在价值,如在内装物用完后还可继续用来盛装其他物品。随着市场经济的发展,包装的促销功能越来越受到人们的重视。

三、商品包装的分类

(一)按包装的目的分类

依照包装的目的,商品包装可以分为销售包装和运输包装。

1.销售包装

销售包装是以销售为主要目的,与内装物一起到达消费者手中的包装,也称内包装。它具有保护、美化、宣传商品,便于陈列,促进销售,方便消费者选购、携带、使用的作用。销售包装可以是单体包装,即只包装一种或一套商品(如12支一打的铅笔或签字笔)的包装,也可以是配套包装,即把品种相同规格不同或品种不同用途相关的数件商品搭配在一起的包装(如将乒乓球、乒乓球拍和球网放在一起的包装)。销售包装往往以其新颖、优美的造型、图案、色彩和使人印象深刻的品名、品牌、标志以及文字说明,起到自我推销的作用。但销售包装应该遵从节约资源、能源和废弃物的资源化利用的原则,选择和采用合理、恰当的适度包装,避免采用破坏生态环境和侵害消费者利益的过度包装。

2. 运输包装

运输包装是以运输贮存为主要目的的包装,也称外包装。它具有保障商品的安全,方便储运装卸,加速交接、点验等作用。

运输包装可分为单件运输包装和集合运输包装。单件运输包装是指货物在运输过程中作为一个计件单位的包装,常用的有箱、包、桶、袋、篓、罐等。集合运输包装是指将若干单件运输包装或商品组合成一个合适的搬运单元的包装,以利于更有效地保护商品,提高装卸效率和节省运输费用。在国际贸易中,常见的集合运输包装有集装袋和集装箱。集装袋是一种用聚丙烯、聚乙烯等合成纤维编织而成的柔性运输包装容器,它们的载重量在 0.5~3t 之间,容积在 500~2 300L 左右,形状有圆形、方形和 U 形等,广泛用于食品、粮谷、医药、化工、矿产品等粉状、颗粒、块状物品的运输包装。集装箱,是指具有一定强度、刚度和规格专供周转使用的大型装货容器。有干货集装箱、散货集装箱、液体货集装箱、冷藏箱集装箱,以及一些特种专用集装箱,载重量在 2.5~30t 之间。使用集装箱转运货物,可直接在发货人的仓库装货,运到收货人的仓库卸货,中途更换车、船时,无须将货物从箱内取出换装。

(二)按包装材料分类

根据包装所用材料,商品包装可以分为以下八类。

1. 纸包装

纸包装是指以纸或纸板为原料制成的商品包装。它包括纸箱、瓦楞纸箱、纸盒、纸袋、纸管、纸桶、纸基平托盘等。在现代商品包装中,纸包装仍占有很重要的地位。从环境保护和资源回收利用的观点来看,纸包装具有广阔的发展前景。

2. 木制包装

木制包装是指以木材、木材制品和人造板材(如胶合板、纤维板等)制成的商品包装。例如,木箱、木盒、木桶、胶合板箱、木制底盘、木托盘、纤维板箱和纤维板桶等。

3. 金属包装

金属包装是指以马口铁、薄钢板、铝箔、铝合金等金属材料制成的各种商品包装。例如,马口铁罐、铝罐、钢桶、钢瓶、气雾罐等。

4. 塑料包装

塑料包装是指以人工合成树脂为主要原料的高分子材料制成的包装。主要的塑料包装材料有:聚乙烯(PE)、聚氯乙烯(PVC)、聚丙烯(PP)、聚苯乙烯(PS)、聚酯(PET)、聚乙酸乙烯酯(PVA)、乙烯—乙酸乙烯共聚物(EVA)等。塑料包装主要有:全塑箱、钙塑瓦楞箱、塑料桶、塑料盒、塑料瓶、聚酯瓶、塑料袋、塑料编织袋等。从环境保护的观点来看,一次性塑料薄膜袋和泡沫塑料盒等包装的废弃物,如果处理不当容易产生"白色污染"问题。

5. 玻璃与陶瓷包装

它们是指以硅酸盐材料玻璃或陶瓷制成的包装。这类包装主要有玻璃瓶、玻璃罐、陶瓷罐、陶瓷瓶、陶瓷坛、陶瓷缸等。

6.纤维制品包装

纤维制品包装是指以棉、麻等天然纤维或者人造纤维、合成纤维制成的商品包装。例如,麻袋、布袋、编织袋等。

7.复合材料包装

复合材料包装是指以两种或两种以上材料黏合制成的包装,也称为复合包装。主要有纸/塑复合材料、铝/塑复合材料、纸/铝/塑复合材料、塑/塑复合材料等材料制成的包装。

8.其他天然材料包装

这类包装主要是指竹类、藤条、柳条、草类等编织物包装,如竹筐、条篓、草袋等。

（三）按包装技术方法分类

根据包装所采用的不同技术方法,商品包装可以分为防水包装、防潮包装、防锈包装、缓冲包装、防霉包装、防虫包装、灭菌包装、真空包装、充气包装、保鲜包装、防尘包装、防爆包装、防燃包装、防冻包装、防热包装、防磁包装、防静电包装、防辐射包装等。

（四）按包装内容物分类

以包装的内装物作为标志,商品包装可以分为食品包装、土特产品包装、纺织品包装、药品包装、化妆品包装、玩具包装、文化用品包装、小五金包装、化工商品包装、化学危险品包装、机电商品包装等。

四、商品包装标准化

为了保证商品在流通过程中的安全无损和性能不变,提高商品运输、装卸、储存和销售的效率,必须对商品的包装材料、包装容器、包装方式等做出统一的技术规定,使同类或同种商品的不同包装趋于一致。为此,必须制定和实施包装标准,实现商品包装标准化。

（一）商品包装标准

商品包装标准是指为了确保商品在生产、贮存、运输和销售中的安全和科学管理的需要,以包装的有关事项为对象所制定的标准。它是依据包装科学技术和实践以及商品的体积、形态和性能,在有利于商品生产、流通、消费、安全和节约的原则下,经有关部门的充分协商和一定的审批程序,针对包装的有关事项如术语、容器及材料、尺寸、规格、标志、防护技术、试验方法、设计程序、抽样检验、质量体系、回收利用与废弃处理等所做出的统一规定。

我国包装标准体系主要包括包装相关标准、综合基础包装标准、包装专业基础标准和产品包装标准等四大类。

1.包装相关标准

包装相关标准是指那些与集装箱、托盘、运输、储存条件有关的标准。

2.综合基础包装标准

综合基础包装标准是指有关包装术语、包装尺寸、包装标志、运输包装件的试验方法、包装技术与方法、包装管理等方面的标准。

3.包装专业基础标准

包装专业基础标准包括有关包装材料、包装容器和包装机械的标准。

4.产品包装标准

产品包装标准有建材、机械、轻工、冶金、交通、纺织、食品、医药、农业、水产、化工、物资、铁道、商业、能源、兵器、航空航天、邮政和危险品等20大类产品的包装标准。

（二）商品包装标准化

商品包装标准化是指以制定、贯彻和修改商品包装标准为主要内容的整个过程。具体地讲,包装标准化就是根据科学技术的发展,不断地完善、补充和提高商品包装标准,在生产、流通、管理等环节中全面推行商品包装标准,使商品包装达到定型化、规格化、系列化和最优化。实现商品包装标准化,有利于发展包装生产和提高包装生产效率;有利于商品的识别、使用和计量;有利于节约包装材料和降低成本;有利于保证包装质量和商品安全;有利于包装的回收重复利用。

（三）包装模数化

要实现包装标准化、规格化和系列化,必须首先实施包装模数化。

包装模数化是指对包装的规格、尺寸和流通环境中各种空间或平面尺寸进行模数协调,制定标准尺寸系列,使标准尺寸合理化、系列化和通用化。具体来说,就是使商品的内外包装之间、单件包装与组合包装之间实现模数协调,同时使包装模数与物流模数相互协调。

包装模数是指包装容器长和宽的尺寸基准,根据包装模数设计的包装容器能较好地利用储存和运输空间。物流模数是指物流设施与设备的尺寸基准。包装模数化是以标准化原理和模数理论为依据,通过包装模数协调,建立完善的包装标准模数(包装模数系统),使商品流通过程中的货物运输、储存排布合理,配合协调和经济有效,充分发挥运输包装的作用。通过包装模数与物流模数协调,使商品销售包装、运输包装到集装箱、集装箱托盘以及运输车辆、火车车厢、轮船船舱、港口码头、储存仓库等都按模数的对接关系进行配套,这将有利于包装容器的最佳装配以及交通工具和货位的最大利用,适应现代化大流通和现代包装运输系统的需要,从而获得最佳的经济效益。

第二节 商品包装设计的原则

商品包装是保障商品从生产经由流通环节安全满意地转移到消费者手中的有效手段。这种有效性就体现在商品包装对其内装商品的保护、美化和促销等基本功能上。为了充分地发挥商品包装的这些功能,最终实现商品包装的价值和使用价值,商品包装设计应遵循适用性、安全性、方便性、美观性、促销性、经济性、标准化、环境友好性等项原则。

一、适用性

适用性包含三个方面的含义,一是对于被包装商品(如体积、形态、性能等)的适应性,二是对于各流通环节(如装卸、运输、储存、销售等)要求的适应性,三是对于商品及其包装的最终使用者的适应性。适用性原则实际上是商品包装设计的总原则。

商品包装设计要素主要有材料、结构、造型、图案(文字)、色彩、商标等。对它们的组织与协调必须建立在了解和熟悉所包装商品特征和特性的基础上,必须充分考虑物流各环节、销售环节对包装的具体要求以及商品及其包装的使用者的特征、偏好、风俗习惯等。

为了保证商品包装设计有的放矢、适销对路,称职的包装设计人员在设计前,必须进行市场调查。通过调研,了解所包装商品的生产特点、性能特点、其同类竞争商品的包装现状及优缺点等,了解所包装商品的销售和使用对象的性别、年龄、职业、受教育程度以及他们的爱好、风俗、禁忌等,了解所包装商品的分销渠道、销售时的陈列方式、储存和运输中的安全和方便的需求等。然后进行综合分析,提出包装设计的初步设想计划。之后,再选择适当的包装材料并根据所包装商品的特性、特征及所要求功能确定其包装结构的造型、图案文字及色彩。最后,小批量生产进行市场试销并根据意见不断修改,完成定稿。

二、安全性

安全性原则包括以下两方面的内容:

一是包装设计要充分保证内装商品的完好无损和原有质量。这就要求包装设计应根据所包装商品的特征特性,选用特定的材料,设计一定结构形态的包装容器,采用相应的包装技术来实现安全保护的作用。例如,设计化妆品、药品和化工商品包装必须依据这些商品的理化性能,选用与这些商品具有相容性(如无毒或耐腐蚀)的包装材料,所设计的包装容器应防潮、隔氧、遮光,以保护这些商品。

二是在包装的设计过程中,还必须考虑商品包装对接触包装的相关人员的安全,防止在包装的生产、流通、销售、处理过程中对相关人员造成伤害。例如,在食品、药品、化妆品、卫生用品等商品的包装设计中,要特别注意被包装商品的卫生安全要求,一方面要求包装能隔绝各种不卫生因素的污染,尤其是微生物、害虫、鼠类的污染;另一方面要求包装材料不含有毒物质且不能与商品成分发生化学反应而形成有毒物质,污染商品。包装材料不与所包装商品发生化学反应的性质,称为相容性。欧盟已将聚氯乙烯中氯乙烯单体列入在食品、医药以及可能与儿童接触的商品包装中限制使用的材料,包装设计中不能再使用此类包装材料,而应使用安全的、低风险的其他包装材料如聚酯来代替它。

三、方便性

包装设计特别是销售包装设计,要根据现代化商品生产、物流、销售和使用的要求,便于包装生产者实现机械化、自动化连续生产,便于物流业者提高装卸、储运效率,便于销售者陈列展销,便于消费者携带、使用、启闭等。同时,还要根据不同的消费对象采取不同容量、数量、规格的包装,采用相关商品配套包装。除此之外,还要考虑到识别的方便性。在商品销售市场中,商品包装的相似性越来越显著,所以对于包装的设计必须考虑消费者在选购商品时,能很方便地根据商品的包装识别出所需购买的商品。

四、美观性

美观是广大消费者的共同要求。包装设计必须在功能、材料和技术条件允许的条件下,为被包装的商品创造出生动、完美、健康、和谐的造型设计与装潢设计,由此激发人们的购买欲望,美化人们的生活,培养人们健康、高尚的审美情趣。商品包装的造型设计与装潢设计是紧密结合的,既要有美的造型,又要有美的色彩和图案。造型美的要素有:对称性、平衡性、协调性、统一性、节律性、连续性、质朴性、华丽性、活泼性、庄严性、趣味性、幽默性、比例性、民族性、时代性等。依据上述某些要素,对包装容器的外部形态进行美化,是包装造型设计的一项重要工作。装饰设计是采用各种技术手段,对包装容器进行表面处理,以获得不同的视觉效果。装潢设计是以图案、色彩、文字等方式,使包装容器获得强烈的艺术效果。以不同的色彩或色调来烘托包装造型,可使包装获得巨大的艺术魅力。

五、促销性

商品包装的促销功能主要是通过包装装潢设计来实现的。包装装潢设计首先是注意包装的整体设计效果,考虑总体画面与商品属性、包装造型的关系,做到画面与造型统一,图案、文字、色彩与商品内容相称,使包装装潢能够抓住消费者心理,在促进商品销售中起到显著的作用。

包装装潢的图案、文字设计要紧紧围绕着宣传、说明商品这个主题,充分利用包装媒介,通过图案、色彩、文字、实物的组合,表现商品,宣传商品,推销商品。例如,图案可采用写实、夸张、概括、抽象等手法,文字可以采用传统书法或现代美术字体。

包装装潢设计应注意突出商品的商标、品牌,使其在包装画面上占有显著的位置,为此可采用各种艺术表现手法,例如:黑白差异对比、色彩冷暖对比、文字虚实对比等,使消费者对商品品种、品牌一目了然,使商标在画面中起到画龙点睛的作用。

包装装潢设计要考虑不同民族、不同地区、不同国家的文化传统、宗教信仰和社会风俗习惯,创造具有特色的包装,实现包装设计当地化,以适应不同市场、不同民族文化的消费者的需要。国家标准《出口商品包装通则》(GB/T 19142—2008)关于出口部分国家或地区的包装装潢推荐使用的图案、颜色分别列于表7-1、表7-2。

表7-1　出口部分国家或地区的包装装潢推荐使用的图案

部分国家或地区	适用的图案	忌用的图案
美国		大象
英国	月季	
法国		核桃
日本	鸭子、樱花	荷花、菊花
意大利	十字架	菊花
瑞士		猫头鹰
印度、尼泊尔		佛像、牛
伊朗	狮子	
东南亚	大象	
北非地区		狗、熊猫
中东地区		猪、熊猫、雪花、六角形、女人形象

表7-2　出口部分国家或地区的包装装潢推荐使用的颜色

部分国家或地区	适用的颜色	忌用的颜色
德国	鲜明色彩	茶、红、深蓝和黑色
意大利	绿色	
瑞典		蓝、黄色组合
荷兰	橙色、蓝色	
希腊	蓝白相配及鲜明色彩	
日本	柔和色调、金、银、白、紫红白色组合	
埃及	绿色	蓝色
墨西哥	红、白、绿色组合	红、深蓝、绿色组合
巴西		紫、黄、暗茶色
委内瑞拉	黄色	红、绿、茶、黑、白
新西兰、马来西亚	红、绿	青、蓝、白
伊斯兰教地区	绿色	黄色
中东地区	绿、深蓝与红色、白色	粉红、紫、黄色

　　销售包装还可采用透明包装、开窗包装等包装形式,增加商品的可视性,满足消费者"眼见为实"的心理,提高消费者对商品的信任感,最终达到促销的目的。

六、经济性

经济性要求包装设计必须做到以最少的财力、物力、人力和时间来获得最大的经济效果。经济性原则在包装设计中的具体表现是:①在保证包装获得所要求的功能条件下,包装设计应选择价格相对低廉的包装材料;②在不影响包装质量的前提下,应采用经济、简单的生产工艺方法以降低包装成本;③在满足强度要求的前提下,应选用数量较少、质量(重量)较轻的包装材料,尽可能减少包装质量(重量),缩小包装体积,实现包装规格标准化,以提高运输装卸能力和仓库容量的利用率,减少流通费用。这样设计出来的包装实际就是所谓的"适度包装"。在进行包装设计时,还应考虑包装与内装物品的价值相称,避免过度包装和过弱包装。

过度包装是指超出适度的包装功能需求,其包装空隙率、包装层数、包装成本超过必要程度的包装,具体表现是用材过多、体积过大、质(重)量过重、装潢过奢、成本过高等。过度包装一方面浪费了原材料,增加了生产和流通成本以及消费者的经济负担;另一方面容易导致欺骗性包装,损害消费者利益。一些经济发达国家纷纷制定包装法,通过立法来限制过度包装,例如,规定包装体积占商品体积的一定百分比、包装费用占成本的一定比例等,并规定生产商、销售商对商品包装物处置的义务和回收的责任。通过立法,对商品包装从质量(重量)、材料和体积等方面加以规范和约束。

我国于 2005 年 4 月 1 日起施行的《中华人民共和国固体废物污染环境防治法》明确规定:"国务院标准化行政主管部门应当根据国家经济和技术条件、固体废物污染环境防治状况以及产品的技术要求,组织制定有关标准,防止过度包装造成环境污染。"2009 年 1 月 1 日起实施的《中华人民共和国循环经济促进法》进一步明确规定:"设计产品包装物应当执行产品包装标准,防止过度包装造成资源浪费和环境污染。"2010 年 4 月 1 日起又接着实施国家标准《限制商品过度包装要求 食品和化妆品》(GB 23350—2009),对食品和化妆品销售包装的空隙率、层数和成本等指标均作出了强制性规定。2012 年 7 月 1 日起实施的《中华人民共和国清洁生产促进法(修订)》再次明确规定:"企业对产品的包装应当合理,包装的材质、结构和成本应当与内装产品的质量、规格和成本相适应,减少包装性废物的产生,不得进行过度包装。"

过弱包装是指功能不足的包装,其表现形式是保护功能不足、方便功能不足、信息表达功能不足、艺术装饰功能不足等。过弱包装一方面在流通中容易造成事故,损害商品质量,增加商品的损失、损耗;另一方面促销功能差,影响商品价格和销售,难以使商品在激烈的市场竞争中取胜,从而最终影响企业的经济效益。

七、标准化

在设计包装特别是运输包装时,要考虑适应运输、装卸、堆码、储存等流通环节的要求,实现包装的标准化和模数化。适应运输条件要求表现为:充分考虑人工搬运的能力限度和机械搬运的效率,合理地确定包装物的形态、体积、重量等。现代运输广泛采用机械化装卸设备,故运输包装应注意采用大型集合化包装,包装外形尺寸要标准化和模数化。实现包装标准化,就是要使包装达到定型化、规格化和系列化,减少包装的规格型号,这不仅有利于组织专业化生产,提高生产效率,节约包装材料,合理使用资源,降低包装成本,而且便于集合包装,便于装卸堆码。实现包装模数化,就是从商品包装到集装箱、集装箱托盘、运输工具、港口码头、储运仓库等都按照模数关系进行配套,以便最大限度利用运输、搬运工具和仓储空间,适应现代化大流通的需要。适应储存要求,表现为包装物堆码要便利,不易塌垛;容器抗压强度要适宜,耐高层垛码,节省仓储空间;利用包装有效地延长商品储存寿命。

八、环境友好性

环境友好性是指包装设计时既要保证商品包装的功能完整性,又要考虑如何尽可能减少包装对环境的影响。环境友好性原则要求:①在包装设计中,应当尽量选用可回收、可再生或可降解的包装材料;②设计所选用的包装材料的生产以及包装生产工艺不能危害生态环境且应该节能;③设计所用的包装材料或包装工艺不能损害使用者或生产人员的身体健康;④所设计的包装中尽可能少用或不用有害的或妨碍包装废弃物处理的添加剂;⑤在包装设计中还要注意合理开发那些节省资源的包装,如用瓦楞纸箱代替木箱、用废纸浆生产非食品用包装容器等。

第三节 包装材料

一、包装材料

包装材料是指用于制造包装容器和构成商品包装的材料的总称。

包装材料一般分为主要包装材料和辅助包装材料。纸和纸板、金属、塑料、玻璃、陶瓷、竹木、天然纤维与化学纤维、复合材料等属于主要包装材料;缓冲材料、涂料、黏合剂、油墨、衬垫材料、填充材料、捆扎材料、钉结材料等属于辅助包装材料。

包装材料在整个包装工业中占有重要地位,是发展包装技术、提高包装质量和降低包装成本的重要基础。因此,了解包装材料的性能、应用范围和发展趋势,对合理选用包装材料,扩大包装材料来源,采用新的包装材料和加工新技术,创造新型包装容器和包装技术,提高包装技术水平与管理水平,都具有重要的意义。

二、包装材料的性能要求

从现代包装要求来看,包装材料应具有以下几方面的性能。

(一)安全性能

安全性能是指包装材料与内装商品特别是食品直接接触时,不能给内装物带来污染,不能危害使用者的健康。这就要求包装材料本身应无毒、无异味、无菌甚至具有杀菌作用。目前更应该引起人们重视的,就是包装材料成分迁移的安全性。在一定条件(温度、溶剂、接触面、长时间储存)下,塑料包装材料中的增塑剂、抗氧化剂以及金属包装材料中的锡等有害物质,会通过扩散迁移到内装商品特别是食品上,形成潜在毒性。因此,各种包装材料成分的迁移最大值应在其安全要求范围内。

(二)保护性能

保护性能主要指包装材料要能保护内装商品,防止其变质、损失。应根据不同商品特性及其对包装的不同要求,选择适用的包装材料。涉及包装保护功能的材料性能主要有:无毒、无异味,机械强度,防潮、防水性,耐酸、耐碱性,耐热、耐寒性,耐油性,透光及遮光性,透气性,防紫外线穿透性,气温变化适应性等。

(三)易加工性能

包装材料应该具有易加工、易成型、易填充、易封合以及适应自动包装机械操作且生产效率高等特点。因此,要求包装材料具有一定的刚挺性、光滑度、可塑性、可焊性、可粘(缝)性、易开口性、热合性、抗静电性等。

(四)外观装饰性能

外观装饰性能是指包装材料的形、色、纹理的美观性,能产生陈列效果,提高商品身价和激发消费者的购买欲。它主要取决于包装材料的自身特性,例如,透明度、表面光泽、印刷适应性、防静电吸尘性等。

(五)生态环保性能

包装材料要有利于生态环境保护,有利于节省资源。这就要求它的生产原料应该是可再生的,加工中不污染环境,废弃后容易回收、可再生、易处理等。

三、主要包装材料的特点与应用

(一)纸和纸板

纸和纸板是按单位面积质量(平方米克数)或厚度来区别的。一般,平方米克数在 $200g/m^2$ 以上或厚度在 0.5mm 以上的,称为纸板。纸和纸板都是传统包装材料,至今仍然是包装材料的主要支柱。它们应用广泛,产值约占我国包装工业总产值的37%。

1.纸和纸板的特点

(1)具有适宜的强度、耐冲击性和耐摩擦性;

(2)容易达到卫生要求,无毒、无异味;

(3)具有优良的成型性和折叠性,对于机械化、自动化的包装生产具有良好的适应性;

(4)具有最佳的可印刷性,便于介绍和美化商品;

(5)价格较低,且重量轻,可以降低包装成本和运输成本;

(6)用后易于处理,可回收重复使用和再生,不会污染环境,并节约资源。

纸和纸板也有一些致命的弱点,如难于封口、受潮后牢度下降以及气密性、防潮性、透明性差等,从而使它们在包装运用上受到一定的限制。

2.纸和纸板在包装中的应用

纸主要用作包装商品、制作手袋和印刷装潢商标等。纸板主要用作生产纸箱、纸盒、纸筒等包装容器。纸和纸板包装广泛用于销售包装和运输包装。在运输包装中,瓦楞纸箱已经取代传统的木箱,广泛用于包装日用百货、家用电器、服装鞋帽、水果、蔬菜等。目前,瓦楞纸箱正向规格标准化、功能专业化、减轻重量、提高抗压强度等方向发展。

除了瓦楞纸箱以外,其他的纸质包装容器多用于销售包装,如用于食品、药品、服装、玩具以及其他生活用品的包装。纸盒可制成开窗式、摇盖式、抽屉式、套盒式等,表面加以装饰,具有较好的展销效果。纸桶结实耐用,可以盛装颗粒状、块状、粉末状商品。纸袋种类繁多,适用范围广泛。纸杯、纸盘、纸罐等都是一次性使用的食品包装,由于价廉、轻巧、方便、卫生,而被广泛应用。纸杯一般为小型盛装冷饮的容器;纸盘为冷冻食品包装,既可冷冻,又可在微波炉上加热;纸罐采用高密度纸板制成,有圆筒形、圆锥形,一般加涂层以防渗漏,用于盛装饮料。纸浆模制包装是用纸浆直接经模制压模、干燥而制成的衬垫材料,如模制鸡蛋盘,用于鸡蛋包装,可以大大减少运输中的损失。

（二）包装用塑料材料

塑料是20世纪蓬勃发展起来的新兴材料,极大地改变了整个商品包装的面貌。塑料在整个包装材料中所占的比例仅次于纸和纸板,塑料包装业产值约占我国包装工业总产值的33%,包装用塑料消费量约占塑料总消费量的四分之一,在许多方面已经取代或逐步取代了传统的包装材料,节省了大量的资源。例如,制成编织袋、捆扎绳代替棉麻;制成包装袋、包装盒、包装桶代替金属;制成各种塑料袋代替纸袋;制成周转箱、钙塑箱代替木箱;制成瓶罐代替玻璃;制成多种泡沫塑料代替传统的缓冲材料;等等。

1.塑料包装材料的特点

塑料包括软性的薄膜、纤维材料和刚性的成型材料,其基本优点如下:

（1）物理机械性能优良,具有一定的强度、弹性,抗拉、抗压、抗震,耐磨、耐折叠、防潮、防水,并能阻隔气体等;

（2）化学稳定性好,耐酸碱、耐油脂、耐化学药剂、耐腐蚀等;

（3）比重较小,是玻璃比重的二分之一,是钢比重的五分之一,属于轻质材料;

（4）加工成型工艺简单,成型方法多种多样,适于制造各种包装容器;

（5）适合采用各种包装新技术,如真空技术、充气技术、拉伸技术、收缩技术、贴体技术、复合技术等;

（6）具有优良的透明性,表面光泽,具有较好的可印刷性和装饰性,为包装装潢提供了很好的条件;

（7）生产耗能少,成本低廉,价格具有一定的竞争力。

塑料作为包装材料也有以下不足之处:强度不如钢铁;耐热性不如玻璃;在外界因素长时间作用下易发生老化;有些塑料在高温下会软化,在低温下会变脆,强度下降;有些塑料带有异味,某些有害成分可能迁移渗入内装物;易产生静电而造成吸尘;塑料包装废弃物处理不当会造成环境污染等。

2.主要塑料包装材料的性能及其应用

主要塑料包装材料有以下 14 种。

(1)聚乙烯塑料(PE)。它是通用热塑性塑料,具有质轻而柔软、不易脆化、无臭无味、无毒、化学稳定性强、绝缘性好等优点。聚乙烯塑料按密度可以分为高密度聚乙烯(HDPE)、中密度聚乙烯(MDPE)、低密度聚乙烯(LDPE)三类。高密度聚乙烯耐冲击,但弹性和透明性不如低密度聚乙烯,适用于制造大型真空包装容器和重包装袋以及各种桶、瓶、杯、盘、盒等包装容器。中密度聚乙烯的机械性能、电绝缘性和耐腐蚀性高于低密度聚乙烯,一般不用做包装材料。低密度聚乙烯具有良好的抗冲击强度,透明性、柔软性、透气性和透湿性良好,但其抗张强度和硬度较差,广泛用于制造薄膜和包装袋,常与其他的材料复合制成各种复合包装材料。此外,聚乙烯塑料还可以用于制造软管、泡沫材料及涂层材料等包装材料。由于聚乙烯塑料具有优良的性能且无毒,常被用于药品和食品包装。

(2)聚氯乙烯塑料(PVC)。它也属于通用热塑性塑料,其产量仅次于聚乙烯塑料,通常分为软质和硬质两类。聚氯乙烯的可塑性强,具有良好的装饰和印刷性能以及较高的透光率、较好的化学稳定性和机械性能,但对光和热的稳定性差。软质聚氯乙烯多用于制造薄膜、各种包装袋;硬质聚氯乙烯可制成各种瓶、杯、盘、盒等包装容器。聚氯乙烯因其在制造过程中加入了某些有毒的增塑剂、抗老化剂等辅助材料,故不适合用作食品或药品包装。

(3)聚丙烯塑料(PP)。它属于韧性塑料,是各种塑料中最轻的一种。它无味、无毒,机械强度比聚乙烯高,耐冲击、耐摩擦、耐腐蚀、绝缘,具有良好的耐热性和空气阻绝性。聚丙烯塑料可用于吹塑和真空成型制造各种瓶、杯、盘、盒、包装薄膜、编织袋、打包带等包装容器和包装材料,具有耐腐蚀、不发霉、重量轻、耐折叠和价廉的优点。双向拉伸聚丙烯薄膜可代替玻璃纸用于包装糖果和食品,成本低于玻璃纸。聚丙烯塑料不宜用作香味浓郁商品的包装,也不宜用作长期存放植物油和矿物油的包装。

(4)聚苯乙烯塑料(PS)。它属于硬质塑料,具有刚性,印刷性好,表面富有光泽,耐化学腐蚀性强,无毒、无味,是一种质轻、强度较高的良好包装材料。在包装工业中,常用改性聚苯乙烯(如抗冲聚苯乙烯和高抗冲聚苯乙烯)注塑成型制造各种桶、深杯、盘、盒等包装容器,也用拉伸聚苯乙烯和泡沫聚苯乙烯制成浅杯、盘、盒等包装容器,用于盛装食品、酸或碱。聚苯乙烯加发泡剂制成的泡沫材料,可用作仪器、仪表、电视机和高级电器产品的缓冲包装材料。

(5)聚酰胺塑料(PA)。聚酰胺,通常称为尼龙。它无毒,具有良好的冲击韧性和优异的耐磨性能,较高的抗张强度、硬度和疲劳强度,良好的耐光性、耐蒸汽加热性和气密性,并有较好的印刷和装饰性能。尼龙主要用于食品软包装,特别适用于油腻性食品的包装。例如,尼龙 6 薄膜广泛用于油脂类食品、冷冻食品、真空包装食品、蒸煮袋食品、奶制品等的包装。此外,尼龙还用于制造打包带和绳索,其坚固性好于聚丙烯打包带。

(6)聚乙烯醇塑料(PVA)。经热处理的聚乙烯醇具有耐水好、耐油、透气率低的优点,其薄膜对保持食品(如肉类、水产加工品和糕点等)的新鲜度,防止氧化变色、变味和变质具有显著的效果。它还适合用作某些化工商品(如农药、消毒剂、染料等)的包装。

(7)聚酯塑料(PET)。聚酯塑料具有较好的韧性与弹性,较高的机械强度,较好的耐热性、耐寒性和耐油性,良好的防潮性、防水性和气密性,极好的防止异味透过性和极小的水蒸气透过率。因此,它是优良的食品包装材料,特别适宜做饮料的包装。目前,聚酯已大量用于含气饮料的包装,是最有发展前途的包装容器。聚酯薄膜经常与聚乙烯、聚丙烯等制成复合薄膜,用作冷冻食品及需要加热杀菌食品的包装材料。

(8)乙烯—乙酸乙烯共聚物(EVA)。它属于热塑性塑料,其特点是具有良好的柔软性、橡胶般的弹性,在 -50℃下仍能够具有较好的可挠性,透明性和表面光泽性好,化学稳定性良好,抗老化和耐臭氧强度好,无毒性,着色和成型加工性好。一般用作密封包装的薄膜材料,特别适用于托盘收缩包装。除单层膜外,它常用来与其他材料共挤形成多层复合膜。例如,与高密度聚乙烯复合成的薄膜材料,可代替玻璃纸和蜡纸,成为快餐食品的理想包装材料。

(9)聚偏二氯乙烯(PVDC)。这种包装材料的主要特点是:透明度高,机械强度大,气密性和防潮性极佳,耐有机溶剂和油脂,热收缩性能与自黏性较好。但它的耐热性及机械适应性不好,特别是在加热时分解,放出有害气体,对金属设备造成腐蚀。所以,目前其主要用于涂覆材料。聚偏二氯乙烯主要是用作食品包装薄膜。由于它的透气、透湿程度很低,用于包装食品能防止水分蒸发而引起的失重和腐败变质,又不会使干燥食品吸潮,可防止鱼、肉和油脂类食品氧化,有利于长期储藏保鲜。它可用作密封包装和杀菌食品包装,并可用作家庭日用的包装材料。

(10)聚碳酸酯(PC)。它无色透明,具有良好的光泽,优良的耐热性、耐寒性和冲击韧性,可用于加压杀菌。它的机械强度较高,耐化学腐蚀性好,能阻止紫外线透过,其透气性、吸水性和吸湿性小,可制造蒸煮食品的包装袋以及饮料器具、容器和其他食品包装材料。其缺点是热封合时容易起泡,透明度降低。因此,作食品包装材料时,要与聚乙烯等复合,形成复合包装材料,以改进其热合性,达到最佳的效果。

(11)乙烯—乙烯醇共聚物(EVOH)。EVOH 可看作 EVA 的改性物,其最显著的特点就是具有良好的阻隔性能。它可以有效地阻隔气体、香气、溶剂等,用作硬包装和软包装。例如,食品的无菌包装和蒸煮袋,溶剂、化学药品和医药品的瓶、罐包装。EVOH 的阻气性很好,但是耐水性差。在蒸煮温度超过 120℃时,水分和氧渗透性增强。除了制作包装容器,人们还开发了 EVOH 树脂复合膜,在高温

(120℃)蒸煮后常温放置 2 小时就能恢复其阻气性,尺寸稳定性好、透明度高,为需要在常温下保鲜、延长包装有效期和保质期的食品提供了很好的选择。

(12)聚氨基甲酸酯塑料(PU)。它主要用于精密仪器、贵重器械、工艺品等商品的防震包装或衬垫缓冲材料。

(13)密胺塑料(MD)。这种塑料多用于制作食品容器,也可用于制作精美的食品包装容器。

(14)钙塑和木质塑料。钙塑材料是 20 世纪 70 年代出现的一种新型改性材料,是由聚乙烯、聚丙烯或聚氯乙烯加碳酸钙等添加剂制成的复合材料。钙塑材料兼具塑料、木材和纸板三者的特性。它质地均匀,化学稳定性好,防燃阻热性好,耐水、耐氧化,机械加工性能好,坚固耐用。用钙塑材料制成的包装箱、桶、托盘等容器,可以重复多次周转使用,节省包装费用。用钙塑材料制成的钙塑瓦楞纸箱,不仅具备瓦楞纸箱所具有的防震、折叠方便等优点,还具有质轻、耐冲击、耐水湿和耐弯折等优良特性,广泛用于食品和饮料的运输包装。

木质塑料是以废代木的新型包装材料,它以废旧塑料和锯木屑为原料,用挤压成型方法制成板材。这种木质塑料的热胀冷缩性、膨胀系数与铝相近,抗老化性能则优于普通塑料和木材,耐寒性好,耐腐蚀性强,不易开裂,抗压、抗冲击和抗弯曲强度高于木材,机械加工性能很好。由于木质塑料具有很多优点,成本也较低,又是废旧利用,可以节省大量资源,所以可以用它作包装箱来替代木箱。

(三)包装用金属材料

包装用金属材料主要有钢材、铝材及合金材料。包装用钢材包括薄钢材、镀锌低碳薄铁板、镀锡低碳薄钢板(俗称马口铁);包装用铝材有纯铝板、合金铝板和铝箔。金属包装业产值约占我国包装工业总产值的 6.5%。

1. 金属包装材料的特点

金属材料具有以下优点:

(1)具有良好的机械强度,牢固结实,耐碰撞,不破碎,能有效地保护内装物品,降低在运输、销售过程中的商品损坏率。

(2)密封性能优良,阻隔性好,不透气,防潮,耐光,用于食品包装(罐藏)能达到中长期保存的目的。

(3)具有良好的延展性,易于工业机械加工成型。

(4)金属表面有特殊的光泽,易于进行涂饰和印刷,可获得良好的装潢效果。

(5)易于回收再利用,降低经济成本,不污染环境。

但是,金属材料成本高,一些金属材料如钢铁的化学稳定性差,在潮湿的环境中易发生锈蚀,遇酸碱易发生腐蚀,因而限制了其在包装上的运用。钢板通过镀锌、镀锡、镀铬、涂层等措施,可以有效地提高其耐腐蚀性、耐酸碱性。

2. 金属材料在包装上的应用

刚性金属材料主要用于制造运输包装、集装箱以及饮料、食品和其他商品的销售包装。例如,重型钢瓶、钢罐用于盛装酸类液体以及压缩、液化和加压溶解的气体;薄钢板桶广泛用于盛装各类食用油脂、石油和化工商品。铝和铝合金桶用于盛装酒类商品和各种食品;镀锌薄钢板桶主要用于盛装粉状、浆状和液体商品;铁塑复合桶适于盛装各种化工产品及腐蚀性、危险性商品;马口铁罐、镀铬钢板罐、铝罐是罐头和饮料工业的重要包装容器;金属听、盒适用于盛装饼干、奶粉、茶叶、咖啡、香烟等。

软性金属材料主要用于制造软管和金属箔。例如,铝制软管广泛用于包装膏状化妆品、医药品、清洁用品、文化用品、食品等;铝箔多用于复合包装材料,通常与其他包装材料,如纸、塑料等形成复合包装材料,常用于食品、卷烟、药品、化妆品、化学品等的包装。但是对于铝箔或蒸镀铝制造的复合包装材料,因为其含有金属铝,包装废弃物难以回收。

(四)包装用玻璃和陶瓷材料

玻璃和陶瓷均系以硅酸盐为主要成分的无机性材料。玻璃与陶瓷作为包装材料,渊源已久,目前玻璃仍是现代包装的主要材料之一,玻璃包装业产值约占我国包装工业总产值的2.5%。

1.玻璃包装材料的特点与应用

玻璃以其本身的优良特性以及制造技术的不断进步,仍能适应现代包装发展的需要,其特点如下:

(1)化学稳定性好,耐腐蚀,无毒无味,卫生安全;

(2)密封性优良,不透气,不透湿,有紫外线屏蔽性,有一定的强度,能有效地保护内装物;

(3)透明性好,易于造型,具有特殊的宣传和美化商品的效果;

(4)原料来源丰富,且价格低廉;

(5)易于回收复用,可再生,有利于节约资源和保护环境。

玻璃作为包装材料,具有耐冲击强度低、碰撞时易破碎、易造成人身伤害、运输成本高、能耗大等缺点,限制了它在包装上的使用。目前,随着工业技术的进步,对玻璃进行改进处理,玻璃的强化、轻量化技术以及复合技术已有了一定的进展,增强了其对包装的适应性,扩大了玻璃在包装工业中的运用范围。

玻璃主要用来制造销售包装容器,如玻璃瓶、玻璃罐,广泛运用于酒类、饮料、罐头食品、调味品、药品、化妆品、化学试剂、文化用品等的包装。此外,玻璃也用于制造大型运输包装容器,用来装运强酸类产品;还用来制造玻璃纤维复合袋,用于包装化工产品和矿物粉料。

2.陶瓷包装材料的特点与应用

陶瓷的化学稳定性与热稳定性均佳,耐酸碱腐蚀,遮光性优异,密封性好,成本低廉,可以制成缸、罐、坛、瓶等多种包装容器,广泛用于包装各种发酵食品、酱菜、腌菜、咸菜、调味品、蛋制品及化工原料等。陶瓷品是酒类和其他饮料的主要包装容器,其结构造型多样,古朴典雅,色彩丰富,装潢美观,特别适用于高级名酒的包装。

（五）其他包装材料

1. 木质包装材料

木质材料具有优良的强度/质量（重量）比，有一定弹性，耐压、耐冲击和耐气候性好，并具有易加工性。目前，木质包装材料仍是大型和重型商品运输包装的重要材料，也用于包装那些批量小、体积小、重量大、强度要求高的商品。常用的木质包装容器有木箱（包括胶合板箱和纤维板箱）、木桶（分为木板桶、胶合板桶和纤维板桶）。

木材作为包装材料虽然具有独特的优越性，但由于我国森林资源相对匮乏，人工造林规模很小，加上水土保持和防风防沙等生态保护需要以及木质材料价格相对较高等原因，木质材料作为包装材料的发展潜力不大。目前，木质包装容器已逐渐减少，正在被其他包装容器所取代。

2. 天然包装材料

包装的天然材料主要是棉、麻植物纤维，它们主要用于制袋和包裹商品。例如，布袋和麻袋有适宜的牢度，轻巧，使用方便，适用于盛装粮食及其制品、食盐、食糖、农副产品、化肥、化工原料、中药材等。

竹类、野生藤类、树枝类和草类等天然材料也是来源广泛、价格低廉的包装材料，用它们编织成的容器具有轻便、通风、结实、造型独特、环保等特点，适用于包装各种农副产品。

由于天然生物材料来源丰富，成本较低，并可资源再生，废弃后容易在自然环境中被微生物分解，不污染环境，因此被人们视为理想的生态材料，具有很大的发展潜力。例如，我国竹资源丰富，竹材年产量超过 1 200 万吨。以竹或其他天然材料广泛用作包装材料，应该是我国包装材料发展的一个新途径。

3. 可食用包装材料

可食性包装材料主要有可食用的淀粉、蛋白质、植物纤维和其他天然物质。它们可以食用，对人体无害，也不危害环境，有很大的发展潜力。例如，美国农业研究局的科研人员开发出的可直接煮食的食品包装材料，是利用大豆蛋白质、添加酶和其他处理剂压制而成的半透明可食性薄膜。现在可食性包装材料已开始运用于食品、药品等包装。

第四节　商品包装技术

商品包装技术是指包装操作时所采用的技术方法。只有通过包装技术，才能使包装与商品形成一个整体。包装技术与包装的各种功能密切相关，特别是与保护功能关系密切。采用各种包装技术的目的，是为了有针对性地合理保护不同特性商品的品质。有时为了取得更好的保护效果，也将两种或两种以上技术组合使用。随着科学技术的进步，商品包装技术正在不断地完善。商品的包装技术方法很多，下面介绍几种常用的商品包装技术。

一、泡罩包装与贴体包装

泡罩包装是将商品封合在用透明塑料薄片形成的泡罩与底板(用纸板、塑料薄膜或薄片、铝箔或它们的复合材料制成)之间的一种包装方法。

贴体包装是将商品放在能透气的、用纸板或塑料薄片(膜)制成的底板上,上面覆盖加热软化的塑料薄片,通过底板抽真空,使薄片(膜)紧密地包贴产品,其四周封合在底板上的一种包装方法。

泡罩包装和贴体包装多用于日常小商品的包装,其特点是透明直观,保护性好,便于展销。

二、真空包装与充气包装

真空包装是将商品装入气密性包装容器,抽去容器内部的空气,使密封后的容器内达到预定的真空度的一种包装方法。这种方法一般用于高脂肪低水分的食品包装,其作用主要是排除氧气,减少或避免脂肪氧化,而且可以抑制霉菌或其他耗氧微生物的繁殖。真空包装如用于轻纺工业品包装,能缩小包装商品体积,减少流通费用,同时还能防止虫蛀、霉变。

充气包装是在真空包装的基础上发展起来的,它是将商品装入气密性包装容器,用二氧化碳等气体置换容器中原有空气的一种包装方法。

充气包装主要运用于食品包装,根据气体的理化特性,作为食品包装防腐保鲜的介质,能够抑制细菌、真菌和其他微生物的生长和繁衍,减缓食品的氧化作用和呼吸作用,能减慢或避免食品的变质,也可以防止金属包装容器由于罐内外压力不等而易发生的瘪罐问题。另外,充气包装技法还用于日常工业品的防锈和防霉。

三、收缩包装

收缩包装是以收缩薄膜为包装材料,包裹在商品外面,通过适当温度地加热,使薄膜受热自动收缩紧包商品的一种包装方法。

收缩薄膜是一种经过特殊拉伸和冷却处理的塑料薄膜,具有一定的收缩应力,这种应力重新受热后会自动消失,使薄膜在其长度和宽度方向上急剧收缩,厚度加大,从而使内包装商品被紧裹,起到良好的包装效果。

收缩包装具有透明性、紧凑、均匀、稳固、美观的特点,同时由于密封性好,还具有防潮、防尘、防污染、防盗窃等保护措施。收缩包装适用于食品、日用工业品和纺织品的包装,不仅适用于销售包装,也适用于运输包装,既可用于单件商品包装,也可用于多种商品的托盘集合包装,特别适用于形态不规则商品的包装。

四、无菌包装与防霉包装

无菌包装是在罐头包装的基础上发展而成的一种新技术。无菌包装是先将食品、包装容器、包装辅助物灭菌后,然后再在无菌的环境中进行充填和封合的一种包装方法。和罐头包装相比,无菌包装的特点是:采用超高温杀菌,一般加热时间仅几秒,而且又立即冷却,所以能较好地保存食品原有的营养素、色、香、味和组织状态;杀菌所需热能比罐头少 25% ~ 50% ;

因冷却以后包装,可以使用不耐热、不耐压的容器,如塑料瓶、纸样盒等,既降低成本,又便于消费者开启。无菌包装适用于液体食品包装。

防霉包装是为防止内装物长霉影响质量而采取一定防护措施的包装。容易长霉的商品有纸张和纸制品、木制品、塑料制品、橡胶制品、油漆、涂料、胶粘剂以及棉、麻、丝、毛织品等。防霉包装一般在包装材料方面选择抗霉性好的金属、钙塑瓦楞纸材料或对不抗霉材料如纸、纸板、木材、棉麻织物等进行防霉处理;在包装容器方面采用抽真空置换惰性气体密封包装或用干燥空气密封包装或在密封包装内放置除氧剂或防霉剂,以使包装内的湿度或氧气控制在霉菌生长的最低临界点以下,从而达到抑制霉菌的目的。

五、防潮包装

防潮包装是采用具有一定隔绝水蒸气能力的材料,制成密闭容器,运用各种技术方法阻隔水蒸气对内装商品的影响,使商品在规定期限内处于低于临界相对湿度环境中以延长商品寿命的包装方法。在防潮包装材料中金属和玻璃最佳,塑料其次,纸板、木板最差。常用的防潮技术方法有多层密封、容器抽真空或充气、加干燥剂等。

六、缓冲包装

缓冲包装是指为了减缓商品受到的冲击和震动,确保其外形和功能完好而设计的具有缓冲减震作用的包装。一般的缓冲包装有三层结构,即内层商品、中层缓冲材料、外层包装箱。缓冲材料在外力作用时能有效地吸收能量、及时分散作用力从而保护商品。缓冲包装依据商品性能特点和运输装卸条件,分为全面缓冲法、部分缓冲法和悬浮式缓冲法。全面缓冲法是在商品与外包装之间填满缓冲材料,对商品所有部位进行全面缓冲保护。部分缓冲法是在商品或内包装件的局部或边角部位使用缓冲材料衬垫。这种方法对于某些整体性好或允许加速度较大的商品来说,既不减低缓冲效果,又能节约缓冲材料,降低包装成本。对于允许加速度小的易碎或贵重商品,为了确保安全,可以采用悬浮式缓冲法。这种方法采用坚固的容器外包装,把商品或内包装(商品与内包装件合理衬垫)用弹簧悬吊在外包装容器中心,通过弹簧的缓冲作用保护商品,以求万无一失。

七、防锈包装

防锈包装是为防止金属制品锈蚀而采用一定防护措施的包装。目前采用的防护措施:一是气相防锈纸,即将涂有缓蚀剂的一面面向内包装制品,外层用石蜡纸、金属箔、塑料袋或复合材料密封包装,若包装空间过大,则可填充适量防锈纸片或粉末;二是采用收缩或拉伸塑料薄膜封存、可剥性塑料封存和茧式防锈包装、套封式防锈包装,以及充氮和干燥空气等封存法防锈。

八、防虫包装

防虫包装是为保护内装物免受虫类侵害而采取一定防护措施的包装。例如在对内装物进行包装之前,首先对其进行处理,以消灭其所潜藏的害虫,或是害虫的幼虫或虫卵,然后选择适宜的内包装阻隔层材料如聚乙烯、聚丙烯、聚酯膜或者铝塑复合膜等气密性好的薄膜,进行包装,有时在包装内再加入杀虫剂或驱虫剂(如除虫菊和丁氧基葵花香精的混合物)或脱氧剂,以增强防虫效果。

第五节 包装装潢与包装标志

一、包装装潢与销售包装

包装装潢是指包装的造型和表面设计,在科学合理的基础上,加以装饰和美化,使包装的外形、图案、色彩、文字、肌理、商标品牌等各个要素构成一个艺术整体,起到传递商品信息、表现商品特色、宣传商品、美化商品、促进销售和方便消费等作用。

销售包装是包装装潢的主要研究对象。因为销售包装和运输包装在商品流通中担负的任务不同,运输包装主要起生产和销售的桥梁作用,销售包装则主要起销售和消费的媒介作用。

销售包装装潢是商品在市场上随处可见的广告,是直接向现有市场和潜在市场传递信息的工具,是提高商品竞争力的有力武器,是促进市场营销的典型方式。一个成功的销售包装对增加销售和提高商品价格所产生的作用无疑是巨大的。世界上最大的化学公司——杜邦公司进行了市场调查,得出了著名的杜邦定律:有63%的消费者是根据商品的包装和装潢来决定是否购买某种商品的。由此可见,包装装潢已成为产品能否立足市场的一个重要因素。

二、包装的装潢设计

装潢设计的基本内容为造型设计、图案设计、文字设计和色彩设计。装潢设计最根本的要求就是通过各种艺术手段,准确有力地突出商品形象,瞬间吸引顾客视线,引起顾客的兴趣,触发顾客的购买欲望。

(一)造型设计

包装造型是装潢美的基础,是表现装潢艺术风格的主题。造型首先要实用,其次要美观,再次要富于变化。应该做到外部轮廓个性鲜明,总体结构科学合理,重点突出,动静有致,在整体上给人以生动、和谐、完美的感觉。

包装的造型设计不是一个简单的外观形态美化过程,而是一个综合设计的过程。它通过多种工艺手段,由表及里,在功能、材料、工艺、经济等多种条件的制约下,创造出功能与美感、技术与艺术相统一的造型艺术形象。

包装造型设计的三要素为功能、物质技术条件和造型形象。其中功能是目的,它对包装形象有着决定性的影响;材料、技术是造型的物质技术保证。包装造型既是功能的载体,同时又载荷着审美信息,它不仅要达到实用、经济、高效的目标,而且要满足不同人群的审美情趣及习俗爱好。

需要说明的是,简化原则对包装造型设计尤为重要,这是由大批量生产和包装的实用性所决定的。繁赘的造型不适于大批量生产,不符合经济节约的原则,也不便使用;同时,它也与现代人的审美情趣相悖,简洁明快的造型易于被感知,自然、流畅、有创意的造型是现代人所青睐的。

（二）图案设计

包装装潢正面中的照片、绘图、装饰纹样及浮雕等形式,都称为包装画面的图案。透明包装和开窗包装中所显示出来的商品实物,也是装潢画面的一个组成部分。图案设计常常运用多种艺术手法,如装饰画、国画、油画、水彩画、水粉画、卡通画、素描、书法、篆刻、剪纸、雕塑、摄影等,并采用多种艺术技巧,如具体和抽象、提炼和夸张、比喻和联想、工笔和写意、变化和统一、对称和均衡、对比和调和等,使艺术主题得以淋漓尽致地展观。

摄影作品广泛运用于装潢表面设计。摄影画面的特点是能真实、生动地再现商品的质感、形态、颜色等特点,一些造型美观、色彩鲜艳的商品或外形结构复杂,难以用绘画表现的商品常常借用摄影来表现。采用摄影作品作为装潢画面,具有简洁洗练的现代气息和强烈的商品性、广告性,容易使消费者产生认同感。

摄影作品装饰包装画面虽然有很强的真实感,但也具有一定的局限性。采用绘画作品进行装饰,可获得更大的自由度。绘画既可以写实,也可以写意;既可以夸张,也可以渲染,艺术手法灵活多样,装饰效果独具特色。

从现代装潢手法看,抽象画面设计具有特殊的表现力,抽象的几何图形结合色彩渲染不仅能将寓意深刻的商品特质表现出来,而且能形象地表示商品的科学原理,体现出商品包装的现代感。抽象的手法为画面设计构思和表现形式开拓了广阔的天地,容易创造出与众不同的效果。

（三）文字设计

文字设计是装潢表面设计的重要组成部分。它的主要作用是宣传商品、介绍商品,同时在画面中起装饰作用。文字的构思和设计应根据商品特质和销售地点的特点,尽量做到既形美又达意,语言要简练真实,用词要严谨,文字和译文要准确,字体风格和装饰画面要统一协调,并合理布局。商标和品牌名是装潢画面的灵魂,要设计在画面的主要部位;商品名称可以放在次要位置;其他资料文字、说明文字、广告文字等要以主次顺序合理布局。目前,许多销地国家要求商品包装使用两套或两套以上文字,因此要根据不同国家的特点和要求,合理选用文字,要在书法布局、字的大小、字体选用、疏密关系等方面认真构思,正确选择。

(四)色彩设计

色彩是装潢画面先声夺人的艺术语言,是消费者选购商品的视觉导向。色彩能传递各种信息,表达丰富的寓意,唤起人们的美好想象,从而对商品销路产生直接的影响。色彩设计要服从画面主题,要根据商品的性质、特点去表现,尤其要考虑基本色、流行色和习惯色的运用。

每个国家和地区都有其喜好的传统色彩,即基本色。各国人民对色彩的感觉和爱好,往往受到地理条件、宗教信仰、民族传统、政治因素、生活方式等影响。研究不同国家在色彩上的爱好和禁忌,是装潢色彩设计能否成功的前提。例如红色,它是世界各国消费者普遍喜爱的色彩,我国把它看做是吉祥色,美国视其为活力和激情,英国视红色为高贵。

流行色是某一时期、某一地区为广大群众所接受、所喜爱的带有倾向性的色彩,它的发展具有一定的规律性。人们对流行色的追求,反映了人们渴望变化,顺应潮流,自我完善,勇于追求的精神状态,是现代人类生活的一个特征。装潢色彩设计应不失时机地捕捉流行色信息,设计出具有流行风格和时代感的色彩来。

习惯色是不同商品长期以来习惯采用且消费者习惯接受的色彩。如,用暖色强调食品的美味营养;用冷色强调机械产品的结实耐用等。习惯色在消费者心目中有根深蒂固的印象。习惯色的选用有时容易造成商品之间的雷同,而雷同是不利于商品销售的。所以,选用色彩,既要善于吸收传统,也要善于创新。

另外,需要注意的是,装潢色彩效果的优劣,并不取决于用色的多少,关键在于对色彩的选择、搭配及组合是否理想。有时用色过多,容易给人造成杂乱无章的感觉,难以突出重点。从美学观点来讲,少而不单,多而有序的设计,能给人以高格调的艺术享受。

三、包装标识

(一)销售包装标志

销售包装标志是指附着或系挂在商品销售包装(内包装)上的,以文字、图形、符号说明内装商品内容的一切说明物。它是销售者传达商品信息,表现商品特色,推销商品的主要手段,是消费者选购商品,正确使用和保养商品的指南。

通常,商品销售包装标志主要包括:制造者或销售者的名称和地址、商品名称、商标、成分、品质特点、包装内商品数量、使用方法及用量、编号、贮藏应注意的事项、质量检验号、生产日期、有效期等内容。

下面以预包装食品包装标签为例说明大类商品销售包装标志的具体内容及要求。根据我国强制性国家标准《食品安全国家标准预包装食品标签通则》(GB 7718—2011),食品销售包装标志应标示下列内容。

1. 食品名称

应在标签醒目位置,清晰地标示反映食品真实属性的专用名称。

2.配料表

标签上必须标示配料表;各种配料必须按制造或加工食品时加入量的递减顺序依次排列;如果某种配料本身是由两种或两种以上的其他配料构成的复合配料,必须在配料表中标明复合配料的名称,再在其后加括号,按加入量的递减顺序分别列出原始配料;当复合配料在国家标准或行业标准中已有规定名称,其加入量小于食品总量的 25% 时,则不必将原始配料标出,但其中的食品添加剂必须标出;当加工过程中所用的原料已改变为其他成分时(指发酵商品,如酒、酱油、醋等),为了表明商品的本质属性,可用"原料"或"原料与配料"代替"配料",并按加入量的递减顺序排列;食品添加剂应当标示其在 GB 2760—2011 中的通用名称;在食品制造或加工过程中加入的水应在配料表中标示。

3.净含量和规格

净含量的标示应由净含量、数字和法定计量单位组成,如净含量:450g。一般的标示方法是:液态食品用体积升(L)(l)、毫升(mL)(ml),或用质量(重量)克(g)、千克(kg);固态食品用质量克(g)、千克(kg);半固态或黏性食品用质量克(g)、千克(kg)或体积升(L)(l)、毫升(mL)(ml)。净含量应与食品名称在包装物或容器的同一展示版面标示。容器中含有固、液两相物质的食品,且固相物质为主要食品配料时,除标示净含量外,还应以质量或质量分数的形式标示沥干物(固形物)的含量。同一预包装内如果含有多个单件预包装食品,则大包装在标示净含量的同时,还应标示规格。规格的标示应由单件预包装食品净含量和件数组成,如净含量(或净含量/规格):40 克×5。

4.生产者、经销者的名称、地址和联系方式

应当标注生产者的名称、地址和联系方式。生产者的名称、地址应当是依法登记注册、能够承担产品安全质量责任的生产者的名称、地址。依法承担法律责任的生产者或经销者的联系方式应标示以下至少一项内容:电话、传真、网络联系方式或与地址一并标示的邮政地址。进口预包装食品应标示原产国国名或地区名(如香港、澳门、台湾),以及在中国依法登记注册的代理商、进口商或经销者的名称、地址和联系方式。

5.日期标示

应清晰标示预包装食品的生产日期和保质期。日期的标示顺序为年、月、日。

6.贮存条件

预包装食品包装标签应标示贮存条件。

7.食品生产许可证编号

预包装食品包装标签应标示食品生产许可证编号的,标示形式按照相关规定执行。

8.商品(产品)标准代号

在国内生产并在国内销售的预包装食品应标示其所执行的标准代号和顺序号。

8. 其他标示内容

如"转基因食品""辐照食品"等的标示,应符合相应的法律、法规或标准的规定。

（二）运输包装标志

运输包装标志是在运输包装（外包装）外面印制的简单的文字、数字、符号、图形以及它们的组合。它是商品在储存、运输、装卸等物流环节中不可缺少的信息标志。运输包装标志按其内容和作用,又可分为收发货标志、指示性标志和警告性标志三种。

1. 收发货标志

收发货标志,也称为唛头（Mark）,是指在商品运输包装（外包装）上印制的反映收货人和发货人、目的地或中转地、参考号（信用证号、合同号）、件数、批号、体积（长×宽×高）、重量（毛重、净重、皮重）、生产日期以及产地（生产国家或地区）等内容的简单几何图形、特定字母、数字和简短的文字等。收发货标志的内容繁简不一,通常由买卖双方根据商品特点和具体要求商定。收发货标志的作用在于:①便于发货人进行统计,合理地计算货物重量和体积,安排好运输,防止出错;②可使监管方如商检、海关等一目了然,便于按照批次监管货物,查验放行;③有利于承运方从进仓到发货及运输中转直至目的地,参照唛头提示清点交货;④收货人只要看外箱就知道内容,不用开箱就可以快速进入流通环节。

1986 年发布并于 1987 年起实施的国家标准《运输包装收发货标志》（GB 6388—86）统一规定了收发货标志的代号、项目中英文名称、含义（见表 7 - 3）和商品分类图示标志（见图 7 - 1）。

表 7 - 3　运输包装收发货标志

序号	项目			含义
	代号	中文	英文	
1	FL	商品分类图示标志	CLASSIFICATIONMARKS	表明商品类别的特定符号,见图 7 - 1
2	GH	供货号	CONTRACTNO.	供应该批货物的供货清单号码（出口商品用合同号码）
3	HH	货号	ARTNO.	商品顺序编号,以便出入库,收发货登记和核定商品价格
4	PG	品名规格	SPECIFICATIONS	商品名称或代号,标明单一商品的规格、型号、尺寸、花色等
5	SL	数量	QUANTITY	包装容器内含商品的数量
6	ZL	重量（毛重）（净重）	GROSS WT NET WT	包装件的重量（kg）,包括毛重和净重

序号	项目			含义
	代号	中文	英文	
7	CQ	生产日期	DATEOF PRODUCTION	产品生产的年、月、日
8	CC	生产工厂	MANUFACTURER	生产该产品的工厂名称
9	TJ	体积	VOLUME	包装件的外径尺寸长×宽×高(cm)、体积(m^3)
10	XQ	有效期限	TERMOFVALIDITY	商品有效期至×年×月
11	SH	收货地点和单位	PLACEOF DESTINATIONAND CONSIGNEE	货物到达站、港和某单位(人)收(可用贴签或涂写)
12	FH	发货单位	CONSIGNOR	发货单位(人)
13	YH	运输号码	SHIPPINGNO.	运输单号码
14	JS	发运件数	SHIPPINGPIECES	发运的件数
说明	(1)分类标志一定要有,其他各项合理选用。 (2)外贸出口商品根据国外客户要求,以中、外文对照,印制相应的标志和附加标志。 (3)国内销售的商品包装上不填英文项目。			

图 7-1　商品分类图示标志

此外,商品分类图形标志的尺寸,收发货标志的字体、颜色、标志方式、标志位置等,在国家标准《运输包装收发货标志》(GB 6388—86)中均有具体规定。

2. 指示性标志

指示性标志,也称为储运图示标志,它是根据各种商品对物流环境的不同的适应能力,特别是一些容易破碎、残损、变质的商品,在其运输包装(外包装)上,用醒目简洁的图形和简短文字标明该类商品货物在装卸、运输及储存等过程中应注意的事项。例如,"由此吊起""此端向上""怕雨""易碎""怕晒""禁止堆码"等。

国家标准《包装储运图示标志》(GB/T 191—2008),将该标志颜色定为黑色,并规定了 17 种储运图示标志的名称、图形符号、尺寸及应用方法(见表 7 - 4)。

表 7 - 4 储运图示标志名称及图形

序号	标志名称	标志图形	含义
1	易碎物品		运输包装件内装易碎品,搬运时应小心轻放
2	禁用手钩		搬运运输包装件时禁用手钩
3	向上		表明运输包装件的正确位置是竖直向上
4	怕晒		表明运输包装件不能直接照晒
5	怕辐射		包装物品一旦受辐射会完全变质或损坏
6	怕雨		运输包装件怕雨淋

续表

序号	标志名称	标志图形	含义
7	重心		表明包装件的重心位置,便于起吊
8	禁止翻滚		搬运时不能翻滚运输包装件
9	此面禁用手推车		搬运货物时此面禁止放在手推车上
10	禁用叉车		不能用升降叉车搬运的包装件
11	由此夹起		表明装运货物时可用夹持的面
12	此处不能卡夹		表明装卸货物时此处不能用夹持的面
13	堆码质量极限		表明该运输包装件所能承受的最大质量极限
14	堆码层数极限		可堆码相同运输包装件的最大层数,n 表示从底层到顶层的总层数

序号	标志名称	标志图形	含义
15	禁止堆码		该包装件只能单层放置
16	由此吊起		起吊货物时挂绳索的位置
17	温度极限		表明运输包装件应该保持的温度范围

3. 警告性标志

警告性标志,也称为危险货物包装标志,是指在易燃品、易爆品、有毒物品、腐蚀性物品和放射性物品等危险货物的运输包装上印制的特殊的图形和文字,是用来表示危险货物的物理、化学性质,以及危险程度的标志,以警示和提醒人们在运输、储存、保管、搬运等活动中引起注意和采取应对措施。

危险货物主要指具有燃烧、爆炸、腐蚀、毒害等作用的化学品或其他原料,如爆炸品、易燃气体、毒性气体、易燃液体、易燃固体、易自燃物品、遇湿易燃物品、氧化剂、有机过氧化物、感染性物品、放射性物品、腐蚀品等,其性质一般都比较活跃,在储存和运输过程中稍有不慎便会酿成事故,造成财产损失和人员伤亡。

危险货物包装标志的图案、尺寸、颜色及使用方法在国家标准《危险货物包装标志》

(GB 190—2009)中均有明确的规定。其主要标志列于表7-5。

表7-5 危险货物包装标志

序号	标志名称	标志图形
1	爆炸性物质或物品	(符号:黑色,底色,橙红色) (符号:黑色,底色,橙红色)

续表

序号	标志名称	标志图形
1	爆炸性物质或物品	 （符号：黑色,底色,橙红色）　（符号：黑色,底色,橙红色）
2	易燃气体	 （符号：黑色,底色,正红色）　（符号：白色,底色,正红色）
2	非易燃无毒气体	 （符号：黑色,底色,绿色）　　（符号：白色,底色,绿色）
	毒性气体	 （符号：黑色,底色,正红色）

续表

序号	标志名称	标志图形
3	易燃液体	(符号: 黑色,底色,正红色)　　(符号: 白色,底色,正红色)
4	易燃固体	(符号: 黑色,底色,白色红条)
	易于自燃的物质	(符号: 黑色,底色,上白下红)
	遇水放出易燃气体的物质	(符号: 黑色,底色,蓝色)　　(符号: 白色,底色,蓝色)

序号	标志名称	标志图形
5	氧化性物质	（符号：黑色,底色,柠檬黄色）
	有机过氧化物	（符号：黑色,底色,红色和 柠檬黄色）　（符号：白色,底色,红色和 柠檬黄色）
6	毒性物质	（符号：黑色,底色,白色）
	感染性物质	（符号：黑色,底色,白色）

续表

序号	标志名称	标志图形
7	一级放射性物质	 (符号：黑色,底色,白色,附一条红竖条) 黑色文字，在标签下半部分写上， "放射性" "内装物___" "放射性强度___" 在"放射性"自样之后应有一条红竖条
	二级放射性物质	 (符号：黑色,底色,上黄下白,附两条红竖条) 黑色文字，在标签下半部分写上， "放射性" "内装物___" "放射性强度___" 在一个黑边框格内写上："运输指数" 在"放射性"字样之后应有三条红竖条
	三级放射性物质	 (符号：黑色,底色,上黄下白,附三条红竖条) 黑色文字，在标签下半部分写上， "放射性" "内装物___" "放射性强度___" 在一个黑边框格内写上："运输指数" 在"放射性"字样之后应有三条红竖条

序号	标志名称	标志图形
7	裂变性物质	 (符号：黑色,底色,白色) 黑色文字 在标签上半部分写上："易裂变" 在标签下半部分的一个黑边 框格写上::"临界安全指数"
8	腐蚀性物质	 (符号：黑色,底色,上白下黑)
9	杂项危险物质和物品	 (符号：黑色,底色,白色)

（三）包装回收标志

国家标准《包装回收标志》（GB/T 18455—2010）规定了可回收利用的包装容器和包装组分（包括纸、塑料、铝和铁等包装容器或包装组分）的材料识别标志及其标示要求。包装组分是指用手或用简单物理方法可以分离的包装的组成部分。

1.常用包装回收标志

常用包装材料的回收标志及其说明见表7-6。

表7-6　常用包装材料的回收标志

材料名称	回收标志	说　　　明
纸		适用于纸盒、纸箱和纸浆模塑等制品。 在标志下方可标注"纸"。
塑料		左图仅为基本图形。
铝		在标志下方可标注"铝"。
铁		在标志下方可标注"铁"。

2.塑料包装回收标志

（1）一般塑料包装回收标志。一般塑料包装回收标志按国家标准《塑料制品的标志》（GB/T 16288—2008）附录 A 标示代号和缩略语。表7-7 是常用于包装的塑料代号和缩略语。塑料制品回收标志的形状为正三角形，位于三角形正中央的数字是该种塑料的代号。图7-2 是一般塑料包装回收标志的标示示例。

表7-7　常用塑料代号和缩略语

材料术语	聚对苯二甲酸乙二醇酯	高密度聚乙烯	聚氯乙烯	低密度聚乙烯	聚丙烯	聚苯乙烯
代号	01	02	03	04	05	06
缩略语	PET	PE－HD	PVC	PE－LD	PP	PS

图7-2　一般塑料包装回收标志的标示示例

（2）可生物降解塑料包装回收标志。当用于包装的可生物降解塑料不包括在国家标准《塑料制品的标志》附录 A 之内，其回收标志见图 7－3。

图 7－3　可生物降解塑料包装回收标志的标示示例

可生物降解塑料标志中的代号"00"表示"可生物降解"，缩略语 ×××× 的表示方法见 GB/T 1844.1。当需要表达材料的生物降解技术条件时，可以在标志的下方或左右两侧标注简要的文字说明。

第六节　商标

一、商标的概念

商标是商品生产者或经营者为把自己生产或经营的商品（产品或服务）与其他企业生产或经营的同类商品显著地区别开来，而使用在一定商品、商品包装和其他宣传品上的专用标记。根据我国《商标法》（2013 年第 3 次修正），这种专用标记包括文字、图形、字母、数字、三维标志和颜色组合，以及上述要素的组合，它们均可以作为商标申请注册。

申请注册的商标，凡符合《商标法》有关规定的，由国家工商总局商标局初步审定，予以公告。对初步审定的商标，自公告之日起三个月内，任何人均可以提出异议。公告期满无异议的，予以核准注册，发给商标注册证，并予公告。注册商标的有效期限为 10 年，有效期满，需要继续使用的，应当在期满前六个月内申请续展注册，每次续展注册的有效期为十年，续展注册经核准后予以公告。

是注册商标的标记（圆圈中的 R 是"注册"的英文 register 的开头字母），它应标注在注册商标的右上角。而在商标的右上角标注 TM（TM 是 trademark 的缩写），则表示它是正在等待国家核准的商标，国家已经受理注册申请，但不一定会核准注册。

二、商标的主要特征

（1）商标是用于商品（产品或服务）上的标记，与商品不能分离，并依附于商品。

（2）商标是其所标记商品（产品或服务）区别于他人商品（产品或服务）的标志，具有特别显著性的区别功能，从而便于消费者识别。

（3）商标具有独占性、专有性或垄断性。商标注册人对其注册商标具有专用权，受到法律保护，未经商标注册人许可，任何人不得擅自使用与该注册商标相同或相类似的商标，否则即构成犯罪，除赔偿被侵权人的损失外，依法追究刑事责任。

（4）商标是一种无形资产，具有价值。商标代表着商标所有人生产或经营的商品（产品或服务）质量信誉和企业信誉及形象。商标所有人通过商标的创意、设计、申请注册、广告宣传及使用等，使商标具有了价值，也增加了商品的附加值。商标的价值可以通过评估确定，可以有偿转让商标所有权，也可经商标所有人同意许可他人使用自己的商标。

三、商标的分类

商标有许多种类，可依照商标的结构、用途、使用等特征进行分类。

（一）按商标的结构分类

商标按照结构可分为文字商标、图形商标、数字商标、字母商标、立体商标和组合商标等。

1. 文字商标

文字商标是指仅以文字构成的商标。它包括中国汉字（含汉语拼音）、少数民族文字、外国文字和阿拉伯数字或者以各种不同文字组合的商标。

2. 图形商标

图形商标是指仅用图形构成的商标。图形商标分为记号（简单符号构成图形）商标、抽象几何图形商标、自然图形（以人物、动植物、自然风景等自然物象为对象加工构成图形）商标三种。图形商标的优点是不受国家、地区的语言限制，缺点是不便称呼。

3. 数字商标

数字商标是指用阿拉伯数字、罗马数字或者是中文大写数字所构成的商标。

4. 字母商标

字母商标是指用拼音字母、外文字母（如英文字母、拉丁字母）等所构成的商标。

5. 立体商标

立体商标，又称三维标志商标，是用长、宽、高三种度量的三维立体物标志构成的商标，其立体形态可出现在商品的外形上，也可以表现在商品的容器或其他地方。

6. 组合商标

组合商标是指用文字、字母、数字、图形、三维标志或颜色等要素，其中两种要素或两种以上要素相互组合构成的商标,也称为复合商标。

（二）按商标用途进行分类

商标按照其用途可分为营业商标、组集商标、等级商标、证明商标、防御商标。

1. 营业商标

营业商标是指以生产者或经营者的企业名称作为自己生产或经营的商品上的商标。例如,"盛锡福"（帽子）、"同仁堂"（中药）、美国"福特"（汽车）等。

2. 组集商标

组集商标是指在同类商品上,由于品种、规格、等级、价格的不同,为了加以区别而使用的几个商标,并把这几个商标作为一个组集一次提出注册申请的商标。例如,不同规格的轮胎,分别使用"骆驼"、"金鹿"、"工农"等商标。

3. 等级商标

等级商标是为了区别同一品种商品的不同质量等级或性能档次而逐级使用的系列商标。例如,瑞士一、二、三级手表使用不同等级的商标。

4. 证明商标

证明商标是指由对某种商品（产品或服务）具有监督能力的组织申请注册的商标,但经该组织审核并同意该组织以外的单位或个人可以将该商标用于他们自己的商品（产品或服务）上,用以证明他们的商品质量已符合该组织的要求。例如,国际羊毛局的纯羊毛标志、真皮标志、绿色食品标志等都是证明商标。

5. 防御商标

防御商标是指驰名商标所有着,为了防止他人在不同类别的商品（产品或服务）上使用其商标,而在非类似商品上将其商标分别注册,这种商标就称为防御商标。

6. 联合商标

联合商标是指同一商标所有人在相同或类似商品上注册的几个相同或者近似的商标,有的是文字近似,有的是图形近似,这些商标称为联合商标。这些相互近似商标注册后,不一定都使用,其目的是为了防止别人仿冒或注册,从而更有效地保护自己的商标。

服务商标是指金融、运输、广播、建筑、旅馆等服务行业把自己的服务同别的服务业务相区别而使用的商标。国际上许多国家已经采用服务商标,我国目前尚无统一规定。

（三）按商品使用者分类

商标按其使用者可以分为商品商标和服务商标。

1. 商品商标

商品商标是指商品上由文字、图形等或其组合构成的标记,它是商标的最基本的表现形式。通常所说的商标主要是指商品商标,商品商标又可分为商品生产者的产业商标和商品销售者的商业商标。

2.服务商标

服务商标是指用来区别与其他同类服务的标志,如航空、导游、保险、金融、邮电、饭店、电视台等单位使用的标志,就是服务商标。

四、商标设计和选用的原则

商标的设计和选用既要考虑《商标法》的规定和要求,又要注意充分发挥商标的作用。

（一）商标必须具有显著的特证

商标使用的文字、图形、数字等或其组合,应当有明显特征,便于识别。显著特征是指商标的构成显著,形式内容新颖独特,使人能识别出是谁的商品,并能给人留下深刻印象。商标应具有与众不同的醒目特征,切忌与他人注册的商标相同或相似。在同一商品或类似商品中,与他人商标雷同的申请将不被批准注册。同时,注册商标应有标记,即在商标边注明"注册商标"或"Ⓡ"。

（二）商标不得使用的标志

我国《商标法》规定下列标志不得作为商标:

(1)同中华人民共和国的国家名称、国旗、国徽、军旗、勋章相同或者近似的标志,以及同中央国家机关所在地特定地点的名称或者标志性建筑物的名称、图形相同的标志;

(2)同外国的国家名称、国旗、国徽、军旗相同或者近似的标志,但该国政府同意的除外;

(3)同政府间国际组织的名称、旗帜、徽记相同或者近似的标志,但经该组织同意或者不易误导公众的除外;

(4)与表明实施控制、予以保证的官方标志、检验印记相同或者近似的标志,但经授权的除外;

(5)同"红十字"、"红新月"的名称、标志相同或者近似的标志;

(6)带有民族歧视性的标志;

(7)夸大宣传并带有欺骗性的标志;

(8)有害于社会主义道德风尚或者有其他不良影响的标志;

(9)仅有本商品的通用名称、图形、型号的标志;

(10)仅仅直接表示商品的质量、主要原料、功能、用途、重量、数量及其他特点的文字、图形及其组合的标志;

（三）商标要具有审美性

商标名称选择和图案设计要符合消费者审美心理的要求,达到形象性、艺术性、新颖性、时代性、民族性、象征性高度统一。商标的造型艺术要使消费者一眼难忘,留下深刻的印象。

商标的构图和寓意要充分运用形式美的法则来增强艺术感染力。

（一）商品包装不要花架子

不久前,记者陪同从国内来的朋友在柏林购物,他在"鳄鱼"专卖店买了几件名牌T恤。售货员用一个白纸袋来盛装T恤,朋友要求商场提供鳄鱼专用包装,但售货员却说,他们很久不使用那种包装了。这位朋友还想买些德国特产带回家送人,但转了几家商店都不满意。他的结论是,德国的东西很好,但包装太一般,回国无法当礼物送人。

显然国人在商品包装的理念上与欧洲人有很大差异。德国10年前就开始倡导商品的"无包装"和"简单包装",强调包装要无害于生态环境、人体健康并可循环利用或再生,从而节约资源和能源。以人们送礼的各种酒为例,在德国,大部分中高档酒没有任何包装,人们去朋友家做客,通常是买一瓶葡萄酒,自己用彩色包装纸一裹,再系上一条色带。德国人在商品的选购上更重内容而非形式。因为商品最重要的是内在质量,外部包装应该是"锦上添花",而不是"喧宾夺主"。对绝大多数德国消费者来说,货真价实、物有所值是取舍商品的最重要标准。德国消费者协会的施密特先生告诉记者,适度包装有助于提高商品的档次,防止商品在流通过程中受到损坏,但不分品种和价值高低统统过度包装就有欺诈之嫌了。根据德国包装法的规定,凡包装体积明显超过商品本身体积的10%以及包装费用明显超出商品价值的30%,就应判定为侵害消费者权益的"商业欺诈"。

随着人们环保意识的增强,绿色消费在德国已经蔚然成风。记者的一位在柏林技术大学环保系担任教授的朋友在谈到这个问题时说,就德国老百姓而言,简单包装更符合他们的心理需求。老百姓对要购买的商品除了要看质量好坏外,还要看它会不会污染环境,会不会破坏生态。他们在购买商品时注重的是以下几个方面:一是选择少用包装、加工比较简单的产品;二是讲究生态效益,选择对环境污染少,对生态有利的产品;三是选择不严重剥削劳工,不侵犯当地居民生存权,不进行不道德动物试验的产品;四是选择不含或少含有害化学成分的产品。

? 案例思考题

1. 商品包装优劣的判断标准是什么?

2. 我国商品包装的理念如何正确表述? 目前有哪些误区? 你对德国人的包装理念赞同吗? 为什么?

3.从包装来说,何谓"适度"? 何谓"过度"? 应如何把握?

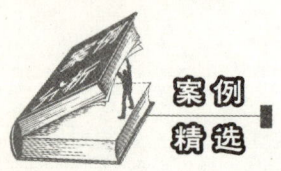

案例
精选

(二)给人启示的三个故事

故事Ⅰ:《韩非子·外储说左上》记载了一则"买椟还珠"的故事:一个郑国人从楚国商人那里买到一颗有外饰漂亮木盒的珍珠,竟然将盒子留下,而将珍珠还给了楚国商人。原因是那只"为木兰之柜",再"熏以桂椒",又"缀以珠宝"的精美包装盒(椟)"掩盖"了盒中珍珠的光泽,无怪乎郑人不爱珍珠而爱美椟了。这则故事的本意是讽刺郑人舍本逐末的愚蠢行为,但是,今天从市场营销的角度可以将该故事理解为:在市场营销中要时刻注意商品的包装,要善于利用"精椟配美珠"的神奇包装效果来取悦买者,招徕顾客,达到"爱椟及珠",扩大商品销售的目的。

故事Ⅱ:在1915年的巴拿马国际博览会上,我国名酒——茅台酒,因为包装粗糙,造型不雅,使外国人瞧不起,没能进入预选行列。在这"紧要"关头,我国的参展商人急中生智,在宴会上"不慎"将一瓶茅台酒打碎在地,顿时香气四溢,吸引了所有的人,征服了评审官的心,才使茅台酒"金榜题名"、"笑傲国际市场"。这则故事说明,当时的"茅台人"缺乏商品的整体概念,只重视了商品的内在质量,而忽略了商品的包装质量。它告诉我们,在现代市场中,要内在质量和外在质量一起抓,做到"好马配好鞍",好商品一定要有好包装。如果仍坚持"只要商品质量好,就一定有销路"的老观念,仍坚持"金玉其中,败絮其外"的做法,其结果必然是使好的商品卖不出好价钱,没有好销路。

故事Ⅲ:法国以生产柯纳克白兰地而著名的马尔戴勒公司,从1715年就生产专供皇室、

高级大饭店宴会用的白兰地。为了使这样的珍品不降低身价,公司给予其相应的包装。它们生产的畅销的白兰地酒——XO,是装在水晶玻璃瓶里的,瓶子又装在印着金字的精致的盒

子里;另一种比XO更好的白兰地酒,外包装盒是丝绒的,像首饰盒一样可以开启。这样的

包装和装潢又反过来衬托了名牌商品的价值,使商品的附加价值大大提高,其目的是让人感

受到里面装的是稀世美酒,赢得了那些追求名牌、追求豪华的顾客的青睐。另外,为了让顾客熟悉、喜欢其产品,留住顾客,该公司近百年来始终保持它传统的包装,坚持不改变包装策略。

案例思考题

1. 故事Ⅰ中,营销学的观点是"精椟配美珠"和"爱椟及珠",那么从商品学角度看,"椟"(包装)与"珠"(内装商品)的关系应该如何处理?"不美"的"珠"还应该配"精椟"吗?

2. 故事Ⅱ和故事Ⅲ给我们以什么启发?"好马配好鞍"是否有一个把握平衡的"度"的问题?超过"适度"的相配,会产生什么问题?

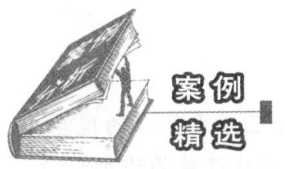

案例
精选

(三)不可否认的事实——沉重的代价,昂贵的学费

由于过去我国的企业对包装不够重视,包装技术落后,每年给国家造成的损失以百亿计。根据中国包装技术协会的统计,我国每年因包装不善造成的经济损失在 150 亿元以上,其中 70% 是由运输包装造成的。如水泥的破包率为15% ~20%,每年损失 300 万吨;玻璃的破损率平均为 20%,每年损失达 4.5 亿元。另据外贸部门的统计,由于出口商品包装落后,每年使国家至少减少10%的外汇收入。

案例Ⅰ:我国传统的出口产品——18 头莲花茶具,因包装问题让外商赚了一大笔钱。18 头莲花茶具本身质量很好,但由于采用简易的瓦楞纸盒做包装,既容易破损,又不美观;既难以辨别是什么商品,又给人以低档廉价的感觉,所以销路一直不好。后来,一个精明的外商将该产品买走后,仅仅在原包装上加了一个精制的包装盒,系上了一条绸带,使商品显得高雅华贵,一时便销路大开,身价陡增,销售价格由一套 1.7 英镑提高到一套 8.99 英镑。

案例Ⅱ:众所周知,人参是名贵的稀有药材,价格昂贵。但是在改革开放以前,我国的有关单位在出口人参时,像捆萝卜干似的将人参捆扎起来,用麻袋或木箱包装。可想而知,这种"稻草包珍珠"的包装方式,不能不让人对其商品的真实性表示怀疑,同时也极大地降低了人参的身价。在这种情况下,尽管价格很低,但是销路仍然不佳。在市场给我们上了一堂生动的"营销学"课程和外商赚取大笔利润后,我们的有关单位终于明智地改变了包装策略——采用小包装(一到两支),配上了绸缎锦盒,或使用木盒外套玻璃纸罩,这样的"装束"雅致大方,使人参的稀有名贵充分表现了出来。结果是不仅销路大开,而且每吨的售价比过去增加了 2.3 万元,使商品利润倍增。

案例Ⅲ:四川人在销售其"拳头"产品——榨菜时,一开始是用大坛子、大篓子将其卖给上海人;精明的上海人将榨菜倒装在小坛子后,出口日本;在销路不好的情况下,日本商人又将从上海进口的榨菜原封不动地卖给了香港商人;而爱动脑子、富于创新精神的香港商人,以块、片、丝的形式把榨菜分成真空小袋包装后,再返销日本。从"榨菜的旅行"过程中,不难看出各方商人都赚了钱,但是靠包装赚"大钱"的还是香港商人。

现在,我国的大多数企业虽然有了"货卖一张皮"的观念,在重视包装的保护功能的同时,也重视了包装的促销功能、增值功能,承认了包装这一"无声的推销员"的作用,但毕竟付出了沉重的代价和交了高额的"学费"。

案例思考题

1. 上述三个小案例是过去发生的,在我国商品包装水平已不再落后的现在,还继续强化包装功能是否有实际意义? 如何才能更好地发挥现代包装的作用?

2. 通过因特网检索查询目前我国在商品包装发展方面的主要问题是什么? 试根据所学的知识提出你的解决办法或建议。

案例精选

（四）知名品牌包装设计成功案例赏析

典型的成功包装是否会给你带来启迪? 借鉴一下这些商家是如何将自己的产品打造得如此完美,又是如何将产品打入市场的。

1. "时代之风"的和平鸽造型包装

它是当今世界上最为畅销的法国高级香水之一,是东方花香香水的代表作,有难得的清香,独树一帜。它最为著名的包装是"和平鸽"造型的水晶瓶子,由著名设计师马克·拉利克设计。这一设计阐述的是经过大战后,和谐与平安已经降临,表达人类对平安的渴望以及给人心灵的抚慰。水晶制成的一对正在展翅飞翔的和平鸽,晶莹剔透,栩栩如生。和平,青青永恒,忘却战争的阴影,无忧无虑、轻松的生活,是这个浪漫品牌最完美的诠释。同时,它在每一瓶香水的瓶盖上,都用手工将羊肠线牢牢绑住,寓意为第一个打开香水瓶的主人带来好运。这款香水在东方各国颇受欢迎,其品牌也深入人心,成为国际最名贵香水的标志。

2. "酒鬼"酒外包装设计的立意孤绝

酒类市场竞争激烈,一个无知名度的新品牌怎样才能以较短时间在市场中争得一席之地?"酒鬼"酒的包装设计可以说在全国众多的酒品中脱颖而出,除了产品自身的品质外,品牌以及包装设计的创新也是重要因素。"酒鬼"酒在传达品牌的传统文化、历史特点、商品性、民族情感上都具有典型性。

在酒的包装设计中,除了文字、色彩、图案的构图布局以外,更重要的是要传达一种情感。包装设计不能只表达商品性而没有人情味,这样的设计只是一个标签符号。许多畅销商品都是借助于具有极强情感特色的品牌来占领市场的。给商品注入"情感"是包装设计要把握的重点,只有极富个性的并能引起人们共鸣的优秀设计,才能在浩如烟海的商品中脱颖而出,抓住消费者,达到促销的目的。

由上述分析我们了解到,现代包装设计,不再是设计者的自我表现,它必须与商业和消费行为发生关联,必须与所有涉及的环节相配合。而设计又是促销的有力手段。作为其中关键一环的包装设计,应把生产力、销售力与市场的机会结合在一起,经设计传达出明显的商品概念,正确吸引某个消费群体,并产生预期购买行为,这样才能显现包装产品的强大的生命力!

❓ 案例思考题

1. 上述两个包装设计的成功经验从理论上说,给现代包装设计带来了哪些有意义的启发?

2. 你能再收集一些我国其他商品包装(如茶叶包装、电子电器包装)设计的成功案例吗?

3. 你认为我国目前的月饼包装设计是否有问题?如何使其既"适度"又有助于促销?

思考练习题

1. 试结合实例分析包装与商品的关系。

2. 你怎样理解商品包装的基本功能?

3. 收集文具商品包装,结合课本更好地理解它们的特点。

4. 包装模数化对商品储运有何实际意义?

5. 从我国国情来考虑,你认为哪种包装材料更具有发展潜力?为什么?

6. 从环保角度出发,比较纸和纸板、塑料、金属、玻璃材料的优缺点。

7. 通过查阅资料和小型科研,你认为适度包装的"度"应如何把握?它与商品种类有何关系?

8. 何谓"证明商标"?它与普通商标有何区别?试收集我国目前证明商标使用情况的资料,尝试写成一篇小论文。

9. 包装装潢和包装的功能之间有什么关系?

10.运输包装标志主要有哪些种类？它们对物流管理有何意义？

11.销售包装标志主要包括哪些内容？试调研某类商品销售包装标志进行验证。

12.通过网络调研目前世界与我国商品包装技术发展的主要趋势。

13.试收集商品商标、服务商标的具体实例，并推荐特征显著的好商标。

14.名词解释：①商品包装；②销售包装；③运输包装；④过度包装；⑤收发货标志；⑥商标。

第八章

商品储运的质量保护

第一节　商品运输与商品储存

商品运输和商品储存是连接商品生产和商品消费的桥梁,也是商品流通中两个必不可少的重要环节。人们习惯上把它们合称为商品储运。

一、商品运输

(一)商品运输的概念与作用

商品运输是指商品在空间上的流通或移动的过程。

商品运输最终所要解决的是商品如何从产地顺利地到达销地的问题,或者说是商品如何从制造商经由批发商、零售商到达消费者手中的问题。其本质还是一个或长或短的空间距离问题。例如,有些商品(如煤炭、钢铁、电力等)是在个别地区集中生产,分散消费;还有些商品(如茅台酒、西湖龙井等)是只在某一地区生产,全国消费。这些商品的消费必须通过运输来解决。所以,做好商品运输工作是使商品流通能正常进行的根本保证。

(二)商品运输方式及其特点

商品运输方式主要有铁路运输、公路运输、水路运输、航空运输、管道运输等。它们之间大多可以相互替代。

1.铁路运输

铁路运输具有受天气影响小、中长途货运费用较低、运输能力和安全系数较大、网络覆盖面较大等优点,但与公路运输相比,缺乏灵活性和机动性,不适合短距离运输和紧急运输,商品滞留时间长且装卸地点不能随意变更。铁路运输可分为集装箱运输和车皮运输两种方式。集装箱运输具有加快运输周转速度,防止商品在运输途中受损,提高装载效率,降低运输成本和节省包装费用等优点。车皮运输是租用适合商品形状、数量等特点的车皮来运输商品,它适合输送大宗商品,但运输效率较低,且需要配备专用的搬运和装卸设备。

2. 公路运输

公路运输主要以卡车为运输工具,包括专用运输车辆,如集装箱、散装、冷藏、危险品等运输车辆。这些车辆有大型和中小型之分,前者适合长距离的大宗商品运输,后者适合短距离的商品配送。由于公路车辆购置成本低,因此,公路运输可以采用自行运输和委托运输两种方式。公路运输的优点是:不受路线和车站的约束,较灵活、机动;可直接把商品从发货地点送到收货地点;集散速度较快,适合市内配送;近距离运输费用低;可以简化包装。其缺点有:不适合大批量的长途运输;运输能力较小;运输质量和安全性较低。

3. 水路运输

水路运输是一种较为经济的水上运输方式。它依托海洋、河流和湖泊,成本低廉。水路运输主要有远洋、近洋、沿海、内河和湖泊运输等几种形式。它以船舶为运输工具,包括专用船(如矿石专用船、木材专用船、粮食专用船、汽车专用船、油轮等)、集装箱船、冷藏船、混装船等。其优点主要有:长距离运输费用低廉;特别适合超大型、超重物和大批量的商品运输。其缺点有:受天气、航道等自然条件限制,使用范围相对较窄;运输速度慢、航行周期长、运输时间难以保证;对港口设施要求高(如集装箱运输需要配备专用集装箱码头);搬运成本高。

4. 航空运输

航空运输主要有客运飞机、客货混载机和专用货物运输机三种运输工具,其中专用货物运输机具有良好的应用前景,尤其是其单元化的装载系统,有效地缩短了商品装卸时间。航空运输的最大优点是速度快,适合高附加值、高时效性的小批量商品如保鲜食品的运输。此外,航空运输具有安全系数大、商品损坏少、不受地理条件限制等优点。航空运输的缺点是:费用高,质量(重量)受限制,物流中心或仓库不能离机场太远。

5. 管道运输

管道运输有地面、地下和架空安装三种方式,主要适合自来水、石油、煤气、煤浆、成品油、天然气等液态、气态商品的运输。近年来,随着技术的发展,管道运输已发展到粉粒状商品(如矿石粉)的短距离配送。管道运输的优点是:不占用或较少占用地面位置,维修成本低,运输效率和设备运转效率高,安全系数大。缺点是:对管道运输技术水平有较高的要求;不适合固态商品的运输。

二、商品储存

(一)商品储存的概念与作用

商品储存是指商品在流通中的暂时停留过程。物流学称之为"保管",是指保存和管理物品的一系列活动的总称。

商品储存形成的原因在于商品生产与商品消费的不一致或背离。例如,有些商品(如单冷空调、羽绒服等)是常年均衡生产,而消费则相对集中于某个季节;还有些商品(如粮食、水果)是季节性生产,却需要常年供应。还有,商品生产的批量性与商品消费的零星性的矛盾,也会导致生产与消费在时间上的背离,由此形成供求矛盾。例如,批发企业处于生产企业和零售企业之间,发挥着中间商的"商品传递"作用。一方面,下游的零售企业需要批发企业细水长流地向其提供小批量、多批次、多品种的商品;另一方面,上游的生产企业却希望批发企业尽快地、不断地购进它的大批量的商品。为了能够满足上、下游企业的需求,并调节两者之间的供需矛盾,批发企业应该拥有必要的商品储存,使其发挥保障商品传递的"蓄水池"作用。此外,国家平时也必须进行一定数量的物资战略储备,以用于应付未来的意外事件(如自然灾害、战争等)。这些时间背离的矛盾都需要通过商品储存来进行调节和解决。

(二)仓库及其类型与仓库设施

商品储存是通过仓库实现的。仓库是商品储存的场所。由供应链上游组织来的商品在此汇集,然后直接或做一段时间的停留后流向下游组织。在集散之间,商品的检验、分类、重包装、分拣、配货等业务活动也可以在此进行。

仓库有许多种类型:

(1)按使用目的可分为,以流通为主的仓库、以存储为主的仓库;

(2)按使用性能可分为,营业型仓库、自用型仓库;

(3)按存储功能可分为,普通仓库、露天仓库、简易仓库、冷藏仓库、恒温仓库、危险品仓库等;

(4)按地理位置可分为,港口仓库、车站仓库、机场仓库、市区仓库、郊区仓库等;

(5)按建筑物形态可分为,平房仓库、多层仓库、地下仓库、水上仓库、立体仓库。

不同类型的仓库有不同的特点和要求,具有不同的使用方向和使用效率。实践中应根据具体要求灵活选择,如冷藏仓库需要配置具有冷却(一般在10℃以下)功能和隔热功能的设备,常用于冷冻食品如肉联厂加工的肉食及其相关商品的储存。

随着仓储科学与物料搬运技术的发展,自动化立体仓库开始得到广泛应用。立体仓库是由高层立体货架、有轨巷道堆垛机、入出库托盘输送机系统、尺寸检测条码阅读系统、通信系统、自动化控制系统、计算机仓库管理系统等组成的,可对集装单元货物实现自动化储存和计算机管理的仓库。它广泛应用于大型生产企业的采购件、成品件仓库、柔性制造系统(FMS),以及流通领域的大型流通中心、配送中心。

仓库设施是实现商品储存功能的必要条件。根据不同的需要,仓库设施有多种形式,其中以货架最为重要。货架是由立柱片、横梁和斜撑等构件组成,用于存放货物的结构件。根据货架的使用范围不同,货架及其货架系列大致可分为:工业货架系统、托盘货架系统、重力货架系统、移动货架系统、贯通货架系统、阁楼式货架、滑动式货架、悬臂式货架等类型。

随着物流业现代化进程的加快,仓库设施正日益追求与智能化的叉车与起重装置、机械手与机器人、自动化分拣和堆码设备等现代化搬运工具相配合,共同朝着自动化、标准化和现代化的方向发展。

第二节　商品在储运中的损耗与质量劣变

一、商品在储运中的损耗及其防治

损耗是指商品在储运过程中,由于自然环境因素与商品本身特性的正常作用和非正常的人为原因而造成的数量损失和消耗。损耗往往也会导致商品质量的部分下降。商品损耗的形式有物理变化和机械损伤两种。

(一)物理变化及其防治

商品的物理变化,是指仅改变商品本身的外部形态,不改变商品性质的变化。商品在储运过程中,由于各种因素的作用,会发生各种形式的物理变化,如挥发、溶化、熔化、凝结、发硬、发软、脆裂、干缩、渗漏、黏结、串味等变化。常见的物理变化有以下几种形式。

1.挥发

某些液体商品或经液化的气体商品(液氨、液氮)在一定的条件下,其表面分子能迅速汽化而变成气体散发到空气中去的现象,称为挥发。具有挥发性的液态商品,一般其表面分子都比较活跃,能不断地散发到空气中去。液态商品的挥发,不仅会造成商品数量减少,其质量也会降低,例如,各种香水中的香精受热易挥发,结果使香水的质量降低。而且,有些商品挥发出来的蒸汽(如乙醚、丙酮)还会影响人体健康,甚至发生燃烧或爆炸事故。

液态商品的挥发速度与商品中易挥发成分的沸点、气温高低、空气流速以及与它们接触的空气表面积等因素有关。在一般情况下,商品中易挥发成分的沸点越低,气温越高,空气流速越快,接触空气表面积越大,挥发的速度就越快;反之,则越慢。因此,对易挥发的低沸点的液态商品,如汽油、白酒、氨水、松节油、花露水、香水,以及文化用品中的涂改液等,应特别注意其包装容器的严密和严格控制仓库温度,保持在低温条件下储存,并要经常检查,防止事故的发生。

2.溶化

溶化是指某些具有较强吸湿性和水溶性的晶体、粉末或膏状商品(如食品中的食盐、食糖、糖果等,化工商品中的明矾、氯化镁、硫代硫酸钠、氯化钙等,化肥中的氮肥及某些医药中的制剂等)吸收潮湿空气中的水分至一定程度后溶解的现象。

影响商品溶化的因素,主要是商品的吸湿性和水溶性,二者缺一不可,此外还与空气接触表面积、空气相对湿度和气温等因素有关。一般情况下,气温和相对湿度越高,这类商品越容易溶化。所以,这类商品在储运过程中应避免其防潮包装受损,也不能与含水量大的商品混存,要保持储运环境的干燥凉爽,堆码也不宜过高,以防止压力过大而加速商品的溶化流失。对这类商品还可采用密封的方法进行存放保管。

3. 熔化

熔化是指某些固体商品在温度较高时,发生变软变形甚至熔融为液体的现象。

易发生熔化的商品有:医药商品中的油膏类、胶囊类等;化妆品中的香脂、发蜡等;化工商品中的松香、石蜡等。商品熔化的结果,有的会造成商品流失;有的会浸入包装,使商品和包装粘连在一起;有的商品产生体积膨胀,胀破包装;有的可能会污染其他商品;有的甚至因商品软化致使货垛倒塌,造成巨大损失。

造成商品熔化的内在因素是商品成分熔点较低和易熔商品中含有某些杂质;其外界因素是日光直射和气温较高。所以,这类商品在储运中应控制较低的温度,采用密封和隔热措施,防止日光照射,尽量减少温度的影响,特别是在炎夏季节,还要根据情况,适当采取降温措施。

4. 脆裂、干缩

某些商品在干燥空气中或经风吹后,会出现脆裂、干缩现象,如纸张、皮革及其制品、木制品、糕点、水果、蔬菜等。商品的脆裂、干缩会导致商品质量严重降低,也会给储存、运输和销售部门带来很大不便,所以储运这类商品,应控制环境的相对湿度,防止日晒、风吹,使其含水量保持在合理范围内。

5. 渗漏、黏结

渗漏是指液体商品由于包装容器不严,包装质量不合格,包装内液体或受热或结冰膨胀等原因而使包装破损所发生的外漏现象。商品的渗漏不但会造成商品流失,而且还会造成严重的空气和环境污染。所以对这类商品的储运,应加强交接验收,定期检查以及加强环境温湿度的控制和管理。同时,木质容器要防止干燥干裂,金属容器要注意防潮防锈。另外,还要根据商品的特性,做好防高温或防冻工作。

黏结是稠状液体商品,如桶装黄油、水玻璃、建筑用胶、化妆品等,因黏着于容器或包装,不能取出的那一部分所造成的减量现象。商品发生的这种损耗属于正常损耗,通常很难避免。但应注意,这些商品的容器或包装不能随意丢弃,以免污染环境。对于盛装各种油漆、建筑用胶等的桶,宜集中回收处理。

（二）机械损伤及其防治

商品在搬运、装卸和堆码时,往往受到外力的碰撞、摩擦和挤压等机械作用而发生形态的变化,这种现象称为机械损伤商品机械损伤的形式主要有破碎、散落、变形等。例如,玻璃、陶瓷制品等在受到碰、撞、挤、压和抛掷时会破碎,搪瓷制品会掉瓷,铝制品或薄钢制品会变形或压瘪;皮革制品受压变形后,影响美观;有的商品,由于包装不严,易造成脱落散开等。

商品的机械损伤,有时会造成数量损失,有时会使质量发生变化,有时甚至会完全失去使用价值。所以上述商品在储运过程中应轻拿轻放,避免高温、曝晒、撞击、湿度过大、重压,并保持包装完整。

二、商品在储运中的质量劣变

质量劣变是指商品在储运过程中，由于外界环境因素的作用，发生化学变化、生理生化变化和生物学变化，结果造成商品质量劣变，甚至完全丧失使用价值的现象。

常见的化学变化形式有氧化、分解、水解、聚合、老化、腐蚀等。生理生化变化形式主要有动植物食品商品的呼吸作用、后热作用、发芽、抽薹、僵直、成熟和自溶等。生物学变化形式有霉变、发酵、腐败、虫蛀、鼠咬等。

（一）化学变化及其防治

1. 分解、水解

分解是指某些化学性质不稳定的商品，在光、热、酸、碱及潮湿空气作用下，会发生化学分解的现象。分解不仅使商品的质量变劣，而且还会使其功能完全失效，有时产生的新物质对人体健康还有危害性。例如，用作漂白剂和杀菌剂的过氧化氢，在常温下缓慢分解，在高温下则迅速分解，生成氧气和水，此时过氧化氢失去了效用，氧气若遇到强氧化性物质还会发生燃烧或爆炸。

水解是指某些商品在一定条件下（如酸性或碱性条件）与水作用而发生复分解反应的现象。各种不同的商品，在酸或碱的条件下，发生水解的情况也不一样。例如，棉纤维在酸性溶液中，特别是在强酸溶液中，易于水解，使纤维的大分子链断裂，分子量降低，从而大大降低了纤维的强度。因此，棉纤维制品应避免与酸类商品混合储存。

2. 氧化

商品与空气中的氧或其他氧化性物质接触，会被氧化。商品的氧化，不仅会降低商品质量，有时还会在氧化过程中产生热量，发生自燃，有时甚至发生爆炸事故。

易于氧化的商品种类很多，例如，某些化工原料中的亚硝酸钠、亚硫酸钠、硫代硫酸钠、保险粉等，都属于易氧化的商品；棉、麻、丝等纤维织品，如长期与日光接触，会发生变色现象，这也是由于织品的纤维材料被氧化的结果。此外，黄磷、胶卷、气体打火机等商品，容易氧化而发生自燃。所以，对于上述这些商品在储运中应选择低温避光条件，避免与氧接触，同时还要注意通风散热等，如有条件可在包装容器内放入脱氧剂。

3. 腐蚀

金属与周围环境（主要是空气）发生化学反应或电化学反应所引起的破坏现象，称为金属腐蚀。由于金属所处环境的差异，所引起的化学反应也不相同，主要有化学腐蚀和电化学腐蚀两种。

在干燥的环境中或无电解质存在的条件下，金属制品遇到空气中的氧而发生氧化反应，叫作化学腐蚀。化学腐蚀的结果是在金属制品表面形成一层薄薄的氧化膜，它可使金属表面变暗，有些金属的氧化膜，对金属还能起到保护作用。如家具中铜床的床头，使用久了，外观色泽变暗、变旧，但对制品质量无显著影响。

在潮湿的环境中,金属制品通过表面吸附、毛细管(表面裂纹和结构缝隙)凝聚,特别是结露作用,水蒸气可在金属表面形成水膜,水膜溶解表面的水溶性黏附物或沉淀物(多为盐类)和空气中的二氧化碳、二氧化硫等可溶性气体,最终成为一种具有导电性的电解液。金属制品接触到这种电解液后,电位较低的金属成分成为负极(阴极),电位较高的杂质或其他金属成分成为正极(阳极),从而引起电化学反应,反应中金属以离子形式不断进入电解液而被溶解,这种腐蚀称为电化学腐蚀。

电化学腐蚀的结果是使金属制品表面出现凹陷、斑点等现象,然后使破坏掉的金属转变成金属氧化物或氢氧化物而附于金属表面,最后或快或慢地往里深入,最终成片地往下脱落。腐蚀严重的,使商品内部结构松弛,机械强度降低,甚至完全失去使用价值。所以,电化学腐蚀是金属商品腐蚀的主要破坏形式。

电化学腐蚀取决于金属电位的高低,电位愈低的金属愈容易发生腐蚀。另外,环境因素中最主要的是湿度、温度和氧,同时还与金属表面附着的尘埃、污物和空气中的二氧化碳、二氧化硫等气体有关。

4. 老化

老化是某些以高分子化合物为主要成分的商品,如橡胶制品、塑料制品以及合成纤维制品等,受日光、热和空气中氧等环境因素作用而失去原有优良性能,以致最后丧失其使用价值的化学变化。

上述商品的老化变质,主要是因为高分子化合物在光、热等因素的作用下,它们的成分发生了裂解或聚合反应所引起的。例如,橡胶制品在高温或烈日下曝晒,会变得发软、发黏而变质;塑料制品和合成纤维在日光、热和空气中的氧等因素作用下,会发生变色、发脆、强力降低等变化。所以在储运这些商品时,要注意防止日光照射和高温,尤其应避免曝晒,同时仓储堆码时不能过高,以免底层的商品受压变形。

(二)生理生化变化及其防治

1. 呼吸

呼吸是活鲜食品在储运中最基本的生理活动。其本质是在酶的参与下进行的一种缓慢的生物氧化过程。

呼吸作用具有两种类型:一种是有氧呼吸,是指活鲜食品在储运中,为了维持生命需要,在体内氧化还原酶的作用下,其体内葡萄糖和其他简单有机物与吸入的氧发生氧化反应,即:$C_6H_{12}O_6 + 6O_2 \rightarrow 6CO_2 + 6H_2O + 674$ 千卡。另一种是缺氧呼吸,是指在无氧或缺氧情况下的呼吸作用,即:$C_6H_{12}O_6 \rightarrow 2C_2H_5OH + 2CO_2 + 28$ 千卡。从上述两种呼吸作用的类型可看出,它们的呼吸基质是一样的,最终都是消耗了有机体内的营养成分并产生热量。

有氧呼吸产生的热量,部分用作活鲜食品生理活动的能量,部分释放到外界环境中,可使储藏环境的温度升高,加速活鲜食品的腐烂变质,同时还会促使霉腐微生物生长繁衍,这对维护储运的植物性活鲜食品如原粮、蔬菜、水果等质量是十分不利的。

缺氧呼吸实质是酒精发酵,其最终产物是酒精和中间产物乙醛等,会破坏活鲜食品的组织,使其腐烂,如积累过多,还会引起活鲜食品细胞中毒,其后果比有氧呼吸更为严重。据研究,在苹果组织中乙醇积累超过 0.3% 就会遭受毒害;乙醛浓度在 0.04% 以上时,果品细胞组织即被杀死,且易产生生理病害,这不仅降低果品的品质,而且影响耐藏性,缩短储藏期。

综上所述,活鲜食品商品在储运中由于呼吸作用的进行,使其营养物质和水分不断消耗而导致重量减轻和组织衰老,同时放出热量和二氧化碳等气体而改变了储运环境的条件。因此,储运活鲜食品商品时往往要控制它们的呼吸作用,采取必要的管理措施,如控制储运场所适宜的低温和储运环境中适度的氧,视其不同种类和品种选择合理的气体比例以及适当的通风换气等措施,以使活鲜食品商品的呼吸作用降到最低限度。但对储运的动物性活鲜食品如活禽、活家畜、活水产品等来说,为了延长其生命,还必须提供能满足其正常呼吸所需的氧气和温度。所以,这两类食品商品在储运中应做到保持较弱的有氧呼吸,防止缺氧呼吸。这是活鲜商品进行储运时需要掌握的基本原则。

2. 后熟

后熟是菜果采收以后其成熟过程的继续,主要发生在果品、瓜类及果菜类(茄子、豆类等)商品的储运中。因上述这些食品成熟后再采摘,不耐储运且容易腐败变质,所以这些食品必须在成熟前采摘。它们脱离母体后,物质的积累被迫停止,但食品中的有机成分的合成——水解平衡更趋向于水解作用方向,呼吸作用更趋向于缺氧呼吸类型,使商品质量和生理特性发生一系列变化,而后逐渐达到使用成熟度。

后熟对这类食品在色泽、香气、口味及口感等方面有明显的提高,食用质量也得以改进。例如,香蕉、柿子、西瓜和甜瓜等,只有到达后熟时,才具备良好的食用价值。但也会因它们的成分在组织或器官之间的转移和重新分配而逐渐进入衰老期,致使商品形态变劣,组织粗老和食用品质大为降低。

促进这类食品后熟的因素主要是高温、氧气和某些刺激性气体的成分,如乙烯、乙醇等。例如,苹果组织中产生的乙烯(又称内源乙烯),虽然数量极微,却能大大加快商品的后熟和衰老的进程。所以苹果在储运中,为了延长或推迟后熟和衰老过程,除采用适宜的低温和掌握适量的通风条件外,还可采取措施如放置活性炭、焦炭分子筛等吸收剂排除苹果库房中的乙烯成分。有时为了及早上市,对于某些菜果如番茄、香蕉、柿子等,还可利用人工催熟的方法加速其后熟过程,以适应市场销售的需要。例如,香蕉在密封条件下,温度为 20℃,空气相对湿度为 85%,乙烯浓度约为空气体积的 0.1% 时,就可催熟。

3. 发芽和抽薹

发芽和抽薹是二年生的蔬菜(如马铃薯、葱头、大蒜等)在储存时经过休眠期后的一种继续生长的生理活动。发芽是蔬菜短缩茎上的休眠芽开始发芽生长,而抽薹则是短缩茎上生长点部位所形成的花茎生长的结果。这主要发生在一些变态的根、茎、叶菜储存的后期,如马铃薯芽眼中休眠芽萌发,萝卜顶部抽薹等。

发芽和抽薹的蔬菜,因大量的营养成分转向新生的芽或花茎,所以使这类食品组织细胞变得糠松粗老或空心,失去原有的鲜嫩品质,并且不耐储存。

造成蔬菜发芽和抽薹的因素主要有高温、高湿、充足的氧气和日光照射等。因此,储存这类蔬菜时,应将温度控制在5℃以下,相对湿度80%～85%,避光以及采用气调储藏法等措施控制其休眠期,以延缓发芽和抽薹的时间。此外,在蔬菜收获前后,施以适当浓度的如抑芽丹或采取γ射线辐射处理等,均可对控制发芽和抽薹起到明显效果。

4. 僵直

僵直是刚屠宰的家畜、家禽和刚死亡的鱼等动物性生鲜食品的肌肉组织发生的生理生化变化。

动物死亡之后,呼吸停止,依靠血液循环的肌肉供氧也随之停止,但这时肉中的各种酶仍未失活,一些酶催化的生化反应仍在进行,此时因无氧存在,糖元、葡萄糖的分解只能以无氧酵解的方式进行,其产物为乳酸。这就使肉的pH值逐渐下降,原来使肌肉呈柔软状态的成分如二磷酸腺苷也减少,其结果造成肌肉组织收缩,失去原有弹性和柔软性,肉质变得僵硬。

处于僵直阶段的肉,弹性差,保水性也差,无鲜肉的自然气味,烹饪时不易煮烂,熟肉的风味也差,不宜直接食用。但僵直阶段的鲜肉(鱼)其主要成分尚未分解,基本保持了原有的营养成分,适合直接冷冻储藏。

5. 成熟和自溶

当肉的酸度达到其最低的pH值时,肉的僵直程度也达到了最高点,肉中的水解酶开始活化并分解肌肉中的蛋白质、三磷酸腺苷等,一方面使肌肉的pH值逐渐回升,另一方面也使肌肉的保水性增强,同时由于三磷酸腺苷的分解,还生成了肉的特殊香味成分——次黄嘌呤。成熟过程可使肉变得柔软、有弹性、有汁液、有光泽,易熟、易消化且风味鲜美。当肉的成熟作用完成后,肉的生物化学变化就转向自溶作用。

自溶作用是肉腐坏的前奏。在自溶酶的作用下,肌肉中的复杂有机化合物进一步被分解为分子量低的物质的过程称为自溶。由于空气中的二氧化碳与肉中的肌红蛋白的相互作用,可使肉色泽变暗,弹性降低。处于自溶阶段的肉,虽尚可食用,但气味和滋味已大为逊色。而且,随着自溶作用的进行,肉的pH值逐渐向中性发展,这就为各种细菌的繁衍创造了适宜的条件。实际上,肉在自溶阶段的后期,常伴随有细菌的活动,而且处于自溶阶段的肉,已不适合长期保存。

肉的成熟和自溶与外界温度条件有密切关系。当温度低时,成熟和自溶作用缓慢,当温度高时,成熟和自溶作用则加速进行。这主要是由于温度可以影响自溶酶的活性所致。所以,生鲜肉类、禽类和水产品都需要在低温下储存和运输。

　　(三)生物学变化及其防治

　　1. 霉变

　　商品霉变是由于霉菌在商品上生长繁殖而导致的商品变质现象。

　　霉菌是一种低等植物,无叶绿素,菌体为丝状,主要靠孢子进行无性繁殖。空气中含有很多肉眼看不到的霉菌孢子,商品在生产、储运过程中,它们落到商品表面,一旦外界温度、湿度适合,商品上又有它们需要的营养物质时,就会生长菌丝。其中部分菌丝伏在商品表面或深入商品内部,有吸取营养物质和排泄代谢产物功能,称为营养菌丝;另一部分菌丝竖立于商品表面,在顶端形成子实体或产生孢子,称之为气生菌丝。菌丝集合体的形成,使商品出现"长毛"或有霉味的变质现象。

　　霉菌在世界上大约有三万多种,每年霉坏的商品数量相当可观。但在生产实践中,对霉菌的应用也很广泛。例如,毛霉是制作腐乳、豆豉等食品的重要菌种,也是药材、肉类、粮食、水果、蔬菜、糕点、香烟、鞋帽商品上经常发生的霉腐微生物,对商品的破坏性也很大。霉菌中对商品危害较大的除毛霉外,还有根霉、曲霉和青霉。

　　霉菌在生长和繁殖中所需的营养物质有水分、碳源、氮源和无机盐等。水分是霉菌机体的重要组成成分,是其吸收其他营养物质的载体。如,溶解营养物质、吸收代谢热和调节细胞温度等。水分约占霉菌体重的 75% ～ 85%。碳源即含碳物质,如糖类、有机酸、纤维素、醇类和酯类等,它是构成霉菌细胞和代谢产物中碳素来源的营养物质,也是霉菌能量的主要来源。氮源指含氮物质,如蛋白质、氨基酸、铵盐、硝酸盐等,它是构成霉菌细胞和代谢产物中氮素来源的营养物质,也是合成霉菌原生质和细胞结构的原料。无机盐是霉菌所需的灰分营养,即为霉菌提供其生命活动所必需的硫、磷、钾、镁、钙、铁等元素。而具有上述营养物质的商品种类很多,如粮食及加工制品,水果、蔬菜及干制品,茶叶,酒类,皮革制品,纺织品,鞋帽,卷烟等,所以它们非常容易发生霉变。

　　霉菌因不含叶绿素,不会自己制造养料,所以只能寄生于含营养的物质,只能靠菌丝细胞膜的渗透作用,通过水的溶解作用将养分吸入体内或将代谢产物排出体外。但霉菌的细胞膜只能透过低分子物质,对淀粉、纤维素、木质素等大分子物质,只能靠体内释放出的酶,先将大分子分解为水溶性的低分子物质,才能吸收到体内。因此,霉菌的种类不同,其所含的酶的种类也不同,其对商品的危害也有差异。例如,根霉因含有丰富的淀粉酶,故主要危害谷物、面粉、糕点等商品;曲霉中含有丰富的淀粉酶和蛋白酶,其中黑曲霉对植物性商品的破坏力强,对含淀粉的商品破坏更甚;黄曲霉不仅危害含淀粉的食品,而且危害含蛋白质的商品,其产生的黄曲霉毒素是致癌物质,能诱发癌症,其中尤以花生、玉米、大米、薯干等商品最易受黄曲霉毒素的污染。青霉对有机商品的破坏力很强,能使粮食、糕点、鲜果、蔬菜、香烟、茶叶、棉制品、布鞋等霉腐,同时还产生青霉毒素,具有剧毒。所以,发生霉变后的食品不能再食用。

　　商品霉变的实质是霉菌在商品上吸取营养物质与排泄废物的结果。这是因为霉菌吸收营养时必然要分解商品体原有的成分,由此使商品内在质量受到不同程度的破坏;而霉菌的代谢产物如色素、有机酸和其他有机物,又使商品污染上色,破坏其外观,产生难闻的霉味及毒素;同时,商品的组织结构由于其成分被分解和有机酸等代谢产物的作用,商品还会出现变糟、发脆或强度降低等变质现象。

2. 发酵

发酵是某些酵母(尤其是野生酵母)和细菌所分泌的酶,作用于食品中的糖类、蛋白质而发生的分解反应。

发酵分为两种,一种是正常发酵,它广泛应用于食品酿造业。例如,我国白酒的生产工艺概括起来有固态发酵工艺、半固态发酵工艺和液态发酵工艺。另一种是非正常发酵,即空气中的这些微生物在适宜环境条件下作用于食品而进行的发酵。常见的这类发酵有酒精发酵、醋酸发酵、乳酸发酵和酪酸发酵等。这些微生物能在酱油、醋、葡萄酒等商品表面形成一层薄膜,不但破坏了食品中的有益成分,使其失去原有的品质,而且还会出现不良气味,影响这类食品的风味和质量,有的还会产生有害人体健康的物质。所以,防止食品在储运中发酵的方法是,除了注意卫生外,密封和控制较低温度也是十分重要的。

3. 腐败

腐败主要是腐败细菌作用于食品中的蛋白质而发生的分解反应。含水量大和含蛋白质较多的生鲜食品最容易出现腐败。例如,植物性食品中的豆制品,动物性食品中的肉、乳、鱼、蛋等。腐败的基本原理是,食品中的蛋白质通过细菌自身分泌出的蛋白酶,先把蛋白质分解成氨基酸,除吸收一部分外,余下的将被进一步分解成多种有酸臭味和有毒素的低分子化合物,同时还放出硫化氢、氨等有臭味的气体。食品腐败后,不仅其营养成分分解,产生恶臭,更严重的是还产生许多剧毒物质,如胺类化合物等,使食品完全丧失食用价值,并危及食用者的健康。

引起商品霉变、发酵和腐败的微生物统称为霉腐微生物,包括霉菌、酵母菌和部分细菌。它们能在商品体上生长、繁殖,除商品上有它们需要的营养物质外,还与外界环境因素有密切关系,如水分、温度、日照、酸碱度等。霉腐微生物中,细菌、酵母菌是属于高湿性微生物,个别是中湿性,多数霉菌是中湿性。其最适宜的生长温度分别为30℃～60℃和25℃～37℃,适应发育的最低相对湿度为90%以上和80%～90%。霉腐微生物是属于好氧性微生物,其细胞的呼吸作用要在有氧条件下进行。光对霉菌的影响很大,如霉菌在日光下曝晒数小时,大多数会死亡,所以,对发霉商品可采取日光下曝晒的方法治霉。但一般微生物生长均不需要光。所以当人们有意识地控制某一因素并使其劣化至霉腐微生物无法适应的范围,它们便无法生长繁殖,从而可防治或避免商品霉腐。如在储运中采用低温(10℃以下)或将相对湿度控制在65%以下或造成低氧环境,均能取得防治商品霉腐的良好效果。因此,研究微生物的生长发育条件,对防治霉腐微生物危害商品有着非常重要的现实意义。

4. 虫蛀、鼠咬

商品在储运过程中,经常遭受仓库害虫的蛀食和老鼠的咬损,使商品体及其包装受到损失,它们排泄的各种代谢废物还污染了商品,有的甚至使商品完全丧失使用价值。

仓库害虫种类较多,在我国发现并有记载的有 200 多种,在商业仓储部门发现危害商品的害虫就有 40 多种,危害包装物的害虫达 120 多种。其主要代表性仓库害虫是鞘翅目昆虫,俗称甲虫,它们是目前仓库中一类种类最多,危害性最大的仓虫。容易受其虫蛀的商品,主要是碳水化合物、蛋白质和油脂等营养含量较高的动植物性商品,如毛织品、丝织品、毛皮制品、竹或藤制品、纸张及纸制品、卷烟和烟叶、干果等,因为这些商品可提供它们生命活动所需的营养物质和有它们喜食的成分。

鼠类虽不属仓虫范围,但其危害比仓虫有过之而无不及,也是仓储商品的大害。仓库中的主要鼠类是褐鼠、黑鼠和小家鼠。鼠类有咬啮的习惯,以使门齿保持适当的长度,所以,凡是硬度比鼠齿小的商品或物品,均是老鼠咬啮的对象。因此,鼠类对商品的包装物、工业品(木制品、竹制品、皮箱、聚氯乙烯制品等)、建筑材料、通信设备等都有较大的破坏作用。此外,纤维制品还常成为老鼠觅取做窝的材料。同时,它们的粪便还污染了商品,并会传染疾病。

对虫蛀、鼠咬的防治应熟悉虫、鼠的生活习性和危害规律,首先立足于防,尽力做到商品进仓无虫,仓内无虫,对鼠捣其巢穴,断其来路,进行诱捕;搞好运输工具和仓库的清洁卫生工作,加强日常管理。其次是采用化学药剂或其他方法杀虫、灭鼠,坚持经常治理与突击围剿相结合的方针。

第三节　储运商品的养护技术

一、防霉腐方法

商品的成分结构和环境因素是霉腐微生物生长繁殖的营养来源和生活的环境条件。因此,商品的防霉腐工作,必须根据微生物的生理特性,采取适宜的措施进行防治。首先,应立足于改善商品组成、结构和储运的环境条件,使它不利于微生物的生理活动,从而达到抑制或杀灭微生物的目的。其次,要配合使用各种物理、化学防霉腐手段,以达到更好的防霉腐效果。

(一) 药剂防霉腐

药剂防霉腐是利用化学药剂使霉腐微生物的细胞和新陈代谢活动受到破坏或抑制,进而达到杀菌或抑菌,防止商品霉腐的目的。

药剂防霉腐要和生产部门密切配合,在生产过程中就把防霉剂、防腐剂加到商品中,这样既方便又可收到良好的防霉腐效果。例如,用于食品防霉腐的药剂有:苯甲酸及其钠盐、山梨酸及其钾盐等,常用于汽酒、碳酸饮料、面酱、蜜饯、山楂糕、果味露、罐头等食品的防霉腐。此外,对批量小的易霉腐的工业品商品如皮革制品等,也可在储运时把防霉腐药剂加到商品表面。防霉腐药剂的选用,应遵循低毒、高效、无副作用、价格低廉等原则,而且在使用时还必须考虑对使用人员的身体健康无不良影响和对环境不造成污染等。

（二）气相防霉腐

气相防霉腐是通过药剂挥发出来的气体渗透到商品中，杀死霉菌或抑制其生长和繁殖的方法。这种方法效果较好，应用面广。常用的气相防霉剂有：多聚甲醛、环氧乙烷等。多聚甲醛是甲醛的聚合物，在常温下可徐徐升华解聚成有甲醛刺激气味的气体，能使菌体蛋白质凝固，以杀死或抑制霉腐微生物。使用时将其包成小包或压成片剂，与商品一起放入包装容器内加以密封，让其自然升华扩散。环氧乙烷作为防霉腐剂，能与菌体蛋白质、酚分子的羧基、氨基、羟基中的游离的氢原子结合，生成羟乙基，使细菌代谢功能出现障碍而死亡。环氧乙烷分子穿透力比甲醛大，因此杀菌力也比甲醛强，环氧乙烷可在低温下使用，比较适宜于怕热、怕潮的商品防腐包装。但环氧乙烷能使蛋白质液化，会破坏粮食中的维生素和氨基酸，还会残留下有毒物质氯乙醇，因此不宜用作粮食和食品的防霉腐，只可用于皮革制品的防霉。应注意的是，气相防霉腐要求包装材料和包装容器具有透气率小、密封性能好的特点。气相防霉剂还应与密封仓库、大型塑料膜罩或其他密封包装配合使用，才能获得理想效果。另外，使用中要注意安全，严防毒气对人体的伤害。

对于已发生霉腐的商品，为避免进一步恶化造成更大的损失，应及时采取措施救治。霉腐商品的救治方法有很多，常用的方法有：晾晒、烘烤、熏蒸、机械除霉及加热灭菌等。使用时应根据实际情况合理选择。

（三）气调防霉腐

气调防霉腐是根据好氧性微生物需氧代谢的特性，通过调节密封环境（如气调库、商品包装等）的气体（二氧化碳、氮气、氧气等）的组成成分，降低氧气浓度，来抑制霉腐微生物的生理活动、酶的活性和鲜活食品的呼吸强度，达到防霉腐和保鲜目的的一种方法。

二氧化碳具有抑制大多数腐败细菌和霉菌生长繁殖的作用，空气中二氧化碳的浓度达到 10% ~14% 时开始对霉腐微生物有抑制作用；空气中二氧化碳的浓度超过 40% 时则对霉腐微生物有明显的抑制和杀死作用。氮气是理想的"惰性"气体，它一般不与食品发生化学作用，也不被食品所吸收，但能减少包装内的含氧量，极大地抑制细菌、霉菌等微生物的生长繁殖，减缓食品的氧化变质及腐败。

气调防霉腐有三种方法进行降氧。一是自发气调降氧法，即靠鲜活食品本身的呼吸作用释放出的二氧化碳来降低包装内的氧气含量，从而起到气调作用，这叫做自发气调。二是机械气调降氧法，即将包装内的空气抽至一定的真空度（$8.0 \times 10^3 Pa ~ 2.1 \times 10^4 Pa$），然后再充入氮气或二氧化碳气的气调方法。三是化学气调降氧法，即采用脱氧剂来使包装内的氧的浓度下降。气调还需要有适当低温条件的配合，才能较长时间地保持鲜活食品的新鲜度。

气调防霉腐可用于水果、蔬菜的保鲜，近年来也开始用于粮食、油料、肉及肉制品、鱼类、鲜蛋和茶叶等多种食品的保鲜。

(四)低温防霉腐

含水量大的商品尤其是生鲜食品如鲜肉、鲜鱼、鲜蛋、水果和蔬菜等,多利用低温来抑制霉腐微生物的繁殖和酶的活性,以达到防霉、防腐的目的。按降低温度的范围和作用时间长短,低温防霉腐分为冷藏防霉腐和冻藏防霉腐两种。

冷藏防霉腐,其温度短时间控制在 0℃ 左右,此时商品并不结冰,此法适用于不耐冰冻的商品,尤其是水分含量大的生鲜食品和短期储存的食品,如蔬菜、水果、鲜蛋等。在冷藏期间霉腐微生物的酶几乎都失去了活性,新陈代谢的各种生理生化反应缓慢,甚至停止,生长繁殖受到抑制,但并未死亡。

冻藏防霉腐,是长时间控制温度到 -16℃ ~ -18℃ 左右的冻结储藏,适合于肉类、鱼类等耐冰冻且含水量大的易霉腐商品。在冻藏期间,商品的品质基本上不受损害,商品上的霉腐微生物因细胞内水变成冰晶脱水,冰晶会损伤细胞质膜而引起死伤。

(五)干燥防霉腐

干燥防霉腐是通过各种措施降低商品的含水量,使其水分含量降至商品的安全储运水分含量之下,从而抑制霉腐微生物的生命活动。这种方法可较长时间地保持商品质量,且商品成分的化学变化也较小。

干燥防霉腐有自然干燥法和人工干燥法两种。自然干燥法是利用自然界的能量,如日晒、风吹、阴晾等方法使商品干燥。该法经济方便,广泛应用于原粮、干果、干菜、水产海味干制品和某些粉类制品。

人工干燥法是在人工控制环境条件下对商品进行脱水干燥的方法。比较常用的方法有:热风干燥、喷雾干燥、真空干燥、冷冻干燥及远红外和微波干燥等。该法因要用一定的设备、技术,故费用较高,耗能也较大,在应用上受到了一定的限制。

(六)电离辐射防霉腐

电离辐射是指能量通过空间传递,照射到物质上,射线使被照射的物质产生电离作用。电离辐射一般是放射性同位素(钴 -60 或铯 -137)产生的 α、β、γ 射线,它们都能使微生物细胞结构与代谢的某些环节受损。α 射线在照射时被空气吸收,几乎不能到达目的物上。β 射线穿透力弱,只限于物体表面杀菌。γ 射线穿透作用强,可用于食品内部杀菌。射线可杀菌杀虫,不会引起物体升温,故可称其为冷杀菌。

电离辐射的直接作用是当辐射线通过霉腐微生物时能使微生物内部成分分解而引起诱变或死亡。其间接作用是使水分子离解成为游离基,游离基与液体中溶解的氧作用产生强氧化基团,该基团再使霉腐微生物酶蛋白的巯基(—SH)氧化,酶失去活性,因而使其诱变或死亡。辐射可导致害虫、虫卵、微生物体内的蛋白质、核酸及促进生化反应的酶受到破坏、失去活力,进而终止食品等被霉腐和生长老化、变质的过程,维护品质稳定。

包装的商品经过电离辐射后即完成了消毒灭菌的作用,经照射后,如果不再污染,配合冷藏的条件,则小剂量辐射能延长保存期数周到数月,而大剂量辐射可彻底灭菌,长期保存。但要注意,辐射射线的剂量过大也可能会加速包装材料的老化和分解,因此也要注意控制剂量。

(七)紫外线照射防霉腐

紫外线的波长为 100~400nm,其中以波长为 240~280nm 范围的紫外线最具有杀菌作用,尤其在波长为 253.7nm 时紫外线的杀菌作用最强。紫外线的杀菌或防霉腐机理是通过紫外线对商品上霉腐微生物的照射,以破坏其机体内 DNA(脱氧核糖核酸)的结构,使构成该微生物的蛋白质无法形成,使霉腐微生物立即死亡或丧失繁殖能力。

紫外线杀菌是一种使用简便的灭菌方法,且无药剂残留,效率高、速度快,并可被不同的表面反射,但由于紫外线穿透力很弱,所以只能杀死商品表面的霉腐微生物。此外,对于含有脂肪或蛋白质的食品经紫外线照射后会产生臭味或变色,因此这些商品不宜使用紫外线杀菌。紫外线一般是用来处理包装材料和容器、工作环境以及非食品业的包装商品的杀菌。

(八)微波辐射防霉腐

微波是频率为 300MHz~300GHz、波长为 0.001~1m 的电磁波。微波防霉腐或者说灭菌的机制主要靠热效应和生物效应两个方面的作用,也就是说,商品上的霉腐微生物在高频电磁场的作用下吸收微波能量后,一方面商品中的霉腐微生物或虫类会因分子极化现象,吸收微波升温,从而使其蛋白质变性,失去生物活性;另一方面高频的电场也使其膜电位、极性分子结构发生改变,使霉腐微生物或虫类体内蛋白质和生理活性物质发生变异,而丧失活力或死亡。微波杀菌,具有穿透力强、节约能源、灭菌快、效率高、操作简单、适用范围广,且微波灭菌便于控制,加热均匀,食品的营养成分及色、香、味在灭菌后仍接近食物的天然品质等特点,可用于液态、固态物品的灭菌,包装好的物品置于微波场中,在极短时间内即可完成灭菌过程。但在使用中应注意防止微波泄漏。目前微波辐射防霉腐主要用于粮食制品类、蔬菜类、水果类、奶制品、调味品、香精香料等商品。

二、防治害虫的方法

储运中对害虫的防治工作应贯彻“以防为主,防治结合”的方针。对某些易生虫的商品如原材料,必须积极地向产方提出建议和要求,在生产过程中,对原材料采取杀虫措施,如竹、木、藤原料,可采取沸水烫煮、汽蒸、火烤等方法,杀灭隐藏的害虫。对某些易遭虫蛀的商品,在其包装或货架内投放驱避药剂,如天然樟脑或合成樟脑等。此外,储运中害虫的防治还常采用化学、物理、生物等方法,杀灭害虫或使其不育,以维护储运商品的质量。

(一)化学杀虫法

化学杀虫法是利用化学药剂来防治害虫的方法。在实施时,应考虑害虫、药剂和环境三者之间的关系。例如,针对害虫的生活习性,要选择其抵抗力最弱的虫期施药,药剂应低毒、高效和低残毒,且对环境无污染。在环境温度较高时施药,可获得满意的杀虫效果。

化学杀虫按其作用于害虫的方式,主要有熏蒸杀虫、触杀杀虫和胃毒杀虫三种。

1. 熏蒸杀虫

杀虫剂的蒸汽通过害虫的表皮或气门进入呼吸系统,进而渗透到血液,使害虫中毒死亡的作用叫熏蒸作用。而具有熏蒸作用的化学杀虫剂称为熏蒸剂。常用的熏蒸剂有磷化铝、氯化苦、环氧乙烷、硫酰氟、三氯乙烷、四氯化碳、二溴乙烷和溴甲烷等。由于溴甲烷在有效杀死害虫的同时,还消耗臭氧层,《蒙特利尔议定书》要求各国逐步淘汰甲基溴,以保护臭氧层。为此,作为该议定书的签约国,我国在2015年前必须淘汰溴甲烷。氯化苦是联合国推荐的溴甲烷替代品之一。

许多熏蒸剂都能挥发出剧毒气体,渗透力也很强,能杀死商品内部的害虫,但对人的毒性也很强,使用时要注意熏蒸场所的密封和人身安全。熏蒸时最好选择害虫的幼龄期进行毒杀,因其抗药能力较弱而毒效会更好。

2. 触杀杀虫和胃毒杀虫

杀虫剂与害虫表皮或附器接触后渗入虫体,或腐蚀虫体蜡质层,或堵塞气门,而杀死害虫的作用,叫做触杀作用。具有触杀作用的杀虫剂,称为触杀剂,如常用的辛硫磷、对硫磷、溴氰菊酯、氰戊菊酯等。杀虫剂随着诱饵,经虫口进入害虫消化系统,从而起到毒杀的作用,叫做胃毒作用。有胃毒作用的杀虫剂,称为胃毒剂,如敌百虫、砷素剂、氟素剂等。大部分杀虫剂以触杀作用为主,兼具胃毒作用。

(二)物理杀虫法

物理杀虫法是利用各种物理因素如热、光、射线等破坏储运商品上害虫的生理活动和机体结构,使其不能生存或繁殖的方法。主要有:高、低温杀虫法;射线杀虫与射线不育法;

远红外线与微波杀虫法和充氮降氧杀虫法等。

1. 高、低温杀虫法

高温杀虫法是利用日光曝晒(夏天日光直射温度可达50℃左右)、烘烤(一般温度为60℃~110℃)、蒸汽(温度为80℃左右)等产生的高温作用,使商品中的害虫致死的方法。例如,一般害虫在38℃~40℃时即发生热麻痹;48℃~52℃时,经过一定时间即死亡;54℃时,经2~6小时,全部死亡。其原因是:高温下害虫体内水分大量蒸发,蛋白质发生凝固,破坏了虫体细胞组织,最终导致其死亡。

低温杀虫法是利用低温,使害虫体内酶的活性受到抑制,生理活动缓慢,处于半休眠状态,不食不动,不能繁殖,时间过久会因体内营养物质过度消耗而死亡。低温杀虫法有:库外冷冻、库内通冷风、机械制冷、入仓冷冻密封等。

2. 射线杀虫与射线不育法

射线杀虫与射线不育法,是分别用高剂量的与低剂量的γ射线辐射虫体,前者几乎可使所有害虫立即死亡,后者可引起害虫的生殖细胞突变,导致害虫机体不育。该法具有杀虫效率高,商品组成成分、商品包装不被破坏,环境不受污染等特点。

3. 远红外线与微波杀虫法

远红外线是频率高于 3 000 000MHz 的电磁波。其杀虫的机理是利用远红外线的光辐射和产生的高温使害虫虫体迅速脱水干燥而死亡。微波是一种高频率电磁波,它是利用高频电磁场作用,使害虫体内的水分、脂肪等物质在微波作用下,分子发生振动,分子之间产生剧烈摩擦,生成大量的热能,使虫体内部温度迅速上升(可达 60℃以上),导致害虫死亡的方法。

(三)生物杀虫法

生物杀虫法是利用害虫的天敌和人工合成的昆虫激素类似物来控制和消灭害虫的一种方法。此法可避免化学杀虫的抗药性和对环境的污染,是一种很有发展前途的杀虫方法。

目前,人类合成的昆虫激素类似物主要有性信息素合成物和返幼激素等。前者用于诱杀雄虫或使雌虫得不到雄虫的交配而产下不能孵化为害虫的未受精卵,后者可抑制害虫的发育,使其停留在一定的发育阶段,不能继续繁殖,最终造成害虫的不育或死亡。

三、防鼠与灭鼠的方法

防鼠与灭鼠,要针对鼠类的特性和危害规律,采取防治与突击围剿相结合的办法,要揭其巢穴,断其来路,消其疑忌,投其所好,进行诱捕。

防鼠的主要方法是,保持库房内外清洁卫生,清除垃圾,及时处理堆积包装物料及杂乱物品,不给鼠类造成藏身的活动场所。另外,还可以用碎瓷片、碎玻璃与黄沙、石灰或水泥掺和,堵鼠洞,截断其活动通路。

灭鼠有多种方法,除一些传统有效方法(如鼠夹、鼠笼、粘鼠胶等)外,还可用电猫(微电流高压电击灭鼠装置)等新的物理机械灭鼠方法。这些捕鼠方法,对人畜比较安全,只是效果差些。目前还是用灭鼠药(如杀鼠灵、氯敌鼠等抗凝血灭鼠剂)毒杀,效果较好。但要妥善处理死鼠,以免被其他动物吃掉,造成死亡或污染环境。在食品储藏库中不宜采用灭鼠药灭鼠。除上述二种灭鼠方法外,还有采用驱鼠剂(如放线酮等)驱除鼠类,或用植物性复合不育剂及生物毒素灭鼠的新方法。由于驱鼠剂对鼠类口腔黏膜有强烈的刺激作用,因此鼠类闻到此药会很快逃避。

四、防腐蚀方法

金属商品的电化学腐蚀是造成商品损失的重要因素之一,所以做好金属商品的防腐蚀工作非常重要,这也是仓储过程中商品养护的一项重要任务。金属商品的电化学腐蚀除内在因素如金属及其制品本身的组成成分、电位高低、表面状况等外,还主要取决于金属表面电解液膜的存在。因此,在防止金属商品电化学腐蚀的方法中,相当多的方法是围绕防止金属表面生成水膜而进行的。在生产部门,为了提高金属的耐腐蚀性能,最常采用的方法是在金属表面涂盖防护层。例如,喷漆、搪瓷涂层、电镀等,把金属与促使金属腐蚀的外界条件隔离开来,从而达到防腐蚀的目的。

在仓储过程中使用的主要防腐蚀方法是:涂油防锈、气相防锈和可剥性塑料封存等。

(一)涂油防锈

涂油防锈是流通中常用的一种简便有效的防腐蚀方法。它是在金属表面涂覆一层油脂薄膜,在一定程度上使大气中的氧、水分以及其他有害气体与金属表面隔离,从而达到防止或减缓金属制品生锈的方法。此法属于短期的防锈法(最长不超过 5 年),随着时间的推移,防锈油会逐渐消耗,或由于防锈油的变质,而使金属商品又有重新生锈的危险。目前常用的防锈油种类有:溶剂型薄层防锈油、蜡膜防锈油、水溶性防锈油、凡士林防锈油等。

(二)气相防锈

气相防锈是利用挥发性气相防锈剂在金属制品周围挥发出缓蚀气体,来阻隔空气中的氧、水分等有害因素的腐蚀作用以达到防锈目的的一种方法。这是一种较新的防锈方法,具有使用方便、封存期较长、使用范围广泛的特点。它适用于结构复杂,不易为其他防锈涂层所保护的金属制品的防锈。常用的气相防锈剂有:亚硝酸二环己胺、肉桂酸二环己胺、肉桂酸、福尔马林等。常用的气相防锈形式有三种。

1.气相防锈纸防锈

气相防锈纸是用牛皮纸、石蜡纸、羊皮纸、防水纸等,浸涂气相防锈剂干燥后而成,用于金属商品的内包装,外层再用塑料袋或蜡纸密封。

2.粉末法气相防锈

该法是用气相防锈剂粉末,均匀喷洒在金属制品表面或散装在金属制品的包装袋中,也可制成片剂、丸剂放入包装袋,然后密封。

3.溶液法气相防锈

此法是用有机溶剂或水溶解气相防锈剂而形成的溶液,浸涂或喷涂于金属制品表面,形成一层防锈剂薄膜,然后用蜡纸或塑料袋包装。

应注意的是,采用气相防锈,要根据不同的金属制品选择不同种类的气相防锈剂,气相防锈的形式也要根据需要和实际情况进行选择,只有这样才能达到满意的效果。

(三)可剥性塑料封存

可剥性塑料是用高分子合成树脂为基础原料,加入矿物油、增塑剂、防锈剂、稳定剂以及防腐剂等,加热溶解后制成的。将这种塑料液喷涂于金属制品表面,能形成可以剥落的一层特殊的塑料薄膜,像给金属制品穿上一件密不透风的外衣,它有阻隔腐蚀介质接触金属制品的作用,以达到防锈目的。可剥性塑料中,常用的树脂有乙基纤维素、醋酸丁酸纤维素、聚氧乙烯树脂、过氯乙烯树脂和改性酚醛树脂等。

可剥性塑料按其组成和性质的不同,可分为热熔型和溶剂型两类。

1．热熔型可剥性塑料

该塑料是一种具有一定韧性的固体，它加热熔化后，浸涂于金属制品表面，冷却后能形成一层1～3毫米厚的塑料膜层。

2．溶剂型可剥性塑料

它是一种黏稠液体，涂刷于金属制品表面，能形成一层0.3～0.5毫米厚的膜层。溶剂型可剥性塑料适用于一般五金零件的封存防锈。由于膜层较薄，所以它的防锈期较短。

以上两种薄膜都有阻隔外界环境不良因素、防止生锈的效用，启封时用手即可剥除。

五、防老化方法

防老化是根据高分子材料性能的变化规律，采取各种有效措施以减缓其老化的速度，达到提高材料的抗老化性能，延长其使用寿命的目的。高分子商品的老化有其内因和外因，所以防老化应从两方面着手。

（一）提高商品本身的抗老化作用

高分子材料的防老化，首先应提高高分子材料本身对外界因素作用的抵抗能力。例如，通过改变分子构型，减少不稳定结构，或除去杂质，可提高高分子材料本身对外界因素作用的抵抗能力。还可以在加工生产中，用添加防老化剂（抗氧剂、热稳定剂、光稳定剂、紫外线吸收剂等）的方法来抑制光、热、氧等外界因素的作用，提高其耐老化性能。此外，还可以在高分子材料商品的外表涂以漆、胶、塑料、油等保护层，也可起到显著的防老化作用。如塑料商品可用某些塑料粉末在其表面涂一层薄膜，可提高其耐磨、耐热等性能。

在上述防老化方法中，其中添加防老化剂是常用而又有效的一种方法。防老化剂是一种提高高分子材料和制品的热加工性能和储运、使用寿命的化学物质，其添加量很小，但能使材料和成品的耐老化性能提高数倍乃至数十倍。

（二）控制储运中引起商品老化的因素

商品的防老化主要是在生产过程中考虑，但储运中也不能忽视，应采取一系列的防老化措施。

1．妥善包装

完好而妥善的包装可使商品与外界环境处于隔离状态，这样可减少外界因素的影响。

2．控制温度

温度对商品老化有直接的影响，所以高分子商品应存放在受温度影响较小的库房里，不宜露天存放，更不宜曝晒。

3．合理堆码

高分子商品堆码时要注意通风散热，底层商品承重不能过大，以免造成挤压，加剧老化。

第四节　储运商品的质量管理

一、储存商品的质量管理

商品在储存过程中发生的质量变化,其根本原因在于商品本身的组成成分和性质,但这种质量变化只有通过仓库内外一定的环境因素的作用才能发生。所以,我们在对商品质量的养护和管理工作中,必须贯彻"预防为主"的方针,从商品入库到商品出库实施全过程管理,并事先采取各种措施,把能够影响商品质量的各种外界因素尽可能排除或控制在最低水平,力求在商品储存期间,做到质量基本不变。对已经出现质量劣变的商品,能补救的尽量补救,不能补救的另行处理。做好储存商品的质量管理,主要是把好商品的入库验收关、在库保养关和出库"五不"关。

(一)入库前的准备工作

入库前的准备工作,包括存储仓位(库房、库区、货架等)的定位和编码,搬运器械和人员准备等。

(二)入库验收

储存商品种类繁多,规格不一,性质复杂,经过长途运输,容易受外界因素影响而发生变化。因此加强对商品入库的数量、包装、质量的审核、验收工作至关重要。只有通过严格的验收,才可以保质保量,减少差错,为商品保管工作打下良好的基础。商品入库验收的要求如下:

1. 校对凭证、清点检查

商品入库时,要校对凭证,清点检查。主要核对检查货单所列的品名、规格、型号、附件、货物数量和质量(重量)等,是否与入库商品实际内容相符。此外,应注意检查食品、药品、化妆品等要求标明保质期的商品有否过期。

2. 商品包装验收

在清点商品规格数量的同时,还要检查包装,如木箱、塑料袋、纸盒等是否符合要求,有无玷污、残破、拆开等现象,有无受潮水湿的痕迹,有无发霉、虫蛀等问题。

3. 商品质量(品质)验收

商品验收时,除察看包装外部情况外,还要适当开箱拆包,察看内部商品是否有生霉、腐烂、锈蚀、溶化、熔化、虫蛀、鼠咬等质量(品质)劣变。同时,对液体商品,要检查有无沉淀及包装有无破损等。有问题的商品不能进入货区。

4. 及时办理交接、入库手续,建立存储商品档案

(三)分类、分区、分批管理

各种商品的性质不同,要求储存的条件和允许的保质期限或失效期限也不相同。某些不同种类商品不能混合存放,否则会造成串味、发生化学反应甚至燃烧、爆炸。因此,商品的储存保管必须根据对象特点,进行分类对待,分区管理。

通常,对化学危险品、剧毒品等,要归库归类,单独存放;对怕潮、易霉、易溶、易锈蚀、易生虫的商品,要存放在干燥的库房里,库房要有良好的密封、通风和吸潮条件;对受热易燃、易爆炸的商品,要放在阴凉的库房里,最好是专库存放,并配备消防设备;对既怕热又怕冻的水果、蔬菜类商品,应放在温度高于冷藏库的气调库、冬暖夏凉的低层仓库或地下窖中保管,并要保持较高的相对湿度;茶叶易吸收异味气体导致质量下降,因而必须和有气味商品如香皂、香水等分开保管。

分批管理是将存储商品按生产批号、入库日期、保质期或失效日期等倒序堆码,并依据先产先出、先进先出、近期先出、易变先出的原则予以管理,以尽可能避免存储商品的质量劣变。

地面潮湿是引起商品变质的一个主要原因,商品在堆码时要注意做好地面的防潮工作。底层库房、货架堆码商品时,一定要采取隔潮措施。堆码的形式和高度,应根据商品的特性、包装情况和储存的季节而定。例如,普通库房,对含水量高、易霉、易变质,但适合通风的商品,在梅雨季节应堆通风垛,堆垛不宜过高;对易渗漏商品,应堆成间隔式行列垛,以便于及时检查;对易弯曲变形的商品,应堆成平直交叉式实心垛等。

（四）环境卫生管理

储存环境不卫生,往往会引起微生物、害虫和鼠类的滋生和繁殖,还会使商品被灰尘、油污、垃圾污染,进而影响商品质量。因此,要经常对库内进行彻底清扫,对库外达到杂草、污水、垃圾三不留。必要时使用药剂消毒杀菌、杀虫灭鼠,以确保商品安全。

（五）商品在库检查

商品在整个储存期间,要经常进行定期或不定期、定点和不定点的检查,检查的时间和方法应根据商品的性能及其变化规律,结合季节、储存环境和时间等因素掌握。检查时,主要以眼看、耳听、鼻闻、手摸等感官检验为主,必要时可配合使用仪器进行检查,如发现问题,应立即分析原因,并采取补救措施。如翻堆倒垛、加工整理、施放药剂或采取晾晒、密封、通风、吸潮等方法,来改善保管条件,保证商品安全。

（六）温湿度管理

商品在储存期间,在各种外界影响因素中,以受空气的温度和湿度的影响最大。可以这样说,商品储存中所有的质量变化都与温湿度有关。因此,必须根据商品的特性、质量变化规律以及本地区气候情况与库内温湿度的关系,加强库内温湿度的管理,采取切实可行的措施,创造商品储存适宜的温湿度条件。控制与调节仓库温度、湿度的方法很多,目前主要采取密封、通风、吸湿、保温等措施。

1. 密封

密封就是利用密封材料(如塑料薄膜)对库房或商品严密封闭,从而消除外界环境不良因素的影响,从而保证商品的安全储存。密封的形式有多种,如整库密封、货垛密封、货架密封和按件密封等。密封不仅能防潮、防热、防干裂、防溶化等,还可起到防霉、防蛀、防老化等多方面的效果。密封是仓库温湿度管理工作的基础,没有密封措施,就无法运用通风、吸湿等方法来调节库内的温湿度。

2. 通风

通风是利用空气自然流动规律或借助机械形成的空气定向流动,有目的地使仓库内外空气部分或全部地交流,从而调节库内温湿度的方法。通风时,要根据商品的要求,对比库内外温湿度的实际情况和变化趋势,并参照风力、风向,有计划地进行。否则,不适宜的通风,不仅不能满足商品储存的要求,而且还会造成不应有的损失。例如,精密仪器、金属制品、化肥、农药等,在潮湿条件下易生锈、溶化,通风是为了降低库内湿度,保持空气干燥,可在天亮前2～4小时进行通风。

通风的方法有自然通风和机械通风两种。此外,通风按时间长短有长期通风和临时通风之分,长期通风为商品季节性长期密封奠定了基础,而临时通风则在短期内进行。还须注意的是,在商品养护中,通风要与密封、吸潮严格配合起来,否则,通风后便难以维持其效果。

3. 吸湿或加湿

库内温湿度的管理,除采取适当地通风和密封外,还必须采用有效的吸湿或加湿方法来配合。当库内相对湿度超过储存商品要求的安全范围,而库外气候又不具备通风条件时,如梅雨季节或阴雨天,可在密封库内用吸湿剂吸湿、机械去湿或加热等方法来吸收空气中的水分,降低库内的相对湿度。若库内相对湿度过低,而库外相对湿度也不高,对于易干缩、脆裂的商品来说,应采用喷蒸汽、直接喷水使其自然蒸发等加湿措施,使库内相对湿度增加。

（七）出库管理

商品出库,必须做到单随货行,单、货数量当面点清,商品质量要当面检验。包装不牢或破损以及标签脱落或不清的,应修复后交付货主。易燃、易爆等商品出库时,应依据公安部门的有关规定办理手续。商品出库必须贯彻"先进先出"的原则,并要严格遵守"五不"的出库原则。

1. "先进先出"的管理原则

"先进先出"(First In First Out,缩写为FIFO),也称"先入先出",是指储存商品出库时,要按该种商品入库的顺序把先入库的商品先出库,后入库的商品后出库,以避免商品因储存期过长而发生变质。先进先出的实施依据是商品的入库日期,但最根本的依据还是商品的生产日期。一般当商品的入库日期与生产日期发生冲突时,要以生产日期为准。

色标管理法是实施先进先出的基本工具,其基本内容有:①设计不同颜色的贴纸(即色标),其颜色的种类数要以商品的出库周期为基准予以确定。若每月用一种颜色,按年度计,共需要12种颜色;按半年计,需要6种颜色;按季度计,需要4种颜色。②制定色标的使用规定,即哪个月需要使用哪种色标。③商品入库时一律在其外包装上加贴规定的色标。④商品出库时应当按照醒目的色标搬运商品。

2. 商品出库的"五不"原则

(1)无出库凭证(单据)或凭证无效的商品不出库;

（2）手续不合要求的不出库；

（3）质量不符合要求的不出库；

（4）规格不对、配件不齐的不出库；

（5）未经登记入账的商品不出库。

二、运输商品的质量管理

商品运输也可以看成是移动的商品储存。商品运输过程质量管理的任务与商品储存过程质量管理的任务是一致的，都是要尽可能地防止或降低商品损耗和质量劣变。只是前者除了与后者有共性之外，还有某些特性，运输商品的质量管理要遵循"及时、准确、安全、经济"的基本原则。

（一）及时原则

及时是指用最少的时间，及时发送，按时将商品从产地运送到消费地，以确保商品质量并及时供应市场，其主要措施如下：

1. 缩短在途时间，减少周转环节

商品运输中常常存在着迂回、重复和对流等不合理的运输现象，结果使商品在途时间过长，经过环节过多等，这样就增加了商品损耗和质量劣变的机会。因此，为了减少商品流通的周转环节，可采用"直线直达"的运输方式，走最便捷的运输路线，使商品运输直线化，这样不但缩短了商品运输时间，还减少了环境对商品质量造成的不利影响，从而维护了商品质量和降低了运输费用。

2. 采用集装箱等先进运输工具

集装箱运输是一种现代化运输方式，用其进行运输，有利于装卸机械化，简化运输手续，缩短商品在途时间，保证运输安全，隔绝外界不良因素的影响或创造适于商品质量保持的环境。

（二）准确原则

准确就是按照商品流向组织商品运输。在运输过程中切实防止各种事故，避免商品短缺，做到不错、不乱、不差，正确无误地把商品运送到目的地。

（三）安全原则

安全是指商品在运输过程中，除了发生各种不可抗拒的灾害以外，其数量和质量必须保持完整无损。为此，应从管理上采取以下措施。

1. 正确选择商品的运输包装

要根据运输商品的特性和要求，合理选择运输包装，避免商品在运输过程中受到各种环境因素的作用而出现商品散落、渗漏、溢出、破损等现象。例如，对怕潮、易霉变、易生锈的商品，应选择防潮包装。

2. 选择合理的运输路线、工具和方式

选择合理的运输路线，能缩短运输商品的在途时间，可减少在途中各种意外因素对商品质量的不良影响；选择合理的运输工具，可以大大提高运输商品的安全

性,减少商品损失;选择合理的运输方式,可避免各种不同性质的商品在运输中相互污染等。

3.反对野蛮装卸,提倡文明运输

商品在运输过程中要经过多次装卸搬运,如果装卸搬运操作不当,会给商品造成很大损失。据调查,玻璃器皿、搪瓷制品和家用电器等商品在流通领域中的损坏率是相当大的,有些高达20%,其中绝大多数是由于野蛮装卸和操作不当造成的,所以,要求商品在装卸搬运过程中严格执行操作规范,根据商品的不同性质,参照标志中的注意事项轻装轻卸,减少人为损失。

（四）经济原则

商品运输要采用最经济、最合理的运输路线和运输工具,有效地利用现有一切运输设备,节约人力、物力和财力,努力降低商品流通费用。

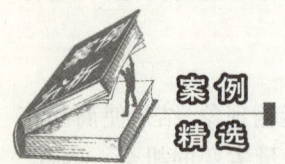

（一）果菜类商品的储存保鲜管理

一、温度管理和湿度管理

果菜的保鲜,首先要做好温度管理和湿度管理。

（一）低温管理

1.果菜储存保鲜所需的温度

一般来说,果菜的保鲜温度为5℃~8℃的低温,但香蕉、木瓜、甘薯等的保鲜温度则需要超过10℃(在室温下即可)。

2.低温储存的保鲜作用

(1)抑制呼吸。呼吸作用越旺盛,有机化合物的消耗就越大,果菜的鲜度就越差。一般来说,温度上升10℃时,呼吸量会增加2~3倍;温度下降10℃时,呼吸量会减少1/3~1/2。

(2)抑制蒸散。温度越高,湿度越低,空气流动越好,果菜呼吸量越大,水分蒸散作用也越强。低温可以抑制蒸散。

(3)抑制发芽。某些果菜(如马铃薯、番薯等)在采收后,在适宜温度和湿度下便会发芽,从而使储存的有机化合物(以碳水化合物为主)及养分被消耗,导致味道流失。而且马铃薯的芽含有毒素,有害人体健康。

(4)抑制微生物的活动。有些果菜在栽培过程中感染了细菌,如果采收时处理不当或运输中温度、湿度没有控制好,这些细菌就会变得很活跃,从而使果菜腐坏。微生物在低温时,其活动能力会变弱。

(5)抑制过熟。果菜采收后生命仍然持续,颜色由绿色变成橙色、黄色,味道则由酸味减少直至变味。但果菜过分成熟时会老化,从而失去使用价值。

(6)抑制酶的活性。绿色蔬菜会因酶的作用导致后熟、衰老而变色,温度越低,酶的活性越弱。

(二)湿度管理

为了抑制果菜的蒸散作用,在保持低温的同时,还必须保持适当的湿度。一般来说,湿度宜保持在90%~95%。此外,叶菜类不适合用冷风吹,应多加注意。番薯、芋头等品种在湿度为80%~85%时即可抑制呼吸作用。但应注意,如果湿度过高,反而会促进柑橘的呼吸作用,容易使果汁减少,味道变差,鲜度大为降低。

二、果菜保鲜的处理方法

果菜保鲜的处理方法有冰水处理法、冷盐水处理法、复活处理法、直接冷藏法、散热处理法、常温保管法六种。

(一)冰水处理法

呼吸量较大的玉米、毛豆、莴苣等果菜可用此法处理。通常这些果菜在产地就应预冷,然后装入纸箱,再运至卖场。经过预冷的果菜送到卖场时其温度会升到15℃,未经预冷的温度则会升到40℃,从而使果菜的鲜度迅速下降。冰水处理法是先将水槽盛满水,放入

冰块,使温度降至0℃,再放入果菜浸泡,使果菜的温度降至7℃~8℃。冰水处理后,再用毛巾吸去果菜上的水分,或将其放进保鲜库。

(二)冷盐水处理法

叶菜类果菜可用此法处理。其处理步骤如图8-1所示。

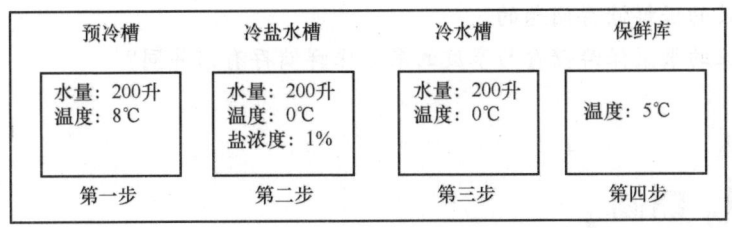

图8-1　冷盐水处理法的步骤

1.第一步

将果菜放入预冷槽预冷、洗净,水温8℃,时间5分钟。

2.第二步

将果菜放入冷盐水槽,水温0℃,盐浓度1%,时间5分钟(处理时间不要过长,以防止盐分对果菜造成损害)。

3. 第三步

将果菜放入冷水槽中,水温0℃,洗去所吸收的盐分。

4. 第四步

将果菜放入空间较大的干容器,并送进保鲜库。

（三）复活处理法

葱和大白菜等叶菜类用此法处理,能使果菜适时地补充水分,重新复活起来。复活处理法是将果菜放入一般水温的水槽中洗净污泥,并吸收水分,然后放入空间较大的容器中,使其复活。将芥菜、水芹等果菜的菜茎前端切割后放在水中,使根部充分吸收水分,复活效果更佳。

（四）直接冷藏法

一般水果、小菜、加工菜类等均可用此法处理。这类商品大都已由厂商处理过,在销售前仅需包装或贴标签即可送到卖场销售。这类商品可直接放进冷藏库中。

（五）散热处理法

木瓜、芒果、香蕉、菠萝、哈密瓜等水果可用此法处理。此类商品在密闭纸箱中,经过长时间的运输,温度会急速上升,此时要尽快降温处理,打开纸箱充分散热,再以常温保管。

（六）常温保管法

南瓜、马铃薯、芋头等果菜可用此法处理。这类果菜不需要冷藏,只要放在常温、通风良好的地方即可。

❓ 案例思考题

1. 结合所学知识和此案例,到附近水果或蔬菜冷藏库进行参观,了解它们是如何解决果菜的保鲜储存问题的。

2. 商业的果菜保鲜储存与家庭的果菜保鲜储存有何异同?

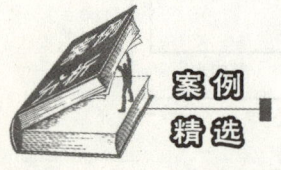

案例精选

（二）某化工公司色标管理法规定

一、色标的式样

形状:圆形

尺寸:直径 32/16/8 毫米

纸质:彩色有光纸

黏性:可粘贴各种固体物

二、色标的颜色规定

色标的颜色规定见表 8-1 所示。

表 8-1　某化工公司色标的颜色规定

月份	颜色	月份	颜色
1	棕色	8	浅绿色
2	玫瑰红	9	绿色
3	粉红色	10	蓝色
4	橙色	11	紫色
5	黄色	12	黑色
6	白色	备用色	红色
7	灰色		

三、色标使用方法

1. 使用范围:化工原料、有机溶液、各种试剂;

2. 粘贴位置:包装袋的开口位置正中间,器皿的正前方醒目处;

3. 责任人员:由指定人员按规定粘贴;

4. 永久粘贴,随原包装一起存在。

四、特殊情况处理

当粘贴的色标已跨越一个使用年度(周期)时,则需要在其原色标的旁边加贴备用的红色标签。每跨越一个使用年度,需要增加一枚红色色标。

案例思考题

1. 你对色标管理法满意吗? 你还知道哪些适合 FIFO 管理的优秀工具?

2. 你对色标管理法有何改进建议?

思考练习题

1. 为什么说商品运输和储存是商品流通中两个必不可少的环节?

2. 简述商品在储运中的损耗。

3. 生鲜肉类和水产品为什么要在低温下储运？

4. 什么是呼吸？如何利用呼吸作用进行水果蔬菜的储存保鲜？

5. 霉变的内因和外因都是什么？如何防止商品霉变？

6. 商品防老化的基本措施有哪些？

7. 用化学药剂防霉或杀虫会给环境和人体健康带来哪些负面影响？如何避免？

8. 金属商品生锈腐蚀的主要原因是什么？如何防止腐蚀的发生？

9. 储存商品的质量管理应着重抓住哪些环节？它们各有什么重要作用？

10. 什么是 FIFO 管理原则？它有何作用？如何实施？

11. 简述运输商品的质量管理原则。

12. 到附近的超市进行调研,看它们是如何对生鲜食品进行储运管理的？

13. 名词解释:①商品运输;②商品储存;③损耗;④电化学腐蚀;⑤后熟;⑥气相防霉腐;⑦老化;⑧可剥性塑料。

第九章

商品开发

随着科学技术的不断发展,消费者需求的快速多变以及市场环境复杂性和不确定性的加剧,市场上的新商品层出不穷,商品的市场寿命周期迅速缩短,更新换代越来越快,每种商品所带来的回报率越来越低。因而,能否及时针对顾客新的期望和要求,不断推陈出新,开发出新的商品,对于企业的生存和长远发展具有十分重要的意义。

第一节　商品开发概述

商品开发是新产品开发和新服务开发的总称。国外把它称为"New Product and Service Development"。商品学认为,商品开发的本质是商品(产品或服务)使用价值的延伸、升级或再创造。

商品开发是企业生产和管理的重要内容,其核心是通过研究和开发满足市场需要的新产品或新服务,保持企业在竞争中的优势,同时也为企业创造良好的经济效益。如果说企业经营战略的核心是围绕其产品和服务战略展开的话,那么新产品或新服务开发就是企业产品和服务战略实施的最重要的环节。企业的产品和服务战略必须从"制造产品和服务"向"创造产品和服务"的方向转移。因此,开发、研究、设计、生产出能切实满足市场需求并具有竞争力的新产品或新服务,不仅是企业经营战略的出发点,也是企业生产运作战略的出发点。

一、新产品开发

(一)新产品开发的概念

新产品开发(New Product Development,NPD)是指从发现市场机会开始,到新产品设计、工艺制造设计,直到正常生产和投放市场的一系列过程。

新产品开发不仅包括新产品的研制,也包括原有老产品的改进。企业应该通过持续开发新产品,同时不断改进原有老产品的性能,淘汰技术老化、性能和款式落后的老产品,以实现产品的持续升级和更新换代。

（二）新产品的定义与特征

新产品的定义一般是从技术角度给出的,人们认为新产品是科技进步和工程技术创新的成果,并且其内在实质发生了显著的变化,同原有老产品相比较,它们具有新的技术含量和功能特性。我国原国家计委、国家税务局、国家物价局等部门起草的《全国工业新产品管理条例》关于新产品的定义就是这类定义的代表,它认为"新产品应该是在结构、材质、工艺等方面比老产品有明显改善,或者是因采用了新技术原理、新设计构思而提高了产品性能或扩大了使用功能的产品"。市场营销学从市场和消费需求的视角来考察新产品,认为"新产品是指在某个市场上首次出现的或者是企业首次向市场提供的,能满足某种消费需求的整体产品"。

综上所述,新产品应该具有以下一项或几项特征:①具有新的原理、新的设计构思;②采用新的材料或元器件;③选用新的加工工艺和技术;④具有新的结构、新的形态或式样、新的色泽或装潢等;⑤具有新的功能或新的用途;⑥具有其他新的特性或特征。

新产品具有相对性、时间性和空间性。相对性是相对于老产品而言的,即除了开发新产品外,还包括对原有老产品的改进、改造;时间性是指某个新产品只存在于一个特定的时间段内;空间性是相对于一个地区而言的,即必须是在一个省、直辖市、自治区范围内第一次试制成功的产品,并经有关部门鉴定确认。

（三）新产品的分类

新产品可以按照其区域特征、新颖程度、开发方式等分类标志进行分类。

1. 按照新产品的区域特征分类

（1）国际新产品。它是指在世界上其他的国家都不曾设计、试制成功的产品,多为独立开发研究。这类产品一般是世界上首次生产和销售的产品,它在技术上有重大新突破,具有独创性,具有很高的经济或社会价值。一旦开发出来就应申请专利,得到国家保护。

（2）国家新产品。它是指国外已经有了,甚至已经很成熟,但是在国内尚属第一次生产和销售的产品。这类产品可以是独立研究开发出来的,也可以是通过技术引进,进行技术消化吸收后研制出来的。这类新产品可以填补国内空白,或比国内已有的产品在技术、经济性能上有显著提高。开发这类新产品,对于赶超世界先进水平,减少进口具有重要的意义。

（3）地区新产品。它是指此产品在国内虽已有生产和销售,但在本地区还是第一次生产和销售的新产品。它一般是利用国内现有技术的合作、转让来进行的,不需要重新设计研发。此类新产品一般是因外地的产品不能满足市场需求,该地区的企业又有条件生产,并以满足该地区市场为目标的产品。

（4）企业新产品。企业新产品是指这种产品虽然已有企业生产和销售,但是对本企业来说,还是第一次生产和销售的产品。此类新产品一般在社会上供不应求或具有较好的发展前景,同时企业也具有相应的比较优势,能够给企业带来经济、社会效益。

2. 按新产品的新颖程度分类

（1）全新型新产品。它是指采用了新原理、新结构、新技术、新材料、新工艺等新发明而制造出来的前所未有的产品。全新型新产品是应用科学技术的最新成果，它是科学技术上的重大新突破，从而具有新的功能和较大的技术、经济优势。企业在开发此类产品时，需要投入大量的人力、物力和财力，经历较长的研发周期，因此存在较大的风险。但是由于其具有新颖独特的特点，一般与发明创造、专利联系在一起，因而具有较长的市场寿命周期和较强的竞争力。

（2）换代型新产品。它是指在原有产品的基础上，不改变基本原理，只是部分地采用新结构、新材料或新工艺，从而使产品具有显著改变的新用途并能满足新需求。它的开发难度较全新新产品小，是企业进行新产品开发的重要形式。

（3）改进型新产品。它是指在材料、结构、性能、型号、花色以及包装等某一个方面或几个方面，对市场上现有产品进行改进升级，以提高质量或实现多样化，满足不同消费者需求的产品。这种新产品的研发着重强调对原有产品的改进，而不是创造一种全新的产品出来，因而它的开发难度较小，也是企业产品开发经常采用的方式。

（4）模仿型新产品。它是指对国内外市场上已有的新产品通过剖析其基本原理和结构而进行仿制，再根据消费者需求加以适当改造的产品。这类产品是市场上已经出现的，且销量比较好的产品。企业在开发模仿型产品时，一般会根据企业的特点和市场需求进行必要的改进，去掉原产品中一些不合理的地方，但是在技术上没有新突破。落后国家对先进国家已经投入市场的产品的仿制，有利于填补国家生产空白，提高企业的技术水平。此类新产品的开发特点在于省时、省力、省钱，对企业的技术、资源要求不高，风险相对也小一些。但在仿制这类产品时，一定要注意知识产权的保护问题。

（5）新牌子新产品。它是指在对原有产品实体微调的基础上改换原有产品的品牌或包装（造型、装潢），带给消费者新的消费利益，使消费者得到新的满足的产品。

3. 按照新产品的开发方式分类

（1）技术引进型新产品。它是指直接引进市场上已有的成熟技术制造的产品，这样可以避开自身开发能力较弱的难点。

（2）独立开发型新产品。它是指从消费者所需要的产品功能出发，探索能够满足功能需求的原理和结构，结合新技术、新材料的研究独立开发制造的产品。

（3）混合开发型新产品。它是指在新产品的开发过程中，既有直接技术引进的部分，又有独立开发的部分，将两者有机结合在一起而制造出来的新产品。

4. 按照新产品的市场或技术角度分类

（1）市场型新产品。它是指产品实体的主体和本质没有什么变化，只改变了色泽、形状、包装装潢等的产品，不需要使用新的技术。其中也包括因营销手段和要求的变化而引起消费者"新"的感觉的流行产品。如某种酒瓶由圆形改为方形或其他异形,它们刚出现也被认为是市场型的新产品。

（2）技术型新产品。它是指由于科学技术的进步和突破而产生的新产品。不论是功能还是质量,它与原有的类似功能的产品相比都有了较大的变化。如不断翻新的手机或电视机,都属于技术型的新产品。

二、新产品开发的原则

新产品开发是一项非常复杂的系统工程,涉及面广,需要投入大量的经费和人力物力。为了提高新产品开发的成功率,降低风险,取得较好的经济效益,新产品开发应遵循以下基本原则。

（一）符合国家的社会经济发展战略和技术经济政策

国家的社会经济发展战略是指导一切经济工作、生产活动、消费活动的总纲,它的实现体现出宏观经济效益的要求和整个国家经济的合理流向。在新产品开发中,各种方案都要符合国家经济发展战略的要求,只有这样,新产品开发才能顺利进行,所开发的新产品才有持久的生命力。

国家为促进技术进步和经济发展,在不同历史时期都制定了相应的技术经济政策和消费品发展战略,这是确定新产品开发的重要依据。国家要求在开发新产品时,重视资源的合理开发和利用以及对生态环境的保护;要兼顾农村和城市、内销和出口,在增加社会需要的高中档产品生产的同时,不能忽视人民生活需要的利润不高的小商品的生产。

（二）符合社会需要和市场需要的发展趋势

新产品开发必须在国家经济发展战略指导下,以社会需要为出发点,不仅要考虑当前的国内外市场需求,而且还要考虑这种需求的变化、流向和发展趋势。一般来说,科技进步、人口发展及构成比例、消费水平、消费习惯、消费结构、文化变迁等因素都会引发市场需求的变化。因此,在新产品开发中要进行广泛的市场调研,研究消费者的新需求和潜在需求,把握市场的变化趋势。只有这样才能科学地确定新产品的开发方向,使新产品的品种、质量、性能、效用、规格和花色适销对路,满足消费者的需求。

（三）坚持技术先进性与经济合理性的统一

技术先进性是新产品的主要特征。但是这种技术先进性要符合我国国情,有利于原材料的供应,符合消费者的购买水平和消费习惯等。所谓经济合理性,就是要求新产品能够在使用较少研究、设计与制造费用的条件下,实现批量生产,力求功能最大,成本最低,使新产品价廉物美,并降低使用成本。企业在新产品开发中,必须兼顾两者,坚持两者的平衡统一。

（四）符合标准化要求,有利于制造和使用

新产品开发一开始就要考虑到有利于组织社会化大生产,符合标准化、系列

化、通用化的要求,这是开发新产品的技术保证和有效措施。新产品开发过程中实行标准化、系列化、通用化,可以保证新产品的质量、使用效果和使用寿命,对合理简化产品品种、改进产品结构、减少工艺工装设计与制造工作量、缩短新产品生产周期和降低成本等具有重要意义。对于出口的新产品,不仅要符合我国的质量标准,还必须与进口国的标准或国际标准相一致。

开发出的新产品不能停留在样品、展品阶段,要能成批地生产出来,以满足社会需要。因此,在新产品开发时还要考虑到有利于制造,如新产品的工艺性要好;形状、精度规定得合理,便于加工制造,提高效率;新产品制造工艺要充分利用企业的现有设备条件,便于组织生产和进行生产组织管理等。同时,新产品要便于消费者和用户使用,如操作方便,安全可靠,易于维修保养等。

(五)充分利用企业现有的条件和资源

新产品开发必须从生产企业自身的实际情况出发,尽可能地利用和发挥本企业的优势和特长,并要充分考虑到企业开发所选定新产品的能力及生产可能性,包括技术力量、生产设备、企业素质、管理水平等。在引进先进技术时,要根据本企业的实际情况,有目的、有选择地引进,要尽量引进专利技术、用国内的原材料和元器件自己制造,做到仿中有创,创中有仿,仿创结合,努力开发有特色的新产品,以保持企业强大的市场竞争力。

三、新服务开发

(一)新服务与新服务开发的概念

新服务的定义,至今未有统一的说法。从服务提供的新颖性和服务理念的新颖性角度出发,可以将新服务定义为:通过提供补充服务或改变服务理念来向本企业顾客提供他们以前未曾享受过的服务。从服务开发和创新的新颖度出发,又可以将新服务定义为:企业通过技术、业务模式、社会组织或市场等的突破性创新以及服务延伸、服务改善或风格改变等渐进性创新而开发出来的有别于原有服务的服务项目。

新服务可分为以下六种类型:①重大创新服务,是指企业借助技术等因素的重大突破和服务理念的重要变革,为尚未定义的市场提供的全新的服务;②首创业务服务,是指企业为现有市场的同类需求提供的所有的新服务;③为现有市场提供的新服务,是指企业向其现有顾客提供企业原来不能够提供的服务(也许其他企业可以提供);④服务线延伸增加的服务,是指企业对已有服务线进行扩充,如添加新项目、新路径、新程序,从而增加了服务的新种类;⑤改进的新服务,是指企业改变已有服务的性能,包括加快已有服务过程的执行,延长服务时间,扩大服务内容等,由此创造出来的有别于原有服务的新项目;⑥风格转变服务,是指企业对原有服务风格进行适当改进,以影响顾客的感知、情绪、态度,但不会从根本上改变服务的基本属性。

新服务开发(New SerciceDevelopment,NSD),是指服务企业在整体战略和创新战略的指引或影响下,根据顾客和市场需求或在其他环境要素的推动下,通过可行的开发阶段向企业现有顾客或新顾客提供的,包含从风格变化到全新服务产品等各种新颖度服务的正式或非正式的服务开发活动,它形成了现有服务或新服务的价值增值。

新服务开发是服务管理领域的一个分支。开发新的服务能够提高企业绩效,从而成为企业获得竞争优势的关键。随着市场竞争的日趋激烈,顾客的需求呈现多样化,使得服务的生命周期日渐缩短,新服务开发的重要性更加凸显。

(二)新服务开发的主要内容

1.服务概念开发

服务概念是指服务的原型,即能够为顾客创造和传递效用及利益(顾客价值)的服务以及各种子服务,它包括两方面的内容:对顾客需求的描述;通过相应形式的服务内容或"服务包"的设计满足顾客需求的方式。

服务概念表明在顾客需求与服务提供之间达成一致非常重要。服务概念包含了顾客需求(主要需求和次要需求)和服务提供(核心服务和支持性服务)的内容,其中核心服务用来实现和满足顾客的主要需求,支持性服务用来实现和满足顾客的次要需求。因此,服务提供者必须对顾客需求进行全面分析,识别不同的层次需求从而形成完整的服务概念。需要特别注意的是,顾客感知的服务质量不仅建立在核心服务的基础上,还建立在一系列相关的支持性服务基础之上。

进行服务概念开发时,不应只注重核心服务的开发,更要强化支持性服务的开发,并以此作为开展差别化竞争的主要手段。此外,在开发服务概念时,需要识别顾客的某些隐含需求,并通过刺激使其成为实际需求。

服务概念的开发是新服务开发获得成功的基础,同时又是难点。服务本身的无形特性决定了服务概念具有一定的模糊性,难以明确表达。因此,服务企业要尽量准确地表达服务概念的内涵,减少抽象性,使新服务开发具备坚实的基础。

2.服务系统开发

服务系统是指实现服务概念开发或者实现新服务所要求的相关资源。服务系统包括很多子系统,这些子系统不仅单独发挥作用,而且和其他子系统整合在一起发挥作用。服务系统的资源包括:服务企业的员工、顾客、物质技术环境、组织和控制。顾客作为共同的服务生产者,也是服务系统的重要构成部分。

服务系统必须按照服务概念进行设计。服务系统开发的核心活动主要有以下三方面:

第一,在服务概念基础上对顾客各个层次的需求进行说明;

第二,对现有服务系统进行详尽的评估,识别需要改进、补充或增加的资源;

第三,对新服务系统的设计进行全面、详细的描述。

服务系统的开发不是其中某一要素的开发,而是多个要素及其相互关系的开发,它是一个综合的、相互关联的系统开发过程。管理者需要注意下述三个问题:

　　首先,服务系统的开发,同时也是一个选择和培训开发所需员工及其服务的新技艺、新方法的过程;

　　其次,服务系统的开发,又是一个培训顾客并使其适应新服务的过程,顾客和服务员工之间交互作用的设计是新服务开发的一个关键要素,因此对顾客的培训非常重要;

　　最后,服务系统的开发,还要涉及对新的物质技术环境的开发。

　　除了对员工、顾客和物质技术环境的开发,管理者还要对组织进行开发,包括新的管理支持系统、服务过程中各种新活动的职责分配、新服务的引入和新的营销计划等。

　　3.服务过程开发

　　服务过程是指特定服务产品如何被生产和消费的整个过程。与有形产品不同,服务的生产和消费是同时发生并同步进行的,服务产品主要表现为一个过程而不是一件物体。新服务的生产和消费及其过程开发都包含着服务提供者与顾客的一系列相关活动,人们把它们形象地称为"活动链"。新服务的过程开发需要对这些相关开发活动作出详细说明。因此,企业不能完全和直接地控制所有开发过程。此外应该注意,服务过程开发中存在一些难以控制的关键子过程,如服务企业内部各部门之间的界面协调、企业与第一线服务员工和顾客的界面关系等。对这些子过程的有效控制和管理是服务过程开发顺利进行的保证,也是确保新服务开发最终成功的关键所在。

四、新服务开发的原则

　　服务本身的特性,如非实体性、异质性、难于标准化、生产与消费同步进行以及消费者参与生产过程等,决定了新服务开发与新产品开发之间既有一定的共性,同时也存在着较大差异。因此,新服务开发遵循的原则有其特殊性。

　　第一,新服务开发必须充分理解服务的独特属性,在设计新服务项目和新服务提供方式之前,必须认识到顾客购买的新服务实质是购买一种新体验。

　　第二,新服务开发的对象是一个无形过程,事先必须对其特征进行准确描述,否则不能确保开发的最终结果是否符合最初的设计意图。

　　第三,新服务的开发要建立在对顾客感知、市场需求和可行性分析的综合评价的客观基础上,不能以企业自身的主观看法为出发点。

　　第四,新服务开发应全方位地建立起针对新服务项目的操作规范、质量标准、设施标准、卫生标准等,使之成为保证新服务质量的依据,成为新服务品牌文化的重要组成部分。

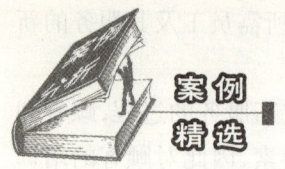
案例精选

（一）自动洗碗机曲径通幽

自动洗碗机是一种先进的厨房家用电器，是发明家和企业家适应社会需要的创新杰作。然而，当美国通用电器公司率先将自动洗碗机推上市场时，等待它的并不是蜂拥而至的顾客，"门前冷落鞍马稀"的局面真是出人意料。

公司的经营策划者们将希望寄托在广告宣传上。按照过去的经验，只要让广告媒体实施心理上的"轮番轰炸"，消费者总会认识到自动洗碗机的价值的。于是，他们在各种报纸杂志、电视广播上反复宣传"洗碗机比用手洗更卫生，因为它可以用高温水杀死细菌"。他们还别出心裁地用电视画面放大细菌的丑恶形象，使人对此产生恐惧。他们想，细菌无处不在，人们对肉眼看不见的小东西的恐惧感必然求助洗碗机的帮助。在电视广告里，他们示范表演了清洗因烘烤食品而被弄得一塌糊涂的盘子的过程，以形象地宣传自动洗碗机对付那些难以清洗的餐具的能力。

结果又是如何呢？一切"高招"都用尽了，人们对洗碗机仍是敬而远之。从商业渠道传来的信息极为不妙，新开发的洗碗机眼看就要夭折在它的投放期内。

那么，消费者究竟是怎样想的呢？持传统观念的人认为，男人和十来岁的孩子都能洗碗，自动洗碗机在家中几乎没有什么用，即使用它也不见得比手工洗得好；机器洗碗先要做许多准备工作，增添了不少麻烦，还不如手工洗来得快。妇女们则认为，自动洗碗机这种华而不实的"玩意儿"将损害"能干的家庭主妇"的形象。一部分人则不相信自动洗碗机真的能把所有的碗洗干净，认为机器太复杂，无法理解它的功能原理，并认为其维护修理肯定很困难。还有一些人虽然欣赏洗碗机，但认为它的价格难以平静地接受。

顾客是"上帝"，他们的传统价值观和消费意识一时不接受公司开发的新产品，有什么办法呢？在无可奈何的情况下，公司只好请教市场营销专家。智囊们经过一番分析推敲，终于推出一个新的营销方案：将销售对象转向住宅建筑商人。

建筑商与自动洗碗机的最终消费者有着不同的购买动机。人们对自动洗碗机评头品足，建筑商们对此则不屑一顾，他们唯独对经济效益情有独钟。为了证明自动洗碗机的商业价值，通用电气公司和建筑商共同做了一次市场实验：在同一地区，对居住环境、建造标准相同的一些住宅，一部分安装有自动洗碗机，一部分不装。结果，安装有自动洗碗机的房子很快卖出或租出去了，其出售速度比不装洗碗机的房子平均要快两个月。这一结果使住宅建筑商感到鼓舞。当所有的新建住房都希望安装自动洗碗机的时候，通用电气公司生产的自动洗碗机便曲径通幽地迎来了"柳暗花明又一村"的局面。

？ 案例思考题

1.通用公司的自动洗碗机首次上市的失败对新产品开发有何启发？你还能找到其他的生动案例吗？

2.通用电气"曲径通幽"的做法给予了我们什么启迪？

第二节 商品开发的程序

商品开发是一项非常复杂的工作,涉及面广,科学性强,持续时间长。因此,只有按照一定的程序开展工作,才能使商品开发顺利进行。

商品开发的程序是指从产品或服务的构思或创意形成开始,直到产品或服务研制成功进入市场为止的整个过程及其各个环节(阶段)的相互关系。对于不同的行业、企业、产品、服务来说,开发程序的划分、时间的长短及复杂程度都不相同,但是在开发程序中的步骤、方式等方面仍有共同规律可循。

一、新产品开发的程序

新产品开发的程序通常可细分为:产品构想、评价筛选、经营分析、产品设计、产品试制、市场试销和商品化七个步骤。

（一）产品构想

产品构想是指对人们的某种潜在需求和欲望,用功能性术语加以勾画和描述。企业为了满足一种新的需求而提出构想,再把比较现实的有代表性的种种构想加以分析、综合而逐渐形成比较系统的新产品概念。新产品的构想越多,可能取得成功的新产品就越多。

1.产品构想的来源

新产品构想可以来自于企业外部,也可以来自于企业内部。企业外部来源包括顾客(用户)、专家、批发商、零售商、竞争者、政府机构等。企业内部来源包括营销人员、高层管理部门、企业职员、研发部门人员等。通过分析、开辟产品构想的来源,有利于产品构思的产生,最终形成创新源,为企业的新产品开发提供智力支持。

2.产品构想的方法

新产品构想的主要方法一般有以下几种:产品属性排列法、强行关系法、多角分析法、聚会激励创新法、意见征集法等。在产品开发过程中可以使用某种方法,也可以综合使用多种方法,总之,应结合产品的具体情况来考虑。

3.产品构想的途径

获得新产品构思的途径主要有技术推动、市场拉动、竞争需要、成本分析、创新机会等。具体地说,就是通过科学技术的发展变化引起的技术变革,为技术领域的新发明寻求市场机会,与竞争者的产品进行对比,进行成本分析,结合企业内外部环境分析寻求创新机会。

（二）评价筛选

评价筛选是指通过使用一系列的评价标准对各种构思或构想进行甄别比较,从中把最有成功希望的构想挑选出来的一种过程。

企业在获得足够的新产品构思后,要对这些构思进行评估,研究其可行性,并进行效益分析,从中筛选出那些符合本企业发展目标和长远目标,并能与本企业内部条件相适合的产品构思,淘汰那些不可行、可行性较低、效益低的产品构思。

企业对从各方面获得的构思进行筛选,优选出好的构思以进一步开发。新产品构思筛选的过程一般分为两步,第一步是粗筛,或称为经验筛选;第二步是精筛,或称为评分筛选。

1. 经验筛选

经验筛选是指通过挑选有经验、有见识的相关人员或者新产品开发管理人员,凭自己的工作经验,对每个构想进行甄别,甄别的标准是:

(1) 看其与企业的经营目标、产品发展规划是否相符合?

(2) 看其与企业生产、技术、财务能力是否相适应?

(3) 看其与企业的销售能力是否相适应?

(4) 看其与开发的时间是否相适应?

经验筛选就是进行粗略的估测筛选,把与上述目标和要求相距甚远的构思剔出,把比较接近的留下,然后进行下一步筛选。

2. 评分筛选

评分筛选是指对经验筛选后留下的少量构想,根据实际经验预先设计好的评价项目和标准,利用分等评分表计算出各种构想按分值表示的开发价值,把达到规定开发分数线的构想定为下一步开发阶段的对象。主要的筛选方法有:加法评分法、连乘评分法、加乘评分法、相对指数评分法、多方案加权评分法和市场营销系数评价法等。

筛选产品构想时,一般考虑两个因素:一是该新产品构想是否与企业的战略目标相适应;二是企业的资源是否能和该产品开发相配套。同时,筛选时要考虑到该产品的发展前景,避免误用和误舍。误用就是指采用了某个不良的构想,并使之进入研制阶段甚至正式上市;误舍是指放弃了实际上好的构想。这两种情况都是产品开发中的失误,应尽可能地避免。

（三）经营分析

经营分析是指对经筛选后的产品构想从技术、经济、社会等方面进行全面调查研究和可行性分析,最终得出是否开发该新产品的决策。估算出产品构想是否获得理想中的效益及是否符合企业长远发展的目的,最终得出可行性分析结果,并以此来指导产品开发。经营分析主要包括以下三个方面:

1. 市场分析

市场分析是指需要进行新产品市场假设的实证分析。在执行新产品开发中必须考虑新产品是否为市场所接受,是否能被顾客认可。市场分析的主要过程为制定市场假设,根据假设,具体选择合适的调查对象,决定情报处理方法,制定具体调查的实施计划和具体实施方法,进行情况分析处理,撰写报告以供决策参考。

2.技术分析

技术分析是指进行新产品开发的各种技术问题和质量保证的分析。技术分析主要是考虑新产品必须符合一定的质量和价格水平,如果开发的技术能够对提高质量和降低成本有效,则该技术是可行的。

3.经济分析

经济分析是指进行新产品开发构想的经济效益分析,对开发构想的赢利能力进行评价。一般可以采用投资回收期法、平均收益率法、资金现值法等方法来确定产品构想的经济效益。在此分析中必须做到注意积累分析资料和多阶段的多次分析评价。

（四）产品设计

产品设计是指企业从顾客角度对产品构想所做的详尽描述,即以文字、图表及模型描述的产品设计方案。经过经营分析,新产品的设计方案就进入了实施阶段。通常,一种产品构想可以发展为几种产品设计,因此,在这一阶段通常会消耗大量的人力、物力,需要进行大量的投资。

为保证和提高新产品设计的质量,新产品设计一般按一定的程序进行,即初步设计、技术设计、工作图设计和设计审核。

1.初步设计

初步设计是将新产品开发任务书中规定的新产品性能指标和要求进一步具体化,包括产品的用途、使用条件、范围、要求、参数、技术指标等。初步设计完成后,要进行初步的技术经济评价,提出投资概算,进行市场竞争力预测等。初步设计应由设计部门、生产部门、营销部门等多部门联合参与,进一步完善整体设计方案。

2.技术设计

技术设计是将初步设计中已经确定的基本结构和主要参数具体化,从而确保新产品结构的合理性、工艺性和经济性。其中包括技术指标计算、绘制图表、进行技术经济分析
等。在技术设计中还需要特别重视标准化、通用化、模块化,要同工艺部门配合,完成工艺构想。

3.工作图设计

工作图设计是根据技术设计绘制出新产品试制生产所需的全套图纸和编制有关制造工艺上所需的全部技术文件,为产品的制造、装配、使用提供确切的依据。其中包括绘制零件的工作图、产品总图、装配图等。工作图是编制工艺规程以及进行试制生产的技术依据。

4.设计审核

设计审核是指对新产品设计思想或决策进行认真的分析研究。一般是通过有

针对性地提出一些在设计中和实际操作中可能存在的差异进行探讨,进行可行性分析。例如,企业现有的技术同新产品设计要求的符合情况,现有销售渠道的通用性等。通过进行详细的审核,肯定设计中的优良部分,修正不足部分,为下一阶段的工作做好准备。

(五)产品试制

产品试制是按照产品设计所生成的技术文件、图表资料的要求,进行实际样品生产制造的过程。通过试制可以验证设计的合理性,进行修正和完善不足之处,同时也获得了产品生产的第一手材料,为将来可能进行的正式生产打下基础。新产品试制一般有以下程序。

1.设计图的工艺分析

这是从工艺的角度出发来检查新产品的结构是否合理,是否经济。在进行工艺分析时,既要考虑到设计的先进性和必要性,也要考虑工艺上的经济性和可行性。在满足新产品结构、特性、功能和质量等方面的前提下,力求通过改善其工艺性来提高产品开发的经济效果,最终得出一个合适的工艺方案。

2.个样试制

个样试制是指企业根据新产品的设计和工艺方案的要求试制出一件或几件样品,通过对样品进行相关的测试,提出初步的评定意见,使产品设计基本定型。在样品试制的过程中,必须严格执行设计图中的要求,如果发现问题,要及时地反馈到设计单位。

3.小批量试制

小批量试制是通过进行小批量产品的生产来考虑产品工艺流程的连续性、工艺设备的可靠性及验证全部工艺文件,并对可能出现的问题进一步修改,为大批量生产创造条件。

(六)市场试销

市场试销是指对新产品为实现商品化所做出的种种决策是否符合实际的测试。通过将开发出来的新产品推入到一定的时间和空间范围内的市场中来检验其销售效果,以决定是否正式将此产品推向市场。此阶段的目的在于了解顾客和经销商对处理、使用和再购买该实际产品做出何种反应,以及可能的市场容量。通过市场试销能够得到有价值的信息,如顾客和经销商的态度、营销方案的有效性、市场潜量和其他事项等。产品市场试销按照以下的程序进行。

1.试销决策的制定

因为产品之间存在差异性,并不是所有的新产品都需要进行试销,有些产品一经样品开发完成后,就直接进行批量生产和上市。一般来说,要通过分析采取试销策略的利弊,对相关方面进行权衡比较后,再针对具体的产品来决定是否需要进行试销。

2.试销条件的选择

当决定要对新产品进行试销时,必须考虑试销在何种条件下进行。通过在有选择性的市场中,使产品在广告、分销、竞争和产品的使用等方面与目标市场的条件尽可能接近;选择合适的试销方法,例如模拟市场试销、受控市场试销和常规市场试销。

通过试销来为未来的大规模销售探索可行途径。

3.试销过程的控制

试销活动不仅是一项耗费大量资源的活动,而且还直接关系到未来的产品销售情况,因此,必须实行良好的控制,以保证其顺利进行。除了严格按照一定的程序进行之外,还要做好对试销信息的收集、整理和反馈活动。

（七）商品化

商品化是指在产品试销取得成功后正式投入市场的阶段,实现由产品开发部门向生产部门和市场营销部门的产品转移的过程。在商品化的过程中需要进行大量的营销活动,确定好新产品的生产规模,制定合理的营销策略。确定新产品的引入时机、投放区域和目标市场,以使产品尽快地在最大范围内为顾客所接受,以便顺利地打入市场,扩大销售。同时,建立相应的良好的管理机制、销售渠道、售后服务等,使产品尽快进入成长期。商品化主要包括前期准备和正式上市两个阶段。

1.前期准备

前期准备是指生产部门应该制订生产计划,进行人员安排,组织产品投入市场前的生产活动。营销部门则应该树立企业形象,选择产品上市的时间、范围、目标市场等。

2.正式上市

在产品正式上市以后,企业应开展相应的营销和管理活动以确保产品销售获得最终的成功。企业要严格控制市场营销活动,开展广告宣传、促销等活动,逐步实现产品的市场导入,注意发现产品的缺陷,及时反馈到设计和生产部门。

二、新服务开发的程序

较为全面的新服务开发程序一般包括制定新服务目标、创意产生、创意筛选、概念开发、概念检验、商业分析、项目认可、服务设计与试验、过程和系统设计与试验、市场规划和试验、专业培训、服务试验、市场测试、投放市场、运营后检测等十五个步骤。

（一）制定新服务目标

新服务的类型取决于服务的目标、规划、开发计划等,通过制定新服务目标,企业就能根据特定市场或细分市场的需求特点,以顾客需求为导向来设计开发相应的新服务项目,在价值提供和成本控制之间寻求平衡点。

（二）创意产生

通过对服务渠道信息的收集,来寻求开发新服务的建议和意见,以激发产生新服务的创意。通过对顾客、服务人员、竞争对手、供应商等方面的观察、调研来为企业的服务提供有创意的思想。更为重要的是,建立起一套能够保证新服务创意产生的机制来为企业的新服务开发服务。

(三)创意筛选

同产品的构思筛选一样,在所收集到的创意中,并不是每一个创意都是可行的,所以需要进行筛选,选择能够在市场上获得成功的新服务创意。其主要工作是关注所选择创意的可行性和潜在收益性。

(四)概念开发

经过筛选后的创意进一步发展成为新服务概念,新服务概念是指新服务为顾客所创造的利益、解决问题的方案以及所提供的价值。如果某种创意既符合服务业务又符合新服务战略,就可以进行服务概念开发。

(五)概念检验

检验新服务概念的目的在于确定目标顾客是否会认可企业所采用的新服务概念。通过评估新服务概念是否符合顾客需求,顾客是否认同该项新服务提供的利益等,将企业有限的资源集中于开发可能获得顾客认可的新服务概念。

(六)商业分析

若新服务概念已经获得顾客的认可,接着就要确定其可行性和潜在的利润和收益。另外,在这个阶段还要分析新服务概念与企业现有资源和运营系统间的联系,判断企业现有资源能否满足新服务开发的需求,运营机制和职能是否需要改进。

(七)项目认可

经过商业分析和利润预测,如果其结果和企业事先的预测相吻合,那么这个新服务开发项目就会得到认可。设计开发所需的资源也会源源不断地流入到新服务设计部门中。

(八)服务设计与试验

服务设计中要对所进行设计的新服务项目进行详尽的描述,特别是描述此项新服务与其他服务之间存在的差异性特征。在这个阶段,与新服务相关的所有人员都应该通力合作,使新服务具体化、细节化。在设计过程中还要不断地进行试验,将试验后的信息及时进行反馈、评估,并且不断地融入设计开发。

(九)过程和系统设计与试验

大多数新服务都是在服务流程中创造出来的,在这一阶段里应该将方法和概念融合起来创造出更高的服务质量和价值。除此之外,在系统开发中还应注意到新服务的一些特性可能对操作流程的影响,如消费者参与新服务的程度、专门化的程度、新服务的感知程度、预期需求等。在某些情况下,可引入服务蓝图来辅助完成开发工作。

(十)市场规划和试验

在设计开发出符合需求的新服务后,最重要的一个环节就是要确定一个市场营销规划方案,对这个新服务项目进行推广、传递、销售,以确保其能够获得市场的认可。

(十一)专业培训

设计出优秀的新服务后,还需要选择合适的服务人员。任何新的服务项目都会和以前的有一定差别,因而对服务人员的要求也就有所不同,这就需要对服务人员进行专业培训,使他们了解整个服务系统。这样才能在新服务投向市场后,迅速高效地向顾客提供该项服务,且更好地服务顾客,解决问题。服务的专业培训一般和服务开发同时进行。

(十二)服务试验

这是一种实地测试,通常在选定的有限时间和空间范围内进行。测试中的新服务、人员、顾客、场地都是真实的。服务试验的主要目的是为了根据第一手资料确定顾客对新服务的认可度。同时,如果在试验中出现问题,可以及时地纠正和调整,为即将到来的正式上市打好基础。

(十三)市场测试

同产品的市场试销相似,市场测试是为了检验新服务项目的可行性,只是其测试的范围更广一些。市场测试的另一个目的就是测试市场营销方案的有效性。在服务开发的这个阶段,可以测试新服务是否如计划那样正常运行,服务系统的每一个环节是否能够平稳、有效地运转。测试的主要方法是通过在不同的条件下进行营销组合来测试新服务的效果,也可以在现实的条件下,向顾客提供假设的营销组合,收集其对新服务的信息反馈。

(十四)投放市场

新服务项目经过测试且调整后就可以正式投放市场。该阶段有两个基本目标:一是使所有的服务人员建立对新服务的认可,这样才能提供期望中的高质量服务;二是让这种新服务获得顾客的认可,尤其是那些习惯于传统服务的顾客,让他们知道新服务可能带来更大的价值。

(十五)运营后检测

这个阶段主要测试目标实现的程度,对服务引入期的全过程进行监测。通过进行定期的回顾、信息收集、评估等操作活动,来确定新服务是否获得预期的效果,并决定是否进一步进行调整和修改,以顺应不断变化的环境和不确定因素的影响,持续地改进服务。

三、新服务开发与新产品开发的关系

新服务开发(NSD)是从新产品开发(NPD)而来,新产品开发的研究为新服务开发的研究提供了可以借鉴的成果。

如果将 NSD 与 NPD 两者在过程上进行比较,可以看出新服务开发的过程比新产品开发过程要更加细致一些。其中,比较突出的差异体现在两个方面:一方面,开发前期由于服务无形,在创意产生后还要制定概念去描述它,而产品有形,可观性强,在构思形成后可以直接筛选评估;另一方面,从设计到投放阶段,服务需要的步骤较多,因为影响服务绩效的因素是多方面的,复杂性大,不易测量,所以存在一个渐进的过程。

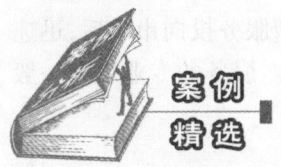

(二)新产品开发的成功案例——斯沃琪(SWATCH)

瑞士机械表一向以精美华贵而君临天下,然而20世纪70年代,日本的精工、西铁城、卡西欧等品牌突然刮起电子表和石英表的强劲旋风,一下子占领了世界钟表市场,强烈地冲击着传统的瑞士机械表在世界表坛的霸主地位。在不到10年的时间里,瑞士钟表在世界市场的份额,从1974年的43%,降至1983年的不足15%。

1984年,面对日本同行的兴起,两家瑞士钟表制造商,拥有欧米茄的SSAH公司和拥有雷达、浪琴的ASUAG公司合并为SMH集团。1985年,德国企业家赫雅克和投资者收购了上述两家公司全部资产的51%,开始了缔造品牌神话的过程。

1991年,SMH集团生产了8 000万只手表和其他计时产品,到1992年,数量增至差不多一亿只,并成功地将瑞士在世界钟表市场的占有率提升到53%,而且还在继续提升。可以说,SMH集团依靠SWATCH,在20世纪80年代初推出全塑电子手表,打了一场漂亮的翻身仗,那么SWATCH的产品开发历程又有什么独到之处呢?

当时,瑞士钟表业为保住霸主地位,经过多年的不断攻关和改进,一种完全不同于传统概念的新型手表终于在1981年定型问世。新型手表的外壳全部采用合成材料,机芯直接从手表正面装入而不再需要保留后盖,这两项改革不仅使手表变得既薄又轻,并且还可进入流水线批量生产,从而降低了生产成本,确保了销售的低价位。赫雅克认为,瑞士表尽管在产品成本上与日本表存在差距,但手表除了简单的计时功能外,还可以像时装一样成为时尚艺术品。在他的带领下,瑞士钟表业大胆创新,不断改进新型电子手表,将手表的外壳变成了一件件色彩绚丽的艺术品。他还委托国际著名的商标设计所,将这一手表新品定名为"SWATCH(斯沃琪)",名字中的"S"不仅代表它的产地瑞士,而且含有"second‐watch"即第二块表之意,表示人们可以像拥有时装一样,同时拥有两块或两块以上的手表。正如赫雅克所倡导的,SWATCH不仅是一种新型的优质手表,同时还将带给人们一种全新的观念;手表不再只是一件昂贵的奢侈品和单纯的计时工具,而是一件"戴在手腕上的时装"。

SWATCH 在价格上始终奉行低端策略,因为通过市场调查,SMH 发现消费者可以接受瑞士表相对日本、香港产品更贵一些的价格,瑞士手表这种产品上的差别优势,使得即使日本劳动力成本为零,瑞士手表仍会有市场。因此,赫雅克大胆提出进入低价市场。随后,为实现这一目标,SMH 对生产制造工艺进行改进,并实现了一系列突破。例如,把手表零件从 155 个减少到 51 个,减少转动部分,也就降低了损坏概率,并且组装手表所需人手也少多了;新建自动装配线,每天能生产 3.5万块斯沃琪手表和上百万的零部件,劳动力成本从 30% 降到 10%;保证质量,手表的返修率一般是不到 3%,而 SWATCH 表的返修率不到 1%。

产品质量是企业生存和发展的根本,价廉物美的产品才是受欢迎的产品。SWATCH 价格虽然只有 40 美元到 100 美元不等,但它质量优良,重量轻,能防水防震,电子模拟,表带是多种颜色的塑料带,充满了青春活力,可以和任何高档手表相媲美,从而打破了人们"便宜没好货"的传统观念。据说,一名瑞士游客去希腊海滨度假,不小心把一块 SWATCH 表丢在海滩。一年后,他旧地重游,居然在海边又找到丢失的手表,虽然经过一年的日晒雨淋,但走时依然准确。

SMH 集团同样也在低端市场上寻求产品的差异性,对低端市场进行细分。他们将新产品定位为时装表,以吸引活跃的追求潮流的年轻人。赫雅克认为,要在这个市场上取得成功,必须能够感知消费者口味的变化,这比掌握新的生产技术更重要。年轻人没有很多钱购买高档表,但需要一种时尚来满足个性化的需求。

于是,为了强调 SWATCH 手表可作为配饰不断换新而在潮流变迁中永不衰落的特点,SMH 做出了一个惊人的举动:设计了一个巨大的 SWATCH 手表,长达 152米,悬挂在法兰克福最高的一幢摩天大厦——德国商业银行总部大楼上,并传达了简单的信息:"斯沃琪——瑞士——60 德国马克"。该举动立刻引起了轰动,德国新闻界为斯沃琪免费做了许多广告。在接下来的两个星期内,每个德国人都知道了斯沃琪。第二个巨型斯沃琪手表条幅悬挂在东京的银座,同样取得了轰动性的效果。

斯沃琪通过充满活力的广告攻势迅速将斯沃琪的讯息传递至它的目标对象:关心时装潮流的年轻人。从 1984 开始,新推出的每一款斯沃琪都有一个别出心裁的名字,在款式上或标新立异或保守,或是方格或是条子,表带上刻有坑槽或是穿个洞,个性化色彩非常浓烈,市场反应更加热烈。由于每年都会推出新的式样,以至于人们都焦急地期待新产品的出现。许多人拥有的斯沃琪手表都不止一块,因为他们希望在不同的时间、不同的场合佩带不同颜色的手表。最初斯沃琪被定位为"第二只表",但结果它却变成第二只、第三只、第四只……并最终成为收藏家的手表。并且由于每款推出 5 个月后就停止生产,因此即使最便宜的手表都是有收藏价值的。

同时,公司建立了斯沃琪会员俱乐部,向会员消费者出售特制手表,邀请他们参加俱乐部的活动。俱乐部会员还会收到漂亮的斯沃琪手表杂志,这是一份按季度出版的全彩色杂志,上面刊登关于斯沃琪手表的全部信息;鼓励经销商创立斯沃琪手表博物馆,为斯沃琪手表收集者举办活动,并特制有纪念意义的手表。而且,公司每年分两次推出数目极为有限的时髦手表设计版本,斯沃琪手表的收藏家有特权参与投标,购买其中的一种设计版本。虽然斯沃琪手表只有12年的历史,但它已取得了"现代古董"的地位。在里斯本博物馆,专门设有数目有限的斯沃琪手表的陈列台,并有防弹玻璃的保护。而公司自身拥有几百万美元的"斯沃琪情感经历"展览,在全世界周游展出。

为了在手表市场上站稳脚跟,斯沃琪始终保持与时俱进的风格。最关键的是,斯沃琪的设计师并不是坐等灵感,跟随潮流,而是洞悉先机,预先估计即将出现的潮流。事实上,整个创作过程于一年前已经开始:首先产生基本的意念,然后按照大家共识的工作原则加以发展。这种由生产上的要求主导的创作动力,是斯沃琪享有"潮流先锋"美誉的原因之一。正如斯沃琪一直强调的风格:"我们唯一不变的是,我们一直在改变。"公司每年都要向社会公开征集钟表设计图,根据选中的图案生产不同的手表系列,其中包括儿童装、少年表、少女表、男装、坤表、春天表、夏天表、秋天表、冬天表,后来又推出了每周套装,从星期一到星期天,每天一块,表面图案各不相同。由于公司的产品不断翻新,迎合了社会不同层次、不同年龄、不同爱好、不同品味的需要,因此深受广大消费者的欢迎和喜爱,销售量年年攀升,市场份额不断扩大,公司的效益自然也越来越好。

在新品推广上,斯沃琪同样显示了它的独到之处,其新产品发布会简直是一场无比精彩的"腕上时装秀"。优美的音乐、绚丽的灯光、美轮美奂的场面、千挑万选的模特、精心设计的时装……所有这一切都是为了衬托斯沃琪的风采——青春、时尚、与众不同。例如,1998年4月斯沃琪在上海几大著名商厦举行的"Swatch1998"春夏新款展示,就像一次艺术品的展览,运用高科技的成果,显示了丰富的艺术想象力。

据台湾地区的一项消费者调查表明,在手表的满意度方面,劳力士第一名,占30%;斯沃琪是第二名,占23%。撇开劳力士高品质高价位不谈,这份调查显示了斯沃琪的品牌战略的成功。斯沃琪手表目前在150多个国家和地区销售。如今,斯沃琪手表已经成为世界各国青少年的腕上宠物,它早已不再是简单地发挥计时作用,而是代表了一种观念、一种时尚、一种艺术和一种文化。正如赫雅克所说:"SWATCH最叫人心悦诚服的,是它使瑞士的制表工业一直凌驾于先进的欧洲及北美洲等地,同时又保留了瑞士传统的制表技艺。凭借着想象力、创造力以及誓要成功的意志,斯沃琪制造出了优秀而实惠的产品,现在,斯沃琪肩负了明确的使命,将继续发展和推出更多有意思的产品。"

案例思考题

1.斯沃琪成功地运用了那些新产品开发策略?它成功的主要经验是什么?

2. 斯沃琪是怎样始终保持其与时俱进风格的？

3. 斯沃琪在新产品开发方面有何独到之处？这个案例给你什么启发？

（三）可口可乐新产品开发的失败案例

自从 1886 年亚特兰大药剂师约翰·潘伯顿发明神奇的可口可乐配方以来，可口可乐在全球开拓市场可谓无往不胜。1985 年 4 月 23 日，为了迎战百事可乐，可口可乐在纽约宣布更改其行销 99 年的饮料配方，此事被《纽约时报》称为美国商界一百年来最重大的失误之一。

在 20 世纪 80 年代，可口可乐在饮料市场的领导者地位受到了挑战，其可口可乐在市场上的增长速度从每年递增 13% 下降到只有 2%。然而此时，百事可乐却创造着令人注目的奇迹。它首先提出"百事可乐新一代"的口号。这一广告活动抓住了那些富于幻想的青年人的心理。这一充满朝气与活力的广告，极大地提高了百事可乐的形象，并牢固地建立了它与软饮料市场上最大部分的消费者之间的关系。在第一轮广告攻势大获成功之后，百事可乐公司仍紧紧盯着年轻人不放，继续强调百事可乐的"青春形象"，又展开了号称"百事挑战"的第二轮广告攻势，在这轮攻势中，百事可乐公司大胆地对顾客口感试验进行了现场直播，即在不告知参与者在拍广告的情况下，请他们品尝各种没有品牌标志的饮料，然后说出那一种口感最好，试验过程全部直播。百事可乐公司的这次冒险成功了，几乎每一次试验后，品尝者都认为百事可乐更好喝，"百事挑战"系列广告使百事可乐在美国的饮料市场份额从 6% 猛升至 14%。

可口可乐公司不相信这一事实，也立即组织了口感测试，结果与"百事挑战"中的一样，人们更喜爱百事可乐的口味。市场调查部的研究也表明，可口可乐独霸饮料市场的格局正在转变为可口可乐与百事可乐分庭抗礼。20 世纪 70 年代 18% 饮料消费者只认可口可乐这一品牌，认同百事可乐的只有 4%，到了 20 世纪 80 年代只有 12% 的消费者忠于可口可乐，而只喝百事可乐的消费者则上升到 11%，达到与可口可乐持平的水平。而在此期间，无论是广告费用的支出还是销售网站，可口可乐公司都比百事可乐公司高得多。它拥有两倍于百事的自动售货机、优质的矿泉水，更多的货架空间以及更具竞争力的价格，但是为什么它仍然失去了原属自己的市场份额呢？

面对百事可乐的挑战，1980 年 5 月，可口可乐董事会接受了奥斯丁和伍德拉夫的推荐，任命戈伊祖艾塔为总经理。在戈伊祖艾塔于 1981 年 3 月成为公司的董事长之后,唐纳德·基奥接任总经理。

不久,戈伊祖艾塔召开了一次全体经理人员大会,他宣布,对公司来说,没有什么是神圣不可侵犯的,改革已迫在眉睫,人们必须接受它。于是,公司开始将注意力转移到调查研究产品本身的问题上来,证据日益明显地表明,味道是导致可口可乐衰落的唯一重要的因素,已经使用了99年的配方,似乎已经合不上今天消费者的口感要求了。在这种情况下,公司开始实施堪萨斯计划——改变可口可乐的口味。

可口可乐公司在研制新可乐之前,秘密进行了代号"堪萨斯工程"的市场调查行动,它出动了2 000名市场调查员在10个主要城市调查顾客是否接受一种全新的可口可乐,问题包括:可口可乐配方中将增加一种新成分使它喝更柔和,你愿意吗?假如可口可乐将与百事可乐口味相仿你会感到不安吗?你想试试一种新饮料吗?调查结果表明只有10%～12%的顾客对新口味的可口可乐表示不安,而且其中一半表示会适应新的可口可乐,这表明顾客们愿意尝试新口味的可口可乐。但是另外一些测试却提供了一些相反情况,大小不同的消费者团体分别表明了强烈的赞成和不赞成的情绪。

1984年9月,可口可乐公司技术部门决定开发出一种全新口感、更惬意的可口可乐,并且最终拿出了样品,这种"新可乐"比可口可乐更甜、气泡更少,因为它采用了比蔗糖含糖量更多的谷物糖浆,是一种带有柔和的刺激味的新饮料。公司立即对它进行了无标记味道测试,测试的结果令可口可乐公司兴奋不已,顾客对新可乐的满意度超过了百事可乐,市场调查人员认为这种新配方的可乐至少可以将可口可乐的市场占有率推高1%～2%,这就意味着多增加2～4亿美元的销售额。

为了确保万无一失,在采用新口味之前,可口可乐公司投入400万美元,进行前所未有的大规模口味测试。在13个城市中约19.1万人被邀请参加了无标记的不同配方的可口可乐的比较。55%的参加者更喜欢新可乐,这表明可口可乐击败了百事可乐。调查研究的结果似乎证明,支持新配方是不容置疑的了。

新可乐投产之前,一系列辅助性的决定必须相应地实施。例如,必须考虑是在产品大类中加入新口味的可乐还是用它来替代老可乐。在反复考虑以后,公司的高级经理们一致同意改变可口可乐的味道,并把旧可乐撤出市场。

1985年4月23日,可口可乐公司董事长戈伊祖艾塔宣布经过99年的发展,可口可乐公司决定放弃它一成不变的传统配方,原因是现在的消费者更偏好口味更甜的软饮料,为了迎合这一需要,可口可乐公司决定更改配方调整口味,推出新一代可口可乐。为了介绍新可乐,戈伊祖艾塔和基奥在纽约城的林肯中心举行了一次记者招待会。请柬被送往全国各地的新闻媒介机构,大约有200家的报纸、杂志和电视台的记者出席了记者招待会,但他们大多数人并未信服新可口可乐的优点,他们的报道一般都持否定态度。新闻媒介的这种怀疑态度,在以后的日子里,更加剧了公众拒绝接受新可口可乐的心理。

消息迅速地传播开来。81%的美国人在24小时内知道了这种转变,这一数字超过了 1969 年 7 月知道尼尔·阿姆斯特朗在月球上行走的人数。1.5 亿人试用了新可口可乐,这也超过了以往任何一种新产品的试用记录,大多数的评论持赞同态度,瓶装商的需求量达到 5 年来的最高点。决策的正确性看来是无可怀疑了,但这一切都是昙花一现。

在新可乐上市 4 小时之内,接到抗议更改可乐口味的电话达 650 个;到 5 月中旬,批评电话每天多达 5 000 个;6 月份这个数字上升为 8 000 多个。由于宣传媒介的煽动,怒气迅速扩展到全国。对一种具有 99 年历史的饮料配方的改变,本来是无足轻重的,可如今却变成了对人们爱国心的侮辱。堪萨斯大学社会学家罗伯特·安东尼奥论述道:"有些人感到一种神圣的象征被粗暴地践踏了。"甚至戈伊祖艾塔的父亲也从一开始就反对这种改变。他告诫他的儿子说这种改变是失败的前奏,并开玩笑地威胁说要与儿子脱离关系。公司的领导们开始担心消费者联合起来,抵制其产品。

他们看到的是灾难性的上市效果:"我感到十分悲伤,因为我知道不仅我自己不能再享用可口可乐,我的子孙们也都喝不到了……我想他们只能从我这里听说这一名词了。"人们纷纷指责可口可乐作为美国的一个象征和一个老朋友,突然之间就背叛了他们。有些人威胁说以后不喝可口可乐而代之以茶或白开水。下面是这些反应中的几个例子:"它简直糟透了! 你应该耻于把可口可乐的标签贴在上面……这个新东西的味道比百事可乐还要糟糕。""很高兴地结识了你,你是我 33 年来的老朋友了,昨天我第一次喝了新可乐,说实话,如果我想喝可乐,我要订的将是百事可乐而不是可口可乐。"

在那个春季和夏季里,可口可乐公司收到的这样的信件超过了 4 万封。在西雅图,一些激进的忠诚者(他们称自己为美国喝可口可乐的人)成立"美国老可口可乐饮用者"组织来威胁可口可乐公司:如果不按老配方生产,就要提出控告。在美国各地,人们开始囤积已停产的老可口可乐,导致这一"紧俏饮料"的价格一涨再涨。当 7 月份的销售额没有像公司预料的那样得到增长以后,瓶装商们要求供应老可乐。

公司的调查也证实了一股正在增长的消极情绪的存在。新可乐面市后的三个月,其销量仍不见起色,而公众的抗议却愈演愈烈。最终可口可乐公司决定恢复传统配方的生产。这一消息立刻使美国上下一片沸腾,当天即有 18 000 个感激电话打入公司免费热线。当月,可口可乐的销量同比增长了 8%,股价攀升到 12 年来的最高点每股 2.37 美元。但是可口可乐公司已经在这次的行动中遭受了巨额的损失。

❓案例思考题

1. 新可口可乐开发的失败案例对你有何启发?

2. 经过了大规模调研、大规模口味测试和 1.5 亿人的试用以及公司高管一致讨论同意,新可口可乐可谓论证充分,为何最终仍难敌老可口可乐?

3.传统品牌企业应如何处理好保持传统特色和与时俱进的矛盾呢？

第三节　商品开发战略与开发方式

一、商品开发战略

开发战略是商品开发能否成功的首要前提,是企业战略的重要组成部分。在激烈的市场竞争中,企业如何开发,企业开发出来的商品以何种方式、什么时候进入市场,企业选用的开发战略合理与否,都关系到企业的商品开发能否成功,关系到企业的竞争力。

商品开发战略的类型是根据新产品或新服务战略的维度组合而成,产品或服务的竞争领域、新产品或新服务开发的目标及实现目标的措施三维构成了新产品或新服务战略。对各维度及维度的诸要素组合便形成了各种商品(新产品或新服务)开发战略。

典型的商品开发战略有:

(一)领先战略

采用这种战略的企业努力开发和生产具有新原理、新技术、新材质、新结构、新构思等新颖特征的全新型的产品或服务,率先投入市场,在消费者心目中达到先入为主的印象,以最大可能地获取市场竞争中的领先地位。该战略的竞争领域是新产品或新服务的最终用途和技术的创新度与首创性,它们决定新产品或新服务能否迅速提高市场占有率,企业能否成为市场领先者。创新的技术来源采用独立自主开发、联合开发或技术引进开发的方式。但是采用这种策略的企业应拥有充足的人、财、物等资源,具有领先的技术、很强的研发力量,具有反馈及时、反应灵敏的市场网络信息系统,具有很强的生产、营销运营能力。

采用领先型开发战略的企业能够较早地建立起其他企业难于攻破的准入壁垒,使自己处于较为主动的地位,提升了竞争优势。它能够优先积累生产技能、管理运营方面的经验,先于其他企业获得成本、质量、经验等方面的优势。但是这种战略也存在一些缺点,如投入大、成本高,一旦开发失败会造成企业巨大的财产损失和损害企业形象,因此实行起来难度较大。同时由于市场需求(特别是对潜在需求的预测方面)存在很大的不确定性,因此企业必须具有较大的抗风险能力。

(二)进取战略

进取战略主要由以下要素组合而成:竞争领域在于新产品或新服务的最终用途和技术方面,新产品或新服务开发的目标是通过新产品或新服务市场占有率的提高使企业获得较快发展;创新程度较高,频率较快;大多数新产品或新服务选择率先进入市场;开发方式通常是独立自主开发;以一定的企业资源进行新产品或新服务开发,不会因此影响企业现有的生产和经营状况。新产品或新服务的创意可来源于对现有产品或服务用途、功能、工艺、营销策略等的改进,改进型新产品或新服务、降低成本型新产品或新服务、形成系列型新产品或新服务、重新定位型新产品或新服务都可成为其选择。也不排除具有较大技术创新的新产品或新服务开发。进取战略的风险相对要小。

（三）紧跟战略

采用这种战略的企业通常紧跟本行业实力强大的竞争者,针对竞争者已成功上市的新产品或新服务进行仿制或进行局部的改进,来维持企业的生存和发展。许多中小企业在发展之初常采用此种开发战略。这种战略的特点是:产品(服务)的战略竞争领域是由竞争对手所选定的产品(服务)或产品(服务)的最终用途,本企业无法也无需选定;企业新产品或新服务开发的目标是维持或提高市场占有率;仿制新产品或新服务的创新程度不高;产品(服务)进入市场的时机选择具有灵活性;开发方式多为独立自主开发或委托开发;紧跟战略的研究开发费用小,但市场营销风险相对要大。

实施紧跟战略的企业要能及时、全面、快速和准确地获得竞争者有关新产品或新服务开发的信息;要有一定的研发能力和转化能力,能迅速吸收别人的新成果并加以改进;要有较强的生产能力,能快速进行仿制、改进后予以生产;要能进行强有力的市场营销运作。

采用紧跟战略的企业所面临的市场竞争是比较激烈的。这种企业可避免早期开发的大量投入和可能出现的风险,用较少的投资得到成熟的定型技术,然后利用企业在其他方面的优势,同早期开发者在市场中竞争。但采用这种战略的企业并非少数,很可能有多家企业同时进入同一个目标市场,因而竞争必然十分激烈,要取得一定的市场份额难度较大。

（四）保持地位或防御战略

为保持或维持企业现有的市场地位,企业往往会选择新产品或新服务开发的防御战略。该战略的产品或服务竞争领域是市场上的新产品或新服务;新产品或新服务开发的目标是维持或适当扩大市场占有率,以维持企业的生存;多采用模仿型新产品或新服务开发模式;以独立自主开发为主,也可采用技术引进开发方式;产品或服务进入市场的时机通常要滞后;新产品或新服务开发的频率不高;成熟产业或夕阳产业中的中小企业常采用此战略。

二、商品开发的驱动模式

任何一种商品的出现都不是自然生成的,而是在一定的驱动力的推动下产生的,而这种驱动力可能是来自于企业内部,也可能来自于外部环境。开发的驱动模式可以分为需求驱动、技术驱动、竞争驱动和约束驱动四种模式。

（一）需求驱动模式

需求驱动模式是指以市场需求为起点的商品开发。企业推出来的商品都是针对一定空间范围内的顾客群,而在此空间范围内很可能存在某种特定的文化传统、教育背景、生活方式等因素,这些因素都会塑造消费者的行为,影响到消费者的需求,因此,在开发的过程中必须考虑这些方面,以确定消费者需求。这种模式的开发过程一般是从市场需求出发,了解消费者的需求动向,形成构想,经概念开发、消费者筛选、商业分析后,进入商品开发、消费者或实验室测试和市场测试,最后投放市场实现商业化。在此开发过程中,市场需求是商品开发的直接动力,也是其最终归宿。据统计,约70%以上的开发模式属于市场需求驱动模式。市场需求可产生于以下几个方面:①现有商品的使用价值与消费欲望之间的差异;②对潜在消费欲望的体现;③从改善生活条件、环境条件及提高生活质量方面对未来商品使用价值的期望与要求;④市场结构和消费需求结构变化以及消费流向所产生的要求。

（二）技术驱动模式

技术驱动模式是指按照科学技术发展的规律来组织开发。科学技术不仅是商品产生的源泉,而且还是商品开发的推动力和基础。科学技术的发展,为开发提供了重要的手段,扩大了科学技术的运用范围,同时也提高了商品的开发效率。其开发过程一般是:对新技术的需要和运用可行性进行考虑,然后进行商业分析、原型开发、生产测试,经过进一步的开发完善后,投入商业化。其特征是风险大,收益也大,既对技术有较高要求,也要求具有开发新市场的能力,实现市场与技术的结合。

（三）竞争驱动模式

企业进行开发也是出于对竞争的考虑。为了获得竞争优势或者应对市场竞争,企业可以考虑通过主动开发来积极应对竞争并获得竞争优势,或者面对竞争对手的新产品或新服务而开发,以此应对市场竞争。此种开发模式以市场竞争为起点,进行市场分析,制定竞争战略,确定概念开发,然后进入商品化开发,实施商业化。

（四）约束驱动模式

企业在发展中并不是完全自由的,会受到许多约束性因素的限制,这些因素可能对商品开发、推广、市场化过程产生影响,这既给开发造成了困难,又创造了机会,这是在商品开发中必须考虑的重要因素。影响商品开发的约束性因素,一般有自然约束和社会约束两类。

1. 自然约束

自然约束是指非人为的因素对商品开发产生一定的、有约束力的影响。其中重要的一个方面就是自然资源对商品开发的影响。对于大部分产品而言,其生产过程都会大量地利用和消耗自然资源,而自然资源又可以分为不可再生资源和可再生资源。尤其对于不可再生资源,在其转换的过程中,不可避免地会造成资源的不可恢复的损失。因此,资源循环会导致资源的减少,影响资源的可供给性和获取成本。而对于某些服务性商品来说,自然资源对商品开发起着决定性的作用。例如,对旅游商品的开发来说,自然资源被破坏,生态环境的恶化,都会丧失商品开发的基础。因此,在进行开发的过程中,必须考虑到资源的保有性、供给性和可替代性。

2.社会约束

社会约束是指人为因素产生的一种社会影响力,以此对商品开发产生一定的约束力,这包括社会道德、风俗习惯、法律规范等。其中,以法律规范对商品开发的影响尤为重要。法律法规是开发的一种强制性约束,在一定程度上既增加了开发的难度,也提供了开发的机遇。由国家强制制定的法律法规,对商品所必须具备的性质、特征、功能、包装等方面做出了严格的规定,要求在商品的某些方面必须满足一定的要求。例如,目前世界各国都制定了环保法律,这就要求企业所开发出来的商品必须符合环保性要求。除此之外,在开发的过程中,不仅要考虑到目前的法律法规,还要考虑到未来可能对商品产生影响的新的法律法规。

三、商品开发的方式

选择适当的开发方式是企业提高自身开发能力的重要方面,除此之外,还为企业的未来发展做好准备工作。新产品或新服务的开发方式一般有以下三种。

(一)独立自主开发

这是指企业根据自身资源,依靠其本身的科研人员、技术,结合本国国情,根据消费者的需要,并考虑其他一些限制性条件,进行独创性研究开发,从而开发出适应市场需求的新产品或新服务。它包括三种具体的形式:①从基础理论研究开始,经过应用研究和开发研究,最终开发出新产品或新服务;②利用已有的基础理论,进行应用研究和开发研究,开发出新产品或新服务;③利用现有的基础理论和应用理论的成果进行开发研究,开发出新产品或新服务。

采用这种开发方式对企业的发展有十分重要的意义,对于制造业企业来说,可以促进企业摆脱粗放式经营的发展模式,走以技术创新为核心的集约型发展模式;建立良性循环的创新机制,不断提高企业自身的新产品开发能力;研究出独具特色的新产品,输出技术,增加控制市场的能力。对于服务业企业来说,可以造就专业性人才,提高人员的服务素质,增强消费者的满意度,扩大市场占有率,提高企业信誉,树立良好形象,获得竞争优势。但是独立自主研究开发风险较大,开发周期长,容易走弯路,需要较多的资金、设备和雄厚的技术力量。

(二)技术引进开发

这是指企业通过购买别人的先进设计、技术、技艺、程序、专利权等,直接利用国外或国内其他企业已有的成熟设计、技术、技艺、程序、专利等进行开发,从而开发研究出本企业的新产品或新服务。采用这种方式的优点是节约研制费用和时间,成功把握大,避免研制风险,并可以较快地掌握先进技术、学习经验,避免走弯路,获取"后发优势"。它适合开发力量不强的企业采用。但是,引进属于别人已经采用的技术或服务,可能对方已占领市场,引进方要同其竞争比较困难。就算能够在市场上进行竞争,但是一些核心技术还是掌握在对方手上,给企业的发展造成较大的阻碍。尤其是从国外引进技术,不仅费用高,而且还常常附带各种限制条件,这就给广泛采用这种方式开发新产品或新服务带来了困难。

因此,有条件的制造企业不应把开发建立在引进的基础上,而应逐步建立自己的产品开发研究机构,或与科研设计部门、大专院校进行有效的联合,实现对引进技术的消化、改进、升级,这样既可以提高本企业的研发能力,又能避免受制于人。而对于服务企业应积极吸收国内外新的服务方式、经验,结合本国、本地区的实际情况进行合理的修正,实现这些服务方式和经验为我所用。

（三）自主开发与技术引进相结合

这是指在商品开发的过程中,既有自主开发的部分,又有技术引进的部分,将两者有机结合在一起进行创新。其结合大体上可分为两种:一种是在充分利用本企业资源的基础上引进某些技术,以弥补不足;另一种是进行协作或联合研究开发,合作设计,共享成果。尤其对后一种联合或协作开发来说,是当今商品开发的趋势。因为随着世界经济环境的变化和经济全球化趋势的加强,单独的企业由于其资源的有限性,很难在资金、技术、人员、时间等方面全部胜任开发的需求,但是很可能在实现开发的某一个要素方面占据一定的优势,此时就可以考虑优势互补、要素重组的策略,实现在新产品或新服务开发中的强强联合,使新产品或新服务开发获得成功。

在制造业的这种开发方式,主要是产学研协作或联合方式,企业与高等院校、科研机构协作或联合,实现优势互补联合,具有很大的创新优势和发展前景。高校和科研机构提供知识资源,企业提供基础设施,将科技成果尽快地商业化,既可以分担技术创新和产品开发的风险,又可以加快创新和产品开发速度,扩大市场份额,提高经济效益。而服务业的这种开发方式一般是各个服务企业根据自己的优势,一起联合进行开发某项服务项目。

（四）委托或合同开发

它是指企业通过协议或合同,委托或雇用社会上的独立研究的人员或新产品、新服务的开发机构,为企业开发新产品或新服务。

选择开发方式是商品开发的重要环节,要根据商品的性质、功能和服务对象的不同要求,正确地选择开发方式,做出正确的开发决策。了解各种开发方式的优缺点及适用范围、各种开发方式之间的关系,是选择开发方式的前提;而比较各种开发方式的经济效益和社会效益,则是最终选择开发方式的决策依据。为了便于对开发方式进行选择,缩短新产品或新服务开发周期,有效地进行商品开发,可按照图9-1所示的程序选择开发方式。

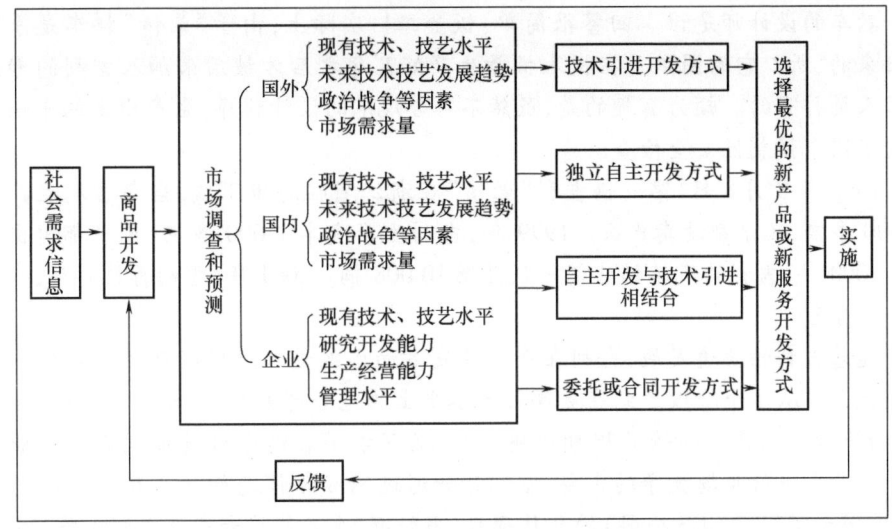

图 9 - 1　选择新产品开发方式的程序

（四）吉利造车

　　目前,在国内具有一定生产规模的轿车制造企业中,吉利是唯一的民营企业。这家企业的发展历程可以分为三个阶段。第一阶段是从 1998 年到 2002 年,吉利"揭竿而起",成功进入中国汽车工业;第二阶段主要是从 2002 年到 2010 年,吉利开始从一个家族式企业向管理型企业转变,同时通过整合中国汽车工业的业内资源,大大增强了自身的技术能力;第三阶段是从 2010 年至今,吉利成功拿下沃尔沃 100% 的股权,开始从自主品牌中端尝试向高端挺进。

　　与吉利集团的企业文化一脉相承,吉利汽车在起步阶段雄心很大,最初的目标是要成为"中国的奔驰"。在吉利内部流传着这样的说法:当初李书福买了两辆奔驰轿车,通过分拆仿制了自己的样车。为了降低成本,吉利造出的第一辆"奔驰"是顶板采用玻璃钢的汽车。但这个尝试被泼了一瓢凉水:当这辆样车被送到有关部门展示时,对方告知,这样的汽车是不符合国家安全标准的。从天上回到地上,李书福决定从中国的实际出发,先走低档路线,"为中国老百姓造买得起的好车"。

　　吉利第一款投入批量生产并面世的车型是模仿夏利(包括车身和底盘)的"豪情"两厢轿车,采用天津丰田发动机公司为夏利配套生产的四缸发动机。当吉利今天已成为在市场上拥有好几个不同车型的高速成长企业时,我们很难不去问吉利第一款车的设计师是谁。回答很简单:钣金工! 实际上,由于"豪情"样车是手工敲出来的,所以它的图纸是在投入批量生产好几年之后才被后来加入吉利的专业技术人员补齐的。颇为有趣的是,虽然不符合规范的设计程序,生产出来的车还是通过了国家强制性安全检查。

1998 年 8 月 8 日,第一辆吉利"豪情"在浙江省临海市下线,当年吉利生产汽车 100 多辆,几乎都没卖出去。1999 年,吉利生产汽车 1 600 多辆,几乎都卖出去了。2000 年,吉利的汽车销售量一跃升至 10 008 辆。2001 年,吉利再接再厉,卖了 2.4 万辆汽车。

随着吉利的快速发展,吉利在产品开发方面已经进入对现有产品的优化和升级换代上。从这个阶段达到在更高技术水平上的完全自主开发阶段需要一个过渡期(由汽车产品开发的较长周期所决定)。为了能够在这个过渡期间满足企业通过产品开发进行市场竞争的需要,吉利开始通过国际合作进行产品开发:(1)与韩国(韩国大宇国际 CES 公司)的合作项目,当时有 14 名韩国专家到吉利工作了 4 个月,吉利方面的主要目标是学习并掌握整车设计流程的规范化和更多的设计细节技巧。在开发模式中,吉利坚持一种 1:2 模式,即一个韩国专家带两名中国技术人员进行工作;(2)与德国企业的合作项目,台州路桥基地分别与德国吕克中克以及中国台湾的一家公司分别合作设计车型,主要是请外方做造型,而由吉利自己设计底盘结构;(3)与意大利汽车集团公司的合作项目,这是一个从造型到样车的全流程整车开发项目,吉利的目标是除了对整车开发进行全程学习之外,还希望通过这次学习能够熟悉汽车工业的欧洲体系,学习形式主要是外派技术人员参与开发,同时意大利方面也派专家来吉利工作。

2010 年 3 月吉利以 18 亿美金收购沃尔沃轿车公司 100% 股权以及相关资产,包括知识产权。成立于 1927 年的沃尔沃是仅次于奔驰、宝马、奥迪的世界第四豪车品牌。

"吉利收购沃尔沃之后,就在自主品牌阵营中占据了技术制高点,吉利同沃尔沃的技术交流每天都在发生。"吉利集团副总裁兼吉利汽车销售公司总经理孙晓东坦言,沃尔沃对吉利汽车的高端化进程作用不小。以 2014 年吉利汽车上市的第一款汽车 GX7 为例,对于这款改款汽车,沃尔沃技术团队共提出了 100 多条修改意见。

除此之外,双方正致力于模块化平台 CMA 的研发,预计该平台最早可能在 2015 年年底 2016 年年初有新产品问世。届时,吉利汽车的产品有望实现进一步高端化。

除了产品与技术上的帮助,沃尔沃对吉利汽车的支持,还体现在人才方面。如前沃尔沃设计总监彼得霍布里,已被吉利汽车邀请担任高级副总裁,主管设计业务;又如前沃尔沃产品开发和技术创新副总裁方浩瀚,如今已是吉利汽车研究院执行副院长和吉利欧洲研发中心 CEO。

事实上,为了打造高端,吉利汽车近年来一直在人才方面下足功夫。从早年招致麾下的赵福全、沈晖、童志远,到近些年从各大合资车企挖来的马征鲲、付强、孙晓东、侯海靖等人,吉利汽车在高端人才储备上的投入毫不手软。在吉利汽车研究院,十年前,这里的科研人员还只有200余人;如今,这里的科研人员已经超过2 000人,其中博士31人,硕士301人,且有"国家千人计划"入选5人。

早在2011年,吉利集团副总裁兼研究院院长赵福全便在"2011中国汽车蓝皮书论坛"上宣布,吉利汽车将着力发展高性能电动车和插电式混合动力车。当时,赵福全明确表示,吉利汽车会暂停低成本电动车的研发,全力转向高性能混合动力车。

2014年,吉利汽车的新能源战略再度被提上日程。据了解,新能源技术尤其是油电混合技术和插电式混合动力技术目前已晋升为新吉利品牌的重要战略支点。

"吉利汽车正在形成开发新能源汽车的产品化能力,正在推进产业化进程。"吉利集团总裁安聪慧曾明确表示,吉利汽车在加强与沃尔沃汽车新能源汽车合作的同时,还和底特律电动车公司以及英国蓝宝石电动车公司进行着紧密合作,"未来我们会更全面整合吉利集团旗下的资源,同时借助外力优势资源来打造具有国际竞争力的汽车集团。"

可以看到,吉利汽车将锻造高端品牌的努力直接推向了国际。对于海外发展思路,吉利汽车已经确立了"三步走"战略:第一阶段重点进入新兴市场,第二阶段主攻欧盟,第三阶段进军美国。

2015年3月20日,首批20辆,共计50辆的吉利博瑞外事礼宾用车(中高端轿车)交付仪式在北京钓鱼台国宾馆举行,外交部部长助理钱洪山和吉利控股集团董事长李书福作为双方代表完成了交付仪式。吉利总裁安聪慧在仪式上指出:"外交部外交人员服务局选用吉利博瑞作为外事礼宾指定用车和驻华使节用车,这是在展现中国品牌魅力和提升民族自豪感方面一件具有里程碑意义的事件。我们将不辱使命,让吉利博瑞轿车、成为外事活动中的一道靓丽风景线。"外交人员服务局副局长苏文也深情地指出:"吉利是我局经过多次而深入的考察研究后确定的自主品牌战略合作伙伴,现如今等了20年,自主品牌成为国产礼宾车的愿望终于实现了!"。

❓ 案例思考题

1. 吉利汽车采用了什么开发战略?它的开发特点是什么?
2. 吉利汽车采用了哪种产品开发方式?这种方式对它适合吗?为什么?
3. 吉利汽车成功开发的案例对你有什么启示?

思考练习题

1. 什么是新产品？新产品如何分类？

2. 什么是新服务？新服务有哪些类型？

3. 新产品开发和新服务开发应分别遵循哪些原则？

4. 结合自己的调研，分析比较新产品开发程序和新服务开发程序的异同点。

5. 收集资料，探讨新服务开发在汽车客运、铁路客运或航空客运中的应用，写成小论文。

6. 以某种你熟悉的产品或服务为例来论述该商品应采用何种开发方式和战略？

7. 通过上网查询，你认为我国汽车产品开发的主流方式是什么？有何建议或思考？

8. 查询相关资料后结合自己的体会，试提出手机新产品开发的基本思路。

9. 根据你所了解的我国相关产业的开发实例来分析我国的商品开发存在哪些不足？应如何改进？

第十章

商品与环境

第一节　自然环境与环境问题

一、自然环境

（一）自然环境的概念

人们所说的环境，在大多数情况下，是指自然环境。

自然环境是指除人类以外的地球上其他生命物体和非生命物质的总体。自然环境具有系统的一切特性、功能和行为，也称为自然环境系统。它虽然受人类活动的影响，但总的来说，仍按自然规律发展着。

（二）自然环境要素

自然环境是由自然环境要素构成的。自然环境要素是构成自然环境系统的子系统，是自然环境中相互联系又相对独立的基本组成部分。自然环境要素可分为非生物要素和生物要素两大类。非生物要素，也称物理要素或物理—化学要素，是指大气、水体、土壤、岩石等环境要素。生物要素是指所有生命体，如动物、植物、微生物等。

（三）自然环境系统的主要特性

自然环境要素之间具有相互作用、相互制约、相互联系的特性。

1. 最小限制性

所谓最小限制性，是指整个自然环境系统的质量不是由各环境因素的平均状况来决定，而是决定于各要素中那个与最优状态差距最大的要素，受其控制，因而自然环境质量的优劣取决于各要素中处于"最低状态"的那个要素。

例如，我国环境空气质量状况在每天向公众报告时，采用空气质量指数（Air Quality Index，简称 AQI）进行定量描述。AQI 越大，污染越重，空气质量越差；AQI 越小，污染越轻，空气质量越好。我国环境保护标准《环境空气质量指数（AQI）技术规定（试行）》（HJ 633—2012）将 AQI 和空气质量状况分为六个等级和类别，其表达信息见表 10 – 1。

表 10 –1　空气质量指数（AQI）及相关信息

空气质量指数	空气质量指数级别	空气质量指数类别及表示颜色		对健康影响情况	建议采取的措施
0 ~ 50	一级	优	绿色	空气质量令人满意,基本无空气污染	各类人群可正常活动
51 ~ 100	二级	良	黄色	空气质量可接受,但某些污染物可能对极少数异常敏感人群健康有较弱影响	极少数异常敏感人群应减少户外活动
101 ~ 150	三级	轻度污染	橙色	易感人群症状有轻度加剧,健康人群出现刺激症状	儿童、老年人及心脏病、呼吸系统疾病患者应减少长时间、高强度的户外锻炼
151 ~ 200	四级	中度污染	红色	进一步加剧易感人群症状,可能对健康人群心脏、呼吸系统有影响	儿童、老年人及心脏病、呼吸系统疾病患者避免长时间、高强度的户外锻炼,一般人群适量减少户外运动
201 ~ 300	五级	重度污染	紫色	心脏病和肺病患者症状显著加剧,运动耐受力降低,健康人群普遍出现症状	儿童、老年人和心脏病、肺病患者应停留在室内,停止户外运动,一般人群减少户外运动
>300	六级	严重污染	褐红色	健康人群运动耐受力降低,有明显强烈症状,提前出现某些疾病	儿童、老年人和病人应当留在室内,避免体力消耗,一般人群应避免户外活动

　　空气质量指数 AQI 的大小是由空气中各单项污染物（二氧化硫、二氧化氮、一氧化碳、臭氧、粒径 $\leqslant 10\mu m$ 的颗粒物即 PM10、粒径 $\leqslant 2.5\mu m$ 的颗粒物即 PM2.5 等）的空气质量指数即空气质量分指数（Individual Air Quality Index, IAQI）中的最大值（污染最重或质量最差的单项污染物 IAQI）决定的,可用下式表示：AQI = max $\{ IAQI_1, IAQI_2, IAQI_3, \cdots, IAQIn \}$,式中,n 为污染物项目序数。空气质量分指数级别及对应的污染物项目浓度限值见表 10 – 2。HJ633 – 2012 规定：AQI 大于 50 时, IAQI 最大的污染物为首要污染物,若 IAQI 最大的污染物为两项或两项以上时,并列为首要污染物；IAQI 大于 100 的污染物为超标污染物。

表10－2 空气质量分指数级别及对应的污染物项目浓度限值

空气质量分指数（LAQI）	污染物项目浓度限值									
	二氧化硫（SO_2）24小时平均/（$\mu g/m^3$）	二氧化硫（SO_2）1小时平均/（$\mu g/m^3$）[1]	二氧化氮（NO_2）24小时平均/（$\mu g/m^3$）	二氧化氮（NO_2）1小时平均/（$\mu g/m^3$）[1]	颗粒物（粒径小于等于10μm）24小时平均/（$\mu g/m^3$）	一氧化碳（CO）24小时平均/（mg/m^3）	一氧化碳（CO）1小时平均/（mg/m^3）[1]	臭氧（O_3）1小时平均/（$\mu g/_3$）	臭氧（O_3）8小时滑动平均/（$\mu g/_3$）	颗粒物（粒径小于等于2.5μg）24小时平均/（$\mu g/m^3$）
0	0	0	0	0	0	0	0	0	0	0
50	50	150	40	100	50	2	5	160	100	35
100	150	500	80	200	150	4	10	200	160	75
150	475	650	180	700	250	14	35	300	215	115
200	800	800	280	1 200	350	24	60	400	265	150
300	1 600	(2)	565	2 340	420	36	90	800	800	250
400	2 100	(2)	750	3 090	500	48	120	1 000	(3)	350
500	2 620	(2)	940	3 840	600	60	150	1 200	(3)	500

说明：

(1) 二氧化硫（SO_2）、二氧化氮（NO_2）和一氧化碳（CO）的1小时平均浓度限值仅用于实时报，在日报中需使用相应污染物的24小时平均浓度限值。

(2) 二氧化硫（SO_2）1小时平均浓度值高于800$\mu g/m^3$的，不再进行其空气质量分指数计算，二氧化硫（SO_2）空气质量分指数按24小时平均浓度计算的分指数报告。

(3) 臭氧（O_3）8小时平均浓度值高于800$\mu g/m^3$的，不再进行其空气质量分指数计算，臭氧（O_3）空气质量分指数按1小时平均浓度计算的分指数报告。

2. 整体效应性

自然环境是一个统一的整体。组成自然环境的各个要素，既具有相对独立的个性，同时彼此之间又具有相互的依存性、联系性和制约性。因此，自然环境的整体性质并不简单地等于组成自然环境的各要素性质之和，不具有加合性，而是比"和"更复杂、更丰富。也就是说，自然环境的整体性质要大于其各环境要素个性之和。在研究和解决各种环境问题时，我们必须从整体观念出发，充分考虑各种环境要素内部各子要素之间的关系、各环境要素彼此之间的关系、各环境要素与环境系统整体的关系，特别是它们之间的相互作用。

3. 地域差别性

地域差别性是指地球上处于不同地理位置和不同面积大小的自然环境系统具有不同的整体特性。研究和解决各种环境问题时必须掌握区域的自然和社会经济特点。

4. 变动调节性

自然环境系统处于自然过程和人类社会活动的双重作用中，其内部结构和外部状态因而始终处于不断变动中。这种变动可能是有利的，也可能是有害的。然而自然环境系统还具有一定的自我调节能力,在一定限度内,来自系统内部或外部的作用或影响可得到自我补偿或化解,使自然环境处于相对稳定状态。但当自然界的自发过程或人类行为的干扰远远超过系统的自我调节能力时,该系统的状态乃至结构就会发生显著变化。

二、环境问题

(一)环境问题的概念

环境问题是指在人类活动或自然因素的干扰下引起自然环境质量下降或自然环境系统的结构损毁,从而对人类及其他生物的生存与发展造成影响和破坏的问题。

(二)环境问题的类型

环境问题按照其产生的原因可分为:原生环境问题和次生环境问题。

1. 原生环境问题

原生环境问题,也称第一类环境问题,是指由于自然因素引起的环境问题。如,火山喷发造成的大气污染,地震造成的地质破坏和水体污染等。

2. 次生环境问题

次生环境问题,也称第二类环境问题或人为环境问题,是指由于人类活动(主要是人类的生产和消费活动)引发的环境问题。

人为环境问题,通常又分为环境污染和生态破坏两类问题。

(1)环境污染。它是指人类在商品生产和消费过程中向自然环境过度排放有害物质,超过自然环境的消解能力而引起的一类环境问题。如:水体污染、大气污染、固体废物污染、噪声污染等局部性问题和气候变化(温室效应)、臭氧层耗竭、酸雨等全球性问题。

(2)生态破坏。它是指人类在商品生产和消费过程中由于不合理地开发利用资源而引起的生态环境质量恶化或自然资源枯竭的一类环境问题。如,森林毁灭、土壤沙化和盐碱化、水土流失、草场退化、资源短缺或枯竭、生物多样性减少等问题。

生态破坏是一种结构性破坏,生态系统的结构一旦遭到破坏,就失去了系统的稳定性和自律性,其生态系统的功能是无法自行恢复的,需要在人类的调控下来恢复其功能。但这种恢复是一个漫长而痛苦的过程,即便可以恢复,其恢复周期往往需要半个世纪甚至是上百年的时间,而且某些资源是不能被恢复的。例如,荒漠化的控制,森林资源的恢复,土地资源的恢复等均需要半个世纪以上或者更长的时间。因此,在所有的环境问题中,生态破坏比环境污染给人类造成的威胁更大、更持久、更深刻。

(三)人类对环境问题的认识与解决办法

20世纪50年代后,面对着环境问题的日益突出和全球化蔓延的威胁,人类对环境问题的认识与解决问题的思路、办法发生了两次重大的转变,其标志就是1972年6月5日联合国在瑞典斯德哥尔摩召开的"人类环境会议"及其通过的《人类环境宣言》和1992年6月3日联合国在巴西里约热内卢召开的"环境与发展大会"及其通过的《里约环境与发展宣言》与《21世纪议程》。

1. 人类环境会议召开前对环境问题的认识与解决办法

在人类环境会议召开之前,环境问题主要表现为人口集中的城市发展和工业发展所造成的局部的环境污染以及未引起人们充分重视的土地沙化,热带森林和野生动、植物的破坏。

从20世纪50年代末到70年代,人类从环境问题产生的直接原因出发得出结论:环境问题是人类科学技术落后的产物,继而把环境问题视为一个生产技术问题去研究解决。这一时期人们运用硬性的环境工程技术控制污染,利用法律、行政等手段去限制排放污染物。但是这种以污染控制为中心的解决办法,并没有能控制住环境污染和生态破坏的发展趋势。

2. 人类环境会议对环境问题认识与解决的贡献

(1)唤起各国政府和人民的环境觉醒与环境关注。《人类环境宣言》呼吁:现在已经到达历史上这样一个时刻,我们在决定世界各地的行动时,必须更加审慎地考虑它们对环境产生的后果。由于无知或不关心,我们可能给生活和幸福所依靠的地球环境造成巨大的无法挽回的损失。因此,保护和改善人类环境是关系到全世界各国人民的幸福和经济发展的重要问题,是全世界各国人民的迫切希望和各国政府的责任,也是人类的紧迫目标。各国政府和人民必须为着全体人民和自身后代的利益而做出共同的努力。

(2)揭示导致环境问题的深层次原因并主张在发展中解决。在会议之前,一些西方学者把环境问题归根于"增长",提出了"零增长"的限制方案,其实质是停止发展。会议揭示了经济和社会因素是环境问题产生的根本原因,明确了解决问题的方向。《人类环境宣言》直截了当地指出:"在发展中国家里,环境问题大半是由于发展不足造成的。千百万人的生活仍然远远低于像样的生活所需要的最低水平。他们无法取得充足的食物和衣服、住房和教育、保健和卫生设备。因此,发展中国家必须致力于发展工作,牢记他们的优先任务及保护和改善环境的必要性。为了同样目的,工业化国家应当努力缩小他们自己与发展中国家的差距。"

(3)明确环境管理概念且构筑了环境管理总体框架。在会议之前,尚没有明确的环境管理概念。人类环境会议首次明确提出了"必须委托适当的国家机关对国家的环境资源进行规划、管理或监督,以期提高环境质量"。《人类环境宣言》初步构筑起环境管理思想和理论的总体框架,明确提出自然资源保护原则、经济和社会发展原则、人口政策原则、国际合作原则,以及通过制定发展规划、设置环境管理机构、开展环境教育和环境科学技术研究等多种途径加强环境管理。

3. 环境与发展大会对环境问题认识与解决办法的重大贡献

自人类环境会议到环境与发展大会的20年间,环境问题从内容到广度、深度都发生了很大的变化。人类面对人口的迅速增长,南北经济的不平衡发展,自然资源的日益枯竭,全球性的环境与生态危机进一步加深,尤其是气候变化、臭氧层耗损、生物多样性被破坏等突出的环境问题,不得不深入总结思考并积极探索新的解决途径。

1987年,以挪威首相布伦特兰夫人为首的世界环境与发展委员会(WCED)向联合国大会提交的研究报告《我们共同的未来》最具代表性、创新性。该报告指出:"经济发展问题和环境问题是不可分割的:许多发展形式损害了它们所立足的环境资源,环境恶化可以破坏经济发展。贫穷是全球环境问题的主要原因和后果。"该报告向全人类严肃地宣布:"一个立足于最新和最好科学证据的紧急警告:现在是采取保证使今世和后代得以持续生存的决策的时候了。我们没有提出一些行动的详细蓝图,而是指出一条道路,根据这条道路,世界人民可以扩大他们合作的领域。"这条道路就是可持续发展的道路。

正是在上述背景下,联合国环境与发展大会在巴西里约热内卢召开。会议通过了《里约环境与发展宣言》(地球宪章)和《21世纪议程》两个纲领性文件。这次大会标志着人类对环境问题的认识上升到了一个全新的高度,找到了解决环境问题的可行的道路,被认为是人类迈入21世纪的意义最为深远的一次世界性会议。其重大贡献主要表现在以下三个方面。

(1)统一和深化了人类对环境问题的认识。与20年前人类环境会议上发达国家和发展中国家对环境、发展认识不一的情况相比,这次环境与发展大会上发达国家和发展中国家都认识到环境问题对人类生存与发展的严重威胁,认识到解决环境问题的紧迫性。

《环境与发展宣言》在共同认识到地球的整体性和相互依存性的基础上,首先明确提出了可持续发展的定义和原则:"人类应享有以与自然相和谐的方式过健康而富有生产成果的生活的权利",并"公平地满足今世后代在发展与环境方面的需要"。其次,进一步确立了实现可持续发展的国际合作原则:包括所有国家和所有人都应在根除贫穷上进行合作的原则,优先考虑发展中国家利益的原则,发达国家在可持续发展的国际合作中负有主要责任的原则,减少和消除不能持续的生产和消费方式并推行适当人口政策的原则,在环境立法、环境标准制定中不得要求发展中国家承担与其经济发展水平不相适应的义务的原则,不得以环境为借口设置贸易壁垒的原则,和平、发展和保护环境不可分割的原则,解决国际环境争端的原则等。再次,进一步重申了公众参与可持续发展的原则。最后,强调了可持续发展进程中环境管理的实施原则,包括预防为主的原则、污染者承担污染费用的原则、环境影响评价原则、防止污染转移的原则和公共资源管理原则等。

(2)为人类确立了解决环境问题的正确道路。20年前的人类环境会议,没有能把环境问题与经济和社会发展联系起来,所以没有找到解决环境问题的根本出路。这次的环境与发展大会,不仅扩展了对环境问题的认识范围和认识深度,而且把环境问题与经济社会发展结合起来研究,探求它们之间的相互影响和相互依托的关系,这是人类认识的一大飞跃。在这次会议上,各国普遍接受了"可持续发展战略",明确了在经济和社会的发展过程中既不停止发展也不离开发展,而是在发展的同时防治环境问题,走经济、社会和环境协调发展的道路。

（3）明确了环境问题的主要责任者及其义务。20年前的人类环境会议只是暴露了环境问题，没能明确环境问题的根源和责任，因而也就不能有效地解决全球环境问题。这次环境与发展大会，从筹备到会议通过的文件，都首先找出环境问题产生的根源和责任者。会议认为，从影响全球和区域的环境问题看，主要责任直接或间接地来自工业发达国家，就是发展中国家面临的一些环境问题，也与发达国家的长期掠夺或廉价收买资源有关。因此，工业发达国家有义务承担环境的治理费用。在此次大会上通过的《气候变化框架公约》和《21世纪议程》中，都明确规定了筹集环境基金的渠道和数额。规定工业发达国家每年拿出占国民生产总值0.7%的资金来帮助发展中国家进行环境治理。当然，明确发达国家对环境应负主要责任，也不能掩饰发展中国家的责任。发展中国家也应该认真对待环境与发展问题。会议所通过的对于全球环境问题共同的、但有区别的责任的表述是恰当的，发达国家和发展中国家都应遵循这一原则，履行自己的国际义务。

（四）可持续发展战略

1987年在日本东京召开的世界环境与发展委员会第八次会议通过了题为《我们共同的未来》的报告，正式提出了既能满足当代人的需求，又不危及后代人满足其需求的"可持续发展"战略，得到了国际社会的广泛认可，并在1992年联合国环境与发展大会上达成共识。可持续发展战略大致包括以下四个方面的思想。

1. 与自然相和谐的发展思想

可持续发展不否定经济增长，是对停止增长的"零增长"学派的否定，是对穷国经济的肯定。但是各国必须根据"与自然相和谐"的原则，重新考虑如何推动经济增长。

环境问题的根源存在于经济高速增长过程之中，解决环境问题也应该着眼于从经济过程中去寻找有效的途径和办法。要站在"与自然相和谐"的立场上去调查、研究、解决经济发展过程的扭曲和误区，使传统的发展模式逐步向可持续发展模式过渡。因此，促进可持续发展的环境管理应建立环境与经济的综合决策机制和协调管理机制，环境规划也应纳入经济发展规划的重要位置，在经济决策、规划过程中就考虑到"与自然相和谐"的环境要求。

2. 以提高生活质量为目标的发展思想

可持续发展要以提高生活质量（福利）为目标，同社会进步相适应。国际上持续多年的关于"增长"和"发展"的辩论已达成共识："经济发展"的概念远比"经济增长"的含义更广泛，意义更深远。经济增长一般被定义为人均国民生产总值的提高，而单纯的国民收入提高未能使社会和经济结构发生进化，未能使一系列社会、环境的发展目标得以实现，未能使人们过上健康而富有生产成果的生活。因此，不能承认其为发展。也就是说，持续发展的福利观点还包括教育、健康、清洁的空气和水，以及自然美的保护等非经济的因素。提高生活质量的目标，要求在环境管理过程中要统筹考虑这些非经济的因素，包括否决一些短期内在财政上吸引人的做法。

3. 同环境承载能力相协调的发展思想

可持续发展要以自然资源为基础,不仅要满足当代需要,而且不危害后代的需要。这个思想体现了"代际公平"的原则,着眼于改变传统的"高消耗、高浪费"的生产方式和消费方式。因此,促进可持续发展的环境管理,可以通过法律的、经济的、技术的手段去达到减少自然资源的耗竭速度,使之低于资源再生速度。引导企业采用清洁生产工艺,引导消费者采用可持续性消费方式,通过环境审计来管理资源能源的利用方式,力求减少损失,杜绝浪费并实现废物排放减量化,减少每单位经济活动造成的资源能源消耗和环境压力。

4. 强调"综合决策"、"公众参与"的发展思想

调整国家政策,改革管理机构,强化公众参与是实施可持续发展的关键。必须改变过去各个部门封闭分隔、各自为战制定和实施经济、社会、环境政策的做法,应建立国家可持续发展的政策体系、法律体系,建立促进可持续发展的综合决策机制和协调管理机制,建立公众参与的管理机制。可持续发展的原则要落实到经济发展、人口、环境、资源、社会保障等各项立法以及重大决策之中。

第二节　商品的生命周期及其评价

一、商品的生命周期

商品从原材料采掘与生产、商品制造、商品使用,直到商品废弃处理的全部活动过程,称为商品的生命周期。对商品生命周期系统而言,外部环境对系统的投入(如资源、能源),可能造成资源、能源短缺或耗竭,也可以造成生态环境破坏;而作为系统输出的"三废"(废气、废液和固体废物)排放或废弃商品物及废弃包装物却往往形成环境污染。因此,所有环境问题无一不与商品生命周期的各个阶段密切相关。商品在其孕育、诞生直至消亡的生命周期全过程中,始终同环境问题紧密地联系在一起(见图10-1)。

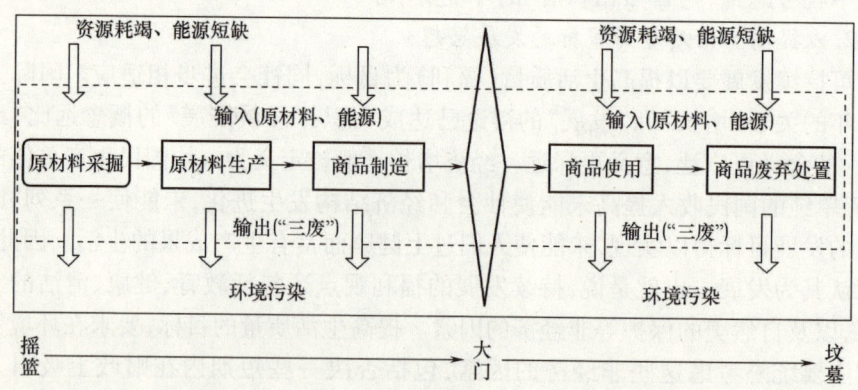

图10-1　商品生命周期系统及其环境影响示意图

二、商品及其生命周期的环境管理

鉴于环境保护已涉及国际贸易要求与商品的竞争力问题,国际标准化组织(ISO)将"环境与安全"问题列为标准化工作的四个最紧迫课题之一,于 1991 年成立了"环境问题特别咨询组(ISO/SAGE)",并在此基础上于 1993 年正式成立了 ISO/TC 207 环境管理委员会。该委员会考虑了以下三点:一是环境问题对消费者、政府、商业和工业的影响日益重大;二是保护环境直接关系到商业的成功和经济的持续发展;三是进一步发展全球的经济和服务,需要制定环境管理国际标准来协调全球的环境问题。它力求从全方位着手,通过标准化手段来有效地改善和保护环境,满足经济持续发展的要求。

TC 207 设立了 6 个分技术委员会 SC1 "环境管理体系(EMS)"、SC2 "环境审核(EA)"、SC3 "环境标志(EL)"、SC4 "环境行为评价(EPE)"、SC5 "生命周期评价(LCA)"、SC6 "术语和定义(T&D)"和一个直属工作组 WG1 "产品标准中的环境指标(EAPS)"。

ISO/TC 207 是国际标准化组织中继 TC 176 质量管理和质量保证委员会后又一个非常重要的综合性管理组织,其参加国已超过 80 个,联络组织 26 个。为此,ISO 中央秘书处为 TC 207 预留了 100 个标准号(参见表 5-4),即 ISO 14000 系列标准。ISO 14000 系列标准是国际标准化组织继 ISO 9000 系列标准后的又一大突出贡献,其用户包括全球商业、工业、政府、非营利性组织和其他用户。

随着 ISO/TC 207 的成立和 ISO 14000 系列标准制定工作的快速进展,我国于 1995 年 10 月也相应成立了全国环境管理标准化技术委员会 CSBTS/TC 207。其宗旨是:通过在各组织(企业、事业等)中建立起科学的环境管理体系来规范组织的环境行为,支持环境保护工作,改善生态环境质量,减少人类各项活动对环境造成的影响,使之与社会经济发展达到平衡,促进经济的持续发展。工作任务是:负责与 ISO/TC 207 的联络,跟踪和研究 ISO 14000 系列标准,结合国内实际情况,适时把 ISO 14000 系列标准转化为我国的国家标准。表 10-3 列出了已发布的 ISO 14000 系列标准编号及其等同采用转化的国家标准编号与名称。

表 10-3　已发布的 ISO 14000 系列标准编号及其等同采用的国家标准编号与名称

序号	国际标准编号	我国国家标准编号 (等同采用)	标准名称
1	ISO 14001:2004	GB/T 24001—2004	环境管理体系要求及使用指南
2	ISO 14004:2004	GB/T 24004—2004	环境管理体系原则、体系和支持技术通用指南
3	ISO 14005:2010		环境管理体系分期实施指南
4	ISO 14006:2011		指南与环境标识合并
5	ISO 14010:1996	GB/T 24010—1996	环境审核指南通用原则
6	ISO 14011:1996	GB/T 24011—1996	环境审核指南 审核程序 环境管理体系审核

续表

序号	国际标准编号	我国国家标准编号 （等同采用）	标准名称
7	ISO 14012:1996	GB/T 24012—1996	环境审核指南环境审核员资格要求
8	ISO 14015:2001	GB/T 24015—2003	环境管理现场和组织的环境评价
9	ISO 14020:2000	GB/T 24020—2000	环境管理环境标志和声明通用原则
10	ISO 14021:1999	GB/T 24021—2001	环境管理环境标志和声明自我环境声明（Ⅱ型环境标志）
11	ISO 14024:1999	GB/T 24024—2001	环境管理环境标志和声明Ⅰ型环境标志原则和程序
12	ISO 14025:2006	GB/T 24025—2009	环境管理环境标志和声明Ⅲ型环境声明原则和程序
13	ISO 14031:1999	GB/T 24031—2001	环境管理环境表现评价指南
14	ISO 14040:2006	GB/T 24040—2008	环境管理生命周期评价原则与框架
15	ISO 14041:1998	GB/T 24041—2000	环境管理生命周期评价目的与范围的确定和清单分析
16	ISO 14042:2000	GB/T 24042—2002	环境管理生命周期评价生命周期影响分析
17	ISO 14043:2000	GB/T 24043—2002	环境管理生命周期评价生命周期解释
18	ISO 14044:2006	GB/T 24044—2008	环境管理生命周期评价要求与指南
19	ISO 14050:2002	GB/T 24050—2004	环境管理术语

在 ISO/TC 207 和 ISO 14000 系列标准中涉及商品及其生命周期环境管理内容的，主要有环境标志和声明、生命周期评价两项工作。而环境管理体系、环境审核和环境行为评价等工作，虽然其对象直接指向生产和经营商品的企业或有关的管理单位以及它们的活动，但其实质与 ISO 9000 系列标准相似，最终通过规范组织的环境行为来控制和保证它们的产品或服务符合规定的环境要求。

环境标志和声明是对企业及其商品（产品或服务）的环境行为的确认，也是指导绿色消费的一种手段。TC 207 颁布的环境标志有三类：Ⅰ型标志，即用于第三方认证的基于多重准则的环境标志；Ⅱ型标志，即以自我声明的方式公布商品的环境优越性或环境改进信息的环境标志；Ⅲ型标志，即以商品生命周期信息数据表示的环境标志。

生命周期评价是对商品从设计、生产、消费（使用）到废弃处理的生命周期全过程中的环境影响所做出的全面评价。生命周期评价已成为 ISO 14000 系列标准中既可用于企业产品或服务开发与设计，又可有效支持政府环境政策制定，还可提供明确的环境标志从而指导消费者对环境产品（服务）的消费行为的一种环境管理工具。

三、商品的生命周期评价

（一）生命周期评价的概念

1990 年，国际环境毒理学与化学学会（SETAC）将生命周期评价（Life Cycle Assessment,简称LCA)定义为:"生命周期评价是一种对产品、生产工艺以及活动对环境的压力进行评价的客观过程,它是通过对能量和物质利用以及由此造成的环境废物排放进行辨识和量化来进行的,其目的在于评估能量和物质利用,以及废物排放对环境的影响,寻求改善环境影响的机会以及如何利用这种机会。这种评价贯穿于产品的工艺和活动的整个生命周期,包括原材料提取与加工,产品制造、运输以及销售,产品的使用、再利用和维护,废物循环和最终废物弃置。"

1997年,国际标准化组织对生命周期评价的定义是:"汇总和评估一个产品(或服务)系统在其整个生命周期期间的所有投入及产出对环境造成的潜在影响的方法。"

GB/T 24040—2008/ISO 14040:2006《环境管理生命周期评价原则与框架》又将生命周期评价定义为:"对一个产品系统的生命周期中输入、输出及其潜在环境影响的汇编和评价"。

所谓"产品系统"则是指"拥有基本流和产品流,同时具有一种或多种特定功能,并能模拟产品生命周期的单元过程的集合"[参见本节三(三)内容]。

虽然不同组织对于生命周期评价的定义存在不同的表述,但目前各国际组织已经趋向于采用比较一致的框架和内容,其总体核心是:生命周期评价是对贯穿产品或服务生命周期全过程的环境因素及其潜在影响的研究。

(二)生命周期评价的应用

生命周期评价主要应用在以下方面:

(1)识别改进产品(或服务)生命周期各个阶段中环境绩效的机会;

(2)为产业、政府机构或非政府组织中的决策者提供信息(例如:战略规划、优先项目确定、产品或服务及其工艺的设计或再设计);

(3)选择有关的环境绩效参数,包括测量技术;

(4)帮助营销(如实施生态标志制度、发表环境声明或发布产品声明)。

生命周期评价的应用与ISO 14001标准的实施有着密切的关系。ISO 14001要求企业应建立程序以识别其活动、产品及服务中的环境因素与重大环境因素,并在制定目标指标时将重大环境因素加以考虑。生命周期评价就是一个可用来识别这些环境因素的方法,是一种环境管理技术。

(三)产品(服务)系统、功能单位和系统边界

生命周期评价(LCA)研究中,通常将产品(服务)生命周期作为产品(服务)系统进行模拟和建立模型,图10-2是一个产品(服务)系统模型的示例。产品(服务)系统可以再分为一组单元过程(见图10-3)。将一个产品(服务)系统划分为单元过程,有助于识别产品(服务)系统的输入与输出。单元过程之间通过中间产品(服务)流(如基础材料或部件)和(或)待处理的废物质流相联系,与其他产品(服务)系统之间通过进入或离开系统的产品(服务)流相联系,与环境之间通过基本流(如系统中能源和其他物质资源的耗用以及向空气、水体和土壤的排放物)相联系。

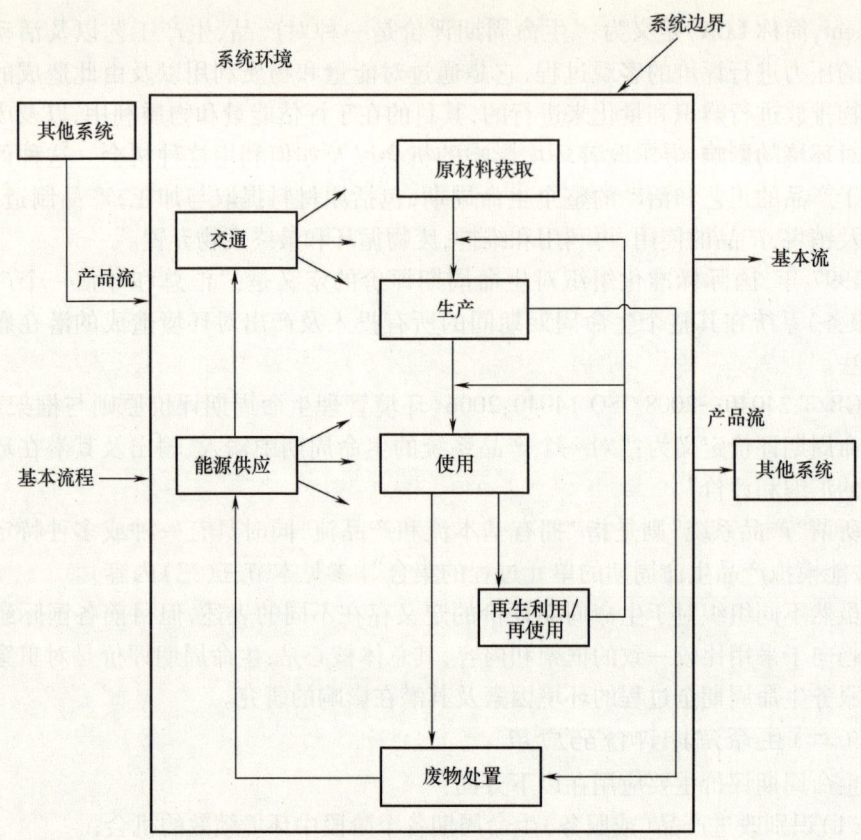

图 10-2 生命周期评价中的产品(服务)系统示例

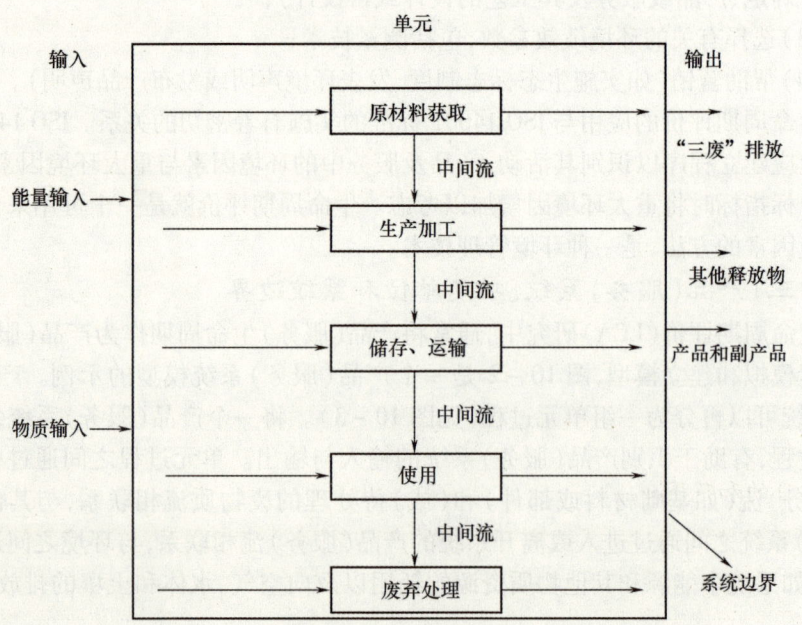

图 10-3 产品(服务)系统中一组单元过程的示例

一个系统可能同时具有多种功能,而研究中选择哪一种(或几种)功能主要取决于生命周期评价的目的和范围。功能单位是指用来作为基准单位的量化的产品(服务)功能。功能单位的首要目的是为相关的输入和输出提供参考,这种参考对确保生命周期评价结果具有可比性很有必要。例如对于可提供"干手"功能的纸巾和空气干手机,可将相同的"干手"的数量作为两个系统共同的功能单位,如一次擦(烘)干所需纸巾的平均质量(克数)和热空气的平均体积。

系统边界是指通过一组规则确定哪些单元过程属于产品(服务)系统的一部分。系统边界决定了哪些单元过程应包括在 LCA 中,系统边界的选择应与 LCA 研究的目的相一致。理想情况下,建立产品(服务)系统模型时,宜使其边界上的输入和输出均为基本流。

（四）生命周期评价的阶段

依据 GB/T 24040—2008/ISO 14040:2006《环境管理生命周期评价原则与框架》标准,生命周期评价研究可分为以下四个阶段,其相互关系见图 10-4。

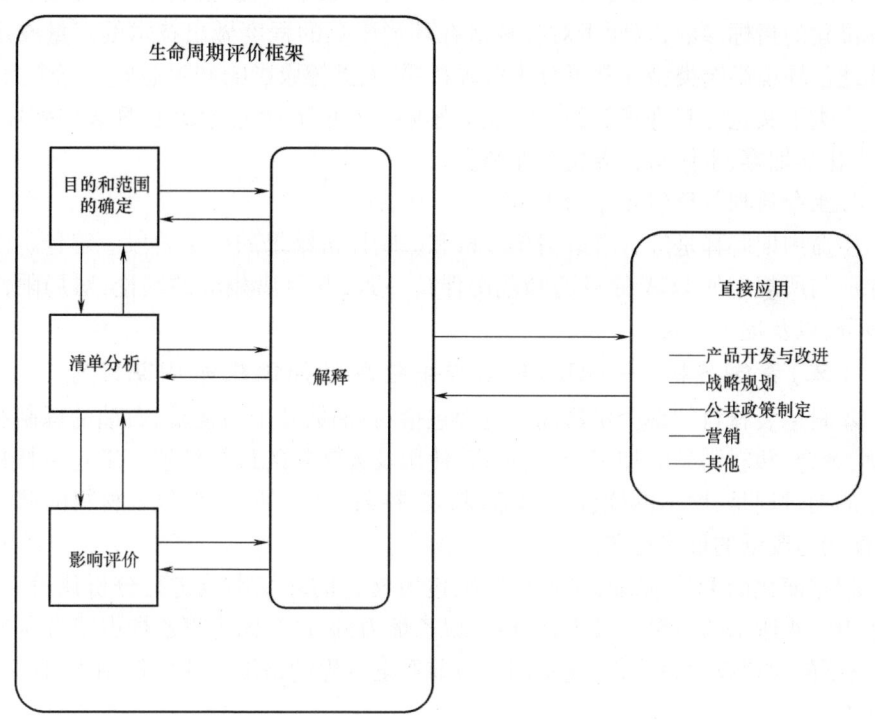

图 10-4　生命周期评价的阶段

1. 目的和范围确定(Goal and Scope Definition)

确定目的和范围是生命周期评价(LCA)研究的第一步,也是最关键的部分。LCA 的目的主要应清楚地说明开展此项研究的理由、研究结果的预期应用意图以及研究结果的接受者等。LCA 的范围界定需要考虑所研究的产品(服务)系统、系统功能、功能单位、系统边界、数据分配程序、数据要求及初始数据质量要求等。目的和范围的确定直接决定了 LCA 研究的深度和广度。LCA 研究是一个反复的技术,随着对数据和信息的收集,可能需要对研究范围的各个方面加以修改,以满足原定的研究目的。

2. 生命周期清单分析(Life Cycle Inventory Analysis,LCI)

LCI 是生命周期评价中对所研究产品(服务)系统整个生命周期中的输入和输出进行汇编和量化的阶段。或者说,清单分析是对所研究的产品(服务)系统的生命周期有关的投入(输入)和产出(输出)数据建立清单的过程。清单分析主要包含系统内各单元输入输出数据的搜集及运算,以此量化所研究的产品(服务)生命周期系统的相关输入与输出,这些输入与输出包括该系统对资源、能源的使用消耗以及对空气、水体及土壤的污染物排放等。

3. 生命周期影响评价(Life Cycle Impact Assessment,LCIA)

LCIA 的目的是根据 LCI 阶段的结果对产品(服务)生命周期各阶段潜在的环境影响进行评价。这一过程将从清单分析得来的数据转化为具体的环境影响类型和标准化的指标参数,以便于对各种潜在环境影响的程度做出技术的定量或定性的描述。环境影响类型通常可分为资源耗竭、人类健康影响和生态影响三个大类,每一大类下又包含有许多亚类,如"生态影响"又可分为气候变暖、臭氧层破坏、酸雨、光化学烟雾、水体富营养化等亚类。

4. 生命周期解释(Interpretation)

生命周期解释是综合考虑清单分析和影响评价结果的一个阶段。解释阶段的结果应与所规定的 LCA 的目的和范围保持一致,并得出相应的结论,对局限性做出解释,以及提出建议。

(五)案例分析——塑料包装与纸包装的简化生命周期评价

塑料包装材料的整个生命周期过程包括:石油的开采与运输,石油的炼制和热裂解、聚合,塑料制品的加工、储运销售,使用及废塑料的最终处置。纸包装材料的生命周期过程是:原木的砍伐与运输,制浆、抄浆,纸品加工,纸包装材料的储运销售,使用与废纸的最终处置。

根据简化的 LCA 原理,对塑料和纸包装材料的环境影响进行分析比较,得出如表 10 - 4 所示的结果。其中,塑料以聚乙烯为例,这是因为聚乙烯占塑料的 52% 以上;纸的原料以木材为例,这是因为目前在全世界的造纸工业中使用木材的比例在 95% 以上。

表 10 - 4　塑料包装和纸包装的简化 LCA 比较

生命周期阶段	有害物质	大气污染	水污染	土壤污染	固体废物	噪声	能源消耗	资源消耗	总计
原料获取	3,4	4,2	3,3	4,3	4,3	3,2	3,2	3,2	27,21
产品生产	2,0	2,1	2,0	4,2	3,1	3,2	3,1	1,1	20,8
包装运输和销售	4,4	3,2	3,3	4,4	3,3	3,3	3,2	3,3	26,24

续表

生命周期阶段	有害物质	大气污染	水污染	土壤污染	固体废物	噪声	能源消耗	资源消耗	总计
产品使用	4,4	4,4	4,4	4,4	4,3	4,4	4,4	4,4	32,31
回收或处置	2,4	1,4	3,2	1,4	0,3	4,4	4,4	4,4	19,28
总计	15,16	14,13	15,11	17,17	14,12	17,15	17,12	15,14	124,112

注:表格中数字[X,Y],X为专家对塑料包装生命周期各阶段评分,Y为专家对纸包装生命周期各阶段评分。每项满分均为5分,得分越高,环境性能越好。

根据表10-4所示,塑料包装材料和纸包装材料环境性能的差距主要在于原料获取、产品生产和回收处置阶段。从总的评分结果来看,前者(124分)优于后者(113分)。

在原料获取阶段,塑料包装材料评分结果为27分,而由木材生产的纸包装材料是21分,两者的环境影响相差很大。这主要是因为纸的原料是森林资源,而我国的森林保护现状根本不允许进行大规模地森林砍伐,所以纸的资源消耗评分很低。

在产品的生产阶段,塑料包装材料评分结果为20分,纸包装材料是8分,前者具有较大的环境优势。塑料和纸的生产均产生较多的有害物质和大气污染物,相比之下,纸的生

产对环境的破坏更为严重。纸品生产中废水量大,且有黑液产生,固体悬浮物、生物耗氧量、化学耗氧量测定值高,处理困难。

在回收或处置阶段,由于我国只有10%的塑料被加以回收利用,20%～30%的塑料被焚烧或填埋,60%～70%的塑料被堆放、任意抛弃或倒入江河湖海。同时,由于塑料包装材料很难降解,会产生污染,这一阶段的结论是纸包装材料更有利于环境。

综上所述,可以得出这样的结论:就整个生命周期表现而言,塑料包装更符合环境保护的要求。

第三节　商品的生态设计与清洁生产

一、生态设计的概念

生态设计(Ecodesign),是面向商品整个生命周期的设计,是20世纪90年代初出现的关于商品设计的新概念,也称绿色设计、生命周期设计,或为环境而设计。

生态设计要求在商品生产和消费的所有阶段均应考虑环境因素,从整个生命周期过程减少其对环境的不利影响,最终引导产生一个更具有可持续性的生产和消费系统。具体而言,商品生态设计要求在商品整个生命周期内考虑自然资源、能源的节约,污染预防,无毒性,可拆卸性,可回收性,可重复利用性,可再生性等,同

时在满足环境要求的同时,确保商品的基本功能、质量、使用寿命和经济性等。

传统设计是以人为中心,从满足人的需求和解决问题为出发点进行的,主要考虑市场消费需求、质量、成本、技术可行性等技术和经济因子,而没有将生态环境因子作为设计的重要指标,忽视了后续的产品及服务生产与消费过程中的资源和能源的消耗以及对环境的污染排放。

生态设计则既考虑人的需求和传统的设计因子,又考虑生态系统的安全和引进生态环境设计因子,不但改变了传统的产品及服务生产模式,也将改变现有的产品及服务消费方式。生态设计在设计的主体、理念、思想、基本要素和成果评定等方面,都对传统设计理论和方法进行了大胆的改革与创新(见表10-5)。

表10-5 生态设计与传统设计的比较

类别	传统设计	生态设计
设计主体	设计师、工程师	设计师、生态学家和环境学家
知识背景	工程设计、外观设计	生态设计、环境伦理知识
设计理念	以人为中心	以"生态系统安全+人"为中心
设计思想	无视资源和能源的消耗以及对环境产生的影响	既考虑人的需求又兼顾生态系统健康和人类可持续发展
产品设计因素	a.市场消费需求 b.产品质量 c.成本 d.制造技术的可行性 e.经济环境	a.生态环境变量 b.成本 c.质量 d.生态技术 e.经济环境
成败衡量标准	能否实现产品的经济价值	能否将生态特征融入产品的潜在特性而进入市场

二、产品的生态设计

产品的生态设计要求在产品整个生命周期内考虑自然资源、能源的节约,污染预防,材料的生态选择,可拆卸性,可回收性等,同时在满足环境要求的同时,确保产品的基本功能、质量、使用寿命和经济性等。荷兰进行产品生态设计的案例表明:生态设计可减少30%~50%的环境负荷。所谓环境负荷,是指对某一产品而言,在其生产过程中耗用的资源和能源的多少,以及其向环境排放的废弃物(气态、固态和液态之和)多少的综合值。

(一)生态设计的材料选择

生态设计要求设计人员在选材时不仅要考虑产品的使用条件和性能,而且应考虑环境约束准则,了解材料对环境的影响,选材时应考虑以下要求:

(1)材料使用中要对人体无毒,对环境无害;

(2)废弃后的材料可被生物降解或被日光降解;

(3)材料易回收,易处理,可再用;

(4)材料加工能耗低,成本低;

(5)材料易加工,污染小;

(6)尽量减少所用材料的种类,以降低废物处理成本。

(二)产品的可回收性设计

可回收性设计是指在产品设计初期就要充分考虑其零件或材料的回收可能性、回收价值的大小、回收处理方法、回收处理加工性等问题,以实现零件、材料、能源的最大利用和环境污染最小化的设计方法。

(三)产品的可拆卸性设计

可拆卸性设计要求产品设计应使所设计的结构易于拆卸,维护方便,并在产品报废后使可重用部分能充分有效地被回收和再使用,以达到节约资源和能源、保护环境的目的。可拆卸性设计要求在产品结构设计时改变传统的连接方式代之以易于拆卸的连接方式。

三、服务的绿色设计

(一)服务产生的生态环境问题

服务过程是服务生产和消费同时进行的过程。服务与产品一样对生态环境影响很大。首先,服务过程中所使用的有形实体(服务设施、器材等)和所消耗的资源(用品、材料包括水资源)和能源,也会产生各种废气、废水、废渣、噪音等污染。例如,在交通运输服务业中,各种交通工具所消耗的资源和燃料以及它们在行驶中所排放的二氧化碳、铅、氮氧化物等尾气污染物和种种噪声;医疗和保健服务业,除了所消耗的资源和能源外,还会产生许多有害的废弃物如用过的一次性注射器材、玻璃制品、废棉球、绷带以及具有放射性污染的诊治器材等;其他如宾馆、银行、电信、娱乐等服务业也都会消耗一定的资源和能源并发生一定的污染。其次,服务过程中所提供的有形产品,例如旅游纪念品、餐饮业中的食品以及餐具、医疗卫生业中的药品以及医疗器材、商业提供的商品、房地产业中的建筑等等,这些产品是服务的重要组成部分,其所产生的废料、废物以及其中的有污、有害和有毒物质无不对生态环境和人体健康产生负面影响。最后,就是纯粹的服务过程本身也会影响到生态环境,譬如理发、修理、浴室、裁剪等都会消耗资源和能源并产生废弃物,旅游服务还会对自然生态以及人文景观带来一定损害。

(二)服务的绿色设计

服务的绿色设计,也称为绿色服务设计。服务的绿色设计基本思想是:在服务设计的构思阶段,不仅考虑服务的流程、质量、成本以及寿命周期等因素,还要充分考虑服务对资源、能源、生态环境和人类健康的影响,进而优化有关设计指标,尽可能地节能、省料和防污,使服务对环境的总体影响以及对自然资源和能源的消耗降到最低限度。与传统的服务设计不同的是,服务的绿色设计必须遵循"自然资源优化、生态环境保护、人类健康保证"的原则。

服务的绿色设计要求服务企业在经营管理中根据可持续发展战略的要求,充分考虑自然环境的保护和人类的身心健康,从服务流程的各个环节着手节约资源和能源、防污、减污和治污,以达到企业的经济效益和环保效益的有机统一。

服务的绿色选材,或者说绿色服务耗材,是指在服务过程中要使用或消耗的材料,应选择具有良好使用性能、能耗少、资源利用率高、对环境无污染且易于回收处理的绿色材料。绿色用材的选择是服务的绿色设计的前提,也是实施和推行绿色服务的关键环节。绿色服务要求优先选用以下材料:新型绿色材料,低能耗、低成本、无毒无污无害的材料,易于加工且加工中少污或无污材料,可回收再利用、未经涂层或电镀、可生物降解材料等。

服务产品的绿化,也就是在服务设计中,要解决服务产品如何绿色化的问题。它也是服务的绿色设计的重要内容。绿色的服务产品,泛指有利于保护生态环境、节约资源,无污、无害、无毒,有益于人体健康的一类服务产品的总称。绿色的服务产品分为两类:一类是指绝对绿色的服务产品,主要涉及那些具有改进环境质量、有益于人类健康、无污无害的服务产品,如健身服务、环卫服务等;另一类是指相对绿色的服务产品,主要包括那些可以减少对生态环境和人类健康的实际或潜在损害的服务产品,如餐饮业的绿色食品、绿色饮料、绿色旅馆,出租汽车业的绿色燃料等。服务产品的绿化主要针对第二类服务产品的可持续改进。

四、清洁生产的概念

1989 年联合国环境规划署(UNEP)提出了清洁生产的定义:"清洁生产是指将综合预防的环境战略持续地应用于生产过程和产品中,以减少对人类和环境的风险性。对生产过程而言,清洁生产包括节约原材料和能源,淘汰有毒原材料并在全部排放物和废物离开生产过程之前减少它们的数量和毒性。对产品而言,清洁生产战略旨在减少产品在整个生命周期过程(包括从原材料提炼到产品的最终处置)中对人类和环境的影响。"

联合国环境署将该生产方式上升为一种战略,战略的作用对象为工艺和产品,其特点为持续性、预防性和综合性(见图 10-5)。

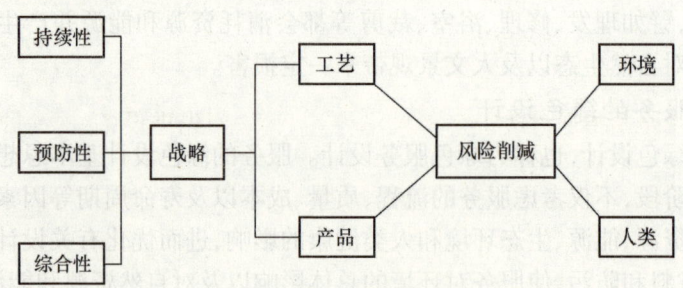

图 10-5 清洁生产战略

1996 年,联合国环境规划署又对其上述定义进行了补充和完善:"对服务来说,清洁生产是指将预防性的战略结合到服务的设计和提供活动中。"这样,它不仅对生产过程与产品,而且对服务也提出了要求,要求将环境因素纳入产品设计和所提供的服务中。

2002 年我国颁布的《清洁生产促进法》将清洁生产定义为:"清洁生产,是指不断采取改进设计、使用清洁的能源和原料、采用先进的工艺技术与设备、改善管理、综合利用等措施,从源头削减污染,提高资源利用效率,减少或者避免生产、服务和产品使用过程中污染物的产生和排放,以减轻或者消除对人类健康和环境的危害。"

2003 年我国发改委、环保总局、科技部等 11 个部委在《关于加快推行清洁生产的意见》中明确指出:"清洁生产的实质是预防污染。清洁生产是对传统发展模式的根本变革,是走新型工业化道路、实现可持续发展战略的必然选择,也是适应我国加入世界贸易组织、应对绿色贸易壁垒、增强企业竞争力的重要措施。"

五、清洁生产的主要内容

清洁生产的主要内容包括以下三个方面:清洁的原材料与能源、清洁的生产过程、清洁的产品或服务。

(一)清洁的原材料与能源

清洁的原材料与能源是指商品生产中能被充分利用而极少产生废物和污染的原材料和能源。选择清洁的原料与能源,是实施清洁生产的重要条件之一。

清洁的原料与能源必须满足两个基本要求:

(1)原料或能源的利用率高,能在生产中被充分利用;

(2)原料或能源中不含有或不能产生有毒、有害物质。

目前,在清洁生产中所采取的相应措施有:选用高纯、无毒的原料;清洁地利用矿物燃料;推动节能技术革新,提高能源利用率;加速开发水能资源,优先发展水力发电;积极发展核能发电;开发利用太阳能、风能、地热能、海洋能、生物能等可再生的新能源等。

(二)清洁的生产过程

清洁的生产过程,是指在生产中选用一定的技术工艺,将废物减量化、资源化、无害化,直至最终消灭废物。

1. 废物减量化

废物减量化是指通过改善生产技术和工艺,采用先进设备,提高原料利用率,使原料尽可能多地转化为产品,从而使废物达到最小量。

2. 废物资源化

废物资源化是将生产环节中的废物综合利用,转化为可进一步生产的资源,变废为宝。

3. 废物无害化

废物无害化就是减少或消除将要离开生产过程的废物的毒性,使之不危害环境和人类。

(三)清洁的产品或服务

清洁的产品或服务是指在生产、消费过程中能达到下述要求的产品或服务：

(1)有利于减少生产、消费每个单位产品或服务所需的物料(包括新鲜水)用量；

(2)有利于减少生产、消费每个单位产品或服务所需的能源用量；

(3)有利于减少生产、消费中有毒物质的排放；

(4)有利于最大限度地利用可再生资源(能源)；

(5)有利于资源(能源)的回收利用；

(6)不危害环境和人体健康。

清洁生产是一个相对的、动态的概念,所谓清洁的生产过程、产品及服务是和以前的生产过程、产品及服务相比较而言的。推行清洁生产,本身是一个不断改进和完善的过程。随着经济发展和科技进步,需要适时地提出更新的目标,不断采用新的方法和手段,争取达到更高的清洁化水平。

第四节 环境标志与其他标志商品

一、环境标志

(一)环境标志产生的背景

自20世纪70年代以来,臭氧层破坏、气候变暖、酸雨等一系列全球性环境问题日益加剧,公众逐步认识到保护我们赖以生存的自然环境已不再只是政府、民间团体、科研机构的事情。他们希望能通过自己的行动直接参与环境保护工作,其中选购和使用对环境有益的产品或服务则是人们乐于接受而又行之有效的办法。这种环境保护方式是通过公众的环境舆论与持续施压来迫使企业采取环境友好行动。换句话说,如果消费者都选择环境友好的产品或服务,那么他们的行为就会影响企业的产品或服务的设计和生产,从而推动产品或服务环境质量的改进和提高。

为使消费者能在同类商品中方便地识别、购买和使用那些真正有益于环境和人体健康的商品,有必要给此类商品附上环境标志(环境声明)。1978年,德国推出了全球第一个环境标志——"蓝色天使",截至2006年已对100多类4000多种商品颁发了"蓝色天使"环境标志。目前世界上已有欧洲各国、德国、美国、加拿大、中国、日本、韩国、泰国、巴西以及中国台湾等30多个国家和地区实施了环境标志(见图10-6)。可以说,环境标志或环境声明是以其独特的市场经济手段,使广大公众行动起来,将购买力作为一种保护环境的工具,直接影响企业的环境决策和环境行为,为其持续改进产品或服务的环境质量,既施加了市场压力,也提供了市场动力。环境标志促使企业主动采用生命周期评价、生态设计、清洁生产等现代环境管理思想与手段,生产对环境有益的商品,最终达到环境与经济的协调发展。

（二）环境标志（环境声明）的概念与认证

国际标准化组织（ISO）将"环境标志"（Environmental Label）与"环境声明"（Environmental Declaration）视为同一概念，即"用来表述产品或服务的环境因素的声明"。这里所说的"环境因素"是指一个组织的活动、产品或服务中能够与环境发生相互作用的要素。

在定义环境标志和声明时，ISO 特别注明：环境标志或声明的形式可以是出现于产品或包装标签上，或置于产品文字资料、技术公告、广告或出版物等中的说明、符号或图形。

环境标志和声明的总体目标是，通过对产品或服务的环境因素的可验证的、准确而非误导性信息的交流，促进对具有较小环境压力的产品或服务的需求和供给，来激发市场驱动的持续改善环境的潜力。

有关环境标志和声明的国际标准，目前 ISO 已正式颁布四项：ISO 14020：1998《环境管理环境标志和声明通用原则》、ISO 14021：1999《环境管理环境标志和声明自我环境声明（Ⅱ型环境标志）》、ISO 14024：1999《环境管理环境标志和声明Ⅰ型环境标志原则和程序》、ISO 14025：2006《环境标志和声明Ⅲ型环境声明原则和程序》。我国也及时分别于 2000 年、2001 年、2006 年将上述四项国际标准依次等同转化为国家标准：GB/T 24020—2000，GB/T 24021—2001，GB/T 24024—2001，GB/T 24025—2009。

（三）环境标志的类型

1. Ⅰ型环境标志计划

这种类型的环境标志为世界多数国家和地区所采用。如德国的"蓝色天使"（Blue Angel）、日本的生态标志（Eco‑Mark）、中国的"十环标志"（Ten Circle Mark）等（见图 10‑6）。

GB/T 24024—2001/ISO 14024：1999《环境管理环境标志和声明Ⅰ型环境标志原则和程序》规定了制定Ⅰ型环境标志计划以及评价和证实符合性的原则和程序，包括选择商品种类、商品环境准则和商品功能特性，此外还规定了授予标志的认证程序。

Ⅰ型环境标志计划是自愿的、基于多准则的第三方认证计划，以此颁发许可证，授权商品使用环境标志证书，表明在特定的商品种类中，基于生命周期考虑，该商品具有总体环境优越性。准则是指基于商品生命周期各阶段输入输出数据确定的评价依据。

Ⅰ型环境标志计划的目标是，通过对总体环境优越性满足特定的Ⅰ型计划准则的商品进行标识，为减少与商品有关的环境影响作出贡献。

Ⅰ型环境标志具有以下特点：

（1）要经过独立的第三方认证，因而具有较高的可信度；

（2）对选定的每类产品或服务都有一套考察其整个生命周期的科学的标准，因而被认证产品或服务在同类产品或服务中具有总体环境优越性；

德国蓝色天使标志　　　美国环境标志　　　加拿大环境选择标志

日本生态标志　　　韩国环境标志　　　中国环境标志

北欧白天鹅标志　　　欧盟环保标志　　　巴西环境选择标志

以色列环境标志　　　泰国环境标志　　　中国台湾环境标志

图 10-6　部分国家和地区的 I 型环境标志

（3）标志一般仅限于证明性商标图形和关于标准的定性的支持性描述,可避免商品机密数据的泄露;

（4）标志的商品种类选择严格,标准制定程序烦琐、需时较长,不适用于更新换代速度快和市场寿命较短的商品,限制了商品类别的扩展;

（5）标志目的在于为消费者快速识别、选择商品提供方便,但通过标志本身来提高消费者环境意识的作用有限;

（6）标志申请和认证费用较高。

2. Ⅱ型环境标志计划

GB/T 24021—2001/ISO 14021:1999《环境管理环境标志和声明自我环境声明

（Ⅱ型环境标志）》规定了自我环境声明的定义、目的、通用要求、对评价和声明验证的要求、声明常用术语以及所选用声明术语的具体要求。该标准的条款6.1中规定"声明者必须负责评价并提供验证自我环境声明所需的数据。"这就是说，自我环境声明的声明方要对他们所做的环境声明负责。声明方的责任包括对资料进行评估以及应有关机构的要求为声明的验证提供必要的资料。

Ⅱ型环境标志（自我环境声明）是指不经过独立的第三方认证，基于该商品的某一种或几种优势的环境性能，由制造商、进口商、零售商或任何能从中获益的一方自行做出的环境声明，也称为"自我环境声明"。

Ⅱ型环境标志（自我环境声明）计划的目标是：①提供可验证的、非误导的、准确的环境声明；②增加市场推动潜力，从而激励对生产、过程和商品的环境改进；③防止或减少无保证的环境声明，减少市场混乱；④便利国际贸易；⑤为商品的购买者、潜在购买者和使用者提供更多进行知情选择的机会。

（1）Ⅱ型环境标志（自我环境声明）的常用术语有以下12类：

①可堆肥。可堆肥是指商品、包装或其附件经生物降解后生成相对单纯并稳定的腐殖质类物质的特性。

②可降解。可降解是指商品或包装在特定条件下通过一定时间分解到某种程度的特性。降解是指在热、光、机械力、化学试剂或微生物等外界因素作用下，高分子化合物发生了分子链的断裂，链变短和相对分子质量下降的化学过程，如可降解塑料经降解可成为对环境无害或少害的小碎片。

③可拆解设计。它是指商品在使用期终止后能通过拆解，以便对其部件或组分进行再利用、再循环、能量回收或其他方式转移出废物流的产品设计特性。

④延长寿命商品。它是指提高商品的耐用性或使之可升级，以延长其使用寿命，从而节约资源或减少废物量的设计。

⑤使用回收能量。它是指生产商品使用的能量是回收自原来可能被作为废物处置的物质或能量，现通过管理过程将其重新利用的商品特性。这种情况下，商品本身也可能是回收的能量。

⑥可再循环。它是指商品、包装或其组分可通过可行的过程和方案从废物流中转移出来，同时能够被收集、加工并以原材料或商品的形式投入使用。

⑦再循环含量。它是指商品或包装中再循环材料的质量（物理量）比例。GB/T 24021/ISO 14021规定只有"消费前材料"和"消费后材料"

⑧节能。节能是指通过和具有同样功能的其他商品相比较，认为商品实现该功能时能耗减少。

⑨节约资源。节约资源是指在制造或销售商品、包装及有关配件时减少材料、能源或水的用量。

⑩节水。节水是指通过和具有同样功能的其他商品相比较，认为商品实现该功能时用水量减少的声明。

⑪可重复使用和充装。可重复使用和充装是指通过设计使商品或包装能在其生命周期内按其原定用途重复流通、周转或使用。

⑫减少废物量。减少废物量是指通过对商品、过程或包装的更改使进入废物流的物质量减少。

（2）Ⅱ型环境标志（自我环境声明）具有以下特点：

①不需独立的第三方认证，但除非声明是由信誉度较高的组织做出的，否则可信度很低，因此需要非政府环境组织或消费者组织采用验证等方式进行监督控制；

②制造商、零售商针对商品一项或数项环境因素所做出的自我声明，不要求必须进行生命周期评价，但应附加非误导的、准确的、具体且经验证的环境优越性或环境改进的解释性说明；

③由于制造商、零售商对自我声明的内容和支持声明内容的资料数据全权控制，因而能较好地保证商品数据的机密性；

④适用于符合12类自我声明特性的全部商品，无商品市场寿命和开发周期的限制；

⑤能提供给消费者关于商品的一种或数种环境影响的通俗易懂信息，且便于企业广告宣传；

⑥仅涉及商品生命周期中的一、两种环境影响，数据收集的费用不太大。

3.Ⅲ型环境标志计划

GB/T 24025—2009/ISO 14025:2006《环境标志和声明Ⅲ型环境声明原则和程序》规定了Ⅲ型环境声明（Ⅲ型环境标志）计划和Ⅲ型环境声明（Ⅲ型环境标志）的原则和程序，特别是运用GB/T 24040/ISO 14040系列标准开发Ⅲ型环境声明计划和Ⅲ型环境声明。除了GB/T 24020/ISO 14020中给出的原则，还规定了使用环境信息的原则。

Ⅲ型环境标志（Ⅲ型环境声明）是基于定量的商品生命周期评价分析数据，必要时再附加上定性或定量的环境信息，由此而组成的商品环境特性信息。

Ⅲ型环境标志是一种自愿性的商品环境信息交流的工具，它可以为市场上的产品或服务提供基于科学的、可验证和可比性的量化环境信息，靠市场机制来激励企业不断改进产品或服务的环境行为。Ⅲ型环境标志既可以满足消费者对环境信息的需求，也可以为企业进行政府采购和绿色采购提供有力的数据支持。同时，这些量化的信息还为企业内部的管理工作提供了大量的基础数据。Ⅲ型环境标志作为一种有效的环境管理工具，已经越来越受到世界各国的重视。

（1）Ⅲ型环境标志（Ⅲ型环境声明）的目标是：

①提供基于生命周期评价的，与商品环境因素有关的信息和附加信息；

②帮助购买方和使用方在商品之间进行信息比照，但这些声明并非对比论断；

③鼓励制造方环境绩效的改进；

④提供用于评价商品生命周期环境影响的信息。

（2）Ⅲ型环境标志的特点是：

①建立在生命周期评价基础上,其形式是一个便于在商品之间进行比较的量化的商品生命周期环境影响信息公告,它与Ⅰ、Ⅱ型大多采用的特殊意义图形及少量文字说明不同,该公告可以由制造商自己发布,也可以由某个组织代为运作,但标准 GB/T 24025/ISO 14025 要求所有的Ⅲ型标志的公布都必须经过一个严格的评价来审核生命周期评价过程和生命周期信息公告内容,这就使得Ⅲ型标志的可信度取决于第三方的评价证书或许可文件;

②因其必须向外界公告商品量化的环境信息,故有可能导致一些潜在的商业敏感信息的泄密;

③其主要成本来自生命周期评价的费用,与此相关的成本取决于:生命周期评价方法的选择;商品类别涉及的生命周期评价数据的可获得性;环境影响的复杂性,因此其 LCA 分析和测试的费用较大;

④因制造商只提供定量的商品生命周期信息,而不作任何判断,最终由用户自己判断,但对普通消费者而言判断有一定困难,不像Ⅰ、Ⅱ型那样通俗易懂,只有专业采购者可利用其信息清单,在不同商品之间详细比较,以便作出最明智的采购,这是Ⅲ型与Ⅰ、Ⅱ型的最根本的区别。

二、绿色食品

(一)绿色食品的概念与分级

绿色食品是指按照特定生产方式生产,经专门机构认定,许可使用绿色食品标志的无污染、安全、优质、营养类食品的统称。

绿色食品分为 A 级和 AA 级两种,AA 级的要求高于 A 级。

A 级绿色食品是指在生态环境质量符合规定标准的产地,生产过程中允许限量使用限定的化学合成物质,按特定的操作规程生产、加工,食品质量及包装经检测、检验符合特定标准,并经专门机构认定,许可使用 A 级绿色食品标志的食品。

AA 级绿色食品是指在环境质量符合规定标准的产地,生产过程中不使用任何有害化学合成物质,按特定的操作规程生产、加工,食品质量及包装经检测、检验符合特定标准,并经专门机构认定,许可使用 AA 级绿色食品标志的食品。

(二)绿色食品的认证标准

1.食品或食品原料的产地必须符合农业部制定的绿色食品的生态环境标准

绿色食品生态环境标准的主要内容有:农业初级产品或食品的主要原料,其生长区域内没有工业企业的直接污染,水域上游、上风口没有污染源对该区域构成污染威胁;该区域内的大气、土壤质量及灌溉用水、养殖用水质量均符合绿色食品大气标准、土壤标准、水质标准;有相应的整套保证措施,确保该区域在今后的生产过程中环境质量不下降。

2.农产品种植、畜禽饲养、水产养殖及食品加工等必须符合农业部制定的绿色食品的生产操作规程

在种植业方面,农作物的播种、施肥、浇水、喷药及收获等各个生产环节都必

须遵守规程的规定:选育品种时,应尽可能地适应当地土壤和气候条件,并对病虫害有较强的抵抗力;肥料的使用必须符合《生产绿色食品的肥料使用准则》,化学合成的肥料和化学合成生长调节剂的使用,必须限制在不对环境和作物质量产生不良后果、不使作物产品有毒物质残留积累到影响人体健康的限度内;农药的使用在种类、使用浓度、时间、残留量方面都必须符合《生产绿色食品的农药使用准则》。

在畜牧业方面,必须饲养适应当地生长条件的种畜种禽;饲料原料应主要来源于无公害区域内的草场和种植基地;畜禽房舍内不得使用毒性杀虫、灭菌、防腐药物;不可对畜禽使用各类化学合成激素、化学合成促生长素、有机磷和有机药物。

在水产养殖业方面,养殖用水必须达到绿色食品要求的水质标准,鱼虾等水生物的饵料,其固体成分应主要来源于无公害的生产区域。

在食品加工方面,食品添加剂的使用必须符合《生产绿色食品的食品添加剂使用准则》,不能使用国家明令禁用的色素、防腐剂、品质改良剂、糖精及人工合成添加剂等。此外,食品生产加工过程、包装材料的选用、流通媒介等都要具备安全无污染条件。

3.食品必须符合农业部制定的绿色食品的质量和卫生标准

绿色食品在具备其他同类食品质量的同时,还应该达到比其他同类食品更为严格的卫生标准。绿色食品卫生标准一般包括三个部分:农药残留、有害重金属和细菌等。

农药残留通过检测杀螟硫磷、倍硫磷、敌敌畏、乐果、马拉硫磷、对硫磷、六六六、DDT、二氧化硫等物质的含量来衡量;有害重金属通过检测砷、铅、汞、铜、锡、锰等的含量来衡量;细菌通过检测大肠杆菌和其他致病菌等来衡量。另外,有些食品的卫生标准中还包括曲霉素和溶剂残留量等。绿色食品卫生标准往往在检测项目(指标)上远远多于普通食品。

4.食品的包装、装潢必须符合《绿色食品标志设计标准手册》和国家标签通用标准中的有关规定,符合绿色食品特定的包装、装潢和标签

（三）绿色食品标志

绿色食品标志是由农业部中国绿色食品发展中心正式注册的质量证明商标。

绿色食品标志(图10-7)由三部分构成,即上方的太阳、下方的叶片和中心的蓓蕾,象征自然生态;颜色为绿色,象征着生命、农业、环保;图形为正圆形,意为保护。AA级绿色食品标志与字体为绿色,底色为白色;A级绿色食品标志与字体为白色,底色为绿色。绿色食品标志是指中文"绿色食品"、英文"GreenFood"、绿色食品标志图形及这三者相互组合等四种形式。绿色食品标志还提醒人们要保护环境,通过改善人与环境的关系,创造自然界新的和谐。

（四）绿色食品种类

可申请使用绿色食品标志的食品,应为具备前面所述条件的,按商标分类法划分的第29,30,31,32,33类食品。

绿色食品　　　　绿色食品
（A级）　　　　（AA级）

图 10 - 7　绿色食品

国家商标分类中第 29 类主要商品有：肉、家禽、野味及水产品；肉汁；罐头；腌渍、干制水果及制品；腌渍、干制蔬菜及制品；蛋品、乳及乳制品；食用油脂；食用果胶、果酱。

第 30 类主要商品有：发酵粉；食用香精、香料；食用淀粉及其制品；饮用水；冰制品；食盐；酱油、醋；咖啡、咖啡代用品、可可、茶；糖、糖果、南糖；蜂蜜、糖浆；面包、饼干、糕点；米、面粉、谷类制品；豆制品；包子、春卷、汉堡包、炒饭、粥、年糕、粽子、叶儿粑、元宵、麻花、煎饼、八宝饭、面条、馅饼、三明治、豆沙；方便面、干吃面；燕麦食品、玉米食品、方便甜食品；芥末、胡椒、味精；搅稠奶油的制剂；嫩肉粉、家用嫩肉剂等。

第 31 类主要商品有：未加工的谷物及农产品；活生物；未加工的水果、干果及林产品；新鲜蔬菜；种子、草木及花卉；动物饲料、麦芽。

第 32 类主要商品有：啤酒、麦酒及黑啤酒；矿泉水、汽水及其他不含酒精的饮料；糖浆及其他供生产饮料用的制剂。

第 33 类主要商品有：葡萄酒、烧酒及利久酒等含酒精的饮料。

此外，新近开发的一些新产品，只要经卫生部以"食"字或"健"字登记的，均可申请绿色食品标志。经卫生部公告的既是食品又是药品的品种，如紫苏、菊花、白果、陈皮、红花等，也可申请绿色食品标志。

三、有机食品

（一）有机食品的概念

有机食品是来自于有机农业生产体系，按照国际有机农业生产要求和标准生产加工的，并通过有机食品认证机构认证的一切农副产品（粮食、蔬菜、水果、奶制品、禽畜产品、蜂蜜、水产品、调料等）。

（二）有机农业生产体系

有机农业生产体系是指遵照一定的有机农业生产标准，在生产中不采用基因工程获得的生物及其产物，不使用化学合成的农药、化肥、生长调节剂、饲料添加剂等物质，遵循自然规律和生态学原理，协调种植业和养殖业的平衡，采用一系列可持续发展的农业技术以维持持续稳定的农业生产体系的一种农业生产方式。

（三）有机食品的认证标准

1.产品必须来自已经建立的或正在建立的有机农业生产体系，或采用有机方式采集的野生天然产品；

2. 加工产品所用原料必须来自已建立的或正在建立的有机农业生产体系,或采用有机方式采集的野生天然产品;

3. 在整个生产过程中必须严格遵循有机食品生产、采集、加工、包装、贮藏、运输标准;

有机食品在整个生产、加工和消费过程中更强调环境的安全性,突出人类、自然和社会的协调和可持续发展,在整个生产过程采用积极、有效的生产措施和手段,使生产活动对环境造成的污染和破坏减少到最低限度。

（四）有机食品的认证标志

有机食品的认证标志如图 10 - 8 所示。

图 10 - 8　有机食品认证标志示例

第五节　生态包装

一、生态包装的概念

（一）生态包装的定义

生态包装,又称绿色包装,或环境友好包装,至今尚没有统一、权威的定义。我们认为,生态包装是指能够满足用户使用要求,同时不危及人体健康和生态环境,使用后能循环复用、再生利用或容易处置的包装。

（二）生态包装的内涵

生态包装主要包括以下内容:

(1)有效保护内装商品,防止其发生质量变化;

(2)安全的包装材料、容器;

(3)内容量适当,便于零售;

(4)适当的内容物的表示或说明;

(5)商品以外的空间容积控制在 20% 以下,且尽可能减低;

(6)与内容物相应的包装费控制在商品售价的 15% 以下;

(7)轻量化,易回收复用、再生利用,易降解,可焚烧。

总之,生态包装产品自原材料选择,产品制造、使用,直到回收和废弃物处理的整个生命周期过程,都应该既符合流通、消费要求,又符合生态环境保护的要求。

生态环境保护要求包括节省资源、能源,物质减量化,避免废弃物产生,易回收复用和再循环利用,可焚烧或易降解等内容。世界工业发达国家要求包装做到"3R"和"1D"(Reduce 减量化,Reuse 重复使用,Recycle 再循环和 Degradable 可降解)原则。生态包装的内容随着科技的进步、包装的发展还可能有更新的内涵。

二、发展生态包装的基本原则

"3R1D"原则是目前世界公认的发展生态包装的原则。

(一)减量化(Reduce)原则

减量化原则要求包装物质减量化,即包装在满足容纳、保护、方便、传达等功能的条件下,尽可能减少材料使用的总量,反对"过分包装"。

研究表明,重量最轻的包装对环境最为友好,因此当包装的回收性与减轻重量发生冲突时,应当首先选择后者。

(二)重复使用(Reuse)原则

重复使用原则要求包装用后可重复使用,这样既节约材料资源、能源,又避免了包装废弃物给环境造成污染或给废弃后处理带来麻烦。

(三)再循环(Recycle)原则

再循环原则要求包装用后可回收再生,即废弃的包装物质或能量容易通过生产再生制品或焚烧回收热量或堆肥改善土壤等方式,达到再利用的目的。

(四)可降解(Degradable)原则

该原则要求包装用后可降解腐化,由此可避免形成永久垃圾,污染环境,而且符合"取之于自然,回归于自然"的生态自然循环规律。

三、生态包装材料的基本要求

(一)保护性

生态包装材料应对包装的内装物有良好的保护性,根据不同的内装物,既能防潮防水、防腐蚀,又能耐热、耐寒、耐油、耐光,具有高阻隔性,以防止内装物变质,保持其原有的本质和气味。同时,该材料还应该具备一定的机械强度,以保持内装物的形状及使用功能。

(二)加工操作性

加工操作性主要是指材料易加工的性能,例如刚性、平整性、光滑性、热合性、韧性等,以及适应包装机械的操作、方便进行包装等性能。

(三)外观装饰性

它是指材料是否易于进一步美化和装饰,在色彩、造型以及装饰上是否能方便地操作和适应。具体是指材料的印刷适应性、光泽度及透明度、抗吸尘性等。

（四）经济性

经济性是指材料的性能价格比合理,并能够节省人力、能源和机械设备费用。

（五）无毒无害性

它要求材料在生产、运输、储存、销售、使用中对人体健康和环境无害。

（六）优质轻量性

优质轻量性要求材料在优良履行容纳、保护、方便等功能的同时,又能够轻量化,这样既节省资源,又经济,同时还减少废弃物的数量。

（七）易回收处理性

它要求材料废弃后易回收处理,易再生利用,从而既节省资源和能源,又有利于环境保护。

四、包装废弃物的回收利用

（一）包装废弃物回收利用的方式

1. 按回收利用用途分类

包装废弃物的回收利用,按用途可分为包装利用、材料利用和能源利用三类（见图 10-9）。

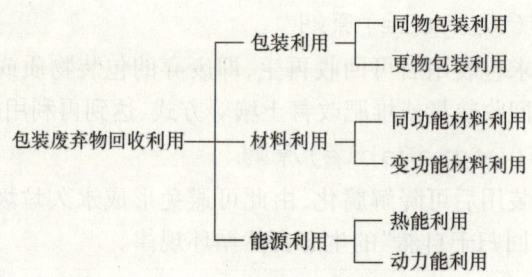

图 10-9 包装废弃物回收利用方式简图

（1）包装利用。它是指将废弃的包装进行回收后,再用于包装的利用方式。这种利用方式又可分为同物包装利用和更物包装利用两种。

①同物包装利用,是指原来做什么物品包装,回收后的包装仍做同样物品的包装。如,啤酒玻璃瓶、食用油聚酯桶等,在使用后被回收再用做同类产品的包装。

②更物包装利用,是指 A 物品的包装,用完丢弃再经回收作为除 A 以外的物品的包装。

如,可乐聚酯瓶一般回收后不再用于灌装可乐,但可用于包装洗发液、洗洁精、汽油等。

（2）材料利用。它是将回收来的包装通过回收处理得到有用的材料,使之重新发挥作用。这种利用方式又有同功能材料利用与变功能材料利用两种。

①同功能材料利用,是指将回收后的包装材料回炉后得到的材料,再用做包装。例如,纸包装的回收,再经制浆造成纸张(纸板),而又将其用于包装。又如,塑料、玻璃等包装瓶或袋(盒)等,在回收后不是直接用于包装,而是通过玻璃熔炼后再进行吹瓶或者通过粉碎后造粒、挤塑或吹塑,从而得到新的包装容器。

②变功能材料利用,是指仅仅利用回收的包装材料的累性能,即材料积集起来的已发现和未被发现的性能,经再加工后用于其他非包装领域。变功能材料利用的技术发展非常快,覆盖面很广,它将包装材料回收进行特殊加工处理,用到了农业、建材、家居、日用、文化等领域。

(3)能量利用。它主要是将废弃包装用作燃料或提炼能源性物质。能量利用有两大类,即热能利用与动力能利用。

①热能利用,是将那些不便于分类回收利用的包装废弃物,与生活垃圾一道进行特殊的处理,从而得到有用的热能。热能利用实际上是一种燃料利用。

对包括包装废弃物在内的垃圾可燃部分(如纸及厨房废弃物等)通过焚化炉进行焚烧,抽样测定表明,焚烧2吨干的可燃垃圾所产生的热能相当于1吨标准煤燃烧产生的热量。研究表明:只要将塑料剔除,则垃圾焚烧后灰渣呈中性,无气味,不会引起污染。

②动力能利用,是指使用特定方式对包装废弃物加以处理,得到可被人们利用的动力能,如电能、燃料油等。因为它们均可作为各种动力机械的能源,故称之为动力能的利用。

动力能利用的废弃包装物对象主要是那些随生活垃圾一道进入垃圾场中的纸包装物、纸塑包装物以及各种复合或合成包装材料废弃物,这些包装废弃物难以分类清理而成为垃圾的重要组成部分。

动力能利用主要是将包装废弃物及各种垃圾一道或单独进行处理,进而得到动力设备必需的能源——气体、液体(汽油、柴油等)及电力。例如,美国已建成全球最大的各种废弃物垃圾沼气电站,日产甲烷气体28万立方米;英国利用各种废弃物(包装废弃物等)提取石油,取得了良好效果。我国已有利用废弃包装塑料提取石油的成套技术与设备。

2.按资源再利用方式分类

按资源再利用方式分类,有复用、再生利用和资源转型三种。

(1)复用,是指对回收的废弃包装进行不改变原有形状和功能的技术处理,再重新用于原来所包装物品或其他物品的包装利用。如,啤酒瓶、酱油瓶、牛奶瓶,用后回收再分别作啤酒、酱油和牛奶的包装,或者改作其他物品的包装。

(2)再生利用,是指回收来的废弃包装经适当处理,再次加工成原来包装所用资源。例如,废弃的铁罐(盒)或铝罐、破碎的玻璃罐(瓶)等,经处理后仍用作铁罐(盒)或铝罐和玻璃罐(瓶)。

(3)资源转型,又称资源转变。这是指将回收的包装彻底改变原有的形状、性质,且经处理后不能再生利用的包装利用方式。例如,将回收的包装与其他废物一道,经焚烧、热分解等转换成热能加以利用,或变成肥料,就属于此类。

在目前的各种包装废物回收利用中,人们多采用复用和再生利用两种形式,而对资源转型的方式,用得较少。

由于不是所有的包装废弃物都能复用或再生利用,因而将其转换为能源加以利用的方式——资源转型也是不可缺少的。

(二)包装废弃物回收利用管理

1. 建立存储返还制度

许多国家规定,啤酒、软饮料和矿泉水一律使用可回收复用(再灌装)的包装容器,以达到既不污染环境又能节约资源的双重效果。这种制度一般是要求消费者在购买饮料时,向商店预交一定的寄存保证金,用完归还给商店存储时退还保证金。有些国家还把这种强制存放制度扩大到洗涤剂、清洗剂和乳胶漆等包装容器上。

2. 生产者责任延伸原则

发达国家在 20 世纪 90 年代纷纷采纳了一种全新的环境管理和环境保护的原则——生产者责任延伸(Extended Producers' Responsibility,简称为 EPR),欧盟国家还据此原则建立了覆盖面广、回收率高、在全球领先的包装废弃物回收体系。

生产者责任延伸(EPR)的概念是瑞典环境经济学家 Thomas Lindhqvist 最早提出的。他把制造商的环境保护责任拓展到产品生命周期的全过程,尤其是产品的废弃、回收和循环再利用的阶段。

传统上,废弃的产品包装通常是由地方政府负责回收处理,而生产者责任延伸(EPR)则是将原来由政府担负的回收责任强制转移给生产商,将废弃包装的回收成本内化到产品成本当中。基于"谁污染、谁付费"的原则,生产者责任延伸(EPR)原则明确了生产商职责,并且将废弃物处理的费用分配到包装产品生命周期的各个环节,如包装产品的生产商、装填商、分销商和进口商都必须承担相应的费用。通过对包装的生产、销售、进出口公司申报情况的罚款监督机制将废弃物限制在最低水平,同时还能够在产品的设计、包装、分销和管理阶段促进废弃物的重新使用和循环利用。

3. 征收材料税

向生产包装材料的企业征收材料税也是一种包装废弃物回收利用的管理方式。

如果生产包装材料使用的是自然资源,需要负担较重的税;如果使用的是再循环的材料,则负担较轻的税。加征材料税的主要目的是减少自然资源的使用,鼓励使用再生资源。

4. 商品包装税(费)

这种税收是向商品生产企业征收的。如果商品包装中全部使用可以再循环的包装材料,可以免税;如果商品包装中部分使用了再循环材料,则征收较低的税;如果商品包装中全部使用不可再利用或不可再循环的材料,则征收较高的税。

除了国家以立法的形式制定各种生态包装政策、法规外,许多国家的著名企业还采取具体措施,利用新的生态包装来推销商品。例如,美国可口可乐公司率先在全球推广可再循环的容器;百事可乐采用带"G"回收标志的玻璃包装容器;美国麦当劳快餐店改用可再循环的纸制包装容器;德国的坦克尔曼超级市场集团规定,所有含纤维素的包装品均不得含氯。

(一)一杯橙汁的代价

德国乌珀塔尔研究院运用工业代谢分析方法研究橙汁的工业代谢,其结果显示出这样一个令人震惊的信息。

德国是世界上人均橙汁消费量最高的国家,每人年消费21升橙汁。德国消费的橙汁中80%以上来自世界上最主要的橙汁生产国巴西。橙汁从巴西到德国要经过12 000公里的长途运输。为了运输的经济性,橙汁要浓缩成原来体积的8%,然后在-18℃的条件下冷藏。这就消耗了大量的能源和水,但更为重要的消耗发生在橙汁的生产过程中。

橙汁生产需要投入两大原料:水和石油。石油主要用于生产蒸汽,用于橙汁浓缩加工。就巴西而言,一半的能源来自蔗渣,另一半来自矿物燃料。生产1吨橙汁,相当于需要8.1千克石油。包括运输与冷藏在内,每吨橙汁约需要100千克石油。

水的消耗同样不可小视。在德国,每饮用一杯橙汁,需要不少于22杯水,这些水主要用于浓缩过程中产生蒸汽和运到德国后稀释浓缩的橙汁。

这其中还不包括为了取得生产橙汁所需的石油和水而要消耗的其他能源与原料。不过,即使这样,在德国生产1升橙汁仍需要至少25千克的其他物质消耗。如果要做全面的分析,就应把这些也包括进去,同时,也应该把生产杀虫剂所耗用的原料与能源也包括进去,同样也应该包括橙汁运输分销过程中用于适应航空与铁路运输需要的大量的小规格的包装物料以及最终由此产生的大量废料。关于这些方面的代谢分析还处在不断地发展和完善过程中。

不过,能量流和物质流也并不是生态效益的唯一尺度,所用的农耕地面积同样是一个十分重要的因素。就德国而言,每人每年喝掉21升橙汁,生产这21升橙汁相当于需要24平方米的土地。换言之,德国每年消费的橙汁总量,需要巴西的150 000公顷良田,超过德国自身用于果园种植面积的3倍多。如果地球上所有居民都像德国人那样消费橙汁,那么,我们就需要130 000平方公里的橙树园,相当于瑞士国土面积的 3 倍以上。

案例思考题

1. 你能算出德国人所喝的每一杯橙汁所花费的环境代价吗？那么我们所喝的每杯饮料又要我们付出多大的环境代价呢？尝试利用因特网和期刊手册的数据粗估一下，你会吃惊吗？

2. 看了这个案例，结合所学的知识，你有何感想和启发？

3. 如何减少我们消费商品时所花费的环境代价？

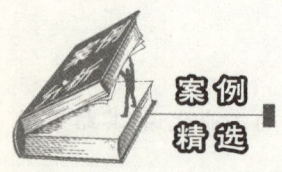

（二）印度尼西亚合成纤维（聚酯）厂的清洁生产

P. T. TIFICO 公司设于印度尼西亚，是由 Teijin Ltd 及 Toyo Menka Kaisha（日本）于 1937 年共同创立的。

背景

在印度尼西亚的纺织工业中，合成纤维（聚酯）的制造占有相当重要的地位。聚酯制造的第一个步骤是经由聚合反应产生聚合物。在聚合反应过程必须混合反应原料，例如乙二醇（EG）、苯二甲酸（PTA）添加物及触媒。聚合反应过程产生两种副产物：①液状废弃物由废水处理厂处理；②固体废弃物，例如 RG - 残留物等。

本案例介绍该公司回收再利用 RG - 残留物，并且以天然气取代工业柴油，回收热，增加生产效率的经验。

清洁生产

P. T. TIFICO 清洁生产的努力包括回收再利用 RG - 残留物，以天然气取代工业柴油，工业用水及热回收，经由清洁生产技术增加生产效率。

回收再利用 RG - 残留物

该厂每天产生 1.5 吨 RG - 残留物，在未进行清洁生产前采用焚化处理，其缺点为操作维护成本高以及易产生空气污染。后经过评估发现，RG - 残留物可当做建材的添加物，实验发现添加了 RG - 残留物后，一些建筑材料的质量会更好。此结果经过证实后，目前 RG - 残留物已供不应求。对该公司而言，不但没有了储存 RG - 残留物的问题，同时也没有了焚化炉操作维护及控制空气污染等问题，同时也降低了生产成本。

使用天然气替代柴油作为锅炉燃料

该厂聚酯生产使用七个锅炉,其中三个从柴油引擎回收热作为燃料,两个使用工业柴油作为燃料,一个使用天然气及柴油作为燃料。经过评估,将使用工业柴油的锅炉更换为使用天然气的锅炉,显著降低了空气污染及能源成本(见表10-6)。

表 10-6 锅炉使用柴油和天然气后的空气污染物比较

空气污染物 \ 燃料	柴油	天然气
NOx	220ppm	150ppm
SOx	1.242ppm	0 ppm
粉尘	$0.2 \sim 0.5 g/m^3$	$0.01 g/m^3$

(锅炉效率)

工业用水回收

在废水处理方面,未采用活性污泥处理前COD值为10 000~12 000ppm,采用活性污泥处理之后COD值降为20~40ppm,达到符合印度尼西亚政府要求的废水排放标准200ppm(第二级)。经过评估,若回收使用32%的废水,则可降低用水量约2 450千克/分钟。

废气回收

从柴油引擎产生之废热被用来产生蒸气,容量约12吨/小时。

采用这些清洁生产措施后,其效益整理如表10-7所示:

表 10-7 采取清洁生产措施后的效益分析

投资与利润		节省费用(美元)	资本投资(美元)	投资回收期(年)
	使用天然气	387 000	673 700	1.7
	工业用水回收	53 408	12 074	1.84
	锅炉废气排放	601 843	1 105 990	1.84
		能源(美元)	人力(美元)	出售废弃物(美元)	总计(美元)
	RG-残留物回收	390	1 100	5 530	7 020

？ 案例思考题

1. 根据此案例,说明清洁生产的指导思想和关键是什么。

2. 清洁生产主要通过哪些途径实现经济和环境效益的双赢?

3. 你从此案例中获得了哪些启发?

思考练习题

1. 试分析商品和环境的关系。

2. 我国目前主要存在哪些环境问题？你认为其根本的原因是什么？如何解决？

3. 什么是产品生命周期和产品生命周期评价？该工具对改善我国产品或服务的环境性能有何实际应用价值？试上网收集有关成功案例给予佐证。

4. 什么是生态设计？它包括哪些主要内容？其思想理念对你有何启发？

5. 什么是清洁生产？它包括哪些主要内容？试参照"案例精选（二）"收集某个具体案例加以理解。

6. 什么是环境标志？它与普通商标有何区别？它有哪些类型？区别是什么？

7. 什么是绿色食品、有机食品、无公害食品？它们主要有哪些区别？

8. 调查我国电子垃圾的现状与处理过程，目前主要存在哪些问题？你认为应如何解决？

9. 一次性餐盒或筷子对环境会产生哪些影响？国内外如何处理这个问题？你对此有何建议？

10. 月饼或保健品包装的过度化倾向比较严重，试结合某个具体实例分析"过度包装"对环境有何不良影响？你认为应如何妥善解决此类问题？

主要参考文献

[1]万融.商品学概论[M].第3版.北京:中国人民大学出版社,2005.

[2]万融.商品学概论[M].北京:中国财政经济出版社,2000.

[3]万融,等.现代商品学概论[M].北京:中国财政经济出版社,1996.

[4] LEC·东京法思株式会社.怎样开发商品[M].上海:复旦大学出版社,1995.

[5]马德生.商品学基础[M].北京:高等教育出版社,2001.

[6]刘爱珍.现代商品学基础与应用[M].上海:立信会计出版社,1998.

[7]刘安莉,等.新编商品学概论[M].北京:对外经济贸易大学出版社,2002.

[8]吴源鸿.商品学概论[M].广州:中山大学出版社,1997.

[9]邓耕生,等.商品学理论与实务[M].天津:天津大学出版社,1996.

[10]张烨.现代商品学概论[M].北京:科学出版社,2005.

[11]郭洪仙.商品学[M].上海:复旦大学出版社,2005.

[12]刘彦芬,等.最新商品学概论[M].北京:中国农业科技出版社,1994.

[13]中国标准化研究院.《全国主要产品分类与代码第1部分:可运输产品》国家标准实施指南[S].北京:中国标准出版社,2004.

[14]中国物品编码中心.商品条码应用指南[S].北京:中国标准出版社,2003.

[15]郑文超,等.条码技术指南[S].北京:中国标准出版社,2003.

[16]杨昌举,食品营养与消费[M].北京:新时代出版社,1995.

[17]杨昌举,食品科学概论[M].北京:中国人民大学出版社,1999.

[18]万融,衣用纺织品质量分析与检验[M].北京:化学工业出版社,1995.

[19]王志良,纺织品商品学[M].第2版.北京:中国人民大学出版社,1996.

[20]朱松文,等.服装材料学[M].第2版.北京:中国纺织出版社,1998.

[21]赵艳华,信息分类编码标准化[S].北京:中国标准出版社,1989.

[22]龚益鸣,现代质量管理学[M].北京:清华大学出版社,2003.

[23]于启武,质量管理学[M].北京:首都经济贸易大学出版社,2003.

[24]周朝琦,等.质量管理创新[M].北京:经济管理出版社,2000.

[25]高懿,等.质量管理国际标准与认证实用手册[S].北京:对外经济贸易大学出版社,2003.

[26]于善奇,抽样检验与质量控制[M].北京:北京大学出版社,1991.

[27]韩福荣,质量管理体系认证——理论、标准与实践[M].北京:经济科学出版社,2000.

[28]宋彦军.TOM,ISO 9000与服务质量管理[M].北京:机械工业出版社,2005.

[29]季任天.商检管理学[M].北京:中国计量出版社,2003.

[30]刘耀威.中国进出口商品检验大全[M].北京:对外经济贸易大学出版社,1997.

[31]顾钟毅,等.质量检验基础[M].北京:中国标准出版社,2004.

[32]诸鸿.现代商品包装学[M].北京:中国人民大学出版社,1992.

[33]陈国琴,等.国际包装[M].北京:对外经济贸易大学出版社,1994.

[34]尹章伟,等.包装概论[M].北京:化学工业出版社,2003.

[35]李春田,新时期标准化十讲[M].北京:中国标准出版社,2003.

[36]查先进,物流与供应链管理[M].武汉:武汉大学出版社,2003.

[37]李广泰,仓储与物料管控[M].深圳:海天出版社,2005.

[38]国家技术监督局监督管理司,产品标识标注指南[S].北京:中国标准出版社,1997.[39]周文,连锁超市经营管理师操作实务手册,商品管理篇[M].长沙:湖南科学技术出版社,2003.

[40]钱易,等.环境保护与可持续发展[M].北京:高等教育出版社,2000.

[41]张承中,环境管理原理与方法[M].北京:中国环境科学出版社,1997.

[42]王守兰,等.清洁生产理论与实务[M].北京:机械工业出版社,2002.

[43]杨建新,等.产品生命周期评价方法及应用[M].北京:气象出版社,2002.

[44]朱庆华,等.工业生态设计[M].北京:化学工业出版社,2004.

[45]EPPINGER S D,产品设计与开发[M].第3版.北京:高等教育出版社,2005.

[46]刘求生,新产品开发[M].北京:清华大学出版社,2001.

[47]胡树华,产品开发预警管理[M].石家庄:河北科学技术出版社,1999.

[48]胡树华,产品创新管理——产品开发设计的功能成本分析[M].北京:科学出版社, 2000.

[49]吴源鸿,企业创新与产品开发管理[M].广州:中山大学出版社,2000.

[50]诸鸿,新产品开发及其商品化[M].北京:中国人民大学出版社,1997.

[51]丁予展,等.市场开拓与新产品开发效益[M].北京:机械工业出版社,1992.

[52]泽丝曼尔,等.服务营销[M].北京:机械工业出版社,2004.

[53]哈克塞弗,等.服务经营管理学[M].北京:中国人民大学出版社,2005.

[54]周朝琦,等.品牌文化[M].北京:经济管理出版社,2002.

[55]黄志根.中华茶文化[M].杭州:浙江大学出版社,2000.

[56]高旭晖,等.茶文化概论[M].合肥:安徽美术出版社,2003.

[57]于川,谈茶说艺[M].北京:百花文艺出版社,2004.

[58]陈文华,长江流域茶文化[M].武汉:湖北教育出版社,2004.

[59]董尚胜,等,茶史[M].杭州:浙江大学出版社,2003.

[60]华梅,服饰与中国文化[M].北京:人民出版社,2001.

[61]李莉,实用礼仪教程[M].北京:中国人民大学出版社,2004.

[62]林涵,等.服饰艺术欣赏[M].太原:山西教育出版社,1996.

[63]国风,等.穿着的艺术[M].上海:上海文化出版社,1988.

[64]朱钰敏,等.服装设计基础[M].北京:纺织工业出版社,1987.

[65]万融,商品学概论[M].第4版.北京:中国人民大学出版社,2010.

[66]贾幼陵,等.防范外来的食品安全威胁[M].北京:中国农业出版社,2011.

[67]黄国忠,产品安全与风险评估[M].北京:冶金工业出版社,2010.

[68]贾树队,等.食品安全培训教材[M].北京:中国医药科技出版社,2009.

[69]万融,商品学概论[M].第五版.北京:中国人民大学出版社,2013.

[70]万融,商品学概论[M].第三版.北京:中国财政经济出版社,2013.

[71]胡敏宇,等.食品安全与人体健康[M].北京:化学工业出版社,2013.

[72]王明贤,等.现代质量管理[M].第二版.北京:清华大学出版社,北京交通大学出版社,2014.

[73]王淑珍,等.食品卫生与安全[M].北京:中国轻工业出版社,2014.

[74]赖朝安,新产品开发[M].北京:清华大学出版社,2014.

[75]中国国家标准化管理委员会.GB/T 19676—2005 黄羽肉鸡产品质量分级[S].北京:中国标准出版社,2005.

[76]中国国家标准化管理委员会.GB/T 16828—2007 商品条码 参与方位置编码与条码表示[S].北京:中国标准出版社,2008.

[77]中国国家标准化管理委员会.GB 12904—2008 商品条码 零售商品编码与条码表示[S].北京:中国标准出版社,2009.

[78]中国国家标准化管理委员会.GB/T 18127—2009 商品条码 物流单元编码与条码表示[S].北京:中国标准出版社,2009.

[79]中国国家标准化管理委员会.GB/T 3532—2009 日用瓷器[S].北京:中国标准出版社,2009.

[80]中国国家标准化管理委员会.GB/T 23832—2009 商品条码 服务关系编码与条码表示[S].北京:中国标准出版社,2010.

[81]中国国家标准化管理委员会.GB/T 23833—2009 商品条码 资产编码与条码表示[S].北京:中国标准出版社,2010.

[82]中国国家标准化管理委员会.FZ/T 43007—2011 丝织被面[S].北京:中国标准出版社,2012.

[83]中国国家标准化管理委员会.GB/T 20000.1—2014 标准化工作指南 第1部分:标准化和相关活动的通用术语[S].北京:中国标准出版社,2015.